현대금융시장론

Modern Financial Markets

송 지 영 저

청목출판사

머리말

오늘날을 살아가는 현대인은 각종 언론매체나 인터넷 등을 통해 금융시장과 이를 구성하고 있는 금융상품과 관련한 뉴스나 기사를 접하면서 또한 경험하면서 생활하고 있다. 따라서 다른 어떤 경제 분야보다도 금융시장에 대한 기본적인 이해는 합리적인 금융상품의 선택을 통한 효율적인 자산관리의 관점에서 뿐만 아니라, 현대사회를 지혜롭게 살아가는 데 갖추어야 할 하나의 필수요건이라고 말할 수 있다.

그런데, 최근 우리나라의 금융시장은 국내외 금융환경요인의 변화에 의해 급격한 변화의 과정을 겪고 있다. 특히 2008년 미국에서 비롯된 글로벌 금융위기는 기존의 범세계화현상(globalization), 증권화현상(securitization)등과 더불어 가속화됨으로써 글로벌 금융시장에 엄청난 영향을 미쳐 각국의 금융시장이 재편성의 과정에 휩싸이게 하는 요인으로 작용하였다. 한편 국내에서는 2009년부터 『자본시장과 금융투자업에 관한 법률(일명'자본시장법'이라고 함)』이 시행됨에 따라 동법의 적용을 받는 자본시장 등의 금융시장과 금융투자상품의 전면적인 재편성이 이루어졌다. 이와 같은 현상은 기본적으로 우리나라의 금융시장이 글로벌시대에 대응하여 국제기준(global standard)에 입각한 금융시장을 구축해 나가는 과정으로, 이를 통해 다양한 금융상품 내지는 기법이 새로이 창출될 뿐만 아니라, 금융시장간의 통합 내지는 연계성이 강화되고 있다.

본서는 이와 같은 금융시장자체의 급격한 변화 및 대중화에 부응하여, 금융분야에 관심이 있는 대학생, 실무종사자 그리고 일반인을 대상으로 이들에게 금융시장과 금융상품에 대한 기본적인 이해를 돕기 위해 집필되었다. 이러한 취지에 입각하여 본서는 크게 15장으로 구성되어 있는데, 각 장에서는 제반 금융환경요인에 대한 분석을 통해 오늘날 우리나라의 금융시장이 금융변혁기의 과정에 있음을 이해시키고 이를 바탕으로 금융시장의 변화양상을 살펴봄과 아울러, 각각의 금융시장에 대해 의의와 기능, 거래 메커니즘, 구성금융상품의 현황, 시장동향 등을 알아보고자 하였다. 이와 관련하여 본서에서는 다음과 같은 면에 중점을 두고 집필하였다.

첫째, 금융시장과 이를 구성하고 있는 금융상품에 대한 현실적 이해를 돕기 위해 기본적인 이론은 전개하되, 가능한 한 실무적 접근에 중점을 두고 내용을 전개하고자 노력하였다.

둘째, 금융시장과 금융상품의 의의와 기능, 메커니즘, 특징, 동향에 대해 보다 알기 쉽게 이해할 수 있도록 수학적인 표현은 거의 배제하고 다양한 사례와 각종의 그림 및 통계자료를 활용하고자 하였다.

셋째, 각 장의 앞에는 해당 장에서 학습하고자하는 목표와 방향을 제시하였으며, 각 장의 끝에는 '중요개념과 용어' 및 '연습문제'를 게재하여 독자로 하여금 각 장에서 기본적으로 이해해야 할 주요사항을 점검하고 복습·정리할 수 있도록 하였다.

본서는 평소 준비한 강의안과 저서를 비롯한 각종 금융 관련 서적 및 자료들을 참고·인용하여 집필하였다. 늘 그랬던 것처럼 집필을 끝내고 보니 안도감보다는 많은 아쉬움이 남음을 숨길 수 없다. 무엇보다도 급변하고 있는 금융환경변화와 이에 따른 우리나라 금융시장의 변화양상을 제대로 반영하였는가에 대해서는 여러 가지 부족한 점이 많음을 시인하지 않을 수 없다. 또한 앞에서 언급한 것처럼 과연 금융시장과 이를 구성하고 있는 금융상품에 대해 독자들이 흥미를 갖고 쉽게 이해할 수 있도록 쓰여졌는가를 자문자답해 보면 두려운 마음이 앞선다. 독자들의 아낌없는 조언과 질책을 기대하며 향후 미진하고 부족한 점은 계속 수정·보완해 나가고자 한다.

본서가 출판되기까지 도움을 준 모든 분들에게 감사드린다. 그리고 본서 출간과 관련하여 아낌없는 격려와 조언을 해준 사랑하는 아내와 두 딸 인정, 인희에게도 고마운 마음을 전한다. 마지막으로 본서가 출간되도록 애써 주신 청목출판사의 유성열 사장님과 최명성 이사님 그리고 출판 관계자 여러분께 감사드린다.

2013년 2월

저 자 씀

차 례

제 1 장 금융시장의 이해

금융시장은 금융제도를 구성하는 하나의 요소로서 한 나라의 경제 내에서 여러 가지 기능을 수행하는데, 제반금융환경의 변화에 따라 급속히 변모하고 있다. 이와 관련하여 본 장에서는 금융시장의 의의 및 기능을 중심으로 금융시장의 기초개념을 알아본 후, 금융시장을 형태별로 분류하여 구체적으로 살펴봄과 아울러, 우리나라의 금융시장을 중심으로 금융시장의 구조와 규모에 대해 알아봄으로써 금융시장에 대한 이해를 증진하고자 한다.

제1절 금융시장의 의의와 기능

1. 금융시장의 의의

금융시장(financial market)이란 금융주체들이 금융수단(금융상품)을 거래하여 자금의 유통이 이루어지는 장소를 의미하는데, 구체적으로는 흑자지출단위로부터 적자지출단위로 자금의 유통이 이루어지는 장소를 말한다. 그런데 이는 구체적인 건물 내지는 장소를 한정하여 말하는 것이 아니라, 일반적·추상적인 개념으로서의 자금의 유통체계를 지칭한다.

여기서 금융주체는 금융활동에 참가하고 있는 경제단위를 의미하는데, 이는 크게 두 가지의 방법으로 분류할 수 있다. 하나의 방법은 거시경제에서 분류하는 바와 같이 기업, 가계, 정부, 해외부문, 금융기관을 금융주체로 간주하는 경우이고, 또 하나의 방법은 최종대부자, 최종차입자, 금융중개기관 등을 금융주체로 간주하는 경우이다.[1] 이하에서는 후자의 방법을 기준으로 금융주체의 성격에 대하여 알아보고, 어떠한 과정을 통해 자금이 융통되는가를 살펴보고자 한다.

최종대부자는 흑자지출단위를 의미하고, 최종차입자는 적자지출단위를 의미한다. 흑자지출단위는 경상수입이 경상지출보다 많고, 또한 저축이 투자보다 많다. 이에 비해 적자지출단위는 경상수지가 부(-)이고 저축이상으로 투자한다. 경상수지가 정(+)인 흑자지출단위는 자금잉여주체이고, 경상수지가 부(-)인 적자지출단위는 자금부족주체이다. 따라서 흑자지출단위는 저축을 어떻게 운용할 것인가라는 의미에서 금융증권의 수요자이

1) 금융시장은 다수의 금융주체에 의해 구성되어 있다. 금융시장을 구성하고 있는 금융주체로는 최종대부자 및 최종차입자로서의 개인, 기업, 정부 등뿐만 아니라, 중앙은행, 은행, 비은행금융기관, 시장중개기관(금융투자업자, 투자은행, 브로커, 딜러 등) 등이 있다.

고, 자금운용자이며, 또한 금융자산 보유자이다. 한편, 적자지출단위는 자금부족을 어떻게 조달할 것인가라는 의미에서 증권의 공급자이고, 자금조달자이며, 또한 금융부채 보유자이다. 경제부문별로 볼 때 일반적으로 가계부문이 흑자지출단위이고 기업부문 및 정부부문이 적자지출단위이다.

그런데 흑자지출단위는 가능한 한 높은 가격으로, 그리고 대부한 자금이 확실히 되돌아올 수 있도록 대부하려고 하고, 이에 반해 적자지출단위는 가능한 싼 가격으로 그리고 가능한 한 장기간에 걸쳐 차입하려고 한다. 이와 같이 흑자지출단위와 적자지출단위의 입장에 있어서 서로간에 자금량, 대차의 시간, 기간, 거래가격 등에 있어서 합치하는 상대를 만난다는 것이 그리 간단한 일이 아니다. 또한, 상대방의 신용도, 지불능력 등에 대하여 잘 알지 못하는 경우도 많다. 대부자와 차입자는 최소의 비용으로 최대의 이익을 얻기 위해 가능한 한 금융비용을 절감하고 금융거래에 수반한 리스크 부담을 경감하고자 한다. 이와 같은 제반 요인에 의해 금융중개기관이 출현하게 되었다. 즉, 금융중개기관의 존재의의는 각각의 대부자와 차입자의 거래비용과 리스크 부담을 규모의 경제와 전문적 지식, 정보로 흡수해 자금의 배분, 금융의 효율화를 꾀하는 데에 있다.

한편 금융거래가 발생하면, 흑자지출단위와 적자지출단위간에는 채권·채무관계가 형성된다. 이때 채권의 내용은 일정액의 화폐의 청구권이고, 이는 대부자의 입장에서는 자산이다. 한편, 채무의 내용은 일정액의 화폐의 변제의무이고, 이는 차입자의 입장에서는 부채이다. 이와 같이 금융거래에 의해 형성되는 자산과 부채를 금융자산(financial assets) 및 금융부채(financial debts)라고 하는데, 금융거래에 있어서 금융주체가 행하는 금융행위의 구체적인 대상을 금융수단(financial instruments) 혹은 금융상품이라고 한다. 따라서 금융수단(금융상품)은 대부자의 입장에서는 금융자산이 되고, 차입자의 입장에서는 금융부채가 된다. 금융수단의 형태는 여러 가지가 있는데 크게 화폐와 금융증권으로 구분할 수 있다. 여기서 금융증권은 금융거래시 거래자들간에 발생한 금융적 청구권, 즉 미래에 화폐 혹은 실물자원의 인도를 요구할 수 있는 권리를 나타내는 증서를 말한다. 이와 같은 의미를 지닌 금융증권은 적자지출단위나 금융기관이 금융시장에서 자금을 조달할 때에 발행되고, 이를 흑자지출단위나 금융기관이 금융시장에서 매입함으로써 자금공급이 이루어진다.

2. 금융시장의 기능

금융시장은 경제와 밀접한 관계를 맺고 있다. 따라서 금융시장이 원활히 기능하느냐 여부에 따라 경제의 단기동향 및 장기적인 경제발전의 양상도 크게 영향을 받는다고 말할 수 있다. 이와 같은 관점에서 금융시장의 경제적 측면에서의 기능은 다음과 같이 정리할 수 있다.

첫째, 금융시장은 거시경제적 측면에서 자금이 흑자지출단위에서 적자지출단위로 원활히 이전시키는 기능을 수행한다. 즉, 금융시장이 존재하는 경제에서는 흑자지출단위가 대부의 형태로 여유자금을 보다 유리하게 운용할 수 있기 때문에 흑자지출단위의 저축, 나아가서 경제전체의 저축이 원활히 이루어진다. 한편, 적자지출단위는 차입의 형태로 자금을 조달할 수 있기 때문에 지출활동뿐만 아니라 투자를 원활히 수행할 수 있다. 이와 같이 금융시장은 흑자지출단위의 저축을 동원하여 자금의 수요자인 적자지출단위로 하여금 효율적으로 사용하는 것을 가능하게 하는 저축-투자 중개기능을 수행함으로써, 경제전체의 저축과 투자를 증가시키고 경제전체의 생산력을 확대시킴과 아울러 경제성장을 촉진시키는 기능을 수행한다.

둘째, 금융시장은 미시경제적 측면에서 무엇보다도 중요한 금융상품의 가격결정기능을 수행한다. 금융상품의 가격은 금융시장에서 수요자와 공급자간의 지속적인 가격탐색을 통하여 결정되는 데, 이는 금융시장에 공급되는 정보를 반영한 것으로 금융시장은 이를 시장참가자들에게 전달하는 기능을 수행한다.[2] 또한 금융상품의 가격은 금융시장이 개별경제주체

2) 일반적으로 금융시장이 발달할수록 금융상품의 가격에 반영되는 정보의 범위가 확대되고 정보의 전달속도도 빨라진다.

에게 보내는 일종의 신호(signal)의 성격을 지니고 있는데, 개별금융주제들은 이들 신호를 고려하여 투자 내지는 소비 등을 결정한다.

셋째, 금융시장은 금융상품을 보유한 투자자에게 높은 유동성을 제공할 뿐만 아니라, 금융거래에 필요한 탐색비용(search cost)이나 정보비용(information cost)을 줄여줌으로써 거래의 효율성을 증대시키는 기능을 수행한다. 만약 금융시장이 발달하지 못하였으면 자금이 필요한 기업은 사모방식으로 낮은 가격에 증권을 발행하여 자금을 조달할 수밖에 없고, 투자자들도 만기가 도래할 때까지 혹은 기업이 청산될 때까지 해당 증권을 보유할 수밖에 없다. 이러한 경우 자연적으로 투자자들은 높은 유동성 프리미엄을 요구하게 되고, 이에 따라 기업의 자금조달비용은 증가하게 된다. 그러나 금융시장이 발달하면 필요시 언제든지 투자자들이 시장에 보유금융상품을 매각하여 자금을 회수할 수 있어 유동성프리미엄이 낮아지고 이에 따라 기업의 조달비용도 크게 감소하게 된다. 한편 탐색비용은 금융시장이 조직화될수록 줄어드는 경향이 있는데,[3] 특히 최근 정보통신기술의 발달에 기인하여 인터넷과 정보통신네트워크 등을 통한 전자금융시장이 도입되면서 이러한 추세는 더욱 확대되고 있다. 또한 금융시장이 효율적으로 운영되면 금융시장과 관련된 모든 정보가 금융상품가격을 통해 전파되므로 정보비용도 크게 줄어든다.[4]

넷째, 금융시장은 시장참가자들에게 다양한 금융수단과 금융거래의 기회를 제공해 준다. 금융시장이 발달할수록 새로운 금융수단의 개발과 다양한 금융거래가 활성화되는데, 이에 따라 자금수요자인 기업은 다양한 금융수단을 통하여 안정적인 자금을 확보하여 가용자금을 사용할 수 있고 자금의 공급자인 투자자는 다양한 금융수단에 분산투자를 행하여 투자위험을 줄일 수 있다.

다섯째, 금융시장은 위험분산기능을 수행한다. 먼저, 다양한 금융상품을

3) 여기서 탐색비용이란 금융거래의사를 밝히고 거래상대방을 찾는데 발생하는 비용을 의미한다.

4) 정보비용이란 금융상품의 투자가치를 평가하기 위하여 필요한 정보를 얻는데 소요된 비용을 의미한다.

제공함으로써 투자자가 분산투자를 통해 투자위험을 줄일 수 있게 한다. 또한 파생금융상품과 같은 위험 헤지(hedge) 수단을 제공해줌으로써 투자자자가 위험선호도가 높은 다른 시장참가자에게 전가될 수 있소록 해준다.

이외에도 금융시장은 자금의 공급자로부터 자금의 수요자로 구매력을 이전시키는 기능을 수행함으로써 재화와 서비스의 유통을 원활하게 하고 교환을 촉진시킨다.

제 2 절 금융시장의 형태

금융시장은 자금의 융통경로, 금융상품의 만기나 특징, 자금의 성격, 거래장소, 거래규칙, 금융상품의 신규발행여부 등의 기준에 따라 여러 가지로 분류할 수 있다. 본 절에서는 여러 측면에서 분류기준을 적용하여 주요 금융시장의 형태와 그 특징을 개략적으로 살펴보고자 한다.

1. 직접금융시장과 간접금융시장

금융시장은 자금의 융통경로를 기준으로 직접금융시장(direct financial market)과 간접금융시장(indirect financial market)으로 분류할 수 있다.

직접금융시장은 금융중개기관을 거치지 않고 직접 자금의 거래가 최종대부자(흑자지출단위)와 최종차입자(적자지출단위)간에 주로 본원증권(직접증권)의 매매형태로 이루어지는 시장을 말한다. 즉 적자지출단위가 발행한 직접증권이 금융중개기관(financial intermediaries)을 거치지 않고 직접 흑자지출단위에게 거래하는 시장을 말한다. 대표적인 예로는 단기금융시장과 자본시장을 들 수 있으며, 일반적으로 직접금융시장에서는 브로커나 딜러 등 시장중개기관(market intermediaries)의 중개를 통해 직접

증권의 거래가 이루어진다.

[그림 1-1] 직접금융시장과 간접금융시장

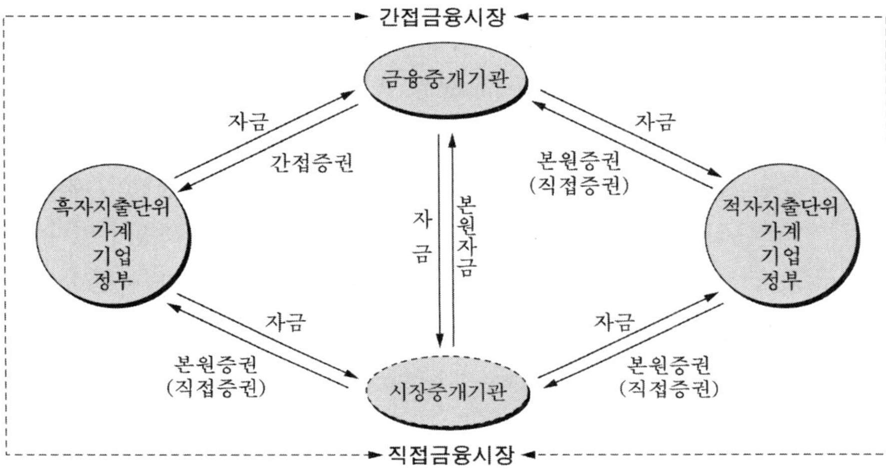

간접금융시장은 최종대부자(흑자지출단위)와 최종차입자(적자지출단위) 간에 금융중개기관이 개입하여 직접·간접증권의 매매형태로 자금의 거래가 이루어지는 시장을 말한다. 즉 적자지출단위가 발행한 직접증권이 먼저 금융중개기관에게 거래되고 금융중개기관은 이를 기초로 하여 금융기관의 명의로 된 새로운 금융증권(간접증권)을 흑자지출단위에게 거래하는 시장을 말한다. 대표적인 예로는 예금증서시장, 보험증권시장을 들 수 있다.

이와 같이 간접금융시장의 특징은 금융중개기관이 증권의 형태를 바꾸지 않고 단순히 매매중개 혹은 알선의 역할만을 수행하는 시장중개기관이 아니라, 자금의 공급자와 수요자사이에 참가하는 당사자로서 자기계산으로 신용대위를 수행하는 중개기관의 역할을 수행하는 데에 있다.

최근에는 금융의 증권화현상과 금융혁신 등의 환경요인의 변화로 직접금융시장의 영역이 보다 확대되고 있는 추세를 보이고 있다.

2. 단기금융시장과 자본시장

금융시장은 금융상품의 만기에 따라 단기금융시장(money market)과 자본시장(capital market)으로 분류된다.

단기금융시장은 자금시장이라고도 하는데 대체로 만기가 1년 미만인 금융상품이 거래되는 시장으로, 대량으로 거래되어 유동성이 매우 높고 자본손실위험 및 가격변동 위험이 상대적으로 낮다는 특징이 있다. 예로서는 콜(call)시장, 기업어음(CP : Commercial Paper)시장, 양도성예금증서(CD : Certificate of Deposit)시장, 은행인수어음(BA : Banker's Acceptance), 환매조건부계약(RP 또는 repo : repurchase agreement)시장 등이 있다.

자본시장은 만기가 1년 이상인 장기금융상품이 거래되는 시장을 의미하는데, 단기금융시장의 금융상품에 비해 상대적으로 시장위험과 가격변동위험이 높다는 특징이 있다. 대표적인 예로서는 주식시장, 채권시장 등이 있다.

3. 거래소시장과 장외시장

금융시장은 거래규칙에 따라 표준화된 거래규칙에 의거 거래주문을 거래소에 집중·처리하는 거래소시장과 그렇게 행하지 않는 장외시장으로 구분할 수 있다.

거래소시장은 시장참가자간의 거래관계가 다방면적이고 집중된 매수·매도주문의 상호작용에 의해 가격이 결정(order-driven)되기 때문에 거래정보가 투명하게 반영된다는 특징이 있다. 우리나라의 대표적인 거래소시장으로는 한국거래소를 들 수 있는데, 증권회사, 은행, 선물회사 등이 회원으로 가입하여 주식, 채권, 선물 및 옵션상품을 거래하고 있다.

장외시장은 거래상대방이 직접 거래주문을 주고받는 직접거래시장과 거래주문을 중개하는 딜러·브로커[5] 등이 참여하는 점두시장(over the counter market)으로 다시 구분할 수 있다. 직접거래시장은 매매당사자간의 개별적인 접촉에 의해 거래가 이루어지므로 동일 시간에 동일 상품의 가격이 다르게 결정될 수 도 있다. 한편 점두시장은 시장참가자에 따라 딜러간 시장과 대고객시장으로 재분류된다. 이들 시장에서는 인터딜러브로커(IDB: inter-dealer broker)와 딜러·브로커간, 딜러·브로커와 고객간 쌍방거래로 이루어진다. 거래가격은 딜러·브로커가 고시한 매수·매도호가를 거래상대방이 승낙하여 결정(quote-driven)되기 때문에 거래정보의 투명성이나 거래상대방의 익명성이 상대적으로 거래소시장에 비해 낮다. 우리나라의 경우 채권은 대부분 장외시장에서 거래되고 있으며, 콜(call), 양도성예금증서(CD), 기업어음(CP) 등의 단기금융상품뿐만 아니라 외환파생상품, 금리 및 통화스왑 등 파생상품도 대부분 장외시장에서 거래된다.

4. 발행시장과 유통시장

금융시장은 금융상품의 신규발행여부를 기준으로 발행시장(primary maket)과 유통시장(secondary market)으로 구분할 수 있다. 발행시장은 발행주체(발행자)가 발행한 증권이 최초의 투자자에게 이전되는 거래가 이루어지는 시장을 말한다. 증권을 발행하는 형태는 여러 가지로 분류해 볼 수 있다. 먼저 발행사무 및 발행위험을 누가 지느냐의 여부에 따라 직접발행과 간접발행으로 구분할 수 있고,[6] 다음으로 발행증권의 수요자를 구하는 방법에 따라 공모(모집·매출)와 사모로 분류할 수 있다.[7] 우리

5) 딜러(dealer)는 공시한 매수·매도호가로 자기계산과 책임 하에서 매매하는 자기매매기관으로 매수매도호가 스프레드를 수익기반으로 하는데 반해, 브로커(broker)는 매매업무를 단순 대행하고 그 대가로 수수료를 수취하는 위탁매매기관을 말한다.

6) 직접발행은 발행주체가 직접 발행업무와 발행에 따른 위험을 부담하면서 증권을 발행하는 것을 말하고, 간접발행은 직접발행에 따른 사무처리의 복잡함을 피하고 발행에 따른 제반 위험을 해소하기 위해 발행주체가 인수기관(발행기관)에게 발행업무를 대행시켜 증권을 발행하는 것을 말한다.

7) 공모는 발행주체가 널리 불특정 다수를 대상으로 증권의 수요자를 구하는 방

나라에서는 회사채 또는 주식을 공모로 발행할 때 주로 증권회사(투자매매업자)가 인수기관으로서의 역할을 수행한다.

유통시장은 이미 발행된 증권의 유통거래가 이루어지는 시장을 말한다. 유통시장은 시장의 형태에 따라 일반적으로 거래소시장과 장외시장으로 구분할 수 있다. 거래소시장은 유통시장의 중심으로, 경쟁매매방식을 통해 집중적이고 대량적으로 매매거래가 이루어진다. 우리나라의 경우 한국거래소가 개설하는 유가증권시장, 코스닥시장, 파생상품시장이 있다. 한편 장외시장은 넓은 의미로 거래소시장이외의 장소에서 증권이 거래되는 시장을 총칭하지만, 좁은 의미로는 당사간의 상대매매의 형태로 증권이 거래되는 비조직적 시장을 가리킨다. 주로 증권회사(금융투자회사)의 창구에서 매매당사자간의 거래가 이루어지기 때문에 점두시장(OTC : over the counter market)이라고도 한다. 우리나라의 경우 채권은 대부분 장외시장에서 거래되고 있다.

5. 국내금융시장과 국제금융시장

금융시장은 거래당사자의 거주성(거주자와 비거주자), 거래장소(국내와 국외), 거래통화(자국통화와 외화) 등에 따라 국내금융시장(domestic financial market)과 국제금융시장(international financial market)으로 구분할 수 있다.

이와 같은 거래유형에 따라 구분할 때 일반적으로 국제금융은 전체금융거래에서 국내금융을 제외한 부분으로 정의하기 때문에 국제금융의 정의는 국내금융을 어떻게 정의하느냐 여부에 따라 결정된다.

일반적으로 국내금융은 거주자간에, 자국통화로, 국내거래에서 발생한 거래로 정의한다. 이와 같은 정의에 의하면 위에서 언급한 세 가지의 요

법으로 대부분의 경우 간접발행의 형태를 취하고 있다. 사모는 발행주체가 특정의 증권 수요자만을 대상으로 하여 증권을 발행하는 방법으로 발행되는 증권의 총액이 소화가 가능하여만 채택할 수 있다. 사모는 대부분 직접발행의 형태를 채택하고 있다.

건 중 어느 하나만이라도 해당되지 않으면 국제금융으로 분류한다.[8)]

국제금융시장은 국제간의 재화 및 용역, 자본거래에 수반하여 발생하는 국제간의 대차를 결제하고, 국가간의 흑자부문과 적자부문을 연결, 국가간의 유동성 과부족을 조정하며, 개방경제하에서 기업 및 금융기관들이 국제자금관리상 필요한 각종 금융수단을 제공하는 기능을 수행한다.

6. 기타

이외에도 금융시장은 거래되는 표시통화가 자국통화인가 외화인가의 여부에 따라 자국통화시장과 외환시장(foreign exchange market)으로 구분된다.

또한 자금의 유통이 당사자간의 계약형태인가 양도가능한 증권형태인가의 여부에 따라 신용시장(credit market)과 증권시장(security market)으로 구분된다.

제3절 금융시장의 구조와 규모

1. 금융시장의 구조

금융시장의 구조는 금융시장의 참여기관, 거래조건 및 거래메커니즘, 하부구조 등에 의해 크게 영향을 받기 때문에 각국마다 나름의 특색을 지니고 있다. [그림 1-2]에서 보는 바와 같이 우리나라의 금융시장은 자금의 조달 및 운용과 관련하여 장·단기금융상품이 거래되는 전통적 의

8) 여기서 거주자란 국적보유와는 관계없이 주 활동지역에 따른 분류로, 보다 구체적으로는 경제주체가 국제조세원칙상 어느 국가에 주된 조세부담을 지는가에 따른 분류개념이다.

미의 금융시장과 외환시장, 그리고 파생상품시장 등으로 구성되어 있다.

(1) 전통적 금융시장

전통적 금융시장은 금융상품의 만기에 따라 단기금융시장과 자본시장으로 구분된다. 단기금융시장은 시장참가자들이 일시적인 자금수급의 불균형을 조절하기 위한 시장으로 우리나라의 경우 콜시장, 환매조건부매매시장, 한국은행 환매조건부증권매매시장, 양도성예금증서시장, 기업어음시장, 통화안정증권시장 등이 이에 해당된다.

자본시장은 주로 기업, 금융기관, 정부 등이 장기자금을 조달하는 시장으로, 우리나라의 경우 주식시장과 국채, 회사채, 금융채 등이 거래되는 채권시장 그리고 자산유동화증권시장 등으로 각각 구성되어 있다.

(2) 외환시장

외환시장은 외환의 수요와 공급에 따라 외화자산이 거래되는 시장으로 우리나라에서는 주로 원화와 달러화를 중심으로 이종통화간의 거래가 활발히 이루어지고 있다. 외환시장은 전형적인 점두시장의 하나로서 거래당사자에 따라 외국환은행간 외환매매가 이루어지는 은행간시장(inter-bank market)과 은행과 기업 등 비은행 고객 사이에 거래가 이루어지는 대고객시장(customer market)으로 구분된다.

은행간 시장은 금융기관, 외국환중개기관, 한국은행 등이 참여하여 대량의 외환거래가 이루어지는 도매시장으로,[9] 대고객환율의 지표환율(benchmark rate)인 기준환율을 결정한다. 일반적으로 외환시장이라고 할 때에는 은행간 시장을 의미한다.

9) 우리나라의 금융기관들은 현재 서울외국환중개회사와 한국자금중개회사 등의 외환중개를 통하여 은행간 시장에 참여하고 있다.

[그림 1-2] 우리나라 금융시장의 구조

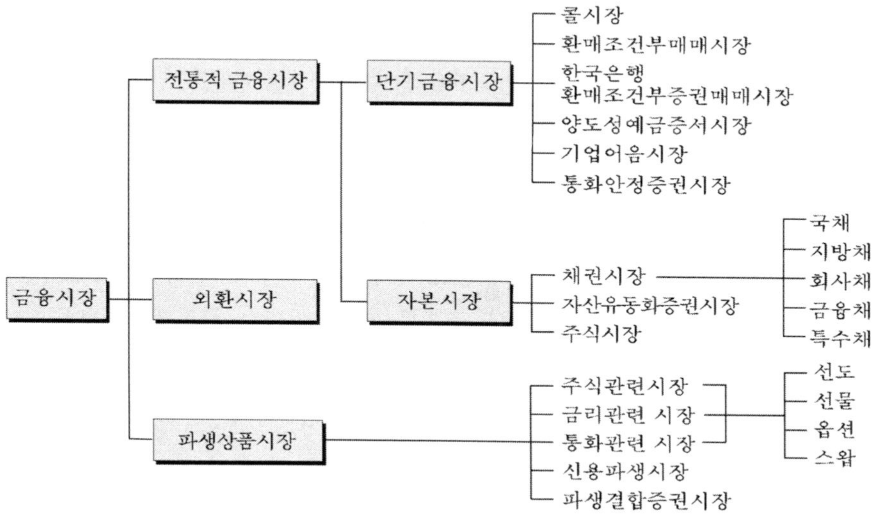

(3) 파생상품시장

파생상품시장은 전통적인 금융상품 및 외환의 가격변동위험과 신용위험 등 위험을 관리하기 위해 고안된 파생상품이 거래되는 시장이다. 우리나라의 경우에는 외환파생상품 위주로 발전해 왔으나, 1990년대 중반이후 주가지수선물 및 옵션, 채권선물, 통화옵션 등이 도입되면서 거래수단이 다양화되고 또한 거래규모도 급격히 증가하고 있다.

파생상품시장은 각종 금융거래에 따르는 위험을 낮은 비용으로 헤지(hedge)하는데 활용되고 추가적인 수익을 얻을 수 있는 기회도 제공하고 있으나, 레버리지 효과(leverage effect)가 매우 커서 대규모의 손실이 발생할 가능성도 내재해 있다.

최근 시장참가자의 다양한 수요(needs)에 부응하기위해 금융상품이 복잡・다기화되고 금융시장간 연계성이 점차 높아지면서 파생상품의 활용성이 더욱 부각되고 있다. 파생상품은 기초자산의 현금흐름을 바탕으로 하고 있으나 몇 가지 조건을 결합하여 다양한 현금흐름을 합성해낼 수 있는 특징을 갖고 있기 때문이다. 이를 반영하여 파생상품은 자주 다른 금융상품과 결합하여 거래되고 있다. 채권시장과 스왑시장을 연계하여 무위험 차익을 회득하거나,[10] 부동산 모기지(mortgage)상품의 유동화를 통한 부동산시장과 채권시장, 파생상품시장간의 연계성이 크게 높아지고 있는 예가 이에 해당된다.

이와 같은 금융시장간의 연계확대로 금융시장의 거래가 확대되고 유동성이 개선되는 등의 긍정적인 효과가 발생하기도 하나, 한 금융시장에서 발생한 리스크가 쉽게 다른 금융시장에 전이되는 시스템리스크가 발생할 가능성도 한층 높아졌다. 특히 파생상품은 레버리지효과가 매우 크기 때문에 적절한 리스크관리가 이루어지지 않을 때에는 커다란 부작용이 발생할 가능성이 높다. 이의 대표적인 예로는 2007년 미국에서 발생한 서브프라임 모기지(sub-prime mortgage)사태가 국제금융시장의 불안과 전세계적인 실물경제위축으로 확산된 2008년의 글로벌 금융위기를 들 수 있다.

2. 금융시장의 규모

우리나라 금융시장의 규모는 1990년대 이후 비약적으로 확대되었다(〈표 1-1〉 참조). 2012년 6월말 현재 단기금융시장과 자본시장을 합한 우리나라 금융시장의 규모는 총 2,708조원으로 1990년 158조원의 17배에 달하고 있다. 이에 따라 금융시장 규모의 금융기관유동성(Lf) 및 금융기관 대출금에 대한 비율이 1990년의 80% 및 87%에서 2012년 6월말에는 각각 113%, 및 135%로 상승하였으며, 명목 GDP에 대한 비율도 1990년의 8.3%에서 2012년 6월말에는 212 %로 상승하였다. 이를 시장별로 살펴보면 자본시장의 경우 2012년 6월말 현재 주식시장의 규모는 15배, 채

10) 우리나라의 경우 2007년 이후 외국인의 국내채권투자가 급증할 때 주로 이러한 투자기법이 활용되었다.

권시장은 35배에 달하는 등 비약적인 신장세를 시현했으며, 단기금융시장도 1990년의 7배에 이르고 있다.

〈표 1-1〉 우리나라 금융시장의 규모 (기말잔액기준)

(단위: 조원, 배)

	1990(A)	2000	2005	2010	21012.6(B)	B/A
단기금융시장[1]	44.3	138.8	212.7	267.5	305.5	6.9
자 본 시 장	114.0	614.2	1,416.8	2,352.7	2,402.3	21.1
주 식[2]	35.0	397.1	690.9	1,112.9	1,228.0	35.1
채 권[3]	79.0	217.1	726.0	1,239.9	1,174.3	14.9
전 체	158.3	753.0	2,030.9	2,707.8	2,2702.8	17.1
C/Lf[4] (%)	79.9	82.6	117.1	113.3	113.3	-
C/대출금[5] (%)	86.9	111.2	148.5	135.3	143.4	-
C/명목GDP[6] (%)	84.8	130.1	188.3	212.0	223.3	-

주: 1) 콜, 환매조건부매매, 기업어음, 양도성예금증서, 표지어음 및 1년물 이하 통화안정증권, 재정증권 합계

2) 한국거래소의 유가증권시장 상장주식 및 코스닥시장 상장주식의 시가총액

3) 상장채권 기준(단, 364일물 이하 통화안정증권은 제외)

4) 금융기관 유동성(=M_2 + 예금취급기관의 2년이상 유동성상품+증권금융 예수금 등 +생명보험회사 보험계약준비금 등)

5) 자금순환표상 대출금(단, 한국은행의 대출금 제외)

6) GDP의 경우 1980~2000년은 2000년 가격기준, 2005년 이후는 2005년 가격기준

자료: 한국은행, EOS

한국거래소, 『증권선물』 각호

이와 같이 우리나라 금융시장의 규모가 비약적으로 확대된 데에는 경제규모의 확대, 대외개방정책 및 이에 따른 자본시장의 육성, 외환위기 이후의 금융시장 하부구조 정비 및 시장참가자의 금융거래기법의 개선 등의 요인이 크게 영향을 미쳤다[11]고 볼 수 있다.

11) 한국은행, 『한국의 금융시장』, 20012년, p. 9.

중요개념 및 용어

금융시장	금융주체	흑자지출단위
적자지출단위	금융자산	금융수단
금융상품	직접금융시장	간접금융시장
시장중개기관	금융중개기관	단기금융시장
자본시장	거래소시장	장외시장
점두시장	딜러	브로커
발행시장	유통시장	직접발행
공모	사모	국제금융시장
신용시장	증권시장	외환시장
은행간 시장	대고객간 시장	파생상품시장

연 습 문 제

1. 금융시장의 기능에 대하여 서술하라.

2. 직접금융시장과 간접금융시장을 비교 · 설명하라.

3. 단기금융시장과 자본시장을 비교 · 설명하라.

4. 거래소시장과 장외시장을 비교 · 설명하라.

5. 발행시장과 유통시장에 대하여 설명하라.

6. 국내금융과 국제금융은 어떻게 분류하는가.

7. 외환시장에 대하여 설명하라.

8. 파생상품시장의 의의 및 기능에 대하여 설명하라.

9. 파생상품을 중심으로 금융시장의 연계성에 대하여 설명하라.

제 2 장 단기금융시장

단기금융시장은 만기1년 미만의 단기금융상품이 거래되는 시장을 말하는데, 본장에서는 단기금융시장의 개념, 기능 등에 대하여 개괄적으로 살펴본 후, 우리나라의 단기금융시장의 발전과정 및 현황에 대하여 알아보고, 단기금융시장의 각각의 하부시장에 대하여 구체적으로 살펴보고자 한다.

제 1 절 단기금융시장의 개요

1. 단기금융시장의 의의와 기능

단기금융시장(money market)은 기업, 가계, 정부, 금융기관 등 금융주체간에 단기자금의 과부족을 조절하기 위해 일반적으로 만기 1년 이내의 단기금융상품이 거래되는 시장을 말한다.[1] 그런데 최근에는 금융시장의 발전으로 금융상품의 유통이 활발해 짐에 따라 만기와 관계없이 증권의 유동성과 위험성을 기준으로 유동성이 높고 신용위험과 가격변동위험이 상대적으로 작은 금융상품을 단기금융시장의 금융상품 (money market instruments)으로 분류하기도 한다. 콜자금(call money), 1년 미만의 정부증권, 기업어음 (commercial paper: CP), 은행인수어음 (banker's acceptance: BA), 양도성예금증서 (certificate of deposit :CD), 환매조건부매매(repur-chase agreement :RP), 유로달러예금, 기타 단기 자산저당증권(asset-backed claims) 등이 이에 해당된다.

단기금융시장이 수행하는 기능과 역할은 다음과 같이 정리할 수 있다.

첫째, 단기금융시장은 적자지출단위의 자금수요와 흑자지출단위의 자금공급을 연결시켜 줌으로써 자금의 수급불균형을 조절하는 기능을 수행한다. 단기금융시장은 만기 1년 이내의 금융상품이 거래되는 시장으로서 주로 통화당국, 금융기관, 우량기업 등 자금거래규모가 크고 신용도가 높은 참가자가 일시적으로 자금부족이나 자금과잉상태에 직면할 때 자금과부족을 조절하는 기능을 수행하는 시장이다. 따라서 일시적으로 여유자금을 보유하고 있는 참가자는 단기금융시장에서 거래되는 금융상품을 매입함으로써 안정성 및 유동성과 더불어 수익성을 추구할 수가 있고, 자금이

1) 단기금융시장(money market)을 자금시장이라고 말하기도 한다.

일시적으로 부족한 참가자는 보유하고 있는 단기금융상품을 단기금융시장에서 매각함으로써 용이하게 부족자금을 조달할 수 있다. 이와 같이 단기금융시장을 통하여 단기자금의 수급불균형이 조절된다.

둘째, 단기금융시장은 개별금융주체의 유동성포지션을 적절수준으로 유지하게끔 함으로써 자금운용의 효율성을 제고시키는 기능을 수행한다. 앞에서 언급한 것처럼 단기금융시장은 각 금융주체의 일시적인 자금과부족을 신속하게 조절할 수 있는 수단을 제공함으로써 투자기회의 상실을 최소화하고 장래 지급을 위해 보유해야 할 유휴자금(idle money)의 기회비용을 감소시킬 수 있다. 따라서 단기금융시장이 발달하면 할수록 단기금융시장의 참가자들은 장래 지출에 대비하여 보유자금을 줄일 수 있기 때문에 그만큼 자금을 효율적으로 운용할 수 있다.

셋째, 단기금융시장은 자본시장에 비하여 자본손실 및 유동성위험 등이 작아 금융주체들의 금융자산 위험관리로서의 기능을 수행한다. 일반적으로 단기금융상품은 장기금융상품에 비해 금리변동에 수반한 가격변동의 폭이 크지 않으므로 자본손실(capital loss)이 작고, 유통시장이 잘 발달된 경우에는 만기이전에도 쉽게 자금을 회수할 수 있어 유동성위험도 크지 않다. 따라서 금융주체들은 주식이나 채권 등이 하락할 것으로 예상될 때 이들 금융상품을 매각하고 단기금융상품을 매입함으로써 자본손실위험을 줄일 수 있다. 또한 단기금융상품의 경우 발행주체가 주로 정부나 신용도가 높은 우량기업이므로 채무불이행위험(default risk)이 다른 금융상품에 비해 상대적으로 낮아 신용리스크(credit risk)도 최소화할 수 있다.

넷째, 단기금융시장은 중앙은행의 통화정책(money policy)의 효과가 전달되는 중간경로(transmission mechanism)로서의 기능을 수행한다. 중앙은행은 공개시장조작정책(open market operation policy)을 통해 금리를 인상 또는 인하함으로써 단기금리를 조절하는 한편 본원통화의 공급자로서 유동성을 공급 또는 환수함으로써 통화량을 조절한다. 그런데 일반적으로 단기금융시장이 발달하면 금리재정거래(interest arbitrage transaction)가 활발하게 이루어져 금융시장간의 상호관련성이 제고되고 단기금융상품의 수익률이 자금의 수급상황에 민감하게 반응하는 등 금융시장전반에 걸쳐 금리체계의 합리화가 이루어진다. 따라서 이와 같은 여건이 충족되면 중앙은행은 이를 바탕으로 공개시장조작정책의 효과를 신속하게 광범위하게 전달할 수 있을 뿐만 아니라 단기금융시장에서의 금리동향을 중요한 시장신호(market signal)로 활용하여 정책효과를 측정하고 정책방향을 설정할 수 있다.

다섯째, 단기금융시장의 발달은 은행의 자금과부족을 신속하고 효과적으로 조절함으로써 금리의 변동성을 감소시키고, 장·단기금리재정거래를 통하여 단기금리의 변동을 장기금리에 신속하게 반영함으로써 자본비용에 대한 불확실성을 감소시켜 기업투자활동의 안정성을 제고시키는 기능을 수행한다.

이외에도 단기금융시장은 채권등 장기금융상품의 유동화를 촉진시켜 자본시장을 보완·발전시키는 기능을 수행한다.

2. 단기금융시장의 구조

단기금융시장도 자본시장과 같이 발행시장과 유통시장이 존재한다. 이 중에서 특히 유통시장의 경우 거래소거래방식과 점두거래방식이 있는데, 시장의 속성상 자금의 즉시 이용이 보장되어야 하므로 주로 통신망에 의한 점두거래방식을 일반적으로 많이 사용하고 있다.

또한 단기금융시장은 시장참가자의 범위에 따라 금융기관 상호간 단기자금의 거래가 이루어지는 은행간시장(inter-bank market)과[2] 일반고객도 참여할 수 있는 대고객시장으로 분류할 수 있다. 은행간시장은 금융기관간에 자금의 과부족이 조절되는 시장으로 주로 단기자금이나 콜 혹은 은행간예금 등으로 거래되는 시장을 말하는데, 일반적으로 은행간시장은 예금은행만으로 구성된 경우, 예금은행과 비은행간 또는 대형은행간의 경우, 대형은행과 소형은행간의 경우 등으로 구분할 수 있다. 한편, 대고객

2) 금융기관간 시장이라고도 한다.

시장은 개인, 기업, 기금 등이 포함된 순수한 대고객시장, 은행간시장과 대고객시장이 혼합된 시장으로 구분된다. 우리나라의 경우 대표적인 은행간시장으로는 콜시장을 들 수 있으며, 기업어음시장에는 기업이나 금융기관이 참여하여 단기자금을 조달하고 있다. 한편 환매조건부매매 및 양도성예금증서시장은 은행간시장과 대고객시장의 성격이 혼합되어 있다.

단기금융시장에의 참여는 단기금융시장에의 진입제한이나 업무범위에 따라 국가마다 다소 차이가 있으나, 거의 모든 금융주체가 참여하고 있다. 즉, 중앙은행, 정책당국, 상업은행, 기업, 증권회사(금융투자회사), 투자회사(investment company), 금융회사(finance company), 보험회사, 연금기금, 개인 등이 참여하고 있다. 이중, 중앙은행과 금융기관들이 가장 활발히 단기금융시장에 참여하고 있는데 비해, 기업과 개인은 참여가 제한되고 있다. 우리나라의 경우 금융기관의 유형에 따라 단기금융시장 거래상품에 참여할 수 있는 자격이 제한되고 있다.

제 2 절 우리나라 단기금융시장의 발전과정 및 동향

1. 단기금융시장의 발전과정

우리나라 단기금융시장의 발전과정을 간략히 살펴보면 다음과 같다.[3)]먼저 1960년 7월에는 금융기관간의 일시적인 자금과부족을 조절하기 위해 콜거래가 시작되었으며, 1972년 8월에는 소위 「8 · 3조치」에 따른 사채성 자금을 제도금융권으로 흡수하기 위한 일환으로 단기금융회사가 설립됨을 계기로,[4)] 기업이 자기신용을 바탕으로 단기자금을 조달할 수 있는 기업어음시장이 도입되었다. 그 이후 양도성예금증서(1974년 5월), 환매조

3) 이하의 내용은 한국은행, 『한국의 금융시장』, 한국은행, 2012년. pp. 27~329 참조.

4) 단기금융회사를 단자회사 혹은 투자금융회사라고도 한다.

건부채권매매(1977년 2월) 등 개별적인 단기금융시장이 지속적으로 개설됨으로써 단기금융시장의 기반이 형성되게 되었다.

한편, 1990년대에 들어서는 금리자유화 등 일련의 제도개혁이 이루어짐에 따라 단기금융시장에서의 금리의 가격기능이 제고되었다. 1991년 11월부터 시작된 단계별 금리자유화조치가 2004년 2월에 완료됨으로써 단기금융상품의 발행금리, 한도, 만기 등에 대한 거의 모든 규제가 폐지되었는데, 이에 따라 기업어음, 양도성예금증서, 환매조건부채권매매 등 모든 단기금융상품에 금리가 시장원리에 의해 결정됨으로써 금리의 가격기능이 크게 제고되었다.

그리고 콜시장의 활성화가 다각도로 추진되었다. 은행권을 중심으로 한 장내시장과 비은행권을 중심으로 한 장외시장으로 이원화되었던 콜시장이 1989년 10월 단일시장으로 통합된 것을 비롯하여, 콜중개기관이 완전경쟁방식으로 콜거래를 중개하는 무차별중개방식(blind brokerage system)의 도입(1992년 2월), 콜거래 전문중개회사인 한국자금중개회사의 콜중개업무 개시(1996년 11월) 및 서울외국환중개회사에 대한 콜거래 중개업무의 인가(2001년 2월), 한국자금중개주식회사의 담보콜거래 개시(2003년 10월), KIDB자금중개주식회사의 콜거래 중개업무의 인가(2006년 4월)등이 지속적으로 이루어졌는데, 이에 따라 콜시장에 경쟁원리가 도입됨과 아울러 금융기관간의 단기자금수급조절 기능이 일층 제고되게 되었다.

또한 환매조건부매매시장의 금융기관간 자금수급조절기능 제고도 추진되었다. 먼저 금융기관을 상대로 한 은행과 증권회사(금융투자회사)의 환매조건부매매거래에 대해 만기, 금액, 금리 등 거래조건이 자유화되었으며(1991년 12월), 그 이후 금융기관간 환매조건부매매업무 취급기관의 콜시장 참가 전 금융기관으로의 확대(1994년 11월), 금융기관간 환매조건부매매 표준약관 제정(1999년 10월) 및 동 매매촉진을 위한 한국증권거래소(현재의 한국거래소)환매조건부매매 중개업무허용(2002년 2월), 환매조건부매매 대상채권에 대한 이자소득 원천징수 면제(2008년 6월) 등이 행하여져 거래의 편의성 및 법적 안전성이 제고되었다. 한편 최근에 들어서는 금융기관간 단기자금거래의 콜시장 집중도 완화와 기관간 RP거래 활성화를 위해 증권회사 콜차입 한도를 제한하는 한편, 환매조건부매매 거래 수수료 인하(2008년 12월), 한국증권금융의 기관간 RP 중개업무 허용(2011년 4월), MMF의 동일인 총거래한도 계산시 환매조건부매수거래 예외 인정(2012년 1월)등 다가적인 조치가 행해졌다.

이와 더불어 시장친화적인 공개시장조작을 추구하기 위한 제도적 정비도 지속적으로 추진되었다. 한국은행은 1997년 외환위기 이전에는 총통화(M_2) 등 총통화량 중심으로 통화정책을 운용해 왔으나, 금리자유화의 추이에 부응하여 1999년 5월부터 통화정책운용방식을 금리중시정책으로 이행하고 콜금리를 목표로 하여 공개시장조작을 실시하여 왔으며 2008년 3월부터는 단기금융시장(자금시장)의 발전을 도모하고 통화정책의 효과를 높이기 위해 정책금리를 콜금리에서 한국은행 기준금리로 변경하였다.

또한 한국은행은 1990년대 초반까지는 통화안정증권발행이나 환매조건부매매를 주로 금융기관에 인수시키거나 할당하는 방식으로 운용해 왔으나, 경쟁 입찰제도의 본격적인 시행(1993년 4월), 통화안정증권 편입의무비율제도폐지(1997년 7월), 전자입찰방식도입(1997년 8월), 경쟁입찰시 기일물별 정례발행실시(2003년 1월) 등의 일련의 조치를 통해 공개시장조작 운용방식을 시장친화적으로 개편하였다. 또한 1990년대 중반부터는 공개시장조작대상기관의 범위를 종래의 은행금융기관위주에서 비은행금융기관까지 확대하였으며, 2008년 3월에는 통화정책 운영체계 개편을 통해 공개시장조작 시기를 정례화하고 금융기관과의 환매조건부매매시 적용금리를 한국은행 기준금리에 연계하는 방식으로 변경하였다.

〈표 2-1〉 우리나라 단기금융시장의 개요

<table>
<tr><th colspan="2"></th><th>콜</th><th>환매조건부
매매</th><th>한국은행
환매조건부
증권매매</th><th>양도성
예금증서</th><th>기업어음</th></tr>
<tr><td colspan="2">도입시기</td><td>1960년 7월</td><td>1977년 2월</td><td>1969년 2월</td><td>1974년 5월</td><td>1972년 8월</td></tr>
<tr><td colspan="2">특징</td><td>금융기관간
자금조절</td><td>금융기관간
자금조절,
금융기관의
단기자금조달</td><td>시중 유동성
조절</td><td>은행간
자금조절,
은행의 단기
자금조달</td><td>기업의 단기
자금조달</td></tr>
<tr><td colspan="2">법적성격</td><td>금전소비
대차</td><td>채권매매</td><td>채권매매</td><td>소비임치</td><td>약속어음,
채무증권</td></tr>
<tr><td rowspan="3">참
가
기
관</td><td>자금조달
(발행)기관</td><td rowspan="2">은행,
은행신탁,
증권,
자산운용,
보험 등</td><td rowspan="2">금융기관간:
콜시장참가기관,
대고객:
은행, 증권, 증권금융, 체신관서</td><td rowspan="3">한국은행의
거래대상으로
지정된 은행,
증권회사,
증권금융</td><td>예금은행</td><td>기업</td></tr>
<tr><td>자금운용
(매입)기관</td><td>은행간:은행
대고객:금융기관, 법인,
개인</td><td>금융기관,
법인, 개인</td></tr>
<tr><td>중재기관</td><td>자금중개</td><td>자금중개, 증권</td><td>증권,
종합금융,
자금중개</td><td>증권,
종합금융,
자금중개</td></tr>
<tr><td colspan="2">만기</td><td>최장 90일
이내</td><td>자유화</td><td>최장 91일
이내</td><td>30일 이상</td><td>자유화</td></tr>
<tr><td colspan="2">최저발행(거래)금액</td><td>1억원
(중개거래시)</td><td>체신관서:5만원
기타: 제한없음</td><td>최저입찰금액
100억원</td><td>제한없음</td><td>증권:1억원
기타:제한
없음</td></tr>
<tr><td colspan="2">이자지급방식</td><td>만기
일시지급</td><td>만기일시지급</td><td>만기일시지급</td><td>할인방식
선지급</td><td>할인방식
선지급</td></tr>
<tr><td colspan="2">중도환매</td><td>-</td><td>제한없음</td><td>금지</td><td>금지</td><td>제한없음</td></tr>
</table>

자료: 한국은행, 『한국의 금융시장』, 한국은행, 2012년, p. 29.

2. 우리나라 단기금융시장의 동향

2012년 6월말 현재 우리나라 단기금융시장의 규모는 305조원으로 1990년 말과 비교하여 약 7배에 달하는 등 괄목할 만한 신장세를 보이며 확대해 왔다. 이와 같이 단기금융시장이 급속히 성장하게 된 데에는 개별금융주체들의 금리선호경향의 고조 등으로 금융자산의 축적이 지속되는 과정에서 자금의 단기운용에 의한 위험회피추구경향의 확대, 기업의 여유자금 운용기법의 발달 등의 요인이 크게 영향을 미친 것으로 여겨진다.

〈표 2-2〉 우리나라 단기금융시장(자금시장) 규모의 추이(기말잔액 기준)

(단위:10억원, %)

	1990		2000		2010		2012. 6	
	금액		금액	구성비	금액	구성비	금액	구성비
콜	3,397	7.7	16,058	11.6	22,501	8.4	20,006	6.5
환매조건부매매	3,377	7.6	26,115	18.8	76,871	28.7	90,270	29.5
기업어음[1]	12,740	28.7	44,677	32.2	80,916	30.2	106,175	34.8
양도성예금증서	6,804	15.4	14,218	10.2	44,472	16.6	29,653	9.7
표지어음	277	0.6	11,201	8.1	1,604	0.6	1,671	0.5
통화안정증권[2]	15,241	34.4	26,488	19.1	41,140	15.4	49,550	16.2
재정증권	2,500	5.6	0	0.0	0	0.0	8,161	2.7
계	44,335	100.0	138,757	100.0	267,504	100.0	305,486	100.0

주 : 1) 자금순환표기준

2) 1년물 이하 단기물 기준

자료 : 한국은행, 『통화금융통계』, 『자금순환』 각호

이를 시장별로 보면 다음과 같다. 2012년 6월 현재 기업어음시장의 비중 (34.8%)이 가장 높고 환매조건부매매시장 (29.5%), 통화안정증권시장 (16.2%)순으로 비중이 높다. 여기서 환매조건부매매시장의 확대는 규제완화, 인프라개선에 기인한 것이라 볼 수 있고, 기업어음시장은 일반기업이 자금조달을 위해 일반CP외에 기초자산을 유동화한 ABCP의 발행을 많이 하여 확대되었다.

이에 비해 콜시장과 양도성예금증서시장은 1990년 이후 성장세를 보이다가 최근 들어 그 규모가 축소되고 있음을 알 수 있다. 이는 콜시장의 경우 2010년 이후 증권회사에 대한 콜차입 한도 규제가 영향을 미쳤기 때문이며, 양도성예금증서시장은 2009년 12월 예대율 규제 도입 방침 발표가 영향을 미친 것으로 보인다.

제 3 절 단기금융시장의 하부시장

1. 콜시장

(1) 의의 및 기능

콜시장(call market)이란 주로 금융기관간에 일시적인 자금과부족을 조절하기 위해 초단기자금을 차입(call money)하거나 대여(call loan)하는 시장을 말한다. 은행을 비롯한 금융기관은 예금(수신)을 받아 대출(여신)하거나 혹은 투자를 행하는 과정에서 자금의 과부족이 발생할 수 있는데, 이러한 경우 콜시장에서 금융기관간의 초단기자금거래를 통해 자금의 과부족을 조절한다. 이와 같이 콜시장은 일시적인 금융기관의 자금과부족을 조절하는 시장이기 때문에 주로 1일 내지는 수일 이내의 자금이 전화나 통신망을 통해 거래된다.

콜시장에서 형성되는 콜금리는 다른 여타금융시장의 금리와 마찬가지로 주로 콜시장의 자금수급상황에 따라 결정된다. 즉 금융기관의 단기유동성사정이 호전(악화)되면 콜자금공급이 증가(감소)하여 콜금리는 하락(상승)한다.

이와 같이 콜시장은 금융기관의 단기적 자금과부족을 조절하여 금융시장의 효율성을 제고시킴과 더불어 중앙은행의 통화정책과 관련하여 매우 중요한 역할을 수행한다. 일반적으로 콜금리의 변동은 금리재정거래를 통해 일차적으로 양도성예금증서(CD), 기업어음(CP) 등의 단기금리변동뿐만 아니라, 나아가서는 회사채수익률, 은행대출금리 등 시중금리에 영향을 미쳐 소비, 투자 등 실물경제에 영향을 준다. 이와 같은 금리의 파급경로를 근간으로 중앙은행은 공개시장조작 등을 통해 금융기관의 단기유동성을 조절하여 콜금리에 영향을 미침으로써 최종적으로 실물경제활동을 바람직한 방향으로 유도한다.

(2) 참가기관

2012년 6월말 현재 콜시장에 참가할 수 있는 기관은[5] 은행, 자금중개회사, 상호저축은행 및 동 중앙회, 신용협동조합중앙회, 새마을금고연합회, 은행신탁, 자산운용회사 및 투자회사, 증권회사, 보험회사, 한국증권금융, 여신전문금융회사, 창업투자회사, 선물회사, 공공자금관리기금, 예금보험공사, 한국자산관리공사, 대한주택보증, 유동화전문회사, 주택저당채권유동화회사, 외국환평형기금, 공적자금상환기금, 한국주택금융공사 등이다.

콜론(call loan)기관의 대표적인 예로는 자산운용회사(금융투자회사), 은행신탁 등을 들 수 있다. 이들 금융기관은 수탁재산의 일정비율을 유동성자산으로 운용하도록 약관에 명시하고 있거나 자금운용과정에서 일시적인 여유자금이 빈번히 발생하기 때문에 콜자금을 공급한다.

대표적인 콜머니(call money)기관으로는 외국은행 국내지점, 증권회사(금융투자회사) 등을 들 수 있다. 외국은행 국내지점의 경우 원화수신기반이 취약하기 때문에 원화자금수요를 콜자금차입에 크게 의존하고 있다. 증권회사(금융투자회사)의 경우는 자금조달수단이 고객예탁금, RP매각 등으로 제한됨에 따라 콜시장에서 영업자금을 조달하고 있다. 또한 증권회사(금융투자회사)가 자산운용회사(금융투자회사)의 수익증권을 판매하면서 미매각 수익증권이 발생할 경우 이에 대한 자금부담을 자산운용회사(금융투자회사)로부터의 콜차입으로 충당하고 있다.[6]

국내은행은 비은행금융기관의 자금사정에 따라 콜론기관이 되기도 하고 콜머니기관이 되기도 한다. 일반적으로 국내은행은 비은행금융기관

5) 「자본시장과 금융투자법에 관한 법률」 시행령 제 346조 2항에서 규정하고 있다.

6) 자산운용회사(금융투자회사)의 수익증권의 매각방식에는 모집방식과 매출방식이 있는데, 모집방식은 증권회사(금융투자회사)가 고객에게 수익증권을 매출한 후 매출분만큼 자산운용회사(금융투자회사)의 수익증권을 인수함에 따라 증권회사(금융투자회사)로서는 추가적인 자금부담(콜차입)을 유발하지 않으나 매출방식은 설정액만큼을 증권회사(금융투자회사)가 먼저 인수한 후 고객에게 매출하기 때문에 자금부담이 발생한다.

들이 전체적으로 자금부족일 경우에는 순콜론포지션을 취하는 반면에 비은행금융기관들이 전체적으로 자금잉여일 경우에는 순콜머니포지션을 취한다.7)

콜거래중개회사로는 한국자금중개주식회사와 서울외환중개주식회사, KIDB 자금중개주식회사가 영업활동을 하고 있다. 이들 자금중개회사는 콜거래중개 수수료를 거래쌍방으로부터 받는데,8) 실제로는 건별로 받지 않고 월 1회 받으며 무담보콜의 경우 수수료총액에 따라 10~25%를 할인해 주고 있다. 한편, 중개회사의 콜중개는 단순중개(brokerage)를 원칙으로 하고 있는데, 다만 소액거래나 신용도가 낮은 기관의 콜거래를 원활히 하기 위하여 필요한 최소한의 범위 내에서 매매중개(dealing)도 할 수 있도록 되어 있다. 매매중개의 경우에는 별도의 수수료를 받지 않고 매입금리(bid rate)와 매도금리(offer rate)간의 차이를 수익으로 취한다.

(3) 거래조건

콜거래의 만기는 무담보·담보부에 관계없이 최장 90일 이내에서 일별로 정할 수 있으나, 실제거래에서는 1일물이 대부분을 차지하고 있다. 다만, 지준마감일전일에는 은행권의 지준사정에 영향을 주지 않기 위해 2일물이 거래의 주종을 이룬다.

콜거래금액은 최저 1억원으로 억원단위로 거래되며, 콜거래는 담보제공 여부에 따라 담보콜과 무담보콜(신용콜)로 구분된다.9)

콜금리는 자금수급사정, 콜머니기관의 신용도의 차이 등을 반영하여 완전경쟁방식인 무차별중개방식(blind brokerage system)에 의해 결정되기 때문에 수시로 변동한다. 이와 관련하여 한국은행은 일중콜금리를 금액으

7) 순콜론은 콜론 - 콜머니 〉 0인 경우를, 순콜머니는 콜머니 - 콜론 〉 0인 경우를 의미한다.

8) 1일물기준으로 1억원당 무담보콜 및 담보를 모두 80원을 거래 쌍방으로부터 받는다.

9) 담보콜의 담보물은 『자본시장과 금융투자업에 관한 법률(이하 자본시장법 이라고 칭함)』상의 증권(국채, 지방채, 통화안정증권, 특수채, 회사채, CP, 주식, 수익증권 등)과 CD 및 현금으로 한정되고 담보가액은 금융기관간 협의를 통해 증권별로 결정하고 있다.

로 가중평균한 지표금리를 매일산출하여 공표하고 있다.[10)]

거래이율의 변동단위는 자금중개회사의 업무방법서상 0.01%로 되어 있다.

(4) 거래메커니즘

콜거래는 계약체결방식에 따라 직거래와 중개거래로 구분된다. 직거래는 거래당사자들이 직접 금리, 만기, 금액 등에 합의하여 계약을 체결하는 것을 의미한다.

중개거래는 자금중개회사가 금리, 만기, 금액 등의 거래조건에 따라 자금의 공급자와 수요자를 연결시켜 줌으로써 계약이 체결되는 거래이다. 자금중개회사는 유선을 통해 콜론 및 콜머니 주문을 접수한 후 콜론기관이 콜머니기관에 설정하는 신용공급한도(credit line)를 확인하고 거래를 체결시킨다. 이때 콜론기관이 콜머니기관을 지정하거나[11)] 자금공급시점이나 자금상환시점 등에 대한 조건[12)]을 제시하는 경우도 가끔 있다.

한편 자금중개회사는 콜중개거래를 활성화하기 위해 콜시장의 만기별, 금융권별 콜론·콜머니 신청금액 및 체결현황, 금리단계별 콜체결현황 등 관련정보를 부가가치통신망(VAN)을 통해 실시간으로 제공하고 있다.

---

10) 지표금리는 자금중개회사를 통해 거래된 무담보콜 1일물을 기준으로 산출되는데 이 중에서 자산운용회사와 증권회사간의 연계콜거래는 제외되고 있다.

11) 예를 들어 은행이 콜론신청을 내면서 자금중개회사에 대해 콜머니기관으로는 비은행금융기관중 특정 금융회사(증권회사, 종합금융회사 등)는 제외시켜 줄 것을 요청하는 경우가 있다.

12) 예를 들어 콜머니기관이 자금중개회사에 금리 및 금액을 제시하면서 콜론기관의 자금공급시점을 오후 2시 30분 이전으로 제한하는 경우 등이 이에 해당된다.

[그림 2-1] 콜거래대금의 결제(은행간 거래의 경우)

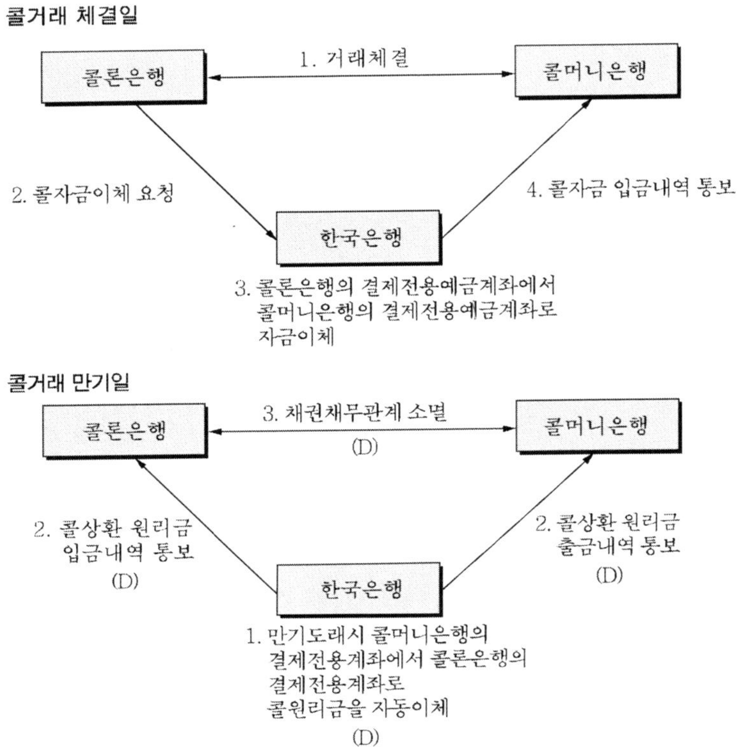

주: D는 만기일

콜거래대금의 결제는 콜론과 콜머니가 한국은행에 결제전용예금계좌를 보유하고 있는 은행인 경우에는 자금대여와 상환이 한국은행금융망(BOK wire)을 통하여 한국은행의 결제전용예금계좌를 이용하여 이루어지고 있다([그림 2-2] 참조). 과거 비은행금융기관 등이 한국은행금융망의 콜거래시스템을 이용할 수 없었을 때 비은행금융기관 등에 콜론을 공급하는 경우에는 콜자금의 회수를 보장받기 위한 방안의 하나로서 은행이 콜머니기관으로부터 콜어음을 받거나 콜자금상환영수증을 작성한 후 콜어음 등의 만기일에 이를 어음교환에 회부하여 콜자금을 회수하였다. 그러나 2003년 7월부터 한국은행금융망에 참여하는 모든 금융기관에 대하여 콜거래시스템을 이용할 수 있도록 허용하였기 때문에 은행과 비은행금융기관 그리고 비은행금융기관상호간의 콜거래대금의 결제도 한국은행금융망(BOK wire)을 통하여 행할 수 있다.

(5) 콜거래 동향

콜거래규모는 2000년대 들어 2005년까지 증가세를 보인 후 완만하게 감소하다가 2008년 글로벌 금융위기를 겪으면서 큰폭으로 감소하였다. 2010년에는 신용경색완화 등으로 콜거래가 글로벌 금융위기 이전 수준을 회복하기도 하였으나, 단기금융시장개편의 일환으로 증권회사 콜차입 한도규제가 시행되면서 다시 감소추세로 전환하였다.

[그림 2-2] 콜거래규모(일평균)

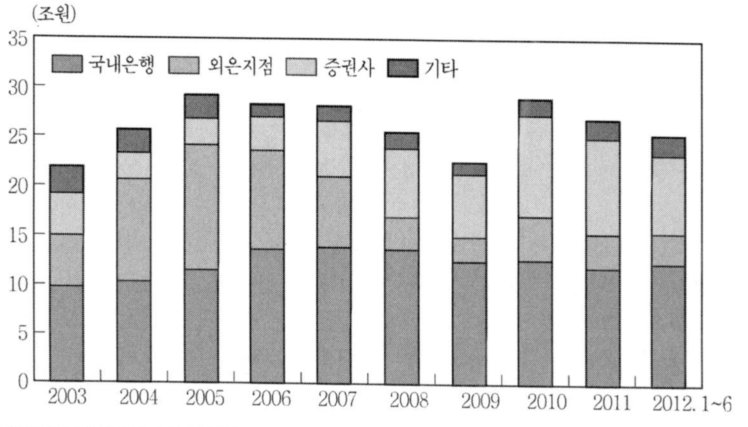

거래방식별로 보면 무담보 콜거래(일평균기준)의 경우 중개거래가 대부분을 차지하고 있다. 2012년 상반기의 경우 중개거래가 전체의 98.5%인 25조 2,570억원인데 반면에 직거래는 전체의 1.5%인 3,750억원에 불과하다.

콜시장에서의 자금공급(중개거래기준)은 2012년 상반기의 경우 자산운용회사가 53.0%, 국내 은행이 36.4%, 외국은행 국내 지점이 7.2%를 각각 점유하였다. 〈표 2-3〉에서 보는 바와 같이 2000년대 후반 들어 전체 콜공급 중 자산운용회사의 비중은 낮아지고 국내은행의 비중이 높아지고 있

음을 알 수 있다

〈표 2-3〉 콜시장 참가 기관별 자금공급구성비(중개거래 기준)

(단위: %)

	2005	2006	2007	2008	2009	2010	2011	2012.1~6
국 내 은 행	15.1	9.4	11.4	18.6	30.3	35.4	28.2	36.4
외 은 지 점	0.7	1.5	3.9	5.8	8.7	6.2	6.6	7.2
은 행 신 탁	9.5	13.0	11.6	3.9	0.9	1.4	1.2	0.5
증 권 회 사	2.5	4.0	4.7	2.2	3.1	1.5	1.9	1.4
자산운용회사	61.3	62.2	59.1	62.4	55.5	53.0	58.8	53.0
기 타	10.9	9.9	9.3	7.1	1.5	2.5	3.3	1.5

자료 : 한국은행

2012년 상반기의 경우 콜시장에서 국내은행(49.5%), 증권회사(금융투자회사)(30.7%), 외은지점(4.3%)의 순으로 자금을 차입하고 있음을 알 수 있다(〈표 2-4〉 참조).

〈표 2-4〉 콜시장 참가 기관별 자금차입구성비(중개거래 기준)

(단위: %)

	2005	2006	2007	2008	2009	2010	2011	2012.1~6
국 내 은 행	42.2	48.7	49.3	54.2	55.2	44.1	44.2	49.5
외 은 지 점	45.8	36.4	26.2	13.6	9.5	15.3	13.1	14.3
종합금융회사	0.1	0.1	0.3	0.5	0.3	0.1	0.1	0.1
증 권 회 사	9.5	12.2	20.1	27.3	28.1	35.2	37.1	30.7
기 타	2.4	2.5	4.2	4.4	6.9	5.3	5.5	5.4

자료 : 한국은행

2. 환매조건부매매시장

(1) 의의 및 기능

환매조건부매매(RP 또는 Repo : repurchase agreement)는 특정한 증권을 매매하고 일정기간 후 매매 당시의 가격에다 소정의 이자를 더한 가격으로 되사거나 되팔 것을 약정한 매매당사간의 계약에 의거한 매매를 말한다. RP는 채권이외에 주식 및 부동산 등도 매매거래대상이 될 수 있으나, 전통적으로 RP거래라고 할 경우에는 채권을 담보로 단기자금을 거래하는 것을 의미한다.

RP는 거래주체를 기준으로 금융기관과 일반고객간에 이루어지는 대고객RP, 금융기관간에 이루어지는 기관간 RP, 그리고 공개시장조작수단으로서 한국은행과 금융기관간에 이루어지는 RP로 구분할 수 있다.

거래기간에 따라서는 1일물RP(overnight RP), 만기가 2일 이상으로 만기가 미리 정해진 term RP, 만기일을 미리 정해 두지 않고 어느 한 쪽의 통지가 있기 전까지는 매일 자동적으로 만기가 연장되는 open RP 등으로 구분할 수 있다.

담보대상 증권을 누가 보관하느냐에 따라서는 RP매도자가 매수자에게 증권을 넘겨주는 인도형 RP(delivery RP), 매도자가 대상증권을 보관하는 점유개정형 RP(hold-in-custody RP), 제3의 환매서비스기관을 통해 증권을 보관·관리하는 3자간 RP(triparty RP)로 구분할 수 있다. 인도형 RP의 경우 거래비용이 높지만 매수자의 신용위험이 작으며, 점유개정형 RP는 매도자가 대상증권을 보관하므로 관리비용이 저렴하지만 매수자의 신용위험이 증가한다. 3자간 RP는 제3의 환매서비스기관을 통해 결제와 대상증권관리가 이루어지므로 거래비용이 상대적으로 낮고 대수자의 위험노출도 작게 된다. 우리나라의 경우에는 점유개정형 RP와 3자간 RP가 주로 이용된다. 이중 3자간 RP의 경우 한국은행과 금융기관간 거래 및 대부분의 기관간 거래에 이용되고 있다.13)

RP거래는 증권매매 형태로 이루어지나 실제로는 단기자금의 조달과 운용수단으로 이용되고 있어 단기자금의 대차거래 성격을 지니고 있다. 이와 같이 RP거래는 성격상 단기금융상품에 속하지만 거래대상이 주로 장기금융상품인 채권이기 때문에 채권시장과 매우 밀접한 관계가 있다고 말할 수 있다. 즉 RP거래는 채권을 매개로 거래를 행하기 때문에 채권시

13) 한국예탁결제원 및 한국거래소 등이 RP거래에 따른 채권의 평가, 일일정산, 조세처리 등의 환매서비스업무를 취급하고 있다.

장의 수급에 영향을 줄 뿐만 아니라, RP시장과 채권시장간의 차익거래의 기회를 제공하여 채권가격이 보다 합리적으로 형성되는데 기여한다. 또한 RP거래는 자금의 원활한 수급조절을 통하여 단기금융시장의 자금흐름을 원활히 하는 데 기여할 뿐만 아니라, 수익성이 높으나 유동성이 낮은 채권을 유동화시키는 데에도 기여한다. 이와 같이 RP시장은 단기금융시장과 자본시장을 연결시켜 주는 기능을 수행한다. 이외에도 RP거래는 선물·옵션 등과 연계된 거래를 가능케 하는 등 다양한 시장에서 활용이 가능하므로, RP시장의 활성화는 금융시장의 고도화 및 효율성제고에 중요한 역할을 한다고 말할 수 있다.

(2) 참가기관

RP시장은 매도기관, 매수기관, 중개기관으로 구성되는데, 각 참가기관은 다음과 같이 나름대로의 이점을 추구할 수 있어 RP시장에 참가하고 있다. 먼저 매도기관은 RP거래를 이용하여 보유증권을 팔지 않고서도 일시적으로 필요한 자금을 구할 수 있으며, 또한 보유증권을 담보로 제공하기 때문에 다른 수단에 비해 비교적 낮은 비용으로 자금을 조달할 수 있다. 한편 매수기관은 국채 등을 담보로 자금을 안전하게 운용할 수 있는 이점을 누릴 수 있으며, 중개기관은 매도기관과 매수기관을 연결해 주고 수수료 수입을 얻을 수 있다.

RP시장에의 참가는 크게 대고객 RP거래와 기관간 RP거래로 구분하여 살펴볼 수도 있다. 대고객RP거래는 투자매매업자(증권회사), 투자매매업 인가를 받은 은행, 증권금융회사 및 종합금융회사, 그리고 『우체국예금보험에 관한 법률』에 의거한 체신관서에서 취급하고 있다. 증권금융회사와 투자매매업자(증권회사)가 매입 및 매도업무를 모두 취급하고 있는데 반해, 은행, 종합금융회사 및 체신관서는 매도업무만을 취급하고 있다. 대고객 RP거래에 있어서의 매수주체는 투자매매업자와 종합금융회사의 경우에는 일반법인이, 체신관서의 경우에는 개인이 대부분이다. 은행의 경우에는 일반법인과 함께 개인도 높은 비중을 차지하고 있다.

기관간 RP거래에는 단기자금 과부족조절을 목적으로 은행, 금융투자회사(자산운용회사, 증권회사), 종합금융회사, 보험회사, 상호저축은행 등 콜시장 참가기관과 예금보험공사, 정리금융공사, 한국자산관리공사, 신용보증기금, 기술신용보증기금, 한국투자공사, 한국주택금융공사, 한국수출보험공사 등 8개 금융공기업이 참가할 수 있다. 기관간 RP거래의 경우 자금중개회사 및 개별 증권회사(금융투자회사)가 중개업무를 담당하고 있다. 한편 한국거래소에서는 국채, 통화안정증권, 예보채 및 우량회사채(AAA등급 이상) 등의 RP거래대상 채권에 대해 8개의 표준만기를 설정하고,[14] 복수가격에 의한 개별경쟁매매방법에 의해 RP거래를 중개하고 있다. 중개대상RP거래기간은 일반적으로 1년 이내이며 중개수수료는 거래쌍방으로부터 일정률을 각각 받는다.[15]

(3) 거래조건

RP거래는 만기에 대한 제한이 없는데 대체로 기관간거래의 경우 1일물, 대고객거래의 경우 1개월물 및 3개월물 위주로 거래되고 있으며, 만기이전에 중도환매가 가능하다. 거래대금에 대해서도 제한은 없으나 기관 및 법인과의 거래의 경우 10억 이상이, 그리고 개인인 경우에는 1,000만원 이상이 일반적이다. 다만, 체신관서에서는 개인위주의 소액거래가 대부분이기 때문에 최저거래금액을 5만원으로 설정하고 있다.

거래대상 증권은 기관간거래의 경우 자본시장법상 모든 증권으로 제한이 없으나, 대고객거래의 경우에는 국채, 통화안정증권, 지방채, 특수채, 보증채, 상장법인공모회사채, 공모공기업사채, 공모ABS·MBS 등이면서 신용등급이 BBB등급 이상(RP형 CMA의 경우 A등급)인 채권으로 제한되고 있다. 다만, 실제 거래시에는 기관간거래, 대고객거래 모두 국채, 통화안정증권 등 안전자산위주로 거래가 이루어지고 있으며 최근에는 은행

---

14) 표준만기는 1, 3, 7, 14, 21, 30, 60, 90일로 설정되어 있으나, 이중 국채를 대상으로 한 1개월 이내의 6개의 기간물만 거래가 이루어지고 있다.

15) 중개수수료의 적용방식은 중개기관에 따라 다소 차이가 있으나 대체적으로 거래기간에 따라 차등을 두고 있다.

채도 많이 활용되고 있다.

이자[16]는 만기일에 지급되는데 RP거래금리는 시장금리, 거래금액, 만기 등을 감안하여 결정하고, 거래대상 채권의 가격은 액면 10,000원을 기준으로 2개 이상의 채권시가평가회사의 수익률을 적용하여 산정하는 것이 일반적인데, 실제 RP거래금액은 이렇게 산정된 채권의 시가총액보다 다소 낮은 수준에서 결정된다.

(4) 거래메커니즘

대고객RP거래는 통장거래방식에 의해 거래가 이루어지고 기관간RP거래는 주로 한국예탁결제원 및 한국거래소를 통한 3자간 거래방식으로 이루어진다.

채권의 양수도는 실물교부(현물채권), 등록변경(등록채권), 계좌간이체(한국예탁결제원) 등의 방식으로 이루어진다. 그리고 RP거래의 대상증권은 매입자에게 양도하는 것이 원칙이나 매도기관이 보관·관리할 수도 있다. 이 경우 매도기관은 보관·관리하고 있는 환매조건부매도증권이 고객예탁분이라는 것을 명시해야 한다. 다만 환매수의 이행에 영향을 주지 않는 범위내에서 보관중인 증권을 다른 증권으로 대체할 수 있다.

RP자금결제방식은 대고객RP의 경우 자기앞수표를 통한 결제가 일반적이나 거래규모가 거액인 경우에는 계좌이체(매도기관의 거래은행과 고객의 거래은행이 동일) 또는 한국은행금융망(BOK-Wire)(매도기관의 거래은행과 고객의 거래은행이 상이)을 통해 이루어지고 있다. 기관간 RP거래의 경우에는 BOK-Wire 및 한국예탁결제원의 결제시스템을 통해 자금과 채권의 동시결제가 이루어진다.

16) 이자지급액 = 거래금액 × 약정이율 × 만기시까지의 일수/365

[그림 2-3] RP거래 메커니즘

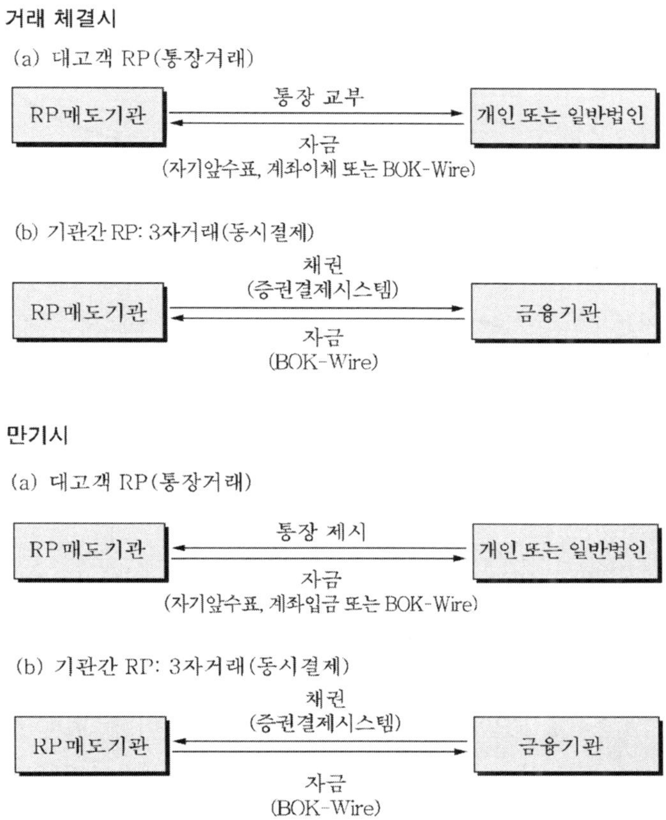

(5) RP거래동향

1997년 외환위기 이후 부실금융기관 퇴출 등의 영향으로 큰 폭으로 감소했던 RP거래는 2004년 금리하락세 지속으로 RP수익률이 채권형 펀드보다 하회함에 따라 큰 폭으로 감소한 것을 제외하고는 2000년 이후 증가세를 지속하여 2012년 6월말 현재 RP거래잔액(매도잔액 기준)이 89.2조원으로 급증하였다([그림 2-4] 참조). 이를 거래형태별로 보면, 대고객 RP거래가 70.5조원으로 전체의 79.0%를 차지하고 기관간 RP거래는 18.7조원으로 21.0%를 차지하였다.

[그림 2-4] RP거래 규모(기말잔액 기준)

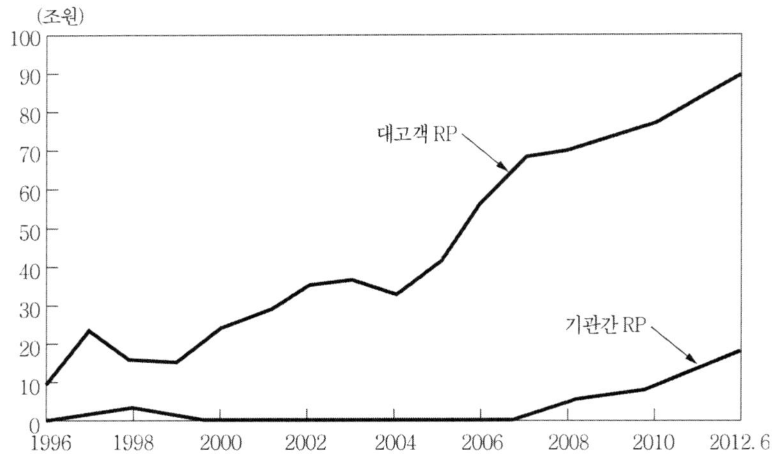

주: 대고객 및 기관간 RP, 매도잔액기준

이와 같이 RP가 급증한 데에는 2002년부터 외화자금차입과 연계없이 원화대상으로 RP를 거래할 수 있었고, 또한 기관간 RP거래촉진을 위해 한국거래소에서 RP거래중개업무가 허용됨과 더불어 2005년 상반기 이후 금리상승으로 RP의 수익성이 상승하였기 때문이다. 또한 2008년 9월 리먼브라더스사의 파산보호신청 직후에는 전 세계적인 금융위기의 여파로 대고객 RP거래가 일시적으로 큰 폭 감소하기도 하였으나, RP시장을 통한 한국은행의 대규모 유동성공급이 기관간 RP거래로 이어짐에 따라 기관간거래가 크게 증가한 것도 RP급증에 영향을 미쳤다고 볼 수 있다. 특히 2010년 이후에는 기관간 RP거래가 대고객 RP거래보다 훨씬 빠르게 증가하면서 RP시장의 성장을 주도하였는데, 이는 증권회사 콜차입 규제에 따른 대체 수요, 증권신탁의 차익목적 거래증가가 영향을 미쳤기 때문이다.

〈표 2-5〉 취급기관별 기관간 RP거래동향[1](기간중 증감액)

(단위 : 10억원)

	2007	2008	2009	2010	2011	2012. 1-6	2012. 6 잔액
국내은행	530	-138	-249	298	-210	-3	323(1.7)
증권회사	-145	3,103	-1,121	1,075	5,183	371	8,809(47.0)
증권신탁	-	-	-	-	276	5,705	5,981(31.9)
증권금융	49	981	500	70	627	-1,004	1,323(7.1)
기타[2]	531	993	2,119	1,138	-2,047	-421	2,313(12.3)
합계	965	4,950	1,249	2,582	3,828	4,648	18,749(100)

주 : 1) 매도잔액 기준, 원화기준

2) 은행시탁, 종합금융회사, 자산운용회사, 보험회사, 외국은행 국내지점 등

자료 : 한국예탁결제원

기관간 RP거래의 주요매도기관은 증권회사와 증권신탁으로 2012년 6월말 현재 증권회사 및 증권신탁의 기관간 RP매도 잔액은 각각 8.8조원 및 6.0조원으로 전체의 47.0% 및 31.9%를 차지하고 있다. 이는 증권회사는 콜차입 한도 제한 및 이에 따른 자금조달 수단의 다양화 필요성으로, 증권신탁은 유가증권신탁에 예탁된 증권을 담보로 RP매도를 통해 자금을 조달한 후 CP 등에 투자하여 차익을 추구하는 차익거래를 위해 기관간 RP를 통한 자금조달을 확대하였기 때문이다.[17]

기관간 RP거래의 매수기관은 2012년 6월말 현재 자산운용회사가 전체의 31.1%를 차지해 가장 높고, 증권신탁(16.3%), 증권금융(16.1%), 국내은행(15.2%)의 순으로 비교적 다양하다. 이중 한국증권금융의 경우 딜러형 RP거래중개를 통해 기관간 RP시장에서 역할을 확대하고 있는데, 향후 복수참가자의 호가를 집중·공개하여 거래체결을 중개하는 경쟁매매 체결방식을 도입할 예정이어서 한국증권금융의 시장조성자 기능이 강화될 것으로 예상된다.

대고객 RP거래의 경우 증권회사와 은행이 RP매도의 대부분을 차지하고 있는데 반해, 체신관서의 경우 개인고객들이 RP형 CMA로 이동함에 따라 지속적으로 감소하여 2012년 6월말 현재 아주 미미한 수준에 지나

17) 한국은행, 『우리나라의 금융시장』, 한국은행, 2012년, p. 72.

지 않는다(〈표 2-6〉참조).

〈표 2-6〉 취급기관별 대고객 RP거래동향[1](기간중 증감액)

(단위 : 10억원)

	2007	2008	2009	2010	2011	2012. 1-6	2012. 6 잔액
은 행	449	-4,929	-5,438	-5,482	-25	-1,369	9,314(13.2)
체신관서	-43	-21	35	-41	-17	-6	77(0.1)
증권회사	13,300	4,096	9,854	8,408	1,572	3,148	59,711(84.7)
기타[2]	-4,686	-3,108	-2,572	-578	82	375	1,411(2.0)
합계	9,021	-3,962	1,879	2,308	1,613	2,147	70,513(100)

주 : 1) 매도잔액 기준

2) 종합금융회사, 한국증권금융 등

자료 : 금융투자협회, 한국은행

2012년 6월말 현재 취급기관별 대고객 RP거래의 매입은 개인이 29.3조원, 은행·증권신탁 등 23.1조원, 일반법인 16.1조원 등으로, 대고객 RP거래의 매입은 개인, 은행신탁, 일반법인이 대부분을 차지하고 있음을 알 수 있다. 개인의 경우 RP형 CMA를 통해 주로 RP에 투자하고 있는데 이 경우 만기가 정해지지 않는 open RP거래를 많이 이용하고 있다. 법인은 term RP를 많이 이용하고 있으며, 은행신탁은 최근 대고객 RP거래 규제대상에서 신탁이 제외됨에 따라 RP매입을 확대하고 있다.

(6) 한국은행 환매조건부증권매매시장

한국은행은 주된 공개시장조작수단으로서 환매조건부매매(RP)를 이용하고 있다. 일반적으로 한국은행은 유동성과부족이 외환보유규모의 변동에 따라 나타나는 구조적인 경우 통화안정증권의 발행 또는 상환, 국공채 등 채권의 단순매매를 통해 조절한다. 그러나 유동성과부족이 일시적인 경우에는 채권의 단순매매보다 거래비용이 싸고 채권가격에 미치는 영향이 적은 RP거래를 이용한다. RP거래중 매각은 유동성흡수가 필요할 때, 매입은 유동성공급이 필요할 때, 각각 이용된다.

[그림 2-5] 한국은행의 RP매각효과

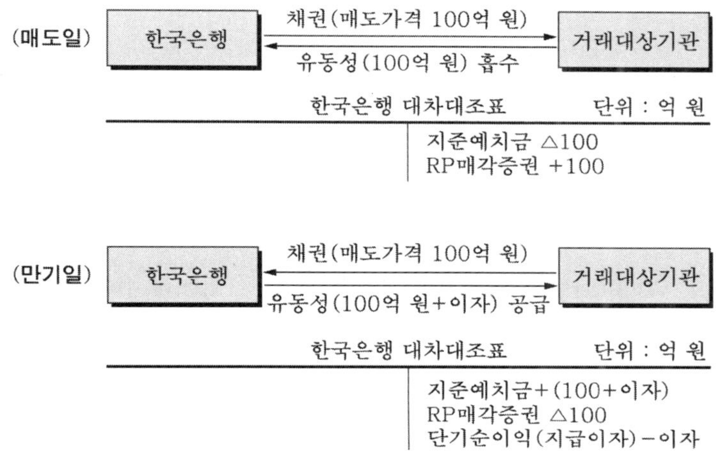

한국은행의 RP매매는 매매방식에 따라 상대매매와 공모방식의 매매로 구분된다. 상대매매는 특정 상대만을 대상으로 하는 거래로 금리와 만기 등 매매조건은 상대방과의 협의에 의해 결정된다.

공모방식의 매매는 경쟁입찰방식과 모집방식으로 구분된다. 경쟁입찰방식은 금리입찰방식으로 한국은행이 결정한 내정금리를 기준으로 금융기관이 제시한 응찰금리에 따라 낙찰기관이 결정된다. RP매입의 경우는 최저매입내정금리 이하에서 높은 금리순으로 낙찰기관이 정해지고 RP매각의 경우에는 최고매각내정금리 이하에서 낮은 금리순으로 낙찰기관이 결정된다. 모집방식은 고정금리 입찰방식으로 매매금리가 고정되고 입찰참가기관의 응찰규모에 따라 낙찰규모가 비례·배분된다.

한국은행 RP거래는 최장만기 91일로 되어 있으나 단기유동성 조절을 위해 주로 7일물 위주로 실시되고 있다. 7일물 정례RP매각은 금융통화위원회가 결정하는 한국은행 기준금리를 고정금리로 하는 모집방식으로 입찰이 이루어지며, 7일물 RP매입의 경우에는 기준금리를 최저입찰금리로 하는 경쟁입찰방식으로 복수금리가 적용된다. 익일물 등 단기 RP매매의 경우는 매각, 매입시 모두 기준금리를 고정금리로 하는 모집방식으로 입찰을 실시한다. 한편 2006년 4월부터 RP매매방식을 종전의 담보부자금대차방식에서 채권매매방식으로 변경하였다.

[그림 2-6] 한국은행 RP거래의 흐름

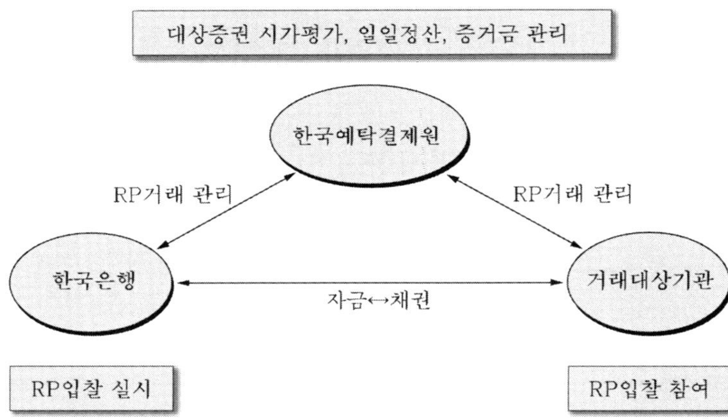

한국은행 RP거래 대상증권은 국채, 정부보증채, 통화안정증권으로 제한되어 있으며, 은행, 금융투자회사(증권회사, 자산운용회사) 및 보험회사 등을 RP매매대상 기관으로 선정하고 있다. 한편 2006년 4월부터 한국은행의 RP매매방식이 채권매매방식으로 변경・시행됨에 따라 증권의 가격변동으로 인한 결제리스크를 방지하기 위해 증거금제도를 도입하였으며, 또한 RP거래를 효율적으로 관리하기 위해 한국예탁결제원을 포함한 3자간 RP(tri-party RP)거래시스템을 구축해 운영하고 있다.

한국은행 RP거래의 최소입찰금액은 100억원이며 RP거래에 따른 자금결제는 한국은행에 개설된 거래대상기관의 당좌예금계정을 통해 이루어진다.

3. 양도성예금증서시장

(1) 의의 및 기능

양도성예금증서(CD: negotiable certificate of deposit)는 은행의 정기예

금증서에 양도성을 부여한 것으로 제3자에게 양도가 가능하다. CD는 예금증서를 교부하고 예금을 받는다는 점에서 일반예금과 같이 소비임치로 분류되나[18] 권리의 이전과 행사에는 동 증서의 소지가 필요하다는 점에서 유가증권으로 분류된다.[19]

CD는 미국의 First National City Bank of New York(현재의 Citi bank)이 1961년 처음으로 도입한 후 주요한 자금조달수단으로 통용되고 있으며, 우리나라에서도 1984년에 도입되어 최근 매우 활발히 거래되고 있다. CD는 은행간의 자금조절이나 단기자금조절수단으로 많이 활용되는데, 우리나라의 경우 한국은행법상 예금채무에 해당되어 예금지급준비금 예치의무가 부과되고 있으며, 현재는 예금보호대상에서 제외되어 있다.

CD시장은 발행기관, 중개기관 및 매수기관으로 구성되는데, 각 참가기관은 참가기관 나름대로의 역할을 수행함으로써 CD시장참여에 따른 이점을 구가하고 있다. 즉 발행기관인 은행의 경우에는 대출 등 자금수요에 따라 발행규모를 조절함으로써 탄력적인 자금조달이 가능하다는 이점을 누릴 수 있고, 중개기관은 발행기관과 매수기관을 연결시켜 줌으로써 수수료를 취득할 뿐만 아니라 자기계산으로 참여하여 시세차익을 얻을 수 있으며, 매수기관들은 만기1년 이하 단기자금 운용수단으로서 CD를 매입하여 운용함으로써 수익을 올릴 수 있다.

한편 금융투자협회가 고시하는 CD최종호가수익률(91일물기준)은 시장금리연동대출 및 본지점간 자금이전의 기준금리로 사용되고 있다. 또한 CD유통수익률은 여러 가지의 문제점이 상존하고 있음에도 불구하고[20]

---

18) 금전의 소비임치는 임치인이 계약대상물의 소유권을 수치인에게 이전하고 일정기간 경과 후 수치인이 계약대상물과 동종, 동질, 동량의 것을 임치인에게 반환하는 계약을 말한다.

19) 현행 자본시장법상 규정된 증권에는 해당되지 않으므로 넓은 의미의 상법상 유가증권에 해당된다.

20) 최근 은행대출 등 자금거래의 기준금리로서 만기91일CD 유통수익률의 적정성에 대한 논란이 제기되고 있다. 즉, 은행들은 매분기말 원화유동성비율을 준수하기 위해 4개월 이상의 정기 CD를 주로 발행함에 따라 수익률 산정시 기준이 되는 만기91일CD는 거의 발행하고 있지 않으며, 또한 CD유통수익률이 일부 소수은행의 CD발행금리만을 대상으로 하기 때문에 이들 은행 가운데 어느 은행의 자금사정이 좋지 않아 높은 금리로 CD를 발행할 경우 CD유

단기기준금리로 사용되는 등 은행의 여수신금리에 커다란 영향을 미치고 있다.

(2) 참가기관

① 발행기관

한국수출입은행을 제외한 모든 은행, 즉 한국은행에 예금지급준비금을 예치할 수 있는 시중은행, 지방은행, 특수은행, 외국은행국내지점 등이 CD발행에 참가할 수 있다.

② 중개기관

CD거래중개업무에는 금융투자회사(증권회사), 종합금융회사 및 3개의 자금중개회사가 참가하고 있다. 금융투자회사(증권회사)와 종합금융회사는 모든 기관을 대상으로 중개업무를 할 수 있는데 반해,[21] 자금중개회사는 콜시장 참가기관만을 대상으로 중개업무를 수행할 수 있다.

중개기관은 단순중개와 매매중개를 모두 할 수 있으나 현재는 자금력부족 등에 기인하여 대부분 발행시장에서의 단순중개에만 치중하고 있는 실정이다. 이는 CD유통시장이 활성화되지 못하는 하나의 요인이기도 하다.

③ 매수기관

CD는 매수주체에 따라 대고객 CD와 은행간 CD로 구분된다. 대고객CD는 은행창구에서 직접 또는 증권회사(금융투자회사) 등 중개기관을 통해 주로 개인, 일반법인, 연기금, 지방자치단체 및 비은행금융기관이 매입하는 경우를 말한다. 일반적으로 개인, 일반법인, 연기금, 지방자치단체들은 주로 발행은행 창구에서 직접 매입하며, 은행신탁, 자산운용회사, 생명보험회사 등 비은행금융기관은 중개기관을 통해 매입한다.[22]

통수익률이 급등할 가능성이 있다는 것이 이에 해당한다.

21) 은행, 자산운용회사, 은행신탁 등 주요 기관투자자들은 중개기관으로서 증권회사(금융투자회사)를 선호한다. 왜냐하면 이들 기관들이 주로 채권운용과 연계하여 CD를 매입하고 있어 채권매매를 중개하고 있는 증권회사(금융투자회사)를 통하여 매입하는 것이 편리하기 때문이다.

22) 연기금, 지방자치단체, 비은행금융기관 등이 매입하는 CD는 발행금액이 거액(주로 100억원 이상)이기 때문에 개인, 일반법인 대상으로 발행되는 CD보다

은행간 CD는 중개기관을 통하지 않고 발행은행이 매수은행에게 직접교섭에 의거 발행하는 것을 말한다. 은행간CD는 은행상호간의 자금거래의 원활화를 꾀하기 위해 예금지급준비금 예치대상에서 제외되는 대신에 해당은행 이외의 금융기관 및 개인·일반법인에 대한 양도가 엄격히 금지되어 있다. 이와 같이 예금지급준비금 예치부담이 없기 때문에 은행간 CD의 발행수익률은 일반적으로 대고객 CD보다 높게 형성되고 있다.

(3) 거래조건

CD는 할인식으로 발행된다. 따라서 고객은 CD를 살 때 예치기간동안의 이자를 뺀 금액만을 지급하고 만기에 액면금액을 받는다. 다만, 은행에서는 다른 금융상품과 비교할 수 있도록 할인율 대신에 수익률로 금리를 고시하고 있다.

CD의 최장만기는 제한이 없고 최단만기만 30일 이상으로 제한되고 있는데, 실제거래에 있어서는 은행간 거래의 경우 1년물 이내가, 대고객간 거래의 경우 1년물이 주종을 이루고 있다. 만기이전의 중도환매는 엄격히 금지되어 있으나 양도가 가능하므로 매수기관이 보유CD를 현금화하고자 하는 경우 중개기관을 통해 매각할 수 있다. 최저액면금액에 대한 제한은 없으나 고객이 기관 및 법인인 경우 대부분 1억원 이상, 개인인 경우 1,000만원 이상이 일반적이다.

CD금리는 콜금리 등 다른 시장금리, 발행금액, 기간 등을 감안하여 결정되며, 은행별 신용도에 따라 다를 수 있다.

(4) 거래메커니즘

은행이 직접 CD를 발행할 경우에는 CD실물을 작성하여 교부하고,[23] 중개기관이 CD를 매출하는 경우에는 실물교부와 통장거래가 모두 가능하다. 개인이 통장거래를 하는 경우 실물은 중개기관이 자체적으로 보관하

금리가 높다.

23) 2006년 6월부터 금융기관에 한하여 CD등록발행제가 시행됨에 따라 은행 등은 대부분 CD를 실물발행하지 않고 한국예탁결제원을 통해 등록발행하고 있다.

거나 한국예탁결제원에 예탁한다. 한편 중개기관이 이미 발행된 CD를 일반법인이나 개인으로부터 매입할 경우 발행 후 매입시점까지의 발생이자에 대한 이자소득세를 차감하고 대금을 지급한다.[24)]

CD발행에 대한 자금결제방식은 은행창구에서 발행하는 대고객CD의 경우 현금이나 자기앞수표로 하는 것이 일반적이며, 거액인 경우 발행은행이 고객의 거래은행과 동일한 경우에는 계좌이체, 발행은행이 고객의 거래은행과 다른 경우에는 BOK-Wire를 통해서 이루어진다. 중개기관을 통한 대고객 CD의 경우 발행은행이 고객의 거래은행과 동일한 경우에는 계좌이체, 발행은행이 고객의 거래은행과 다른 경우에는 BOK-Wire를 통해 자금결제가 이루어진다. 한편 은행간CD는 주로 BOK-Wire를 통해 자금결제가 이루어진다.

만기시에는 CD소지자가 발행은행에 제시하거나 만기 1 영업일 전에 거래은행을 통해 어음교환에 회부하여 자금을 회수한다. 중개기관을 통한 통장거래의 경우에는 중개기관이 자금을 회수하여 고객통장에 입금시켜 주며, 은행이 소지자인 경우에는 직접 교환에 회부하여 자금을 회수한다. 한편 한국예탁결제원에 예탁된 경우에는 한국예탁결제원이 교환에 회부하여 결제대금을 입금시켜 주고 있다.

(5) CD의 거래동향

CD발행규모의 동향을 보면, 1997~1998년 중에는 외환위기에 따른 금융기관의 구조조정에 기인하여 5개 은행[25)]이 퇴출됨으로써 큰 폭으로 감소하였고, 1999~2001년 중에도 MMDA등 시장금리 연동형 단기금융상품이 선호됨으로써 그리 활발하지 못하였다. 그러나 2002년 이후 2007년까지는 견실한 증가세를 지속하고 있다.

---

24) 일반법인 및 개인이 CD를 매도하는 경우에는 중개기관이 이자소득세를 원천징수한다.

25) 대동, 동남, 동화, 경기, 충청은행을 의미한다.

[그림 2-7] CD거래 메커니즘

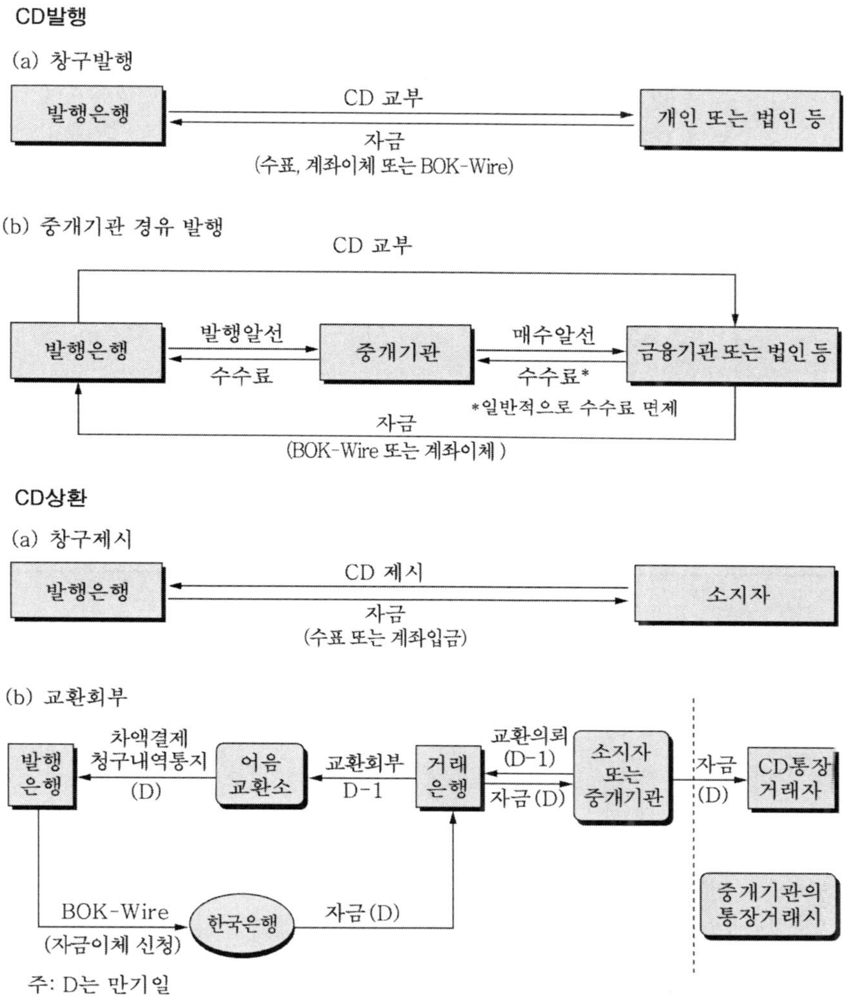

2002년에는 장단기금리차의 축소로 CD매수유인이 발생함에 따라 CD발행이 증가하였고, 2003년에는 SK네트워크사태 등에 연유하여 기업신용위험에 대한 관심이 고조됨에 따라 단기물의 투자수요가 CP에서 CD로 전환되었을 뿐만 아니라, 시장금리 상승에 기인하여 은행채의 발행환경이 악화됨에 따라 은행들이 CD발행을 통한 자금조달을 확대하였다. 2004년

에는 예금금리하락에 따른 수신감소에 대응하여 은행들이 CD발행을 적극화하였으며, 2005년 이후에는 주택담보대출 등 대출재원을 마련하기 위해 CD발행을 확대하였다.

또한 2007년에도 대출증가지속 및 증시활황에 따른 은행예금의 주식시장으로의 이동에 대응하여 은행들은 CD발행을 지속적으로 확대하였다. 한편 2008년에 들어와서는 미국의 서브프라임 모기지사태 등으로 CD금리가 급등하면서 발행여건이 악화됨에 따라 CD발행증가세가 크게 둔화되었다.

2009년 이후에도 단기유동성이 풍부한 상황이 이어지면서 CD발행이 지속적으로 부진한 상황을 보이고 있다. 특히 2009년말에 발표된 예대율 규제도입방안[26]에서 CD를 예수금에서 제외하여[27] 예대율을 산정하기로 함에 따라 CD잔액이 2009년말 113.3조원에서 2012년 6월말에 29.7조원으로 급속하게 감소하였다([그림 2-8] 참조).

[그림 2-8] CD 발행규모

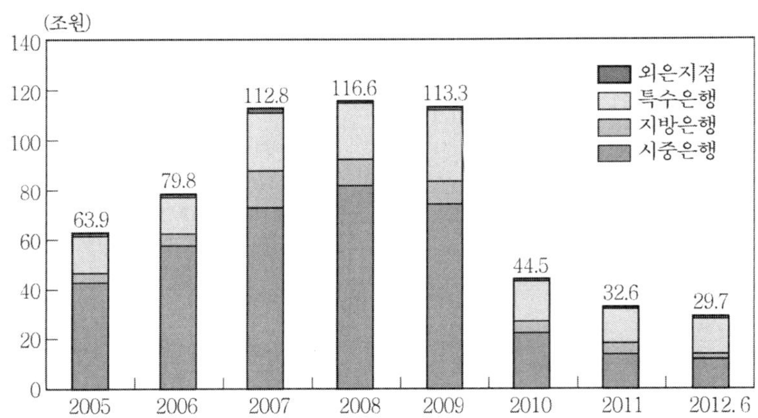

주 : 1) 잔액기준
자료 : 한국은행, 통화금융 각호

26) 시장성수신을 통한 과도한 대출 확대를 억제하고 건전한 자산성장을 유도하기 위해 CD를 제외한 원화예수금(월평잔)대비 원화대출금(월평잔)을 100% 이내로 규제하기로 하였다.

27) CD는 예금보호대상이 아니며 도매자금의 성격이 강해 자금조달의 안정성이 떨어지는 것으로 보아 예대율 산정대상에서 제외하였다.

전체 발행잔액에서 대고객CD가 차지하는 비중은 개인, 일반기업 등 비금융법인 및 정부 등을 중심으로 꾸준히 증가함에 따라 2000년말 79.9%에서 2009년말 99.8%까지 꾸준히 상승한 이후 비슷한 수준을 유지하고 있다. 반면에 은행간 CD비중은 은행채 등 자금조달 수단이 다양화됨에 더불어 양도가 엄격히 제한되는 등 거래의 편의성이 낮아[28] 발행잔액이 미미한 수준으로 감소하여 2000년말 21.0%에서 20012년 6월말 0.8%로 크게 하락하였다.

보유자별로 보면 2012년 6월 말 현재 금융기관의 보유비중이 20.4%인 반면에, 개인 및 일반법인 등 비금융부문의 보유비중이 79.6 %를 차지하고 있다. 금융기관 중에서는 자산운용회사 등 비은행금융기관이 11.5%, 금융보조기관이 6.0%, 증권금융 등 기타금융기관이 1.0%, 보험 및 연금이 1.0%, 은행이 0.9%,를 각각 차지하고 있다. 한편 비금융부문의 경우 개인이 35.4%, 비금융법인이 33.0%, 일반정부가 10.1%, 외국인이 1,1%를 각각 차지하고 있다.

4. 기업어음시장

(1) 의의 및 기능

기업어음(CP: commercial paper)은 신용상태가 양호한 기업이 자기신용을 바탕으로 단기자금조달을 위하여 발행하는 만기 1년 이내의 융통어음을 말한다. CP도 법률적으로는 상업어음(commercial bill)과 같은 약속어음으로 분류되나,[29] 상거래와 관계없이 발행되는 융통어음이라는 측면에서 상거래에 수반되어 발행되는 상업어음과는 구별된다. 우리나라의 경우 일정한 수준이상의 신용등급을 받은 기업이 담보없이 신용을 근간으로 발행되는 것이 대부분이다.

---

28) 은행들은 은행간 CD의 양도가 금지되어 있어 실질적으로 이를 예치금으로 분류하고 있을 뿐만 아니라, 단기자금의 과부족은 주로 콜시장을 이용하고 있다.
29) CP발행기업은 상업어음과 같이 거래은행으로부터 지급지를 명시한 어음용지를 교부받아 발행하고 은행의 당좌예금을 통해 결제한다.

CP발행은 직접발행(direct paper)과 간접발행(indirect paper)으로 구분된다. 직접발행은 발행기업(issuers)이 할인·매출기관(dealers)의 인수없이 직접 매수기관(investors)에게 매각하는 방식을, 간접발행은 발행된 CP가 일단 할인·매출기관(dealers)이 인수하였다가 매수기관(investors)에게 판매하는 방식을 의미하는데, 우리나라의 경우 간접발행을 주로 이용하고 있다.[30)]

기업어음(CP)은 발행절차가 상대적으로 간편할 뿐만 아니라[31)], 담보없이 신용으로 발행되기 때문에 신속한 자금조달이 가능하다. 또한 금리면에서도 일반적으로 은행대출보다 유리하고, 할인·매출기관(dealers)은 할인CP를 매수기관에 매출함으로써 매매이익을 얻을 수 있으며, 매수기관은 만기 1년 이하의 단기자금운용수단으로 활용할 수 있다. 우리나라의 경우 할인금리의 자유화 등에 힘입어 발행시장은 나름대로 제 기능을 발휘하고 있으나, 매출되어 재매매되는 유통시장이 아직 충분히 발달하지 못하여 할인기관이 할인어음을 그대로 보유하는 형태가 많다.

(2) 참가기관

CP시장에는 발행기업(issuers), 할인·매출기관(dealers), 매수기관(investors)이 참가하고 있다.

① 발행기업(issuers)

CP발행기업의 요건과 발행조건은 할인금융기관에 따라 다소 차이가 있다. 먼저, 증권회사(금융투자회사)가 할인하는 경우 발행기업은 주권상장법인(유가증권시장주권상장법인, 코스닥시장 상장법인) 또는 정부투자기관이어야 하고 한국기업평가, 한국신용평가, 한국신용정보, 서울신용평가정보 등의 4개 평가기관 중 2개 이상의 기관으로부터 B등급이상의 신용

30) 1997년 외환위기 이후 신용카드 등 여신전문금융기관은 직접발행방식을 통해 CP를 발행하고 있다.

31) 주식 및 회사채의 발행의 경우에는 상법, 자본시장법 등에 의거한 이사회의 결의, 증권신고서의 제출 등 복잡한 절차를 통해 발행되는데 반해, CP는 어음법상의 요건만 충족하면 발행이 가능하다.

등급을 받아야 한다. 발행조건은 최장만기가 폐지됨에 따라 1년 이상 장기물 CP발행이 점차 증가하고 있으며, 최저액면금액은 1억원 이상으로 발행되고 있다. 일반적으로 증권회사(금융투자회사)는 CP발행기업과 CP 발행에 관한 약정을 맺으며, 업체별 한도를 설정한 후 그 한도 내에서 할인하여야 한다.

종합금융회사가 할인하는 경우는 종합금융회사가 적격업체를 선정한 후 약정을 체결하고[32] 동일인 여신한도 이내에서[33] 적정할인한도를 설정한다. 다만 할인어음의 매출시에는 적어도 B등급 이상이 요구되고 있기 때문에 증권회사(금융투자회사)와 마찬가지로 신용등급 B등급 이상기업을 위주로 하고 있다. 최저액면금액에 제한은 없으나 보통 100억원 이상으로 발행되고 있다. 만기는 증권회사(금융투자회사)와 마찬가지로 1년 이내로 제한되어 있으나 통상 3개월물이 가장 많이 발행되고 있다.

은행신탁계정이 할인하는 경우에는 CP발행기업의 신용등급에 대한 명백한 규정은 없으나 발행기업의 자격을 일정한 수준 이상으로 한정하고 있다.

〈표 2-7〉 우리나라의 CP신용등급

구 분	평가등급	등 급 정 의
투자등급 (investment grade)	A1	-적기상환능력이 최고수준이며 안정성은 예측가능한 장래환경에 영향을 받지 않을 정도
	A2+, A2, A2-	-적기상환능력우수, 안정성은 A1보다 다소열등
	A3+, A3, A3-	-적기상환능력양호, 안정성은 A2보다 다소열등
투기등급 (speculative grade)	B+, B, B-	-적기상환능력은 있으나 단기적인 여건변화에 따라 그 안정성에 투기적인 요소가 내포
	C	-적기상환 능력 및 안정성에 투기적인 요소가 큼
	D	-현재 채무불이행 상태

자료 : 한국은행

32) 일반적으로 할인 후 CP만기까지 보유하고자 하는 경우에 한하여 약정을 체결하고 있다.
33) 현재 자본시장법 제342조 제4항에 의거 자기자본의 20% 이내로 설정하고 있다.

② 할인 · 매출기관(dealers)

할인 · 매출기관에는 증권회사(금융투자회사), 종합금융회사, 은행, 자산운용회사(금융투자회사), 보험회사, 여신전문금융회사 등이 있는데, CP할인 · 매출은 주로 증권회사(금융투자회사)와 종합금융회사가 담당하고 있다.

증권회사(금융투자회사)는 수신기능이 없기 때문에 일반적으로 CP를 할인한 후 자체보유하지 않고 무담보형식으로 매출하고 있으며, 종합금융회사는 매출뿐만 아니라 자체보유 목적으로 CP를 할인하고 있는데 매출의 경우 담보부로도 가능하나 주로 무담보로 취급하고 있다.

은행, 자산운용회사, 보험회사 등의 CP할인에의 참여는 그리 활발하지 못하다. 은행의 경우는 CP할인이 대출로 간주되어 동일인의 여신한도제한[34]을 받는데다 CP할인 이외에 당좌대월, 상업어음할인 다 다양한 형태로 단기자금을 공급할 수 있기 때문이다. 자산운용회사 및 보험회사, 여신금융회사는 CP발행기업에 대한 독자적인 심사기능을 갖추지 못하고 있을 뿐만 아니라 다른 할인 · 매출기관을 통하여 매입하더라도 수수료부담이 별로 크지 않기 때문에 증권회사(금융투자회사)와 종합금융회사를 통한 매입을 하고 있다.

③ 매수기관(investors)

CP는 발행단위가 거액인데다 CP가 예금자보호대상에 포함되지 않기 때문에 개인은 CP매수를 기피하고 있어, 주로 자산운용회사MMF와 은행신탁의 특정금전신탁이 CP를 매입하고 있다. 자산운용회사는 주로 증권회사와 종합금융회사가 중개한 CP를 매수하는데 비해, 은행신탁은 할인 · 매출기관이 중개한 CP를 매입할 뿐만 아니라 직접 할인하기도 한다.

34) 동일계열 여신한도는 자기자본의 25%, 동일인 여신한도는 자기자본의 20%이다.

[그림 2-9] CP거래메커니즘

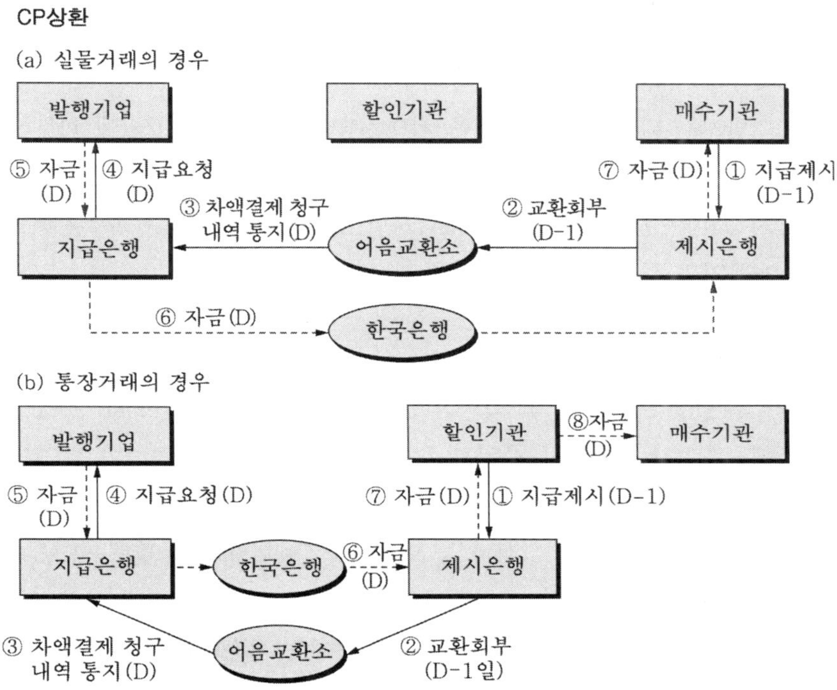

주: D는 만기일

(3) 거래메커니즘

할인의 경우, 자금이 필요한 기업이 전일이나 당일 오전 중에 증권회사(금융투자회사), 종합금융회사 등의 할인기관과 만기, 금액, 금리수준 등에 대해 협의한 후 어음을 발행하여 할인을 요청한다. 이때 일반적으로 할인기관은 대상기업과 CP거래에 관한 약정을 맺고 할인한도를 부여한다.

매출의 경우, 증권회사(금융투자회사), 종합금융회사 등의 할인 · 매출기관이 할인 금리에 일정수준의 가산 금리를 더하여 자산운용회사 등의 매수기관에게 매출한다. 매출거래방식으로는 실물교부와 통장거래방식이 모두 가능하나 대부분의 경우 실무교부 방식을 통해 행하고 있다.

자금은 할인·매출기관이 매수기관으로부터 받아 어음교환차액결제(14시)가 끝난 후 동일은행거래 시에는 거래은행 계좌이체, 거래은행이 다른 경우에는 BOK-Wire 등을 통해 지급한다.

만기가 되면 CP보유기관은 거래은행을 통해 CP를 교환에 회부하여 지정한 은행계좌로 결제해 줄 것을 요청한다. 이 때 발행기업이 상환자금을 지정된 은행의 결제계좌에 입금하면 상환자금은 CP교환회부은행을 통해 보유기관(투자자)으로 이체됨으로써 결제가 종료된다.[35)]

(4) CP발행 동향

CP발행은 1997년 말 외환위기 이후 감소추세를 보였으나, 2001년 이후에는 2년간 간격으로 증가와 감소 그리고 증가를 반복하고 있는 양상을 시현하여 오고 있다.

2001년에는 신용카드회사 등 여신전문금융회사의 CP발행수요증가에 더불어 자산운용회사 등 금융기관의 CP매입수요가 가세함에 따라 순발행으로 전환된 후 이와 같은 추세가 2002년에도 지속되었으나, 2003년에 들어 신용카드회사의 유동성문제에 기인한 CP매수 기피현상의 고조, 자산운용회사 및 은행신탁의 수신감소에 따른 CP매수 여력의 약화 등의 영향으로 대규모의 순상환이 일어나게 되었는데 이러한 기조는 2004년에도 경기둔화에 따른 일반기업들의 자금수요부진 및 내부유보자금에 의한 부채상환 등으로 지속되었다. 한편 2005년 이후에는 자금수요부진 및 금리상승에 따른 발행여건 악화로 일반기업들의 CP발행은 부진하였으나 금융기관 및 건설회사 등의 자산담보부CP(ABCP : asset backed commercial paper)발행이 급증하여 전체적으로는 순발행으로 전환하게 되었다. 그러

35) 만약 발행기업이 교환에 회부된 CP를 결제하지 않으면 담보부거래의 경우에는 CP매출기관이 대신 지급하며, 중개 및 무담보부어음인 경우에는 결제불능임을 어음매수자에게 알리고 어음실물을 넘겨준다. 한편 부도CP발행기업은 부도가 난 다음날 영업시간 중에는 그 대금을 CP제시은행에 입금시켜야 하며 그렇지 않을 경우 지급은행은 발행기업에 당좌거래 정지처분을 내리게 된다.

나 2008년 9월 미국의 리먼브라더스사의 파산을 계기로 글로벌 금융위기가 급속히 확산됨에 따라 캐피털, 카드사 등 금융회사들이 영업위축 및 투자수요 감소로 금융회사CP가 크게 감소하였으며, 경기침체에 기인하여 부동산 관련 PF의 부실우려가 확산됨에 따라 ABCP의 발행도 급속히 감소하였다.

2010년 이후에는 CP발행이 견조한 증가세를 보이는 가운데 일반ABCP 발행이 급증하였다. 특히 2012년 상반기중 일반ABCP는 11.8조원 순발행되어 전체 순발행 14.4조원의 대부분을 차지하였다.

〈표 2-8〉 기업별 CP 순발행의 추이[1)]

(단위 : 1조원)

2008	2009	2010	2011	2012 1~6
13.6	-11.4	4.9	10.8	14.4

주 : 1) 금융회사, 일반기업, SPC 기준
자료 : 한국은행

만기별 발행추이를 보면 일반ABCP의 장기물 발행이 급증한 가운데 회사채와 비교해 발행절차의 편리성이 부각됨에 따라 1년 초과 장기물 비중이 2009년말 3.2%에서 2012년 6월말 30.9%로 상승하였다([그림 2-10] 참조).

[그림 2-10] CP만기별 발행비중

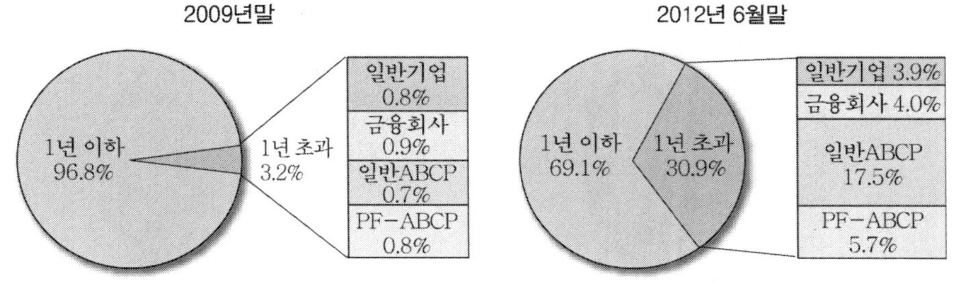

자료: 한국은행, 『한국의 금융시장』, 2012년, p. 136.

할인기관별 동향을 보면 증권회사가 주로 취급하는 ABCP의 발행이 증가한 데 힘입어 증권회사의 비중이 2009년말 55.0%에서 2012년 6월말 77.3%로 상승하였다. 이에 비해 종합금융회사 및 은행의 비중은 같은 기간 중 각각 16.0%포인트 및 6.3%포인트 하락하였다([그림 2-11] 참조).

[그림 2-11] 주요 기관별 CP할인 비중

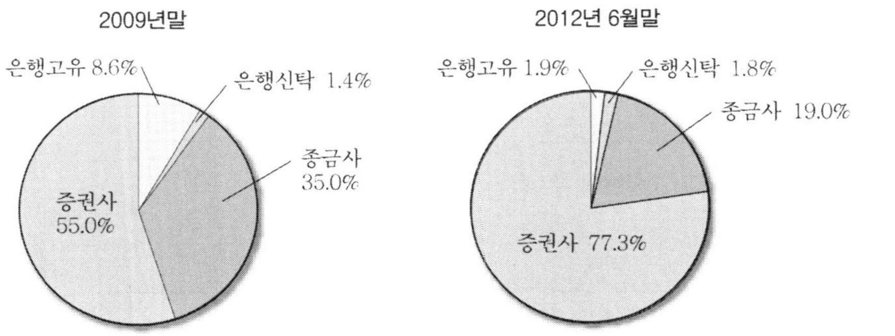

자료: 한국은행, 『한국의 금융시장』, 20012년, p. 137.

매수기관별 CP보유비중 추이를 보면 증권신탁의 비중이 ABCP 편입증가 등으로 2009년말 10.6%에서 2012년 6월말 35.4%로 크게 상승한 반면에, 종합금융회사 및 은행신탁의 경우에는 동 기간 중 각각 11.0%포인트 및 5.1%포인트 하락하였다([그림 2-12] 참조).

[그림 2-12] 주요 기관별 CP보유비중

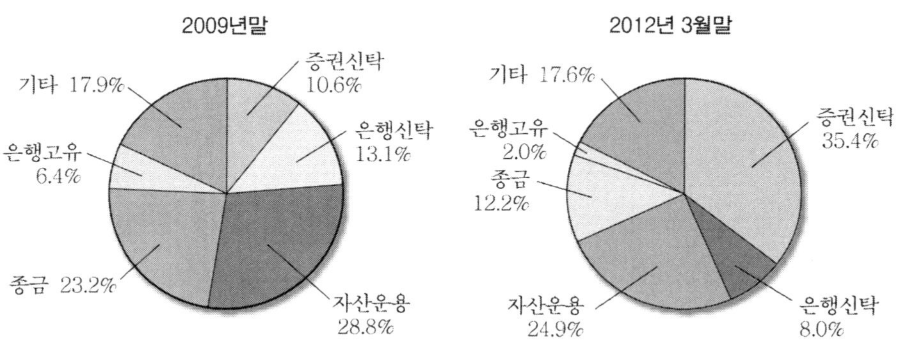

자료: 한국은행, 『한국의 금융시장』, 2012년, p. 137.

5. 통화안정증권시장

(1) 의의 및 기능

통화안정증권(MBS : monetary stabilization bond)이란 한국은행이 '한국은행법' 및 '한국은행 통화안정증권법'에 의거, 통화조절을 위해 일반이나 금융기관 등의 기관투자자를 대상으로 발행하는 증권을 말한다.

통화안정증권은 RP 및 증권단순중개와 더불어 한국은행의 주요 공개시장조작수단으로 활용되고 있다. 즉, 한국은행은 경상수지가 흑자(적자)이거나 혹은 외국인투자자금의 유입(유출)이 증대(감소)됨에 따라 시중의 유동성이 지속적으로 증가(감소)할 경우, 통화를 환수(공급)할 목적으로 통화안정증권을 순발행(순상환)하게 된다.

이와 같은 취지에 입각하여 통화안정증권발행은 1986년까지는 미미한 수준에 머물렀으나 1986년 이후에는 경상수지의 흑자전환 및 증가로 해외부문의 통화가 크게 늘어남에 따라 이를 흡수할 목적으로 발행이 크게 확대되었다.

(2) 참가기관

통화안정증권은 한국은행이 발행기관으로 참가하고 있는데, 발행한도는 금융통화위원회에서 정하도록 되어 있다.

통화안정증권시장에는 경쟁입찰 및 모집에 참여할 수 있는 경쟁입찰·모집 대상기관으로 선정되거나, 경쟁입찰·모집 대상기관을 통해 간접적으로 입찰에 참여하는 금융기관, 한국은행창구를 통해 매출되는 통화안정증권을 매입하는 매수자[36] 등으로 참가할 수 있다.

한국은행은 재무건전성 등을 충족하고 있는 금융기관 중에서 공개시장조작거래 참여실적, 통화안정증권 거래실적 등을 고려하여 경쟁입찰·모집 대상기관을 선정하고 있다. 대상기관으로 선정되면 발행시장에서 직접

36) 매출의 경우 매수자에 대한 자격제한이 없다.

통화안정증권을 매입할 수 있는데, 2012년 12월 현재 20개 기관이 통화안정증권 경쟁입찰·모집 대상기관으로 참가하고 있다.

한국은행창구를 통한 매출은 은행, 자산운용회사, 증권회사(금융투자회사) 등 금융기관이 대부분의 발행물량을 소화하고 있다. 통화안정증권은 증권이지만 국채와 마찬가지로 투자제한이 없고 무위험자산으로 분류되기 때문에, 은행이나 자산운용회사 등은 자금운용이나 BIS(Bank for International Settlement : 국제결제은행)자기자본비율을 향상시키기 위한 수단으로 통화안정을 매입한다. 한편, 증권회사(금융투자회사)는 주로 유통시장에서 매매중개를 시행하여 수수료수입을 얻는데, 경우에 따라서는 가끔 자기계산으로 매매에 참가하여 시세차익을 취하기도 한다.

(3) 발행 및 거래메커니즘

통화안정증권은 공모 또는 상대매출방식에 의해 발행된다. 공모발행은 경쟁입찰, 일반매출 또는 모집에 의해서 발행되는데, 경쟁입찰에는 한국은행 공개시장조작 대상기관만이 참여할 수 있는데 반해, 일반매출 및 모집의 경우에는 공개시장조작 대상기관이 아니더라도 참여할 수 있다. 상대매출방식은 유동성조절 또는 통화신용정책의 운영을 위하여 필요할 경우 만기 2년 이내에서 특정금융기관 또는 정부출자·출연기관을 대상으로 발행하는 것을 의미하는데, 만기 및 발행금리는 공모발행 시와 다르게 적용해도 된다.

발행규모 및 발행금리도 발행방식에 따라 다르게 결정된다. 이를 발행방식에 따라 살펴보면 다음과 같다. 먼저, 경쟁입찰의 경우에는 발행예정규모를 미리 공시하고, 낙찰금액의 합계가 발행예정금액에 도달할 때까지 가장 낮은 수익률을 제시한 입찰자로부터 낙찰자를 순차적으로 결정한 후 발행수익률은 내정수익률이하에서 낙찰자가 제시한 수익률 중 가장 높은 수익률을 모든 낙찰자에게 일률적으로 적용시키는 단일금리방식(Dutch auction)으로 행하고 있다. 그리고 일반매출의 경우에는 사전에 발행금리를 정하여 공시하고 내부적으로 설정한 발행예정규모 범위 내에서 매출을 순차적으로 행하고 있다. 한편 모집발행의 경우에는 한국은행이 발행예정규모와 발행금리를 미리 정하여 공시한 상태에서 인수희망자를 모집한다. 이 경우 응모총액이 발행예정금액을 초과할 때에는 응찰금액에 비례하여 낙찰규모를 결정하게 되는데, 현재 모집발행실적은 전무하다.

[그림 2-13] 통화안정증권의 거래메커니즘

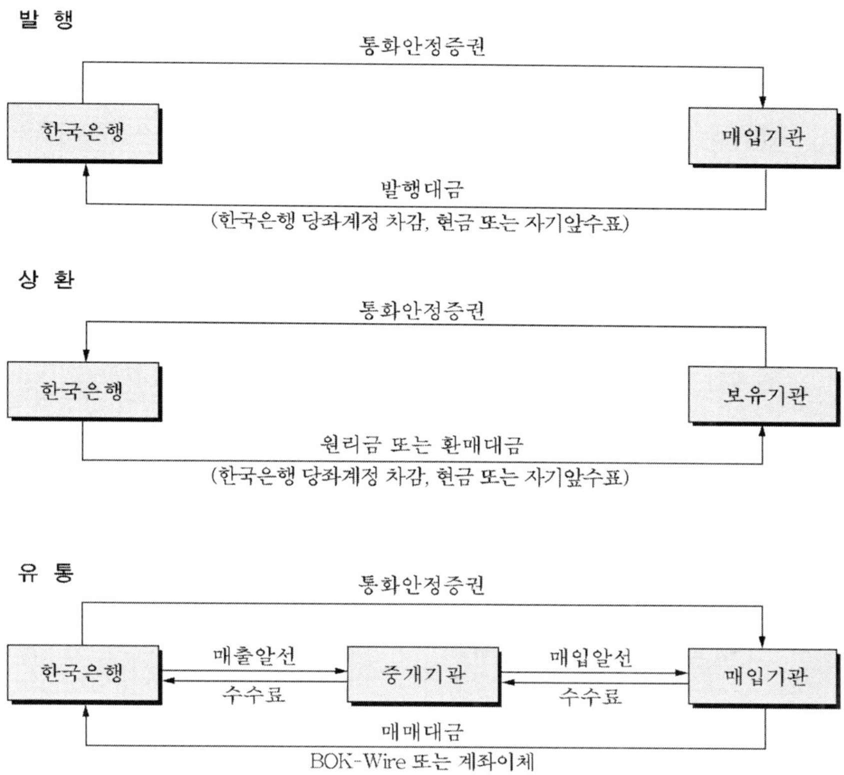

한편 통화안정증권은 실물교부와 한국은행 통화안정증권 등록부에 기재하는 등록발행이 모두 가능하나 현재 전액 등록발행되고 있다.

통화안정증권의 만기는 공모발행의 경우 현재 2년 이내에서 할인채 10종류, 이표채 3종류 등 13종목으로 정형화되어 있으나, 현재 14일물, 28일물, 91일물, 182일물, 364일물 할인채와 1년, 2년물에 이표채 위주로 발행되고 있다. 할인채는 할인방식으로 발행되어 만기일에 액면금액이 지급되며, 이표채는 이표지급방식으로 발행되어 3개월마다 이자가 지급된다. 한편 상대매출의 경우에는 증권의 만기를 공모발행 때와는 다르게 적용하고 있다.

발행금액은 경쟁입찰 및 모집의 경우 최소 100억 이상, 100억원 단위이며 액면금액은 100만원, 500만원, 1,000만원, 5,000만원, 1억원의 5종류로 정형화되어 있다.

경쟁입찰을 통한 발행은 선정된 거래대상기관을 상대로 매주 화요일 만기별 발행예정규모를 미리 정하여 정례적으로 시행되고 있다.[37] 한편 참가대상에 아무런 제한을 두지 않는 일반매출의 경우에는 지급준비금 전망 등에 따라 수시로 시행되고 있다.[38]

만기시의 자금결제는 경쟁입찰의 경우 한국은행에 개설된 매수 금융기관의 당좌계정에서 이루어지며, 일반매출의 경우 현금 또는 자기앞수표로 결제되거나 한국은행에 개설된 당좌계정을 통하여 결제된다.

통화안정증권이 유통시장에서 거래되는 경우에는 BOK-Wire를 이용하거나 한국예탁결제원 예탁계좌부의 명의를 변경하는 방식으로 소유권이 이전된다. 매매당사자의 거래은행이 같은 경우에는 계좌이체를 통해, 거래은행이 다른 경우에는 BOK-Wire를 통해 이루어진다.

(4) 통화안정증권의 동향

① 발행시장

[그림 2-14]에서와 같이 통화안정증권의 발행잔액의 추이를 보면, 1997년 외환위기 이전에는 25조원 내외를 유지하였으나, 1998년 이후 큰 폭으

37) 경쟁입찰은 입찰일 1일전 영업일에 통화안정증권 발행규모 및 만기가 결정되고 한국은행 홈페이지 등을 통해 입찰내역을 공고함으로 시작된다. 입찰당일에는 개별입찰 실시 전에 통화안정증권 유통수익률 등을 고려하여 입찰내정금리를 결정하고 입찰을 실시한다. 입찰이 완료되면 낙찰결과를 입찰기관에 통보하는 동시에 총낙찰규모 및 낙찰금리 등을 언론에 공표하며 발행 및 자금결제 등은 입찰일 다음 영업일에 이루어진다.

38) 일반매출은 매출공고 및 자금결제 등을 포함한 모든 절차가 당일에 마무리된다.

로 증가세를 지속하고 있다. 이는 외환위기 이후 경상수지 흑자 및 외국인 투자자금 유입 등에 기인한 본원통화 공급증가로 발생한 잉여유동성을 흡수하기 위해 통화안정증권발행이 크게 증가한데서 연유된다고 볼 수 있다. 2007년 이후 일시적으로 감소하기도 하였으나, 2008년 9월 미국 리먼브라더스의 파산보호신청 이후 신용경색심화 및 실물경기 위축에 대응하기 위해 확장적 통화·재정정책을 추구함에 따라 다시 증가세로 전환되어 2010년말 163.5조원으로 증가하였으며, 이후 160조원 초반 수준을 유지하다가 2012년 6월말 현재 164.6조원에 이르고 있다.

[그림 2-14] 통화안정증권 발행잔액 및 순발행액

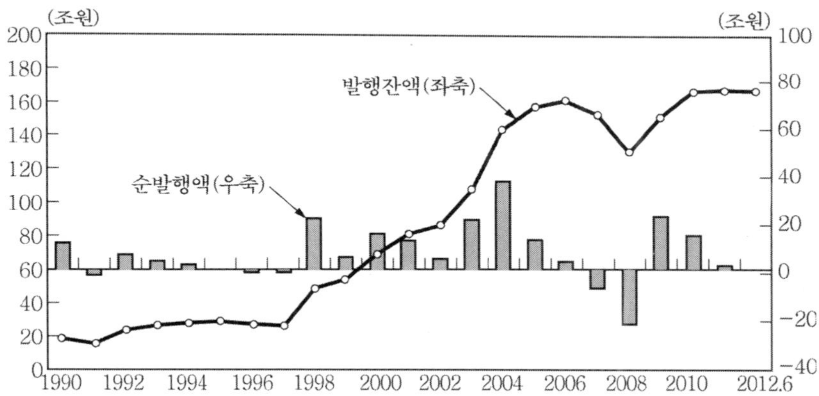

자료 : 한국은행

통화안정증권의 만기별 발행잔액 구성을 보면 1년물 이상 장기물의 비중이 2007년말 87.1%에서 2012년 6월말 86.4%로 소폭 낮아졌으나 여전히 높은 비중을 차지하고 있다([그림 2-15] 참조).

이는 단기물 통화안정증권의 수요가 제한적인 데다 단기물 중심으로 발행할 경우 차환발행의 부담 등으로 원활한 유동성 조절이 어렵다는 점을 감안하여 장기물 발행을 일정수준 이상으로 유지하였기 때문이다.

[그림 2-15] 통화안정증권 만기별 발행잔액 구성비

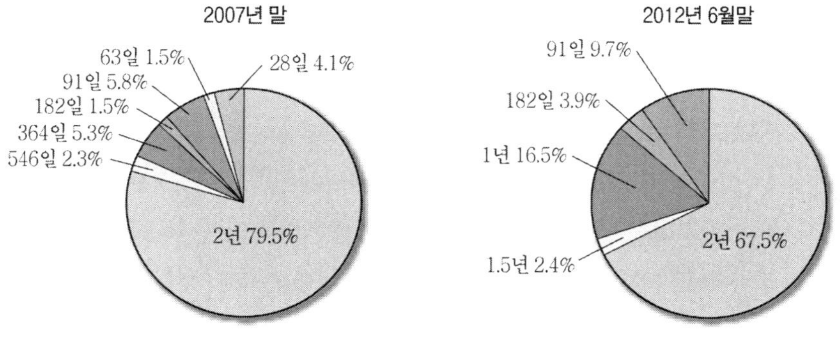

통화안정증권 연간 이자지급액은 1997년중 2.7조원에서 2008년까지 7.2조원을 상회하였으나, 이후 시장금리 하락과 발행잔액 감소 등의 영향으로 6조원대 초반으로 감소하여 2011년 중에는 6.1조원에 이르렀다.

〈표 2-9〉 통화안정증권 발행잔액 및 이자비용

(단위 : 조원)

	2007	2008	2009	2010	2011	2012.6
통화안정증권 잔액	150.3	126.9	149.2	163.5	164.8	164.6
통화안정증권이자비용[1)]	7.5	7.2	6.2	6.0	6.1	2.9

주 : 1) 1997년~2008년은 연중 이자비용, 2012년은 1~6월중 이자비용
자료 : 한국은행

② 유통시장

통화안정증권시장의 유통시장에서는 증권회사가 중개기관으로서의 역할을 수행한다. 증권회사는 단순중개와 매매중개 모두 가능하나, 주로 단순중개에 치중하고 있다. 거래상대방은 은행, 자산운용회사, 보험회사 등의 금융기관과 연기금, 일반법인 등으로 사실상 모든 시장참가자를 포함한다.

〈표 2-10〉 통화안정증권 거래금액의 변화추이

(단위 : 조원, %)

	2007	2008	2009	2010	2011	2012.6
거래금액[1](A)	77.7	98.2	119.4	165.5	195.0	182.8
발행잔액[2] (B)	155.5	139.1	150.0	161.9	166.2	163.3
거래회전율(A/B)	50	71	80	102	117	112

주 : 1) 기간중 월평균기준
2) 기간중 평잔기준
자료 : 한국은행

유통시장에서의 통화안정증권의 월평균 거래규모는 발행물량의 급증과 더불어 2년물 및 1년물 통화안정증권의 통합발행 및 중도환매제도 도입 등 발행제도 개선으로 기관투자자들의 주요 투자수단으로 기능함에 기인하여 2007년중 77.7조원에서 2012년 1~6월 중 월 평균 182.8조원으로 크게 확대되었다(〈표 2-10〉 참조).

[그림 2-16] 투자자별 통화안정증권 거래금액 구성비

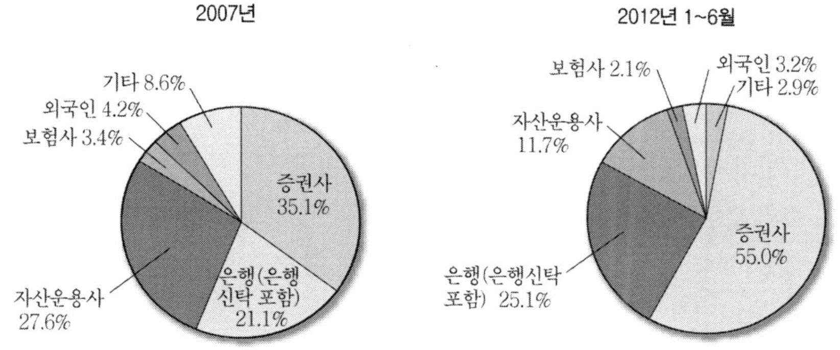

금융기관별 거래금액비중의 추이를 보면 은행 및 증권회사의 비중이 2007년 각각 21.1% 및 35.1%에서 2012년 1~6월 중 각각 25.1% 및 55.0%로 크게 증가한 반면에 동 기간 중 자산운용회사의 비중은 27.6%에서 11.7%로 감소하였다.

6. 은행인수어음시장

(1) 의의 및 기능

은행인수어음(BA : banker's acceptance)은 특정일에 지급을 약속하고 발행되는 기한부어음을 은행이 인수하는 것으로 주로 국제간의 무역결제 과정에서 발생한다.

환어음(bill of exchange)이란 발행인이 지급인으로 하여금 소정의 금액을 특정일에 지급하여 줄 것을 지시하는 어음으로서, 인수은행이 만기에 이를 지급하지 못할 경우 어음발행인이 지급을 책임지는 이중명의어음(two name paper)이다.[39] 따라서 은행인수어음은 인수은행의 취소불능 확정채무가 된다.

이와 같은 의미를 지니고 있는 은행인수어음은 국제무역거래를 보다 촉진시키는 역할을 수행할 뿐만 아니라, 단기금융시장의 발전에도 기여 한다. 즉, 수입업자는 자기자금의 부담없이 물품을 수입할 수 있으며 수출업자는 비록 외상으로 수출은 하였지만 은행인수어음을 수취함으로써 은행인수어음시장에 이를 매각하여 자금을 조달할 수 있다. 한편 금융측면에서는 은행인수어음은 인수은행의 신용을 바탕으로 어음발행기업과 인수은행이 모두 지급을 책임지기 때문에 안전성이 제고될 뿐만 아니라, 시장에서 자유로이 유통되어 금융시장의 유동성이 증대하는 데에 기여한다.

(2) 참가자

은행인수어음시장은 어음발행기관, 인수 및 할인은행, 중개기관, 투자자로 구성되어 있다.

어음발행기관은 주로 수출입기업들이며, 인수 및 할인업무는 주로 금융 및 무역중심지 등에 자리잡은 대형은행과 외국은행지점들이 담당하고 있

39) 여기서 인수란 인수인이 어음 기재된 금액을 약정대로 지급하겠다는 의사표시를 의미한다.

는데, 인수은행의 신용도에 따라 할인율이 다르다. 우리나라의 경우 아직까지 유통시장이 잘 발달되지 못하여 대부분 인수은행이 인수어음을 만기까지 보유하는 것이 일반적이나, 미국의 경우 주로 채권딜러들이 중개기관으로서의 역할을 수행한다. 한편. 미국의 경우 상업은행, MMMF, 지방정부, 연기금 및 보험회사 등의 기관투자자들이 투자자로 참여하고 있다.

(3) 거래메커니즘

은행인수어음(BA)의 메커니즘은 [그림 2-17]을 통해서 알아보기로 한다.

미국의 수입상B가 한국의 수출상A로부터 외상으로 상품을 수입하고자 할 경우, 수출상A에게 상품을 주문함과 동시에 자기거래은행인 D에 대해, 수출상A로 하여금 상품대금의 회수를 위해 D은행을 지급인으로 하는 기한부수출환어음(bill of exchange)을 발행할 수 있도록 하는 내용의 신용장(L/C : letter of credit)개설을 의뢰하면, D은행(Opening bank : 신용장개설은행)은 이 신용장을 개설하여 수출상의 A에게 보낸다.

A는 거래은행인 C은행(advising bank : 신용장통지은행)으로부터 L/C를 받아서 수출상품을 소정 선적기일(shipping date)에 선적한 후, 상품송장(invoice), 선하증권(B/L: bill of lading) 등의 선적서류(documents)와 함께 D은행을 지급인으로 하는 기한부수출환어음(usance bill)을 발행하여 이를 자기거래은행인 C은행에 제시하고 상품대전을 지급받으면, C은행은 이를 D은행에 송부하여 D은행이 이 어음을 인수함으로써 은행인수어음이 창출되는데, 이때 인수은행(D)은 고객(B)으로부터 인수수수료(acceptance commission)를 받고 C은행에게 대금상환을 한다.

한편, 인수은행(D)은 인수한 환어음을(직접 할인 매입한 경우) 중개기관(broker)을 통해 BA시장에서 할인(매각)하여 투자자들로부터 받아들인 투자자금으로 수입상(B)앞 인수어음지급대전을 회수한다. 어음의 소지인(BA시장 투자자들)은 만기일이 도래하면 BA를 D은행에 제시하여 투자자금을 상환받는다.

[그림 2-17] 은행인수어음(BA)의 거래메커니즘

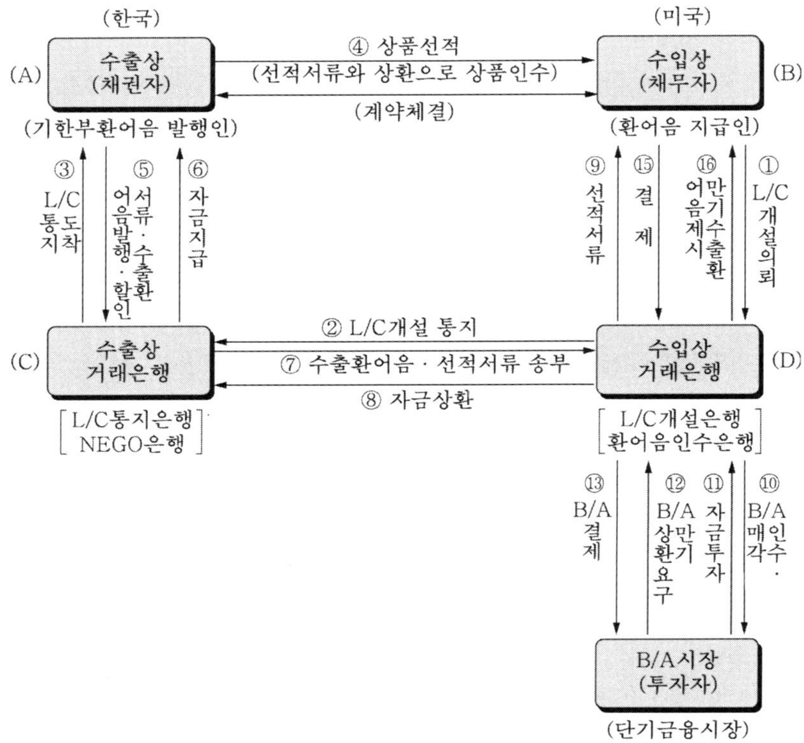

(4) 은행인수어음시장의 동향

우리나라의 경우 1978년 7월부터 내국수입유전스(usance)제도가 실시됨에 따라 은행인수어음제도가 되었는데, 이에 의거해 국내수입업자가 기한부수입신용장방식으로 수입할 경우 외국의 수출업자가 발행한 기한부수출환어음을 국내외국환은행이 인수함으로써 은행인수어음(BA)이 생성된다. 이 BA를 한국은행 또는 다른 외국은행에게 매각하거나 뉴욕시장 등 국제금융시장에서 매각하여 자금화할 수도 있으나, 아직까지는 유통시장이 그리 발달하지 못하여 대부분 인수은행이 인수어음을 어음의 만기까지 보유하는 것이 일반적이다.[40]

7. MMF

(1) 의의 및 기능

MMF(money market fund)란 자산운용회사가 고객의 자금을 모아 펀드(fund)를 구성한 후, 금리가 높은 만기 1년 미만의 기업어음(CP), 양도성예금증서(CD), 콜 등 주로 단기금융상품에 집중 투자하여 얻은 수익을 고객에게 되돌려 주는 초단기금융상품을 말한다.

원래 MMF는 1970년대에 미국의 증권회사들이 은행의 단기금융상품과 경쟁하기 위해 원칙적으로 원본이 보장되면서 높은 유동성을 추구하는 현금등가물(cash equivalent)의 형태로 개발된 상품이기 때문에, 순자산가치(NAV: net asset value)를 원칙적으로 시가가 아닌 장부가로 평가한다. 따라서 MMF는 순자산가치를 보전하기 위해 장부가로 산정한 순자산가치와 시장가격을 기준으로 산정한 순자산가치의 괴리를 주기적으로 조절하여야 할 뿐만 아니라, 편입증권의 잔존만기, 신용등급, 포트폴리오의 분산투자비율, 보유자산의 평가 등에 대해 규제를 가하고 있다.

MMF는 여유자금의 수시입출금이 가능하며 또한 하루만 자금을 예치해 놓아도 펀드운용실적에 따라 수익금을 받을 수 있으므로 단기자금을 운용하는데 적합하다. 가입금액 및 가입자격에 제한이 없어 소액투자자와 대기성 여유자금을 갖고 있는 개인과 일반기업이 이용하기에 용이하다.[41] 다만, 예금자보호대상은 아니다.

(2) 참가자

MMF도 집합투자기구(펀드)의 일종이므로 위탁회사(자산운용회사), 판매회사(금융투자회사, 은행 등), 수탁회사, 투자자로 구성된다.

위탁회사(자산운용회사)는 불특정다수의 고객으로부터 자금을 모아 조

40) 강병호 · 김석동, 『금융시장론(제10개정판)』, 2010, p. 35.
41) 판매는 개인용 펀드와 법인용 펀드로 구분하여 판매하고 있다.

성된 펀드를 고객을 대신하여 채권, CP, CD 등에 운용하는 역할을 수행한다.

판매회사는 자산운용회사와의 계약에 의하여 MMF를 판매하는 역할을 수행하는데, 현재 증권회사(금융투자회사)와 은행 등[42]이 이를 행하고 있다.

수탁회사는 자산운용회사의 지시에 따라 투자대상자산의 거래에 따른 대금 및 증권의 결제 등 투자대상자산의 보관과 관리를 담당하는 역할을 수행한다. 투자자는 MMF를 구입하는 자로서 크게 개인과 법인으로 구분할 수 있다.

(3) 거래메커니즘

MMF의 운용대상자산에는 국채, 지방채, 특수채, 사채권(주식사채 및 사모사채는 제외) 등의 채권, 금융기관이 발행·매출·중개하는 어음, 만기 1년인 예금, 콜론, CD·RP매입 등의 유동성자산 등이 있으며, 이들 운용대상자산의 신용등급은 채권의 경우 AA이상, CP의 경우 A_2 이상이어야 한다. 한편 MMF에 자산을 신규로 편입할 때에는 동일인 분산투자 요건을 충족해야만 한다. 동일인 발행 유가증권(채권, CP, 콜론, CD, 예금, RP 등)은 신탁재산의 10% 이내로 제한하고 있으며, 동일인 채권, CP는 등급별로 차등 규제하여 최상위 등급 채권 및 CP는 신탁재산의 5%이내, 차상위 등급 채권 및 CP는 신탁재산의 2% 이내이어야 한다.[43]

종래 펀드규모가 매우 영세하여 분산투자효과를 추구할 수 없을 뿐만 아니라 환매시 유동성문제가 자주 발생하고 경쟁력 수익률을 실현할 수 없는 문제점을 타개하기 위해, 최근에는 동일한 유형의 MMF설정억제를 통해 펀드대형화를 유도하고 있다. 즉, 개인 MMF의 경우 3,000억원, 법인용 MMF의 경우 5,000억원 등 고객유형별 설정액을 정해 일정금액을 초과할 때까지는 신규설정을 금지하고 있다.

---

42) 자산운용회사의 직접판매도 가능하다.
43) 단, 국채, 통화안정증권, 지방채, 특수채 등은 이와 같은 적용을 배제한다.

〈표 2-10〉 MMF의 주요내용

-운용대상자산	· 채권, CP, CD, 예금 등
-운용대상자산의 신용평가등급	· 운용대상채권 : AA 이상 · 운용대상 CP : A_2 이상
-운용대상 자산의 잔존만기	· MMF전체의 가중평균 잔존만기: 90일 이내 · 채권, CP : 1년 이내 · 기타자산(CD, 예금 등) : 6개월이내
-시가 평가 여부	· 평가원칙 : 장부가 평가 · 시가가 장부가를 0.5% 이상 상하로 차이가 날 경우 시가 평가
-펀드규모 제한	· 개인용 펀드 : 3천억 초과시 동일 유형 MMF추가설정 가능 · 법인용 펀드 : 5천억 초과시 동일 유형 MMF추가설정 가능
-매매 기준가격	· 미래가격을 적용 : 매입·환매시 매매를 청구한 일자의 종가를 기준가격으로 적용하여 청구일 다음날 대금지급 (익일환매제)

종래에는 과거가격(전일종가)을 거래가격으로 적용하였으나, 펀드 설정 및 해지에 따른 펀드자산의 희석을 방지하기 위하여 최근에는 MMF의 설정·해지가격을 미래가격(청구이후에 산정된 기준가격)으로 변경하였을 뿐만 아니라 MMF거래가격도 수익자간 형평성을 유지하기 위해 미래가격(환매청구시점이후의 기준가격)으로 변경, 적용하고 있다.

법인 MMF의 경우 2005년 11월 21일부터 익일환매, 2006년 7월 1일부터 익일매수를 이미 각각 시행해 왔는데, 개인 MMF의 경우도 2007년 3월 22일부터 익일거래제도(익일매수·익일환매)를 시행하고 있다.

〈표 2-11〉 MMF의 익일거래제도

	변경 전	변경 후
입금	당일매수 (기준가격적용일과 수익증권설정일 당일)	익일매수 (기준가격적용일과 수익증권설정일 익일)
출금	당일환매 (기준가격적용일과 수익증권설정일 당일)	익일환매 (기준가격적용일과 수익증권설정일 익일)

한편 MMF는 장부가 평가를 원칙으로 하고 있으나, 시가가 장부가를 0.5% 이상 상하로 차이가 날 경우에는 시가평가를 할 수 있다.

(4) MMF의 동향

〈표 2-12〉와 같이 MMF의 수탁고(순자산총액기준) 동향을 보면, 2005년 말 이후 감소추세를 보이다가 2008년말에는 90조원에 달하는 등 큰 폭으로 증가하였다. 이후 다시 감소 추세로 전환하여, 2012년 말에는 60조 초반에서 안정세를 보이고 있다.

〈표 2-12〉 MMF의 수탁고 동향(순자산 총액기준)

(단위 : 조원)

	2007년 말	2008년 말	2009년 말	2010년 말	2011년 말	2012년 말
계[1)]	47.8	90.6	72.4	67.6	53.8	63.9

주 : 1) 구법 MMF를 포함한 수치임
자료 : 금융투자협회

8. CMA

(1) 의의 및 기능

원래 CMA(cash management account)는 1977년 미국의 증권회사인 메릴린치(Merrill Lynch)가 복합금융서비스를 위하여 개발한 상품으로 증권거래기능, 은행의 여・수신 및 각종기능을 하나로 결합하여 One-stop서비스를 제공함으로써 증권회사의 은행에 대항한 경쟁상품으로 성장해왔다. 예를 들어 고객이 일반 상거래에서 증권회사와 제휴한 은행의 수표나 카드로 결제하면 그 대금은 증권회사에서 개설되어 있는 고객의 CMA계좌에 입금된 MMF환매대금으로 환매청구당일에 결제되는데, 이와 같이 증권회사는 CMA를 통해 고객이 카드나 수표와 연계하여 사용할 수 있을 뿐만 아니라 이와 더불어 단기금융자산에서 발생하는 수익을 취득할 수 있도록 함으로써 은행에 대한 경쟁력을 확보할 수 있었다.

우리나라의 경우, CMA는 1984년 8월 「종합금융회사법」에 의거하여 종합금융회사의 수신상품의 하나로 도입된 후, 2003년 11월부터는 증권회사들도 약관에 의해 취급하고 있다.

CMA는 증권회사(금융투자회사)가 고객의 약정에 따라 예치자금이 MMF, RP등 특정 금융상품에 투자되도록 설계된 금융서비스계좌이다. 증권회사는 CMA를 고객예탁금계좌와 연계하여 수시입출, 급여이체, 결제대금납부 등의 부가서비스를 제공하고 있다. 또한 『자본시장법』 시행으로 증권회사의 소액지급결제서비스가 허용됨에 따라 2009년 7월부터는 은행의 요구불예금 수준의 지급결제서비스가 가능해졌다.

CMA는 운용자산의 종류에 따라 RP형, MMF형, 종금형 및 예금형(일임형)으로 구분된다.

〈표 2-13〉 CMA의 유형별 분류

	RP형	MMF형	종금형[1]	예금형(일임형)
자 산 운 용	증권회사RP (A등급이상채권)	MMF에 투자	할인어음(50% 이상), CD 등	증권금융예치
듀레이션	0.5 ~ 1년	90일 이하	-	-
운용제한	담보채권(시가)을 105% 이상유지	MMF와 동일	현금성자산 5%이상 보유	-
금리지급방식	제시수익률 보장	실적배당	실적배당	제시수익률 보장
원본손실부담	증권회사	투자자	증권회사	증권금융
취급증권회사	25개사	11개사	2개사	7개사

주 : 1) 예금보호대상 금융상품으로 1인당 5,000만원까지 보장.
종금업 인가기간 만료와 함께 취급이 종료될 예정
출저 : 한국은행, 『한국의 금융시장』, 2012년.

9. MMDA

MMDA(money market deposit account)는 시장금리부 수시입출식예금이라고 하는데, 은행, 농업협동조합, 수산업협동조합 등이 취급하는 단기금융상품의 하나로 CMA, MMF 등과 경쟁관계에 있다.

MMDA는 원래 미국의 은행이 투자신탁회사(자산운용회사)가 MMF에 대응하기 위해 도입한 고금리 저축성예금으로, 우리나라에서는 1997년 7월부터 도입되었다.

MMDA는 예치기간 · 가입대상 · 가입금액에 제한이 없을 뿐만 아니라(일부은행의 경우 최저한도를 정하기도 함), 입출금이 자유롭고 각종 이체와 결제가 가능하며, 실세금리를 적용하여 보통예금보다 상대적으로 높은 이자를 지급하고 있어 일시적인 목돈을 단기간에 운용하기에 적합하다. 예금지급준비금 예치의무가 부과되고 있으며, 현재 예금자보호대상이기도 한다. 이자율은 은행별로 자유화되어 있으며, 평잔액이 일정한도(500만원)를 넘으면 보다 높은 금리(복리)를 적용한다.

중요개념 및 용어

단기금융시장	통화정책	공개시장조작정책
금리재정거래	은행간시장	대고객시장
콜시장	콜머니(cal money)	콜론(call loan)
순콜머니 포지션	무차별중개방식	신용공급한도
환매조건부채권매매(RP)	대고객RP	금융기관 RP
인도형RP	점유개정형RP	3자간 RP
단리금리방식	복리금리방식	채권담보부 자금대차방식
양도성예금증서(CD)	대고객CD	은행간CD
기업어음(CP)	자산담보부발행(ABCP)	통화안정증권(MBS)
경쟁입찰	일반매출	은행인수(BA)
MMF	CMA	MMDA

연 습 문 제

1. 단기금융시장이 수행하는 기능과 역할에 대해 서술하라.

2. 콜시장의 의의와 기능에 대해 설명하라.

3. RP거래의 성격 및 기능에 대하여 서술하라.

4. CD의 의의 및 기능에 대해 설명하라.

5. CP발행을 직접발행과 간접발행으로 구분하여 설명하라.

6. 통화안정증권의 발행방식에 대해 설명하라.

7. 은행인수(BA)의 의의 및 기능에 대해 설명하라.

8. MMF의 의의 및 기능에 대해 설명하라.

9. CMA에 대해 설명하라.

10. MMDA에 대해 설명하라.

제 3 장 예금 및 대출시장

본 장에서는 우리나라의 은행금융시장과 관련하여 크게 예금시장과 대출시장으로 분류하여 살펴보고자 한다. 먼저 예금시장에서는 예금의 의의 및 기능에 대해 알아보고 여러 종류의 예금에 대해 구체적으로 살펴본다. 다음으로 대출시장에서는 대출의 의의 및 분류에 대해 알아보고 대출을 받기 위한 금융상품, 기업대출, 소비자신용, 담보대출에 대해 구체적으로 살펴본다.

제 1 절 예금시장

1. 예금의 의의와 기능

예금(deposit)이란 은행이 불특정다수의 고객으로부터 자금을 예탁받아 원하는 기간동안 보관, 관리해 주는 것을 목적으로 예입된 자금으로, 은행을 운용하는 원천적인 예탁금을 말한다. 예금은 원칙적으로 은행부채의 대종을 이루며, 은행의 모든 부채 중에서 가장 우선적으로 상환의무를 지닌 부채적 성격의 특징을 지닌다.

예금은 예금고객의 예치목적 내지는 예치기간에 따라 요구불예금(demand deposit)과 저축성예금(savings deposit)으로 구분되는데, 최근에는 저축 및 결제기능이 혼합된 새로운 신종금융상품이 도입됨에 따라 이와 같은 예금의 구분이 모호해지고 있다. 요구불예금은 기간을 설정하지 않고 일시적으로 은행에 맡겼다가 자금이 필요할 때 고객의 요구에 따라 언제든지 마음대로 인출할 수 있는 예금을 말한다. 이와 같은 의미를 지니고 있기 때문에 요구불예금은 이자수익이 아니라 일시적 자금보관 이나 지급결제의 편의를 주된 목적으로 하고 있다. 따라서 예금의 즉시인출이 보장되는 대신에 예금이자를 거의 지급하지 않거나 또는 지급한다고 하더라도 매우 낮은 이자를 지급한다. 최근 시장금리와 연동된 신종예금 관련 상품의 출현, ATM 등의 새로운 결제수단의 창출 등에 기인하여 금융자산에서 요구불예금이 차지하는 비중은 점차 낮아지고 있다.

저축성예금은 저축 또는 이자수입을 주목적으로 하는 예탁된 자금으로 예치기간을 미리 정하고 기한이 되기 전에는 인출이 제한을 받는 대신, 기한에 따라 또는 특성에 따라 높은 소정의 이자지급이 보장되는 예금이다. 이와 같은 특징에 기인하여 만약 부득이하게 기한도래 전에 중도에 예금을 해지해서 환급받으려면 기한의 이익(고수익 이자혜택)을 상실내지는 포기하게 되고 매우 낮은 최소한의 일정한 보상적 이자만을 수령하게 된다.

그러나 최근 저축성예금도 금융혁신 등의 환경요인에 기인하여 예금간의 이체가 허용됨에 따라 앞에서 언급한 제약이 실제로는 없어지고 있는 추세이다. 예를 들어 통지예금인출의 경우 종래에는 예금자가 일정기간이 전에 미리 인출의사를 은행에 통지하여야 했으나, 최근에는 예금자가 필요한 경우 언제든지 요구불예금으로 자동이체되는 ATS(automatic transfer system)이 일반화되어 가고 있다. 또한 정기예금의 경우도 예금자가 금리상의 불이익을 감수하면 언제든지 해약이 가능할 뿐만 아니라, 다른 예금으로의 이체도 가능하다. 이와 같은 관점에서 볼 때 요구불예금과 저축성예금으로 구분하는 예금분류방식도 최근에는 그 의미가 점점 퇴색해 가고 있음을 알 수 있다.

2. 예금의 종류

(1) 요구불예금

요구불예금(demand deposits)은 지급결제의 편의제공 또는 일시적 보관을 주목적으로 하는 예금으로, 이에는 보통예금, 당좌예금, 가계당좌예금, 별단예금, 공공예금 등이 있다.

① 보통예금

보통예금(passbook deposit)은 아무런 제약없이 자유롭게 가입·입출금·거래할 수 있는 대표적인 요구불예금이다.

보통예금은 일반적으로 당좌거래를 하지 않고 있는 중소상공업자의 일상적인 수입금 및 지출금의 출납예금, 현금보관의 위험을 피하기 위한 일시적인 자금, 당좌거래자의 일시여유자금 등으로 이용되고 있다. 개인의 경우에는 보통예금보다 더 높은 이자를 지급하는 저축예금에 제한없이 가입할 수 있어 저축수단으로서의 활용도는 높지 않다.

이자는 일반적으로 결산기마다 평균예금잔액에 대하여 이자를 계산하여 원금에 가산한다.

② 당좌예금

당좌예금(checking account)은 은행과 당좌계좌를 체결한 자가 현금을 예금한 후 수시로 입·출금할 수 있는 요구불예금으로 필요에 따라 수표를 발행할 수 있는데 원칙적으로 이자가 지불되지 않는다. 당좌대출계약을 체결하는 경우 예금잔액 이상으로 수표를 발행할 수 있도록 하는 것이 일반적이다.

당좌예금거래는 당사자간의 일종의 지급위탁계약으로서 위탁자인 당좌예금주가 수탁자인 은행에 대하여 자신이 발행한 수표를 그 소지인의 지급제시가 있을 때에는 지급대리인으로서 이를 지급할 것을 위탁하는 지급위탁계약의 성격을 지니고 있다.

〈표 3-1〉 당좌예금과 가계당좌예금의 비교

	당좌예금	가계당좌예금
거래대상	법인, 개인사업자(자영업자)	개인, 개인사업자(자영업자)
개설자격	은행거래실적위주	개인의 사회적 신분 및 신용상태
수표발행	수표를 금액제한없이 예금잔액 범위 내에서 발행	수표금액은 장당 100만원, 300만원, 500만원 이하
거래보증금, 초입금	지역별 거래보증금예치와 보증금 범위 내에서 발행	없음
이자	없음	있음
타영업점(NET) 지급	가능(통장거래) 일부은행은 불가능	가능(cash card, 통장)
부도제재금 또는 과태금부과	제한없음	장당 최고 발행한도 초과의 경우만 과태금 부과

③ 가계당좌예금

가계당좌예금은 은행과 예금계약을 체결한 개인 또는 자영업자인 예금주가 개인수표를 발행하여 현금대신 지급수단으로 사용하는 예금을 말한다. 가계당좌예금은 예금계약을 체결한 예금주가 개인수표의 사용으로 현금거래 및 현금소지의 필요성을 배제시킴으로써 은행의 이용을 촉진시킨다.

가계당좌예금은 국민개개인의 신용에 의한 거래형성으로 신용사회구축의 기틀을 마련하는데 목적을 둔 정책적인 예금제도라고 볼 수 있는데, 가입대상은 신용상태가 양호한 개인으로써 구체적인 자격 기준은 각 은행이 자율적으로 결정하고 있다. 일반적인 당좌예금과 달리 이자가 지급되는 가계우대성 요구불예금으로, 예금잔액이 부족할 경우 대월한도 범위 내에서 자동대월이 가능하며 거래실적이 양호한 경우에는 소액가계자금 대출도 받을 수 있다.

가계수표는 예금잔액 및 대월한도 범위 내에서 발행하여야 하며 대월한도를 초과하여 발행하게 되면 거래정지처분을 받을 수 있다(〈표 3-1〉 참조). 이자지급은 3개월마다 원금에 가산하며(복리), 이자율은 결산기 평잔을 기준으로 결정한다.

④ 별단예금

별단예금(temporary deposits)은 은행의 환, 대출 등의 과정에서 발생한 미결제, 미정리 자금, 기타 다른 예금계정으로 처리하기 곤란한 자금 등을 업무처리 편의를 위하여 일시적으로 보관하는 계정을 말하는 것으로 나중에 다른 계정으로 지급 혹은 대체될 예금이다. 한 가지 종류의 예금이 아니므로 거래약관이 없고 통장이나 증서를 발행하지 않으며, 예금기간도 일정치 않다.

⑤ 공공예금

공공예금은 지방자치단체와의 금고사무 취급계약에 의해 재산세, 등록세, 주민세 등의 지방세와 수도요금 등 공공요금 수납대행 업무를 취급하는 예금을 말한다. 공공예금은 예금 및 지급업무가 해당 지방자치단체와의 개별계약에 의해서만 이루어진다는 점에 그 특징이 있다.

(2) 저축성예금

저축성예금(savings deposits)은 이자수입을 주목적으로 하는 예금으로 크게 거치식 예금, 입출금식 예금, 적립식 예금으로 구분할 수 있다. 거치식 예금의 예로는 정기예금(일반정기예금, 주택청약예금 등), 정기예탁금, 외화예금 등을, 입출금식 예금의 예로는 저축예금, MMDA[1] 등을, 적립식예금의 예로는 정기적금(일반정기예금, 가계우대정기적금), 농어가목돈마련저축, 장기주택마련저축, 주택청약부금, 주택청약저축, 주택청약종합저축 등을, 각각 들 수 있다.

① 정기예금

정기예금(time deposits)은 예금자가 미리 저축기간과 금액을 정하여 예치하는 일반적인 형태의 저축성예금으로 기간이 장기적인 것이 특징이다. 따라서 정기예금은 높은 이자율이 보장되나, 만약 예금자가 약정기간 이전에 해약할 경우에는 당초의 약정이자율보다 현저하게 낮은 중도해지이율이 적용된다.

정기예금의 경우 예금자는 저축기간동안에 일정한 이자를 받을 수 있고 은행은 저축기간동안에 예금이 인출될 가능성이 적기 때문에 자금을 안정적으로 운용할 수 있다.

정기예금은 은행뿐만 아니라 농·수협, 상호저축은행, 우체국에서도 취급하고 있다. 통상 우체국에서 취급하는 정기예금을 제외하고 예금잔액의 95% 범위 내에서 정기예금 담보대출을 받을 수 있다. 최근에는 주가지수 등과 연계된 상품도 출현하고 있다. 정기예금은 예금자보호법 등에 의해 예금보호를 하고 있다.

㉠ 일반 정기예금

가입대상 및 예치한도는 제한이 없으며, 예치기간은 1개월 이상 5년 이내에서 자유로이 선택가능하다. 금리는 자유화되었으며 이자는 월 단위로 지급할 수 있고 복리로 원금에 가산할 수도 있다.

1) MMDA에 관한 구체적인 내용은 제2장 단기금융시장 제3절 단기금융시장의 하부시장 9. MMDA 참조 요망.

〈표 3-2〉 금융기관별 정기예금의 금리

구 분		3개월	6개월	1년	2년
금리(연 %)	예 금 은 행	1.9~3.7	2.2~3.8	2.6~4.2	2.7~4.3
	상호저축은행	2.1~4.2	3.2~4.4	4.0~4.9	4.1~5.1

주 : 2012년 12월 현재
자료 : 한국은행, 『2012년 금융생활 길라잡이』, 2012년, p.42

세금혜택의 경우, 일반과세(15.4%), 세금우대(9.5%), 생계형 비과세 중 선택이 가능하다.

〈표 3-3〉 세금혜택 비교

구분	일반과세	세금우대	생계형비과세
적용세율	15.4% (소득세 14%+주민세[1] 1.4%)	9.5% (소득세 9%+농어촌특별세 0.5%)	0%
가입한도	-	· 일반인: 1,000만원 · 노인 및 장애인: 3,000만원 · 미성년자 : 1,500만원[2]	3,000만원
대 상	-	· 노인, 장애인 등[3]	

주 : 1) 주민세는 소득세의 10%
2) 2005년말 까지는 가입분에 한함
3) 노인(남녀 만 60세 이상), 장애인, 국가유공자, 고엽제 환자, 5·18운동 부상자외 독립유공자와 그 유족 또는 가족, 기초생활 수급자
자료 : 한국은행, 『2012년 금융생활 길라잡이』, 2012년, p.35

㉡ 주택청약예금

부동산투기를 억제함과 더불어 아파트분양관련 시중의 부동자금을 산업자금으로 유도하고자 도입된 예금으로 일정금액의 목돈을 일시에 정기예금으로 예치하여 일정기간이 지나면 민영주택에 대한 청약권이 주어진다. 산업은행과 수출입은행을 제외한 모든 은행에서 취급하고 있으며, 주택청약저축·예금·부금 중 전 금융기관을 통하여 1인 1계좌만 가능하다. 예치금액을 변경할 때 큰 평형으로 변경하면 1년 후에 청약할 수 있으며, 작은 평형으로 변경할 때에는 모집공고 이전에 신청하면 즉시 청약이 가능하다.

〈표 3-4〉 평형별, 지역별 주택청약예금의 예치금액

청약가능면적 (전용면적기준)	예 금 액		
	서울, 부산	기타 광역시	기타 시 및 군
$85m^2$ 이하[1)]	300만원	250만원	200만원
$102m^2$ 이하[2)]	600만원	400만원	300만원
$102m^2$ 초과 $135m^2$ 이하	1,000만원	700만원	400만원
$135m^2$ 초과	1,500만원	1,000만원	500만원

주: 1) $85m^2$ 이하 가입자는 $60m^2$ 초과 $85m^2$ 이하 민간건설 중형 국민주택도 청약가능함.
2) 전용면적 $102m^2$ 이하 가입자는 $85m^2$ 이하도 신청이 가능함

자료 : 한국은행, 『2012년 금융생활 길라잡이』, 2012년, p.56.

당해 주택건설지역에 거주하는 만 20세 이상의 국민인 개인 혹은 법적 조건을 갖춘 재외동포 및 외국인이 가입할 수 있고, 20세미만인 자도 세대원[2)]이 있는 세대주면 가입할 수 있다. 계약기간은 1년이고, 1년 경과할 경우 당첨시까지 자동 재예치된다. 청약우선순위는 1순위는 가입 후 2년이 경과한 자이고, 2순위는 가입 후 6개월이 경과한 자이다. 금리는 자유화되어 있는데, 2011년 12월 현재 연3.1~3.6%에서 결정되고 있다. 이자지급방법에는 매월 이자지급식 또는 만기 이자지급방식이 있다. 세금우대의 경우, 일반과세(15.4%), 세금우대(9.5%), 생계형 비과세 중에서 선택이 가능하다.

② 정기예탁금

은행의 정기예금과 유사한 상품으로 상호금융, 새마을금고, 신용협동조합 등의 신용협동기구들이 취급하고 있다. 비과세혜택이 있으며 은행권보다 상대적으로 높은 금리를 지급하므로 일반서민들의 목돈운용에 적합한 저축수단이다.

가입대상은 상호금융, 새마을금고, 신용협동조합 등의 신용협동기구들의 조합원, 준조합원 또는 회원으로 제한되어 있다. 예탁금액은 제한이 없으나, 예탁기간은 5년 이내이고, 금리는 확정금리로 자유화되어 있다.

2) 세대원은 한 세대를 이루고 있는 것을 말한다.

이자계산은 매월 이자지급식 또는 만기 일시지급식으로 한다.

은행권의 비과세혜택 수혜여부와 관계없이 신용협동기구를 통틀어 1인당 3,000만원 범위내에서 가입기간과 관계없이 비과세(농어민 · 저소득근로자가 아닌 경우에는 농어촌특별세 1.4%부담)되므로, 여유자금은 물론 1년미만의 단기로 운용하기에도 좋은 금융상품이다. 별도의 기금에 의해 5,000만원까지 예금자보호를 해주고 있다.

③ 외화정기예금

외화정기예금은 외화를 예금하고 외화로 인출할 수 있는 정기예금으로 해외송금을 자주하는 기업이나 개인에게 유용한 금융상품이다. 약정기간이 길수록 높은 확정이자가 보장되므로 여유자금을 장기간 안정적으로 운용하는데 유리하다. 또한 향후 특정국가 통화의 환율이 오를 것이 예상되면 해당통화의 외화정기예금에 가입하여 환차익을 추구할 수도 있다.

현재 은행에서는 미국달러, 엔화, 파운드, 유로, 스위스 프랑 등 다양한 통화의 외화정기예금이 거래되고 있다. 가입대상에는 제한이 없고 예금자보호는 되지 않는다.

④ 저축예금

저축예금은 은행인구의 저변확대를 도모하고 가계예금의 증대를 추구하기 위해 도입된 가계우대 예금제도의 하나이다. 보통예금과 같이 입 · 출금이 자유롭지만 보통예금보다는 비교적 높은 금리를 적용한다. 취급기관으로는 은행(농 · 수협중앙회 포함), 상호저축은행, 우체국을 들 수 있다. 일부 금융기관에서는 입 · 출금이 자유로운 예금(보통예금, 저축예금, 자유저축예금 등) 중 일부상품만을 취급하거나 이들을 통합하여 운영하기도 하며, 일정기간 동안의 평균잔액이 일정액 이하인 경우 이자를 지급하지 않거나 계좌유지 수수료를 부과하는 제도를 시행하는 경우도 있다. 가입대상은 실명의 개인이고, 가입좌수 · 예치기간 · 예치한도에는 제한이 없다. 금리는 자유화되어 있는데, 2011년 12월말 현재 0.1~4.0%에서 결정되고 있다, 이자는 통상 결산기(매 3개월 또는 6개월)마다 평균예금잔액에 대해 이자를 계산하여 원금에 가산(복리)하여 계산한다.

세금혜택의 경우, 일반과세(15.4%), 세금우대(9.5%), 생계형비과세 중 선택이 가능하고, 예금자보호법에 의하여 예금보호를 하고 있다.

⑤ 정기적금

정기적금(installment deposits)은 예금자가 계약금액과 계약기간을 정해 일정금액을 정기적으로 납입하면 만기일에 계약금액을 지급받는 적립식예금으로 목돈마련에 가장 보편적인 장기저축상품이다. 예금자는 정기적금을 담보로 적금대출이나 적금담보대출을 받을 수 있다.

정기적금은 일반정기적금과 가계우대정기적금으로 구분되는데, 일반정기적금은 정기적금 중 가장 보편적인 예금제도로서 통상 정기적금이라고 불리고 있다. 정기적금은 은행뿐만 아니라 상호저축은행, 농·수협 지역조합, 신용협동조합, 새마을금고, 우체국에서 취급하고 있다. 가입대상에 제한이 없고 계약기간은 6개월 이상 5년 이내에서 1개월 단위로 자유로이 결정할 수 있으며, 자유적립식의 경우 일단위로 정할 수도 있다.[3] 계약금액은 월 1만원 이상 제한이 없으며, 적금담보대출이 허용되고 있다. 금리는 각 금융기관이 자유롭게 결정하는데, 만기 후에는 적용금리가 가입당시 약정이율의 1/2 이하로 낮아진다. 세금우대종합저축 한도 내에서 1년 이상 가입 시에는 세금우대혜택을 받을 수 있다.

〈표 3-5〉 예금은행의 정기적금 금리

기 간	6개월	1년	2년	3년
금리(연 %)	2.4~3.6	2.9~4.1	3.3~4.4	3.6~4.6

주 : 2012년 12월 현재
자료 : 한국은행, 『2012년 금융생활 길라잡이』, 2012년, p. 39

가계우대정기적금은 금리우대를 통하여 가계의 목돈마련을 지원함과 아울러 은행과 비은행금융기관과의 금리불균형을 시정하여 은행의 수신기반을 강화하고자 도입된 장기성 가계우대저축이다. 만기시까지 적금담

3) 최고 36개월로 제한한 은행도 있다.

보대출을 받지 않는 경우 통상 특별금리를 가산해 주고 있다. 정기적금과 같이 은행뿐만 아니라 상호저축은행, 농·수협 지역조합, 신용협동조합, 새마을금고, 우체국에서 취급하고 있다. 개인만이 가입할 수 있으며, 계약기간은 1년 이상 3년 이내로 매월 단위로 가능하다. 가입한도는 월 1만원 이상 제한이 없으며, 금리는 각 금융기관이 자유롭게 결정한다.

⑥ 농어가목돈마련저축

농어민의 생활안정과 재산형성을 지원하기 위해 도입된 특별우대 비과세저축으로 목돈마련에 유리한 3년 이상의 장기저축상품이다. 가입자에게는 기본금리 이외에 법정장려금리를 가산하여 원리금을 지급해주고 있다. 단위농협 및 지구별·업종별 수협에서 취급하고 있다.

〈표 3-6〉 농어가목돈마련저축의 가입대상

일반 농어민	저소득 농어민
· 1~2ha 이하 농경지 보유 농민 · 20t 이하 어선 소유 어민 · 일정규모(예: 젖소 20마리)이하 가축 소유 소유양축가	· 1ha 이하 농경지 보유 농민 · 무동력선 또는 비어선 사용 어민 · 일정규모(예 : 젖소 10마리)의 가축을 사육하거나 타인의 양축업에 종사하는 양축가

자료 : 한국은행, 『2012년 금융생활 길라잡이』, 2012년, p. 40.

〈표 3-6〉에서 보는 바와 같이 가입대상은 일반농어민과 저소득 농어민으로 제한되어 있고, 가입한도도 일반 농어민의 경우 월 5,000원 이상부터 12만원(연 144만원)까지, 저소득농어민의 경우 월10만원(연120만원) 이내로 제한되어 있다.[4] 예치기간은 3년 또는 5년이며, 납입방법은 월납, 분기납, 반기납이 있다. 저축의 계약기간 만료 또는 특별 중도해지 시, 이자소득세, 상속세가 부과되지 않으며, 2011년말 까지의 가입자에 한하여 비과세혜택을 주고 있다. 또한 자체적인 상호금융예금자보호기금에 의해 예금자를 보호하고 있다.

---

4) 가입한도는 가구단위로 계산하며, 한도 내에서는 여러 계좌로 나누어 가입할 수 있다.

⑦ 장기주택마련 저축

장기주택마련저축은 주택의 실수요자에게 금융세제상의 지원(비과세 혜택)을 강화함으로써 무주택자의 내 집 마련과 소형주택 소유자의 주거 환경 개선을 돕기 위해 1994년에 도입되었다. 일정요건을 갖추면 비과세 혜택이 주어지고 주택구입이나 신축자금을 장기로 대출받을 수 있는 특별우대상품이다. 장기주택자금을 대출받는데 유리한 상품이며 비과세효과를 감안하면 실효수익률도 높은 편이다. 장기주택마련저축은 전 금융기관에서 취급하고 있다.[5)]

가입대상은 만 18세 이상의 무주택자, 가입당시 주택의 기준시가가 3억원 이하인 국민주택 이하의 주택을 한 채만 소유한 세대의 소유자로 1인 1계좌만 허용된다. 계약기간은 7년 이상이며,[6)] 분기당 최저 1만 이상 300만원 이내에서 1만원 단위로 저축금액 및 회차에 관계없이 자유롭게 적립할 수 있다. 금리는 자유화되어 있는데, 2011년 12월 현재 7년만기 이율은 연 3.2~4.3%에서 결정되고 있다. 〈표 3-7〉과 같은 기준 하에서 주택자금 대출을 받을 수 있다. 장기주택마련 저축은 예금자보호법 등에 의해 보호받고 있다.

〈표 3-7〉 장기주택마련저축의 주택자금대출[1)]

	내 용
자금용도	주택구입자금, 신축자금
대출금액	저축원금과 이자 합계액의 최고 2배 이내
대출기간	저축기간에 따라 20년 이상 33년 이내
상환방법	원리금 균등분할상환
대출자격	가입후 만 5년이상 경과하고 대출신청일 현재 연체가 없는자

주 : 1) 세부기준은 취급기관에 따라 다르다.

2012년말까지의 가입자에 한하여 7년 이상 유지시 비과세 혜택을 주고

5) 금융기관에 따라 비과세장기저축, 장기주택마련펀드, 장기주택마련저축보험 등의 다양한 명칭을 사용하고 있다.

6) 취급기관에 따라 다르다.

있으며, 연간 납입액의 40%범위내, 최고 300만원까지 소득공제를 해주고 있다. 소득공제를 받은 가입자가 가입 후 1년 이내 중도해지 시에는 저축액의 8%(연간 60만원 한도), 5년 이내 중도해지시에는 저축액의 4% (연간 30만원 한도)의 금액을 추징하고 있다.7)

⑧ 주택청약부금

주택청약부금은 분양받고자 하는 주택의 규모에 맞추어 매달 저축하면 거래기간과 저축실적에 따라 주택자금을 대출받을 수 있고, 납입금액이 지역별 청약가능 예치금액이상이 되면 전용면적 85m^2 이하의 민영주택 또는 60m^2 초과~85m^2 이하의 민간건설중형국민주택에 대한 청약권이 부여되는 저축이다. 산업은행과 수·출입은행을 제외한 전 은행에서 취급하고 있다.8)

만 20세 이상인 국민(법적 조건을 갖춘 재외동포 및 외국인도 가능), 만20세 미만인 자는 세대원이 있는 세대주가 가입할 수 있다. 계약기간은 3~5년이며, 적립방법에는 자유적립식 또는 정액적립식이 있다.9) 지역별 청약가능 예치금액은 〈표 3-8〉과 같다. 금리는 자유화되어 있는데, 2011년 12월 현재 3년 만기의 이율은 연 3.1~4.2%에서 결정되고 있다.

〈표 3-8〉 지역별 청약가능 예치금액

(단위 : 만원)

서울 · 부산	기타 광역시	기타 시 및 군
300	250	200

청약우선순위의 경우, 1순위는 납입인정금액이 청약가능 납임금액 이상이고 2년이 경과된 자이고, 2순위는 청약가능 납입금액 이상이고 6개월이 경과된 자이다. 민영주택자금 대출 및 분양 당첨 후에는 입주 전까지 전

7) 단, 소득공제에 의해 감면받은 세액이 중도해지 추징세액에 미달하는 경우에는 실제감면받은 세액만 추징한다.
8) 기존의 주택은행 청약부금가입자들이 계좌를 해약하고 다른 은행에 가입하는 경우 기존의 가입기간을 인정받지 못한다.
9) 계약기간과 적립방법은 각 은행별로 상이하다.

세자금 대출이 가능하고, 가입 후 2년이 경과하고 납입인정금액이 지역별 85m^2 이하 청약예금 예치금액이상을 납입한 경우에는 청약예금으로 변경이 가능하다.

세금혜택의 경우, 일반과세(15.4%), 세금우대(9.5%), 생계형비과세 중 선택이 가능하고, 주택청약부금도 예금자보호법 등에 의해 보호받고 있다.

⑨ 주택청약저축

주택청약저축은 월부금을 일정기간 납입하면 국민주택이나 전용면적 60m^2 초과~85m^2 이하의 민간건설 중형국민주택을 분양 또는 임대받을 수 있는 청약권이 주어지는 정기적금 형태의 저축이다. 농협중앙회, 우리은행, 신한은행, 하나은행, 기업은행에서 취급하고 있다. 그리고 납입한 금액에 해당하는 주택청약예금으로 전환이 가능하다.

가입대상은 무주택세대주(1세대 1계좌)이거나,[10] 60세 이상 또는 장애인인 직계존속을 부양하는 호주승계 예정자는 세대주가 아니더라도 세대구성원 전원이 무주택이면 가입이 가능하다. 계약기간은 국민주택입주자로 선정되는 날까지이며, 월부금은 2만원에서 10만원까지의 범위 내에서 5,000원단위로 납입한다. 금리는 2011년 12월 현재 〈표 3-9〉와 같다.

〈표 3-9〉 주택청약저축의 금리

기 간	1개월 이내	1년 미만	2년 미만	2년 이상
금리(연 %)	무이자	2.5	3.5	4.5

주 : 2012년 12월 현재
자료 : 한국은행, 『2012년 금융생활 길라잡이』, 2012년, p.54

청약우선순위의 경우, 1순위는 가입후 2년 이상 경과하고 매월 저축금을 연체없이 24회 이상 납입한 자이고, 2순위는 가입후 6개월 이상 경과하고 매월 저축금을 연체없이 6회 이상 납입한 자이다.

세금혜택의 경우, 일반과세(15.4%), 세금우대(9.5%), 생계형비과세 중

10) 단, 20세 미만 단독세대주는 제외된다.

선택이 가능하고, 세대주로서 무주택자이거나 전용면적 85m^2 이하 1주택 소유자인 경우에 한하여 연간 납입금액의 300만원까지 소득공제가 가능하다. 주택청약저축도 예금자보호법에 의해 보호받고 있다.

⑩ 주택청약종합저축

주택청약종합저축은 기존의 청약부금·청약저축·청약예금의 기능을 한데 묶어 놓은 주택청약통장으로 국민주택과 민영주택 구분없이 모든 신규 분양주택에 청약이 가능한 청약통장이다. 농협중앙회, 우리은행, 신한은행, 하나은행, 기업은행에서 취급하고 있다.

〈표 3-10〉 청약대상 주택규모에 따른 지역별 예치금액

청약가능면적 (전용면적기준)	예 금 액		
	서울, 부산	기타 광역시	기타 시 및 군
85m^2이하	300만원	250만원	200만원
102m^2이하	600만원	400만원	300만원
102m^2 초과 135m^2 이하	1,000만원	700만원	400만원
135m^2 초과	1,500만원	1,000만원	500만원

주 : 1) 해당 전용면적뿐만 아니라 65m^2 초과 85m^2 이하 민간건설 국민주택도 청약가능함
2) 해당 전용면적뿐만 아니라 102m^2 이하 가입자는 85m^2 이하도 신청이 가능함
자료: 한국은행, 『2012년 금융생활 길라잡이』, 2010년, p. 58

가입대상은 주택소유 여부와는 관계없이 1인 1계좌만 가능하다. 따라서 기존의 청약부금·청약저축·청약예금에 가입한 자는 전환가입이 허용되지 않는다. 납입방법은 매월 일정액 적립식과 예치식을 병행하고 있다. 적립식의 경우 매월 2만원 이상 50만원 이하 금액을 5,000원 단위로 납입한다.[11] 예치식은 일시에 1,500만원을 예치하여 최초 청약할 때 주택규모에 제한없이 하나의 주택형을 선택할 수 있다.

청약순위의 경우 1순위는 가입 후 2년이 경과된 자이고, 2순위는 가입 후 6개월이 경과된 자이다. 민영주택을 청약할 경우 최초 청약시 희망하는 주택 규모를 선택할 수 있는데, 주택규모를 선택 또는 변경한 뒤에는

11) 예치금 최대한도는 1,500만원이다.

2년이 지나야 주택 규모를 변경할 수 있다. 단, 주택면적을 늘리기 위하여 변경할 경우에는 변경한 날부터 1년이 지나야 청약이 할 수 있다.

세금혜택의 경우, 일반과세(15.4%), 세금우대(9.5%), 생계형비과세 중 선택이 가능하고, 무주택자인 세대주로서 연간 납입금액의 40% 한도내에서 48만원까지 소득공제가 가능하다. 주택청약종합저축도 예금자보호법에 의해 예금이 보호받고 있다.

〈표 3-11〉 주택청약관련 금융상품의 비교

구분		주택청약 종합저축	주택청약저축	주택청약예금	주택청약부금
가입방법	대상지역	전국		시·군 지역	
	가입대상	연령, 자격제한 없음	무주택 세대주	20세 이상 [1)]	
	저축방식	매월 일정액 적립·예치식 병행	매월 일정액불입	일시불 예치	매월 일정액 불입
	저축금액	월 2~50만원	월 2~10만원	200~1,500만원	월 5~50만원
청약방법	대상주택	모든 아파트	전용면적 $85m^2$이하 공공아파트 등	모든 민영아파트	전용면적 $85m^2$ 이하공공아파트
	1순위	가입 후 2년경과(24회 이상납입)단, 민영아파트 청약시 지역별 예치금예치	가입 후 2년경과 (24회 이상납입)	가입 후 2년경과 (지역별 예치금 예치)	가입 후 2년경과(매월 약정일 납입하여 지역별 예치금액 도달)
	주택규모선택	최초 청약시		통장가입 시	

주 : 1) 20세 이상의 국민(법적 조건을 갖춘 재외동포 및 외국인 가능), 20세미만인 경우에는 세대원이 있는 세대주면 가입가능

자료 : 한국은행, 『2012년 금융생활 길라잡이』, 2012년, p. 59

제2절 대출시장

1. 대출의 의의 및 분류

대출(loan)이란 원리금의 상환을 전제로 자금을 고객에게 대여하는 것을 의미하는 것으로서, 대출형식, 대출금사용목적, 대출기간, 대출금의 상환방법, 담보여부, 대출계약의 이행시기 등에 따라 여러 가지의 종류로 분류할 수 있다.

먼저 대출형식에 따라 어음대출, 어음할인, 당좌대출, 증서대출 등으로 구분할 수 있고, 다음으로 대출자금의 사용목적에 따라 기업대출, 소비자대출, 증권관계대출 및 은행간 대출 등으로 구분할 수 있다. 한편 대출금의 사용기간에 따라 장기대출과 단기대출, 대출금의 상환방법에 따라 분할상환대출과 일시상환대출 및 대출한도거래, 담보여부에 따라 담보대출과 신용대출, 대출계약의 이행시기에 따라 현물대출과 선물대출 등으로 각각 구분할 수 있다.

이하에서는 먼저 개인을 주 대상으로 한 대출을 받기 위한 금융상품에 대하여 살펴본 후 대출자금의 사용목적 및 대출형식을 중심으로 알아보고자 한다.

2. 대출을 받기 위한 금융상품

(1) 상호부금

상호부금(mutual installment deposits)은 전통적인 계를 제도화한 것으로 일정한 기간을 정하여 부금을 납입하면 중도 또는 만기에 일정한 금액에 대한 대출자격이 부여되는 저축이다. 과거에는 대출을 받기 위해 상호부금에 많이 가입하였으나 최근에는 상호부금에 가입하지 않고도 대출을 받을 수 있는 방법이 많아 대출목적보다는 저축목적으로 많이 이용되고 있다.

은행에서 취급하고 있으며, 개인 및 중소기업자가 가입할 수 있다. 저축방법에는 정액정립식과 자유정립식이 있는데 정액적립식은 월 1만원 단위로 제한이 없으며, 자유적립식은 월 1~500만원 이내에서 수시적립이 가능하다. 계약기간은 6개월 이상 5년 이내로 1개월 단위로 납입한다. 금리는 자유화되어 있는데, 2011년 12월 현재의 금리는 〈표 3-12〉와 같다.

〈표 3-12〉 상호부금의 금리

기 간	6개월	1년	2년	3년
금리(연 %)	2.2~3.5	2.7~4.0	2.8~4.2	2.9~4.7

주 : 2012년 12월 현재
자료 : 한국은행, 『2012년 금융생활 길라잡이』, 2012년, p. 111

중도해지이율의 경우 일반적으로 1개월 미만 예치시에는 이자가 없으나 중도해지에 따른 적용금리는 은행별로 달리하고 있다. 만기 후에는 적용금리가 가입당시 약정이율의 절반수준 이하로 낮아진다. 세금혜택의 경우, 일반과세(15.4%), 세금우대(9.5%), 생계형 비과세 중 선택할 수 있다.

대출의 경우, 대출자격 발생시기는 총 납입횟수 1/4 또는 1/3회차 이상 부금납입 후이고, 대출금액은 상호부금 계약금액범위 내에서 은행마다 다르다. 상호부금도 예금자보호법에 의해 예금이 보호받고 있다.

(2) 신용부금

신용부금은 계약기간동안 일정금액을 매월(또는 매일)적립한 후 만기일에 원리금을 지급받는 적립식 저축상품으로, 가입즉시 계약금액 범위내에서 대출을 받을 수 있고, 세금우대혜택도 받을 수 있는 은행의 상호부금과 유사한 금융상품이다.

상호저축은행에서 취급하고 있으며 가입대상에는 제한이 없다. 적립방법에는 월부금식과 일부금식이 있는데, 월부금식은 6개월 이상 5년까지

계약기간을 정하고 1개월 단위로 적립하는 방식이고, 일부금식은 3년 이내의 계약기간 동안에 매일 적립하는 방식인데, 보통 100일을 계약기간으로 한다. 계약금액은 1,000원 이상으로 상호저축은행별로 다르며, 중도해지이율은 일반적으로 1개월 미만 예치 시에는 이자가 없는데, 금리는 2011년 12월 현재 1년 만기의 경우 연 2.0~5.6%에서 결정되고 있다. 중도해지에 따른 적용금리는 금융기관별로 달리하고 있으며, 만기 후 이율은 보통예금금리(연 1.0%)가 적용된다. 세금혜택의 경우, 일반과세(15.4%), 세금우대(9.5%), 생계형 비과세 중 선택할 수 있다.

상호부금과는 달리 1회차 납입과 동시에 대출을 받을 수 있으며, 대출을 받지 않은 경우에는 기본금금리 외에 특별금리를 가산하여 만기에 원리금을 수령하게 된다. 대출한도는 대체로 개인은 최대 1억원 이내, 중소기업은 최대 40억원 이내이다. 신용부금도 예금자보호법에 의해 예금이 보호받고 있다.

(3) 종합통장

종합통장은 보통예금, 저축예금, 가계당좌예금 등 입출금식 예금을 기본계좌로 하여 정기예금, 정기적금 등 모든 적립식거치식예금을 거래할 수 있는 상품으로서, 거래실적, 신용도 등에 따라 다양하고 편리한 대출과 더불어, 고객특성에 따라 특화된 우대서비스를 제공받을 수 있는 종합패키지 상품이다.

종합통장 자동대출제도를 이용하면 자신의 예·적금 거래실적, 신용카드 이용실적, 공과금 납부실적, 급여이체 실적 등에 따라 일정범위 내에서 대출 약정기간동안 필요한 자금을 수시로 빌려 쓸 수 있는 혜택을 받을 수 있다. 대출금액이 통장잔액란에 마이너스(-)로 표기되는데, 통장잔액이 마이너스(-)일 때에는 그 금액과 기간에 따라 대출이자를 내면 된다. 대출기간 중 여유자금이 있으면 즉시 상환할 수 있어 만기에 구애받지 않고 빌려 쓴 기간에 대해서만 이자를 내므로 이자부담을 줄일 수 있다. 또한 카드결제, 각종 공과금 등을 종합통장에 자동 이체 등록에 두면

납부일자에 잔액이 없더라도 자동으로 대출이 이루어지므로 연체에 따른 불이익을 줄일 수 있다. 산업은행, 수출입은행을 제외한 모든 은행에서 취급하고 있는데, 상호저축은행, 새마을금고, 신용협동조합 등도 은행의 종합통장 자동대출제도와 유사한 대출을 취급하고 있다.

대출조건은 예금평잔(보통 3개월), 정기예·적금 및 부금의 납입액, 급여(연금)이체액, 최근 2년간 신용카드 이용액, 공과금 납부액, 외환거래 등 은행 거래실적과 거래기간을 종합적으로 고려하여 산정한다. 그리고 대출한도는 보통 1,000만원 이내인데, 신용도가 높거나 부동산 또는 예·적금을 담보로 제공할 경우 최고 1억원 정도까지 한도가 확대된다. 대출기간은 보통 1년 이내인데, 거래실적에 따라 3년까지 가능하다. 그리고 대출방법은 대출한도 내에서 필요할 때마다 수시로 인출하는 회전식 자동대출로 대출기간 만료시에는 대출금액을 전액 상환 후에 다시 대출해야 한다. 상환방법은 여유자금이 있을 때마다 종합통장에 입금하면 입금액만큼 대출금액이 자동으로 상환된다. 대출금액 및 일수에 따라 매월 정산하여 종합통장 잔액에서 정리되며, 현행 대출이자율은 기본대출금리에 거래실적, 대출금액, 고객신용도 등에 따라 0~4% 정도 가산금리를 적용하여 차등 적용되고 있다. 한편 채권보전은 담보, 연대보증 또는 신용으로 이루어지는데, 직업, 대출금액 등에 따라 채권보전 방법이 달라질 수 있다.

3. 기업대출

기업대출(business loan)은 생산자금융이라고도 하는데, 원래 제조업자 또는 판매업자가 그들의 제품 또는 판매하여 그 판매대금으로 대출금을 상환할 수 있도록 하여 회전기간 동안에 필요한 생산 및 구입자금을 지원하는 목적의 대출을 의미한다.

일반적으로 기업대출에 있어서 기간별 대출의 구분은 1년 이내의 대출을 단기대출, 1년 이상의 대출을 중장기대출이라고 한다.

(1) 상업어음할인

상업어음할인은 뒤에서 설명할 무역금융, 기업구매자금융 등과 함께 유통금융이라고 하는데, 유통금융은 생산된 재화와 원활한 유통을 위해 제공되는 대출로서 중간재를 대상으로 하는 생산자대출과 재판매업자에게 제공되는 판매신용을 포함한다.

상업어음이란 상품 또는 제품 등의 판매자(채권자)와 구매자(채무자)간의 외상결제를 목적으로 발행한 어음을 말하는데, 상업어음할인(bills discounted)은 구매자(채무자)가 판매자로부터 구매한 원료, 중간재, 완제품등의 대금을 현금결제가 아닌 어음발행에 의해서 지급되는 경우, 만기 이전에 판매자가 이 어음을 자기 거래은행에서 할인받고 할인료를 공제한 금액을 대출받는 것을 말한다.

이와 같이 상업어음할인은 생산된 재화의 판매대금회수를 원활히 하기 위해 제공되는 대출로서 구체적으로는 만기가 도래하지 않은 어음을 일반적인 배서양도의 방법으로 매각하고 어음금액으로부터 만기까지의 이자 및 비용을 공제한 금액을 수령하는 것을 의미하는데, 할인의뢰인과 할인인(금융기관)간의 법률관계는 어음매매성격을 지닌다.

전통적으로 할인대상어음은 상거래어음, 즉 진성어음(real bill)이었는데, 최근에는 진성 또는 융통을 막론하고 모두 할인이 이루어지고 있다. 할인어음은 주로 은행과 종합금융회사 등이 취급하고 있는데, 은행이 할인한 상업어음은 그 일정부분을 한국은행이 재할인해주고 있다.

(2) 무역금융

무역금융이란 수출입거래, 즉 신용장거래(국제간 신용장거래 등)와 이와 직접 관련되는 국내거래(내국신용장거래) 및 해외현지거래의 각 단계에 필요한 자금을 제공하여 무역증대에 기여할 목적으로 운영하는 제반 여신대출을 의미한다.

그런데, 이러한 의미를 지니고 있는 무역금융은 수출입거래에 직접수반되는 경우뿐만 아니라 무역거래의 각 단계에서 발생하는 상품생산, 가공,

집하, 구매 등을 위한 모든 자금유통을 포함하고 있다. 따라서 지금까지 대부분의 국가들은 수출증대를 통한 국제수지의 개선 및 외화보유고 증대를 위해 여러 가지 측면에서 직·간접으로 수출업자를 지원해 온 것이 사실이다. 그러나 WTO협정에 따라 보조금 또는 지원금성격의 무역금융은 '금지보조금'으로 규제되기 때문에 보조금성격의 무역금융은 거의 자취를 감추고 있다.

현행의 우리나라의 무역금융은 무역거래의 유형에 따라 수출금융과 수입금융, 신용공여기간에 따라 단기무역금융과 중장기무역금융, 자금공여의 시기에 따라 선적 전 금융과 선적 후 금융으로 각각 구분할 수 있는데, 단기수출금융으로서 선적 전 금융이 주축을 이루고 있다. 그리고 보조금성격의 무역금융이 WTO협정에 의해 '금지보조금'으로 간주됨에 따라 이들 무역금융은 한국은행에서 지원해주는 정책금융의 범주에 포함되어 은행별로 지원한도를 따로 설정하고 있다.

(3) 기업구매자금대출

현행의 어음제도의 부작용(대기업의 하청기업에 대한 결제지연, 자금부담전가 등)을 줄이고 중소기업금융의 활성화를 위하여 도입된 유통금융제도로는 기업구매자금대출제도, 기업구매전용카드제도, 전자외상매출채권 담보대출제도, 네트워크론(network loan)제도 등이 있는데, 여기서는 대표적인 기업구매자금대출에 대해 살펴보기로 한다.

기업구매자금대출(corporate procurement loan)은 구매업체(외상구매자: 채무자)가 거래은행(지급은행)으로부터 구매자금(환어음결제대전)을 융자받아 납품업체(물품판매자: 채권자)에게 현금으로 결제하는 새로운 금융·결제수단을 말한다. 이러한 의미를 지닌 기업구매대출의 목적은 기업간의 상거래에 있어서 어음사용을 줄이고 현금결제를 확대하도록 유도하는 데에 있는데, 기업구매자금대출의 메커니즘은 다음과 같다([그림 3-1] 참조).

납품업체(채권자)가 물품을 납품한 후 구매기업(채무자)을 지급인으로 하고 납품대금을 지급금액으로 하는 환어음을 발행하여 거래은행(지급인)에 추심을 의뢰하고, 구매기업(채무자)은 거래은행(지급인)을 통하여 통보받은 환어음의 지급결제시기, 약정대출한도 범위 내에서 기업구매자금을 융자(대출)받아 환어음을 현금으로 결제한다.

[그림 3-1] 기업구매자금대출 메커니즘

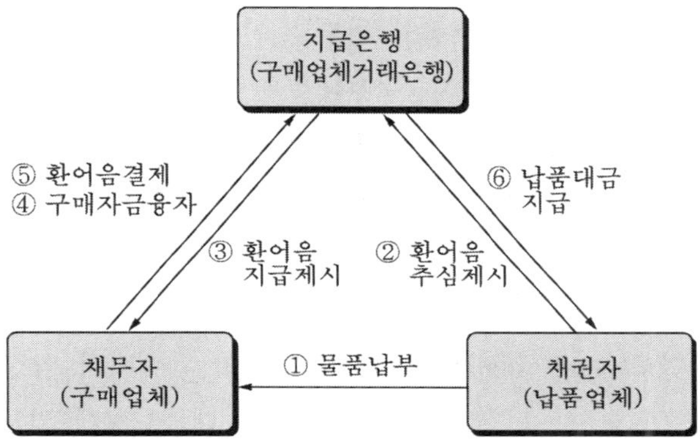

거래 및 결제방식은 환어음을 직접 제시하는 방식과 추심하는 방식이 있다. 환어음직접제시방식은 납품업체가 납품완료 후 환어음을 발행, 지급은행(구매업체 거래은행)에 직접 제시하여 납품대금을 회수하는 방식이고, 환어음추심방식은 납품업체가 물품납품 후 환어음을 발행하여 자신의 거래은행에 추심을 의뢰하면 동 은행이 환어음 등의 내역을 전산에 입력하여 금융결제원을 통하여 지급은행에 추심하는 방식으로 납품대금을 회수하는 방식이다. 최근에는 납품업체가 납품완료 후 인터넷을 통하여 지급은행(구매업체 거래은행) 앞으로 '판매대금추심의뢰서'를 전송하면 지급은행이 구매업체에게 대금을 청구하여 결제해 주는 방식이 증가하고 있다.[12]

(4) 일반대출 및 적금관계대출

기업대출 가운데 상업어음할인, 무역금융, 기업구매자금금융 등 유통금융을 제외한 여타 기업대출로는 일반자금대출, 적금관계대출, 대출한도거

12) 강병호 · 김석동, 상게서, pp. 63~64.

래(일반대출한도, 회전대출한도), 텀론, 조건부대출 등이 있다.

일반대출은 자금용도를 특별히 지정하지 않고 대출과목도 지정하지 않은 대출을 총칭하며, 기간은 보통 1년 이내이지만 기업시설자금대출의 경우 3~7년의 장기대출도 이루어진다. 이 경우는 일정한 상환유예기간도 허용되고 그 이후는 매년 분할 상환하도록 되어 있다.

적금관계대출은 적금대출과 적금담보대출로 구분된다. 적금대출은 정기적금계약을 체결하고 소정의 월부금 이상을 납입한 경우, 계약금액 전액을 대출받는 형식이고, 적금담보대출은 이미 불입한 월부금 합계누계액의 범위 내에서 그 부금을 담보로 납입액 범위 내에서 대출을 받는 형식이다. 그런데 양자 공히 융자방법은 각 은행이 자율적으로 정하고 있다.

(5) 대출한도거래

대출한도(credit line)거래란 대출고객이 은행과의 약정 하에 일정한도를 정하여 놓고 그 한도 내에서 고객의 대출신청에 의하여 언제든지 대출을 시행하겠다는 은행의 약속이다. 이 약속은 구두 또는 문서로 확정되는데, 일정기간(대체로 1년)마다 한도 재사정을 하며, 이때 주요 약정내용은 대출한도, 이자율(대출금리), 약정기간, 약정수수료 등이 포함된다.

이와 같은 대출한도거래는 다음과 같이 다시 일반대출한도와 회전대출한도로 나누어진다.

① 일반대출한도

일반대출한도(credit line)는 구두로 행하는 은행의 비공식 대출약속을 말한다. 따라서 이 약속은 법적 구속력이 없으며 단지 도의적인 의무로 간주된다. 그러나 대출한도거래를 하는 고객의 대부분이 해당 은행의 주요고객이기 때문에 은행은 거의 이 약속을 지켜 대출을 행한다.

이와 같은 일반대출한도는 다시 고객에게 한도를 알려주는 통지한도(advised line), 고객에게는 알려주지 않고 은행의 내부적 지침으로만 사용하는 내부한도(guide line) 및 기업의 인수 등 특별한 거래에만 한정하여 설정하는 특별한도(special transaction line) 등으로 구분되기도 한다.

일반대출한도는 주로 기업의 계절적인 자금수요나 기업이 자금시장에서 CP등을 발행하여 자금을 조달할 때까지의 잠정기간 동안 자금지원을 하는 1년 이내의 단기자금에 이용된다.

② 회전대출한도

회전대출한도는 은행이 법적으로 구속력이 있는 대출의무를 지는 공식 대출약정(formalized loan commitment)으로 일종의 선약대출(forward lending)이라 할 수 있다.

회전대출한도거래는 기업의 자금수요가 불확실할 경우에 중요성이 더욱 부각된다. 이는 대출약정이 기업으로 하여금 필요할 때 언제든지 대출을 받을 수 있는 권리를 부여함으로써 기업의 자금수급계획에 차질이 발생할 때 보험적 효과(insurance effect)를 발휘할 수 있기 때문이다. 그러나 은행입장에서는 장래에 대출을 선약할 경우 대출자금의 조달비용 뿐만 아니라 자금의 사전적 확보에 따른 기회비용, 대출고객의 옵션행사에 따른 위험, 대출선약상의 금리와 실제 조달금리와의 차이에 따른 금리변동위험 등 여러 가지의 리스크에 직면하게 된다. 따라서 기업은 은행으로부터 이와 같은 보험적 기대편익을 제공받는 것에 대해 보통 대출약정수수료, 보상예금예치(compensation depoit balance) 등의 거래를 통해 대가를 지불한다.

회전대출한도는 장기운전자금이나 시설자금 등 주로 1년 이상의 장기금융에 이용된다. 은행은 대출의무를 지는 대신에 고객에게 공식적인 대출조건을 제시하게 된다. 한편 고객은 약정한도 내에서는 언제든지 대출금의 상환 또는 재차입이 가능하다.

(6) 텀론

텀론(term loan)은 일정한 대출상환기간이 확실하게 정해져 있어 차입자가 안심하고 자금의 불안정성에서 벗어나 생산활동에 전념할 수 있는 확정장기대출을 의미한다. 이와 같은 의미를 지니고 있는 텀론은 대출기간, 분할상환, 텀론약정 등에서 그 특징을 엿볼 수 있다. 텀론의 만기는 최소 1년 이상으로 3~5년이 보통이다. 텀론은 분할상환하는 것이 원칙이나 만기에 일시상환하는 경우도 있다. 분할상환방식은 일정금액씩 정기적으로 상환하는 것이 원칙이나 경우에 따라서는 만기기 도래함에 따라 상환금액이 체증하거나 만기의 상환금액만을 크게 하는 풍선형 상환방식(ballon payment)도 있다.

텀론의 약정형식은 일반텀론방식과 회전대출방식을 결합한 혼합방식이 있다. 일반텀론은 대출금의 만기를 1년 이상으로 정하고 이 기간 중 정기적으로 균등분할 상환하는 방식인데 반해, 혼합방식은 처음 얼마동안만은 회전대출방식으로 운영하다가 기업의 자금소요기간이 확정되면 기업의 선택에 따라 일반텀론으로 전환하는 방식이다.

텀론의 약정사항은 여타대출에 비해 은행측의 채권보전조치가 강한 것이 특징이다. 텀론은 장기대출이기 때문에 은행측에서 볼 때에는 신용리스크가 크다. 특히 텀론의 상환자금은 주로 차입기업의 미래수익에 의존하기 때문에 경제상황이나 기업의 경영여건의 변화 등에 따라 대출의 상환여부가 크게 영향을 받는다. 따라서 은행은 텀론의 경우 여타의 대출에 비해 약정사항이 제한적이고 차입자에게 부과되는 의무의 정도가 강하다는 등 보다 철저한 채권보전조치를 취하게 된다.

텀론은 자금의 용도 면에서는 시설자금뿐만 아니라 장단기운전자금, 기업인수자금 등 그 용도가 매우 다양하다.

(7) 조건부 대출

조건부 대출은 통상적인 대출에 여러 가지 조건이 첨가된 대출을 말한다. 이에는 대출금의 사용목적, 상환재원이 특정거래와 연계되어 있거나 대출자(은행)가 차입자(고객)의 경영성과에 참여할 수 있는 권리를 가지는 참가부대출 등이 있다.

특정목적이나 특정거래의 예로는 기업이 주식이나 회사채를 발행하여 투자은행에 인수시킨다는 계약을 체결할 경우 그 주식이나 채권의 판매대금으로 대출금을 상환한다는 조건으로 은행으로부터 일시 차입하여 장기운전자금이나 시설자금으로 사용하는 경우, 또는 기업설비나 건물이 완성될 때까지는 은행대출을 행하고 그 이후에는 장기금융회사가 그 대출을 인수한다는 인수조건부대출 등을 들 수 있다.

경영성과에 참가할 수 있는 참가부대출의 예로는 대출자(은행)가 고정대출금리 이외에 차주(고객)가 일정수준 이상의 영업수익을 내었을 경우 그 초과수익의 일정액 얼마를 받을 수 있는 권리를 가진 수익참가부대출(loan with income participation clause)이나, 차입기업의 주가가 올랐을 경우 대출자(은행)가 이 주식을 미리 정해진 가격으로 매입할 수 있는 권리를 보유한 주식인수권부대출((loan with warrants) 등을 들 수 있다. 이외에도 국제금융시장에서는 다양한 옵션이 복합된 대출들이 무수히 개발되고 있다.

4. 소비자신용

(1) 소비자신용의 의의와 구분

소비자신용(consumer credit)은 재화나 서비스의 구입이나 개인적 지출에 충당하기 위해 소비자에게 제공되는 모든 금융을 말한다.

소비자신용은 금융기관의 관점에서 볼 때 금융기관이 제휴처인 제조업자나 판매업자를 통하여 소비자에게 신용 공여하는 방식과 금융기관이 직접 소비자에게 신용공여를 하는 방식으로 구분되어 진다. 전자는 금융기관과 제조업자·판매업자 등의 포괄보증계약이 이루어져 제휴처기업이 판매하는 상품의 구입자금이 소비자에게 공급되고, 후자는 금융기관이 소비자를 위하여 신용공여가 이루어진다.

소비자신용의 상환방식에는 분할상환방식과 일시상환방식이 있다. 분할상환방식은 원리금의 상환을 정기에 걸쳐 분할 상환하는 것으로 소비자신용의 대종을 이루고 있다. 이 경우 대출금으로 구입한 물건이 담보가 되는 것이 일반적이다. 일시상환방식은 대출금을 일시에 상환하는 방법으로 개인에 대한 단순대출이나 신용카드에 의한 대출이 이에 속한다.

한편, 소비자신용은 자금의 용도에 따라 상품의 판매 내지는 서비스 제공과 관련하여 대출이 이루어지는 판매신용과 자금의 용도를 특별히 정하지 않고 소비자에게 대출이 이루어지는 소비자대출(소비자금융)로 구분할 수 있다. 주택대출도 대출대상이 기업이 아닌 소비자에게 제공된다는 관점에서 볼 때는 소비자신용으로 간주할 수 있으나, 자금의 용도가 일반소비자구입이나 생활비와는 구별되는 장기적 성격이 강하기 때문에 별도로 분류하는 것이 일반적이다.

(2) 판매신용

판매신용이란 소비재 판매과정에서 구매자금을 융통해주는 대출로서 이에는 일시상환방식과 할부상환방식이 있는데, 할부상환방식은 다시 금융기관과 물품판매자간에 직접적인 거래관계가 없이 물품의 구입자가 직접 금융기관으로부터 대출을 받는 직접대출방식과 금융기관이 판매자와의 제휴를 통하여 물품구입자에게 자금을 대출해주는 간접대출방식으로 구분할 수 있다.

판매신용은 일부 전자제품이나 의류 등과 같이 비교적 가액이 크지 않은 품목에 대해서는 순수신용으로 대출이 제공되기도 하지만, 자동차와 대형 냉장고 등과 같이 가액이 큰 품목의 경우 구입자는 구입한 상품에 대해 사용권을 가지나 소유권은 할부금의 상환이 완료될 때 까지 판매신용회사에 유보되는 근저당방식이 일반적이다.

판매신용을 제공하는 기관으로는 은행, 할부금융회사, 카드회사 등과 같은 전문소비자금융회사, 제조업자나 제조업자계열 판매신용회사 등이 있는데, 최근에 들어 제조업체 또는 제조업체계열 금융회사가 제품의 판매를 촉진할 목적으로 소비자에게 금융을 제공하는 판매신용이 급속히 증가하고 있는 추세이다. 자동차나 가전업체 또는 이들의 계열금융회사가 제공하는 대출서비스가 대표적인 예이다.

(3) 소비자대출

소비자대출은 소비자금융이라고도 하는데 소비자가 필요한 자금(예를 들어 의료비, 교육비, 가정내구용품, 개인생활비 충당 등)을 대출해주는 것으로 그 용도는 개인에 따라 다양하다. 현재, 예금은행, 보험회사, 상호저축은행, 신용협동조합 등의 저축기관, 카드회사, 대부업자 등이 소비자에 대한 개인대출을 취급하고 있다.

우리나라의 경우 정부주도에 의한 경제개발추진기에 있어서는 생산자금융(producer loan) 우선주의에 치중함에 따라 소비자금융에 대한 관심이 미흡하였으나, 최근 국민소득 증대에 따른 국민경제수준의 향상과 복지증진을 추구하는 가치관의 변화 등에 기인하여 소비자금융의 비중이 증대되고 있다.

5. 주택자금대출

주택자금대출(housing loan)이란 주택구입자금, 주택건설자금, 주택개보수자금 등의 지원을 위해 제공되는 대출로 주택을 담보(mortgage)로 하고 상환기간이 보통 10~30년의 장기대출이며, 분할 상환하는 것이 특징이다. 주택자금대출제도는 크게 계약조달방식, 예금조달방식, 저당은행방식으로 구분할 수 있다.

계약조달방식은 대출수요자가 일정기간 저축을 하면 대출자격이 주어지는 제도로서 시장이자율보다 낮은 우대금리를 적용하여 대출을 하며, 이를 위해 정부가 직간접으로 개입하는 방식이다. 주로 발전도상국에서 많이 사용하는 방식으로 종래의 우리나라의 주택대출도 상당부분 이 방식을 적용해 왔으며, 독일도 이 방식을 사용하고 있다.

〈표 3-13〉 국민주택기금

구분	근로자·서민주택 구입자금/중도자금대출	전세자금대출	저소득자 전세자금 대출
대출대상자	-부부합산 연간소득이 3천만원(2011.3.31.일이후부터 결혼한지 5년이내의 신혼부부는 4천만원)이하인 근로자 및 서민으로서 대출신청일현재 무주택세대주	-연간급여(소득)가 3천만원(2011.3.31.일이후부터 결혼한지 5년이내의 신혼부부는 3천5백만원)이하인 무주택세대주로서 대출대상주택을 임차하고자 임차보증금의 10%이상을 지불한 자	-4천~10천만원(만20세미만 3자녀세대는 5천~11천만원)이하의 전세계약을 체결하고 해당지역 지자체장의 추천을 받은 무주택세대주로서 대출대상주택을 임차하고자 임차보증금의 5%이상을 지불한 자
대출대상주택	전용면적 85m^2 이하인 주택(주택가격이 3억원 이하인 경우)		
대출한도	-1억원이내(구입자금은 매매(분양)가격의 100% 범위내, 중도금은 분양가격의 70%범위내). 단, 주민등록표상 자녀수가 3명이상인 경우 1억5천만원이내	-최고 8천만원 이내 (전세금액의 70%이내) 단, 주민등록표상 자녀수가 3명이상인 경우 최고 10천만원까지	-전세보증금의 70%이내
대출금리 (2010.12월현재)	연 5.2% (단, 다자녀가구1.0%, 다문화장애인가구0.5% 우대가능)	연 4.0% (만65세이상 직계존속 부양 세대 0.5%인하 적용)	연 2.0% (국민주택기금 운용계획에 따라 변경가능)
대출기간	20년 (1년거치 19년 또는 3년거치17년 원리금 균등분할상환)	2년만기 일시상환 (최장 6년이내에서 2회 연장가능)	15년 원리금균등분할상환 또는 혼합상환(대출금의 50% 이내의 만기상환)
신청기간 (지원기간)	소유권이전등기를 하기전에 신청. 다만, 소유권이전등기를 한 경우에는 이전등기접수일로부터 3개월 이내	임대차계약서상 입주일과 주민등록등본상 전입일 중 빠른 날짜로부터 3개월 이내까지	
취급은행	농협, 우리은행, 신한은행, 하나은행, 기업은행		
소득공제한도	대출금의 이자상환에 대한 1천5백만원까지 소득공제 (단, 대출기간은 15년이상)	-	-

자료 : 한국은행, 『2012년 금융생활 길라잡이』, 2012년, p. 65

예금조달방식은 일반은행이 대중을 상대로 조성한 예금을 재원으로 하여 대출하는 방식으로 영국과 일본 등이 그 전형이다.

저당은행방식은 일반은행들이 주택저당대출을 실시하고 취득한 저당권을 저당은행에 매각하거나 이를 증권화하여 자본시장에서 유통시킴으로써 자금을 조달하는 방식으로 미국이 전형적이며 대부분의 선진국은 이 방식을 사용하고 있다.

현재 우리나라에서 시행하고 있는 주택구입 및 전세자금 대출의 대표적인 예로서는 무주택자 등 서민의 주택마련을 돕기 위한 국민주택기금대출(〈표 3-13〉참조), 한국주택금융공사 보금자리론(모기지론)등을 들 수 있다.

한국주택금융공사 보금자리론(모기지론)은 무주택자 또는 1주택 소유자가 고정금리로 집값의 최대 70%까지 최장 30년간 대출을 받을 수 있는 금융상품이다(한국주택금융공사 보금자리론의 주요내용은 〈표 3-14〉 참조).

〈표 3-14〉 한국주택금융공사 보금자리론의 주요내용

	내 용
신청대상	-만 20세 이상 65세 이내로, 본인 주택을 담보로 제공하는 1세대 1주택이하 소유자(단, 대체취득을 위한 일시적 2주택 허용)
대출한도	-최대 대출금액: 주택가격의 70% 이내에서 3억원(최소 대출금액:1천만원)
대출만기	-10년, 15년, 20년, 30년의 기간에서 선택가능(만 75세 이내)
대상주택	-9억원 이하인 주택
대출금리	-고정금리(대출만기기준으로 4.8~5.05%), 연소득(부부합산) 4천만 이하 무주택자대상 기본형 고정금리에서 소득수준별 할인 적용
상환방법	-매월 원리금균등분할상환(최장 3년 거치기간 선택가능, 최대 일시상환금액은 만기에 따라 달리 적용)
중도상환수수료	-1년 이내 상환시 2%, 3년 이내 상환시 1.5%, 5년 이내 상환시 1%부과, 5년 이후 면제
중도금대출	-분양가 기준 최고 70% 이내에서 3억원까지 가능
소득공제	-만기 15년 이상인 주택저당차입금의 이자상환에 대해 연 1천만원까지 소득공제, 2012년부터 만기 15년 이상으로서 차입금의 70% 이상을 고정금리로 지급하거나 차입금의 70% 이상을 비 거치식 분할상환 시 연 1천5백만원까지 소득공제(여타 대출은 연 5백만원)
취급기관	-은행, 보험회사

자료 : 한국주택금융공사 홈페이지(www.hf.go.kr)

6. 담보대출

(1) 담보대출의 의의

대출은 대출금의 상환을 보장받기 위한 장치와 그 종류에 따라 신용대출(free loan), 보증대출(guaranteed loan), 담보대출(secured loan) 등으로 구분할 수 있다. 이 중에서 담보대출은 은행 등이 고객으로부터 담보를 취득하고 그 취득된 범위 내에서 대출을 행하는 것으로 대출에서 가장 일반화된 형태이다.

은행 등의 금융기관이 대출시 담보를 요구하는 것은 무엇보다도 차입자의 도덕적 해이 내지는 영업활동부진 등에 따른 신용리스크(credit risk)를 최소한으로 격감시키고자 하는데 있다. 이와 같은 관점에서 볼 때 고객이 제공하는 담보물은 대출채권을 충분히 그리고 쉽게 확보할 수 있을 정도로 시장성이 높고 처분가치가 크지 않으면 안 된다. 그런데, 대출시 담보를 설정하는 이유는 반드시 대출자의 이익만을 추구하는 데 있는 것만은 아니다. 신용도가 낮은 차입자의 경우 담보를 제공함으로써 보다 많은 대출을 받거나 낮은 대출이자율을 적용받을 수도 있기 때문이다. 그러나 금융기관 측면에서 볼 때 과도한 담보대출에 의존은 차입자에 대한 신용분석이나 감시를 소홀히 할 유인을 제공한다는 점을 간과해서는 안 될 것이다.

담보대출에는 부동산담보대출, 유가증권담보대출, 매출채권담보대출, 재고자산담보대출, 창구증권담보대출, 지적재산권담보대출 등이 있다.

(2) 부동산담보대출

부동산의 담보권은 법원의 등기에 의해 권리가 보전되고 그 가치의 평가와 담보물건의 관리가 비교적 용이하기 때문에 대출담보로서 가장 널리 활용된다. 가장 많이 이용되고 있는 담보설정방식에는 저당권, 가등기담보권, 양도담보권 등이 있다.

저당권은 채무자 본인 또는 제3자(물상보증인: 지상권자, 소유권자 등)가 담보로 제공한 부동산을 평소에는 담보제공자가 계속 사용하다가 만약 대출금을 상환하지 못하면 저당권자(은행 : 채권자)가 그 부동산을 법원을 통해 경매하여 채권을 우선하여 변제받을 수 있는 것을 말하는데, 현재까지는 가장 전형적인 채권담보방법이라고 볼 수 있다. 저당권은 당사자간에 저당권설정계약을 체결하고 관할 법원등기소에 신청하여 저당권 설정등기를 함으로써 설정이 완료되는데, 이 때 신청서에는 채권금액과 채무자명의가 반드시 기재되어야 한다.

근저당권은 은행대출의 경우 많이 이용되는데, 근저당권은 계속적인 거래관계로부터 발생하는 불특정한 채권을 장래의 결산기(통상 법원의 경매개시결정 확정일)에 가서 일정한 한도(등기부상 설정최고액)까지 담보하는 저당권을 말한다. 근저당권에는 특정근저당과 포괄근저당의 두 가지가 있는데, 특정근저당은 이미 체결되어 있는 특정거래계약만을 대상으로 하는 것을, 포괄근저당은 특별한 제한 없이 채무자가 채권자에게 현재 부담하고 있거나 장래 부담하게 될 일체의 채무를 대상으로 하는 것을 각각 의미한다. 이와 같이 후자는 전자는 비해 채무부담범위가 훨씬 광범위하다.

가등기담보권제도는 대물변제의 예약이나 매매의 예약을 원인으로 한 소유권이전청구권보전의 가등기를 이용하는 담보제도를 말한다. 여기서 대물변제의 예약은 채무자가 채무를 상환하지 못하면 채무자는 채권자의 요청에 따라 담보물권을 채무에 대한 대물변제로서 채권자 앞으로 담보물의 소유권을 이전하다는 것을, 매매의 예약이란 채무를 상환하지 못하면 원금과 소유권이전시까지의 이자의 합계액으로 채권자가 담보물건을 매수하기로 약정하는 것을, 각각 의미하는데, 양자 모두 악정에 의하여 가등기담보계약을 체결하고 가등기를 함으로써 설정된다.

양도담보권은 채권담보를 목적으로 채권자에게 목적물의 소유권을 이전하여 채무자가 채무를 이행하지 않으면 그 소유권을 채권자에게 확정적으로 귀속시키고 채무를 이행하면 소유권을 채무자에게 되돌려주는 방식을 말한다. 이와 같은 의미를 지닌 양도담보권은 그 설정을 목적으로 하는 계약(양도담보계약)과 목적권리의 이전에 필요한 공시방법(소유권 이전등기)을 갖춤으로써 성립한다.

(3) 매출채권담보대출[13)]

매출채권담보대출은 외상매출금, 받을어음 등 매출채권을 담보로 하는 대출을 말한다. 선진국의 경우 매출채권의 규모가 점증하고 있으며, 담보로서 설정된 기존 매출채권이 새 매출채권으로 계속 대체됨으로써 매출채권담보대출은 실제로 대출한도거래와 비슷한 계속 금융이 되고 있다.

우리나라의 경우 매출채권을 담보하는 제도로는 '민법'에 의거한 담보제도와 어음할인 및 팩토링제도, 대리수령 및 납입지정 등이 있다.

'민법'에 의거한 담보제도로는 채권질, 양도담보, 등을 들 수 있다.[14)] 매출채권의 채권질은 매출채권을 금융기관에 질물로 제공하는 권리질권방식으로 질권자인 금융기관은 매출채권의 변제기가 도래하면 매출채권을 직접 추심하던가, '민사소송법'에 규정한 집행방법 등에 의하여 피담보채권의 우선적인 변제를 받을 수 있다.

매출채권양도담보는 채권담보만을 목적으로 매출채권을 양도하는 것을 말하는데, 양도의 효력이 제대로 발생하기 위해서는 채권증서의 교부 또는 배서교부 등 권리의 이전에 필요한 공시방법이 필요하고, 또한 매출채권의 양도와 관련하여 채무자 또는 제3자에 대한 대항요건을 갖추어야 한다.

어음할인은 만기가 도래하지 않은 어음을 배서양도의 방식으로 매각하는 것으로서 할인의뢰인과 할인인간의 법률관계는 어음매매의 성격을 갖는다.

팩토링은 원칙적으로 고객이 매출채권을 상품송장(invoice)그대로 무소구권(without recourse)으로 팩터(factor)에게 양도하는 것인데, 우리나라

13) 이하의 내용은 강병호·김석동, 상게서, pp. 89~91.

14) 질권(pledge)은 채권자가 채권의 담보로서 채무자 또는 제3자(물상보증인)로부터 받은 물건(또는 재산권)을 점유, 채무의 변제가 있을 때까지 유치하고 채무의 변제가 없는 때에는 그 목적물로부터 우선적으로 변제를 받는 권리를 말한다.

의 경우는 대부분 소구권부효력이 있는 '은행도어음'을 할인하는 형식을 취하고 있기 때문에 어음할인과 별 차이가 없다.

대리수령은 담보목적을 위해 이루어진 채권수령권을 위임하는 것을 말한다. 예를 들어 금융기관이 공사자금을 융자함에 있어 채무자가 공사발주자에게 갖고 있는 대금채권에 대해 추심위임을 받고 대리권을 획득해 이에 따라 추심한 금전으로 채무자에 대한 채권의 변제에 충당하는 방식이다.

납입지정은 금융기관이 채무자의 거래상대방에 대한 대금채권을 담보로 대출하는 경우 동 금융기관에 설치된 예금계좌에 대금을 납입하게 함으로써 채권변제에 충당할 것을 약정하는 담보방식을 말한다.

이상 살펴본 바와 같이 우리나라에도 매출채권을 담보로 하는 대출제도가 여러 가지 존재하나, 현실적으로는 대부분의 경우 어음할인 형태로 이루어지고 있어 매출채권담보대출의 실적은 미미하다.

(4) 재고자산담보대출

재고자산담보대출은 원료, 제품, 상품 등의 재고자산을 담보한 대출을 말하는 데, 우리나라의 경우 재고자산을 담보로 하는 금융제도로는 '집합물양도담보'를 들 수 있다. 여기서 집합물이란 다수의 물건이 계속적인 공동목적에 의해 객관적으로 결합되어 있어 일반거래 관념상 단일한 것으로 취급되는 것으로, 원료, 제공품, 제품 등과 같은 재고재산이 그 전형적인 예이다. 이와 같은 집합물이 담보되기 위해서는 목적물의 범위가 특정되어야 하고, 또한 특정창고, 공장, 품목, 수량 등 목적물이 소재하는 장소와 그 내용의 종류와 수량 등이 명시되어야 한다. 이와 더불어 재고정기점검도 필수적으로 이루어져야 한다.

(5) 창고증권담보대출

창고증권담보대출은 담보자산을 차입자로부터 격리하여 특정의 창고회사가 별도로 보관하고 그 창고회사가 발행하는 창고증권을 은행이 담보로 취득한 후 대출하는 방식을 말한다.

여기서 창고증권은 임치물 반환청구권을 나타내는 유가증권이다.

(6) 지적재산권담보대출

지적재산권담보대출은 특허권, 실용신안권, 저작권 등 배타적 사용권을 가지고 있는 무형재화에 대해 질권을 설정, 권리를 보전하고 대출채권을 상환받지 못할 경우, 동 권리를 법원의 양도명령 또는 매각명령 등 특별환가방법으로 처분하여 대출채권을 보전하는 방식의 대출을 말한다.[15)]

이와 같은 지적재산권에 대한 담보권을 확보하기 위해서는 먼저 지적재산권자체가 정당한 권리자에 의해서 적법하게 등록되어 있고 담보권자가 이에 대한 권리를 확실하게 집행할 수 있도록 법적 장치가 되어 있어야 한다.

(7) 유가증권담보대출

유가증권담보대출은 국공채, 회사채, 주식, 생명보험증서 등의 유가증권을 담보로 대출하는 것을 말한다.

유가증권을 담보로 취득할 경우, 채권자는 채무자 또는 제3자로부터 당해 유가증권을 교부받아 점유하고 채무자가 변제할 때에 채무를 변제하지 않을 경우, 이를 처분하여 우선적으로 변제받을 수 있는 질권을 설정하는 데, 구체적인 담보취득절차는 기명의 유가증권을 등록기관 또는 발행기관에 담보제공자와 채권자의 연서로 등록청구서를 제출하거나 질권설정을 통지하여 이를 등록하고 질권등록필통지서 또는 질권설정승낙서를 받는다.

유가증권담보대출은 담보권설정이 간편하고 담보권의 실행이 비교적 쉽다는 장점이 있는 반면, 부동산이나 동산에 비해 발행인의 재정 및 경영상태, 경기변동 등에 따라 유가증권의 가치변동성이 커져 안정성이 낮은 단점이 있다. 따라서 유가증권담보대출의 경우 당해 유가증권의 안전

---

15) 양도명령은 압류재산권을 법원이 정한 가액으로 지급에 갈음하여 채권자에게 양도할 것을 명하는 명령이고 매각명령은 추심에 갈음하여 법원이 정한 방법으로 당해 재산권의 매각을 집달관에게 명하는 명령을 말한다.

성, 시장성, 신용도 등의 평가가 중요한 요소로 작용한다.

7. 대출의 유동화

대출은 대출만기가 도달되어야만 자금이 회수되므로 금융기관측면에서 보면 대출은 유동성이 매우 낮은 자산으로 볼 수 있다. 예를 들어 은행대출의 경우, 대출은 고정되어 있는데 반해 예금은 여러 형태의 단기조달구조로 유동화되어 있어 기간불일치(duration mismatch risk)에 노출되어 있기 쉽다. 이에 따라 은행입장에서는 대출만기가 돌아오기 전에 대출자원을 재활용하는 문제에 직면하게 되는데, 이에 대한 대처방안의 하나가 대출의 유동화이다.

이와 같이 대출의 유동화는 금융기관이 대출의 만기이전에 대출자금을 재활용하는 것으로 이에는 대출채권 자체를 제3자에게 매각하는 방식과 대출채권을 바탕으로 새로운 증권을 발행하는 증권화방식이 있다.

(1) 대출채권 매매

대출채권 매매는 대출을 실행한 금융기관이 대출증서를 대출기일 이전에 제3자에게 매각하는 것을 말하는 데, 이 때 원칙적으로 대출채권은 만기까지 상환을 청구하지 않는 것으로 한다.

금융기관의 대출채권매각방법은 권리의무의 승계, 채권원리금의 회수방법 등에 따라 양도, 경개(更改), 대출참가 등으로 구분된다. 양도는 양도인과 양수인 간에 양도계약을 통해 대출채권의 양도가 성립하며, 차주의 승낙 또는 차주에의 통지가 필요하다.

경개(更改)는 양도자와 차주 간에 체결된 원 계약에 기초하는 채권·채무관계를 소멸시킴과 동시에 양수자와 차주 간에 새로이 동일한 내용의 채권·채무관계를 발생시키는 것으로 양도인, 양수인, 차주 간의 3면계약으로 이루어진다. 그리고 저당권설정이 되어 있는 경우는 그 저당권이전이 필요하다.

대출참가는 양도자가 양수자에게 대출채권에 대한 원리금 수취권리의 일부를 양도하는 것으로 채권양도 후에도 차주와 양도인과의 채권·채무 관계는 계속 유지되며 양수인은 차주에 대해 직접 대출금변제를 요구하거나 기한의 이익을 상실시키는 행위를 할 수 없다.

(2) 대출의 증권화

대출의 증권화는 대출을 자본시장에서 거래될 수 있는 증권의 형태로 변환시키는 것으로 이에는 ① 동질·동종대출을 한데 모아 이를 근간으로 하는 증권을 발행하는 방법, ② 대출채권을 담보로 증권을 발행하는 방법, ③ 대출채권을 신탁하고 신탁증서를 발급받아 이를 유통시키는 방법 등이 있다.[16)]

대출의 증권화는 1970년대 이후 미국을 비롯한 선진국을 중심으로 급속하게 발전하여 세계적으로 확대되었는데, 우리나라의 경우도 1998년에 '자산유동화에 관한 법률' 및 '주택채권유동화중개회사법'이 제정된 것을 기점으로 대출채권의 유동화가 급속히 확대되고 있다.[17)]

16) ①의 경우는 pass-through 방식의 증권을, ②의 경우에는 MBB(mortgage backed bond)을, ③의 경우에는 CARs(certificates of automobile receivables)을, 각각 예로 들 수 있다.
17) 구체적인 내용은 제4장 제4절 자산유동화증권시장 참조.

중요개념 및 용어

예금	요구불예금	저축성예금
보통예금	당좌예금	가계당좌예금
별단예금	공공예금	거치식 예금
입출금식 예금	적립식 예금	정기예금
일반정기예금	주택청약예금	정기예탁금
외화정기예금	저축예금	정기적금
일반정기적금	가계우대정기적금	농어가목돈마련저축
장기주택마련저축	주택청약부금	주택청약저축
주택청약종합저축	대출	상호부금
신용부금	종합통장	당좌대출
기업대출	상업어음할인	무역금융
기업구매자금대출	일반대출	적금관계대출
대출한도거래	일반대출한도	회전대출한도
텀론	조건부대출	소비자신용
판매신용	소비자대출	주택자금대출
국민주택기금	한국주택금융공사 보금자리론	
담보대출	부동산담보대출	매출채권담보대출
재고자산담보대출	창고증권담보대출	지적재산담보대출
유가증권담보대출	대출채권매매	양도명령
대출의 증권화		

연 습 문 제

1. 예금을 요구불예금가 저축성예금으로 구분하여 개략적으로 설명하라.

2. 당좌예금과 가계당좌예금을 비교 · 설명하라.

3. 주택청약종합저축에 대하여 설명하라.

4. 종합통장에 대하여 설명하라.

5. 상업어음할인에 대해 구체적으로 설명하라.

6. 대출한도거래를 일반대출한도와 회전대출한도로 구분하여 설명하라.

7. 소비자신용을 판매신용과 소비자대출로 구분하여 설명하라.

8. 주택자금대출제도와 관련한 세 가지 방식에 대해 설명하라.

9. 한국주택금융공사 보금자리론(모기지론)에 대해 설명하라.

10. 담보대출의 의의에 대해 서술하라.

제 4 장 주식시장

본 장에서는 먼저 자본시장의 의의와 기능 및 구조 등 자본시장에 대해 개괄적으로 살펴본 후, 주식시장과 관련하여 의의 및 기능, 시장메커니즘, 관련 금융상품, 동향 등 제반사항에 대해 구체적으로 알아보고자 한다.

제 1 절 자본시장의 의의와 기능 및 구조

1. 자본시장의 의의와 기능

자본시장(capital market)은 금융시장의 일환으로서 자금의 수요자와 공급자를 직접 연결하는 직접금융의 기능을 담당하는 시장을 의미한다. 즉 자본시장은 기업, 정부, 또는 지방자치단체 등이 장기자금을 조달하는 시장으로서, 넓은 의미에서는 은행시설자금대출 등 장기대출시장을 의미하나 일반적으로는 좁은 의미로서의 증권(채권, 주식 등) 등 금융투자상품이 발행되고 유통되는 시장전반을 의미한다.

이러한 의미를 지닌 자본시장은 국민경제적 측면에서 볼 때, ① 장기안정적인 산업자금의 공급, ② 금융자산의 운용, ③ 자산재분배 및 기업집중의 완화, ④ 재정금융정책의 수단 등의 기능을 수행하고 있다고 말할 수 있다.

(1) 장기 안정적인 산업자금의 공급

일반적으로 기업이 필요로 하는 자금은 공장의 건설, 기계의 설비 등 장기적으로 고정된 설비자금과, 원재료의 구입 내지는 임금지급 등에 충당되는 운전자금으로 분류할 수 있다. 또한 자금의 원천이라는 관점에서는 감가상각 내지는 내부유보와 같이 기업의 내부에서 조달하는 자금인 내부자금과, 금융거래를 통해 기업외부에서 조달하는 외부자금으로 구분할 수 있다. 외부자금은 기업이 주식이나 채권 등을 발행하여 자본시장을 통해 투자자로부터 직접자금을 조달하는 경우와 은행 등 금융중개기관을 통해 조달하는 경우로 구분할 수 있다. 그런데 일반적으로 자본시장을 통해 조달된 자금은 장기 안정적인 자금이므로 장기적으로 고정된 설비자금을 조달하는데 적합하다고 말할 수 있다.

한편 주식발행으로 조달된 자금은 부채가 아닌 자기자본을 구성하기 때문에 기업의 재무구조개선 및 재무위험을 감소시키는데 기여한다. 기업의 자기자본충실화는 특히 불황기에 고정금리로 지출되는 차입금과는 달리 저율배당 또는 무배당이 가능하여 경기대응능력을 제고시켜 기업경영과 체질강화에 기여한다.

이 밖에도 자본시장을 통한 자금의 조달은 기업의 산업자금조달뿐만 아니라 금융채의 형태를 통해 발행되어 금융기관의 자금조달원이 간접적으로 기업의 장기설비자금으로 충당되어진다. 이와 더불어 국채・지방채・특수채・회사채등의 형태로 국가・지방자치단체・정부투자기관・기업 등의 일부소요자금이 자본시장을 통하여 조달된다.

(2) 금융자산의 운용

투자자측면의 자본시장은 금융자산의 운용을 위한 투자시장으로서의 기능을 수행한다. 일반적으로 경제가 발전하고 국민소득수준이 높을수록 실물자산보다는 금융자산에 대한 투자수요가 늘어난다. 뿐만 아니라 금융자산의 투자형태에 있어서도 거래동기나 안전성을 중시하는 은행예금에서 수익성을 중시하는 주식과 채권 등 증권투자로 다양화해 가는 경향을 보인다. 이와 같이 자본시장은 주식, 채권, 파생금융상품 등의 금융투자상품을 제공하여 이를 직접 투자하고자 하는 투자자의 욕구(needs)에 부응하고 있다.

(3) 자산재분배 및 기업집중의 완화

자본시장은 자산운용의 대상이 됨과 아울러 나아가서는 주식의 분산을 통한 대중자본주의를 실현함으로써 소득재분배에 기여하고 경제력집중을 완화하는 중요한 기능을 수행한다.

자본시장과 밀접한 관련이 있는 주식회사제도와 증권제도는 국민경제의 부의 원천인 기업이익을 소수의 대주주에 집중시키지 않고 기업성장의 몫을 불특정다수의 국민에게 골고루 나누어 줌으로써 소득재분배라는 경제적, 사회적 기능을 수행한다.

자본주의 경제의 발전에 따라 주식회사제도의 자본집중기능은 더욱 가속화되어 기업의 집중의 폐해로 나타난다. 따라서 주식분산을 통한 대중자본주의의 실현은 경제력집중을 완화하는 방법으로 기업은 소유와 경영을 분리하게 되어 경영의 합리화와 체질강화에 도움을 준다.

(4) 재정금융정책의 수단

자본시장은 정부의 재정금융정책을 실현하는 효과적인 수단을 제공한다. 정부는 자본시장을 통해 국채를 발행하거나 상환함으로써 적자 또는 흑자 재정을 운용하는 등 자본시장을 보완적인 정책수단으로 활용한다. 또한 중앙은행은 공개시장조작을 통하여 통화량 및 이자율을 조절을 도모하는 등 금융정책의 수단으로 자본시장을 활용한다.

이외에도 자본시장을 통한 자금의 조달과 운용은 자금공급자와 자금수요자간의 시장원리에 의해 성립되므로, 자본시장은 자금의 효율적인 분배를 통해 국민경제의 합리적인 운용을 촉진하는 기능을 수행한다.

2. 자본시장의 구조

자본시장의 구조는 다음과 같이 크게 발행시장과 유통시장으로 구분할 수 있다.

(1) 발행시장

발행시장은 발행주체(발행자)로부터 발행된 증권이 최초의 투자자에게 이전되는 거래가 이루어지는 시장을 말한다.

증권을 발행하는 발행주체에는 기업을 비롯하여 국가, 지방자치단체, 정부투자기관, 금융기관 등이 있으며, 투자자에는 개인뿐만 아니라, 자산운용회사, 은행, 보험회사, 각종 연금 및 기금 등과 같은 기관투자자도 있다(『자본시장과 금융투자법에 관한 법률』에서는 투자자를 전문투자자와 일반투자자로 구분하고 있다). 발행시장에서 거래되는 증권은 크게 주식,

채권 등으로 구분할 수 있는데, 주식에는 보통주, 우선주 등이 있고 채권에는 국채, 지방채, 특수채, 회사채 등이 있다.

증권이 발행주체로부터 최초의 투자자에게로 이전되는 과정에는 일반적으로 증권회사(금융투자회사) 등의 전문적인 중개기관이 개입하게 된다. 이러한 전문중개기관을 발행기관이라고 하는데, 발행기관은 증권의 발행주체와 투자자사이에서 증권과 자금이 적절하게 배분될 수 있도록 증권발행에 따른 사무처리 와 위험을 부담하는 역할을 수행한다.

증권을 발행하는 형태는 여러 가지로 분류해 볼 수 있다. 먼저 발행사무 및 발행위험을 누가 지느냐의 여부에 따라 직접발행과 간접발행으로 구분할 수 있다. 직접발행은 발행주체가 직접 발행업무와 발행에 따른 위험을 부담하면서 증권을 발행하는 것을 말하고, 간접발행은 직접발행에 따른 사무처리의 복잡함을 피하고 발행에 따른 제반 위험을 해소하기 위해 발행주체가 발행기관에게 발행업무를 대행시켜 증권을 발행하는 것을 말한다. 간접발행은 발행위험의 부담정도에 따라 위탁모집(모집주선), 잔액인수, 총액인수 방법으로 나누어진다.

위탁모집은 발행기관이 발행사무만을 대행하고 발행한 증권이 소화되지 못해 발생하는 발행위험은 책임을 지지 않는 방법을 말하고, 잔액인수는 투자자에게 발행증권을 매각하고 잔여분이 있을 경우에만 발행기관이 이미 맺은 계약에 따라 이를 인수하는 방법을 말한다. 총액인수는 발행기관이 발행증권의 전량을 인수하여 자기책임 하에서 제반 발행업무를 수행하는 방법을 말하는데, 대개의 경우 총액인수방법을 채택하고 있다.

한편 증권의 발행형태는 발행증권의 수요자를 구하는 방법에 따라 공모(모집・매출)와 사모로 분류할 수 있다. 공모는 발행주체가 널리 불특정 다수를 대상으로 증권의 수요자를 구하는 방법으로 대부분의 경우 간접발행의 형태를 취하고 있다. 사모는 발행주체가 특정의 증권 수요자만을 대상으로 하여 증권을 발행하는 방법으로 발행되는 증권의 총액이 소화가 가능하여만 채택할 수 있다. 사모는 대부분 직접발행의 형태를 채택하고 있다.

(2) 유통시장

유통시장은 이미 발행된 증권의 유통거래가 이루어지는 시장을 말한다. 발행시장이 발행주체로부터 최초의 투자자에게 증권이 이전됨으로써 증권의 일차적인 수급관계가 성립되는 1차적 시장이라고 한다면, 유통시장은 이미 공급된 증권이 투자자들 사이에 거래됨으로써 이차적인 수급관계가 성립되는 2차적 시장을 의미한다.

유통시장은 시장의 형태에 따라 일반적으로 거래소시장과 장외시장으로 구분할 수 있다. 거래소시장은 유통시장의 중심으로, 경쟁매매방식을 통해 집중적이고 대량적으로 매매거래가 이루어진다. 우리나라의 경우 거래소가 개설하는 유가증권시장, 코스닥시장, 파생상품시장이 있다. 한편 장외시장은 넓은 의미로 거래소시장이외의 장소에서 증권이 거래되는 시장을 총칭하지만, 좁은 의미로는 당사간의 상대매매의 형태로 증권이 거래되는 비조직적 시장을 가리킨다. 주로 증권회사(금융투자회사)의 창구에서 매매당사자간의 거래가 이루어지기 때문에 OTC(Over The Counter) Market(점두시장)이라고도 한다.

투자자는 자신이 매입한 증권을 유통시장을 통하여 매각함으로써 투자자금을 회수할 수 있다. 따라서 발행시장이 「자본의 증권화」를 통해 산업자본의 조달기능을 수행한다면, 유통시장은 「증권의 자본화」를 통해 증권의 환금성을 보장한다고 말할 수 있다. 이와 같이 증권은 자유로운 유통을 본질로 하기 때문에, 증권의 발행자체는 유통시장의 존재를 전제로 한다.

발행시장과 유통시장은 상호 밀접한 관계가 있다. 발행시장측면에서 볼 때, 발행시장은 유통시장의 존재가 전제되어야만 비로소 산업자본의 조달기능을 원활히 수행할 수 있다. 왜냐하면 유통시장에서는 증권이라는 의제자본의 유통거래가 이루어질 뿐 실질적인 자본동원이 이루어지지 않으나, 발행시장에서는 증권의 환금성보장이라고 하는 유통시장의 기능이 없이는 자본동원기능을 수행할 수 없기 때문이다. 또한 유통시장에서 증권의 가격변동은 발행시장에 커다란 영향을 미친다. 예를 들어 유통시장에서 주가가 하락하는 경우 당해 기업은 주식발행을 통해 소요자본을 원활히 조달할 수 없다.

한편 유통시장측면에서 볼 때, 발행시장을 통한 증권의 공급이 있어야만 유통시장이 존재한다. 즉 유통시장이 증권이라는 금융투자상품을 거래대상으로 하기 때문에 「자본의 증권화」라는 발행시장의 기능이 없이는 유통시장은 존재할 수 없다는 논리가 성립된다.

또한 유통시장이 자본전환 내지는 가격발견이라는 기능을 원활히 수행하려면 발행시장을 통한 증권의 공급이 충분해야 하고, 발행된 증권의 분산이 잘 이루어져야 한다. 발행시장에서 증권의 공급이 충분히 이루어지지 않고 또한 이들 증권이 일반대중에게 분산되지 않으면, 유통시장에서의 증권의 원활한 거래와 이를 통한 공정한 가격형성은 기대할 수 없다.

(3) 우리나라 자본시장의 구조

우리나라의 자본시장은 [그림 4-1]에서 보는 바와 같이 크게 주식시장, 채권시장, 자산유동화증권시장, 파생상품시장으로 구분된다. 여기서 주식시장은 다시 유가증권시장, 코스닥(KOSDAQ)시장, 프리보드(Free Board)로, 채권시장은 국공채시장과 회사채시장으로 각각 나누어진다. 그리고 파생상품에서는 KOSPI 200선물, KOSPI 200옵션, 개별주식옵션, 미국달러선물, 미국달러옵션, 엔선물 · 유로선물, 국채선물, 국채선물옵션, 금선물, 스타지수선물, 돈육선물, 미니 금선물 등이 거래되고 있다.[1)]

1) 2005년 1월 27일부터 증권거래소, 코스닥시장, 선물거래소, 코스닥위원회가 통합되어 한국증권선물거래소로 출범하게 되었다. 한편, 2009년 2월 '자본시장과 금융투자업에 관한 법률'의 제정을 계기로 펀드시장이 자본시장에 편입되었는데, 본서에서는 제7장에서 구체적으로 살펴보고자 한다.

[그림 4-1] 우리나라 자본시장의 구조

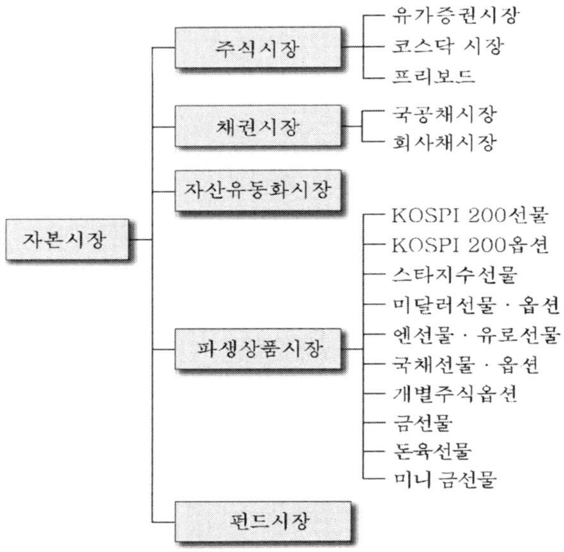

제 2 절 주식시장의 의의

주식시장은 자본의 구성단위로서 주주권의 의미를 지닌 주식이 거래되는 시장을 말한다. 이러한 의미를 지니고 있는 주식시장은 기업에 대해서는 회사채시장과 더불어 장기자금조달시장으로서의 역할을, 투자자에 대해서는 자금운용시장으로서의 역할을 각각 수행한다. 또한 주식시장은 자기자본을 조달하는 역할을 수행함으로써 기업의 재무안전성을 재고시키는 데에 기여한다.

주식시장은 일반적으로 새로운 주식이 발행되어 최초의 투자자에게 이전되는 과정에서 성립되는 발행시장과 이미 발행된 주식이 투자자사이에서 거래되는 과정에서 성립되는 유통시장으로 구분한다. 한편, 우리나라의 경우 주식시장은 크게 유가증권시장, 코스닥시장, 프리보드로 구분되는데, 이외에도 인터넷 등을 통한 장외주식거래가 존재한다.

제 3 절 주식 발행시장

1. 주식 발행시장의 의의와 기능

주식발행시장은 자금의 수요자인 발행주체로부터 자금의 공급자인 최초의 투자자에게로 주식이 이전되는 추상적인 시장을 의미한다.[2] 이와 같이 새로운 주식이 최초로 출현하는 시장이라는 점에서 제1차적 시장이라고도 한다.

이러한 의미를 지니고 주식발행시장은 다음과 같은 기능을 수행한다.

첫째, 장기산업자금의 조달시장으로서의 기능을 수행한다. 즉, 주식발행시장은 기업의 장기자금의 조달을 도와서 기업자본의 대규모화를 실현시키는 데에 기여한다.

둘째, 주식의 취득과정을 통하여 기업의 소유·지배 또는 기업상호간의 연결을 촉진시키는 등 경제의 양적·질적 고도화에 기여하는 기능을 수행한다. 예를 들어 주식발행시장을 통하여 신규발행되는 주식의 분산이 가능해지므로 기업의 소유·지배구조의 개선에 기여한다.

셋째, 투자자들에게 유리한 투자의 대상을 제공함으로써 소득분배를 촉진시키는 기능을 수행한다.

2) 발행시장을 추상적인 시장이라고 하는 이유는 증권발행을 위한 일정한 장소가 필요하지 않기 때문이다.

2. 주식발행의 방법

주식발행의 방법은 일반적으로 발행될 주식의 수요자를 구하는 방법에 따라 공모(모집・매출)(public offering)과 사모(private placement)로 나누어지고, 발행에 따른 위험부담과 사무절차를 담당하는 방법에 따라 직접발행과 간접발행으로 구분된다. 통상 공모의 경우에는 간접발행의 형태를, 사모의 경우에는 직접발행의 형태를 취하는 것이 보통이다.

(1)공모(모집·매출)와 사모

공모는 일반적으로 주식을 일반투자자에게 분산・취득시키기 위한 행위를 말한다. 『자본시장과 금융투자법에 관한 법률(이하 자본시장법이라고 칭함)』에서는 공모를 모집과 매출로 정의하고, 각각 대통령령으로 정하는 방법에 따라 산출한 50인 이상을 대상으로 취득이나 매입 혹은 매도를 권유할 경우로 정하고 있다.[3] 모집은 그 대상이 신규발행 주식일 경우이며, 매출은 기발행 주식일 경우를 말한다.

사모란 발행주체가 특정의 수요자를 대상으로 주식을 발행하고 자금을 조달하는 방법을 말한다. 발행주식을 발기인만을 대상으로 발행한다든가 또는 연고자에게 인수시키는 방법을 말하는데, 그 대상이 일반 대중이 아니라는 점에서 사모라 한다.

(2) 직접발행과 간접발행

직접발행은 발행주체(발행인)가 자기의 책임과 계산으로 발행위험을 부담하고 발행사무를 모두 담당하여 발행하는 것을 말하며, 직접모집 또는 자기모집이라고도 한다. 만약 주식의 발행총액이 응모총액에 미달할 때에는 발행주체가 이사회결의를 통하여 잔량을 처리하여야 하며, 만일

3) 자본시장법 시행령에서는 통상 50인의 산정시에 제외되는 자를 크게 전문가와 연고자로 구분하여 열거하고 있다(자본시장법 시행령 제11조 제1항 제1호, 제2호).

인수능력이 없을 때에는 회사의 설립자체가 성립되지 아니한다. 그러므로 모집할 능력이 충분하거나 발행규모가 적어 상대적으로 발행위험이 적고 발행사무가 비교적 간단한 경우에만 이용이 가능한 방법이다.

간접발행은 발행주체가 중개인인 발행기관을 거쳐서 간접적으로 발행하는 방법으로, 전문적인 지식과 조직을 가지고 있는 증권회사(금융투자회사)나 금융기관 등의 전문기관(발행기관)에 발행업무를 의뢰하여 발행하므로 모집발행이라고도 한다. 이 경우 발행주체는 원칙적으로 발행 및 모집사무 또는 발행위험을 전문기관에 부담시키고, 이에 따른 수수료를 부담한다.

간접발행은 발행위험의 부담정도에 따라서 다음과 같이 구분된다.

① 위탁모집(모집주선, best-effort basis)

제3자인 발행기관이 수수료를 받고 발행인을 위하여 당해 주식의 모집 또는 매출을 주선하거나, 기타 직접 또는 간접으로 주식의 모집 또는 매출을 분담하는 방법이다.

이 방법은 발행회사 또는 발기인이 스스로 발행위험을 부담하지만 모집업무와 같은 발행사무를 발행기관에 위탁하는 데에 그 특징이 있다. 일반적으로 이 방법은 발행위험이 비교적 높기 때문에 제3자인 발행기관에 부담시키는 것이 용이하지 않아, 발행사무만 위탁하는 경우에 이용된다. 이 경우 발행기관은 발행사무만 담당하고 소화되지 않은 주식은 발행인에게 되돌려 주게 된다. 따라서 3가지의 간접발행방법 중 수수료가 가장 싸다.

② 잔액인수(stand-by agreement)

발행 및 모집사무와 인수위험을 분리하여 발행기관에 위임하는 방법으로 일단 발행기관에 발행 및 모집사무를 위탁하고 일정기간 동안 모집을 한 다음, 그 기간이 경과 후 모집부족액이 발생하였을 경우 그 잔량에 대해서 만기 체결된 인수계약으로 잔량을 인수기관에 인수시키는 방법이다. 모집수탁기관과 인수기관은 다른 것이 원칙이나 같아도 무방하며, 이 경우 발행주식을 일반투자자들로부터 모집하고 만약 응모총액이 모집총액에 미달할 경우 잔액인수기관이 자기의 책임과 계산으로 당초 정해진 발행가액으로 당초 정한 계약물량을 인수계약에 따라 인수수수료를 받고 인수하여야 한다.

③ 총액인수(firm commitment)

대표주관회사가 구성한 인수기관들의 집단인 인수단이 공모주식 발행총액의 전액을 자기의 책임과 계산하에 인수하고 이에 따른 발행위험(인수위험)과 발행 및 모집사무 모두를 담당하는 방법으로, 인수매출이라고도 한다. 따라서 불리한 가격변동에 따르는 손해 등 모든 위험은 발행인으로부터 인수단으로 이전되며 인수단은 인수를 위하여 많은 자금을 필요로 할 뿐 아니라 매출하기까지의 기간 동안 매출잔량을 보유하여야 하므로 발행주식의 가격변동에 따른 모든 위험을 부담하게 된다.

간접발행의 대부분은 이 총액인수방식을 사용하며 인수기관의 부담이 큰 만큼 인수수수료율도 가장 높다. 우리나라의 경우, '74년 이후 잔액인수체제에서 총액인수체제로 전환되어 현재에 이르고 있다.

3. 주식 발행시장의 조직

발행시장의 가장 간단한 형태는 자금을 조달하는 자인 발행주체와 자금을 공급하는 자인 투자자로 구성된다. 이는 앞에서 설명한 직접발행의 경우로서, 이 경우 발행주체는 주식발행에 관한 모든 지식을 갖추어야 하며, 매출하려는 주식을 충분히 소화할 수 있는 능력이 있는 자여야 한다. 그러나 대부분의 기업이 이러한 능력을 갖추기는 어려운 일이므로 발행주체와 투자자 사이에서 주식발행의 사무절차와 발행위험을 담당하는 전문기관, 즉 발행기관이 존재하게 된다.

(1) 발행인(발행주체)

발행인은 발행시장에서 주식을 발행하는 자로서, 주식의 공급자인 동시에 자금수요의 주체가 되는 자를 말한다. 이에는 주식회사 등이 해당한다.

(2) 발행기관

발행기관은 주식의 발행자와 투자자 사이에 개입하여 주식발행에 따른 사무처리 및 모집주선업무를 수행하고, 발행에 따르는 위험을 발행자를 대신하여 부담하는 기관을 말한다. 발행기관은 발행자에게 조언을 하거나 사무적인 발행절차를 대행하는 일을 하지만, 가장 중요한 기능은 주식을 모집하거나 매출할 때 인수기능을 수행하는 데에 있다.[4)]

주식발행에 있어서 발행기관의 역할은 매우 중요한데, 이는 주식의 발행에 따르는 책임과 위험을 지며, 불특정 다수인으로부터 주식을 모집·매출하는 일을 수행하는 등, 간사기능·인수기능·청약대행기능 등을 수행하기 때문이다. 이러한 책임과 위험을 분산하고 발행주식의 매출을 원활히 하기 위하여 여러 발행기관이 공동으로 하나의 주식의 발행에 참여하는 것이 보통인데, 이와 같이 공동으로 참여한 발행기관의 집단을 인수단(syndicate)이라고 하며, 발행기관은 주관회사, 좁은 의미의 인수단, 청약회사로 그 역할을 달리하고 있다.

[그림 4-2] 발행시장의 조직

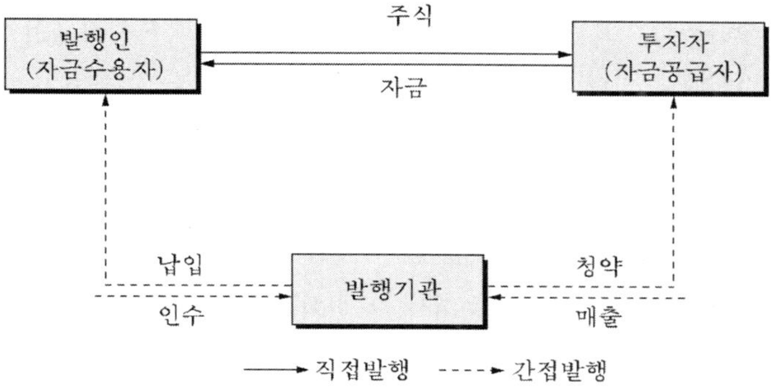

주관회사는 주식의 발행자와 투자자사이에서 원활한 주식의 이전 및 배분이 이루어지도록 인수단을 구성하고 주식발행에 따른 사무처리, 발행자

4) 인수란 자기의 책임과 계산 하에서 증권을 발행자로부터 직접매입 하는 것을 말한다.

에 대한 조언 및 사무절차를 대행하는 기관을 말한다. 주관회사는 그 역할에 따라 주무를 담당하는 대표주관회사와 주관회사로 구분되는데, 현재 주식의 경우 증권회사(금융투자회사), 종합금융회사만이 주관회사의 자격을 갖고 있다.[5)]

좁은 의미의 인수단은 발행기관의 가장 중요한 기능을 하는 발행기관의 집단으로서 주식을 발행자로부터 직접 매입하는 인수기능을 수행하고 있다. 현재 주식의 인수단의 자격은 주로 주관회사군의 자격을 가진 기관에게 부여하고 있다.

청약기관(청약단)은 불특정다수를 대상으로 모집하여 청약을 대행해 주는 기관이다.[6)] 따라서 청약기관은 단순히 청약만을 대행하며 모집내역을 집계하여 인수단에게 직접청약하는 역할을 수행한다. 청약기관에는 특별한 자격이 없어 불특정 다수인을 모집할 수 있는 기관이면 청약단의 자격을 부여받을 수 있는데, 현재 실제로는 증권회사(금융투자회사)가 청약단의 역할을 대행하고 있다.

(3) 투자자

투자자는 주식발행시장에서 모집 또는 매출에 응하여 최종적으로 주식을 취득하는 최초의 투자자로서, 이것을 다시 유통시장에서 매각하는 자를 말한다. 발행인(발행주체)에 대하여는 자금의 공급자가 되며, 유통시장과의 관계에서는 최초의 투자자가 이에 해당된다.

투자자는 투자의 형태에 따라 개인자격으로 증권투자를 하는 개인투자자와 법인의 형태를 취하고 있는 기관투자자로 나눌 수 있다. 기관투자자의 예로는 은행, 종합금융회사, 보험회사, 자산운용회사, 금융투자회사(증권회사), 연금기관, 각종 재단, 기타 금융기관 등을 들 수가 있다.

한편 자본시장법에서는 투자자를 전문투자자와 일반투자자로 구분하고

---

5) 그러나 현재 종합금융회사가 주식발행시 주관회사 역할을 수행한 경우는 거의 없다.

6) 청약은 인수기관에게 매입수량만큼 매출할 것을 요청하는 것으로, 인수와 달리 자기의 책임과 계산으로 하지 않고 투자자를 대신하여 매입이 이뤄진다.

있는데, 전문투자자란 금융투자상품에 관한 전문성구비여부, 소유자산규모 등에 비추어 투자에 따른 위험감수능력이 있는 투자자로서 국가, 한국은행, 대통령령으로 정하는 금융기관, 주권상장법인, 그 밖에 대통령령이 정하는 자가 해당된다. 일반투자자는 전문투자자가 아닌 투자자를 말한다.

4. 주식발행의 형태

주식발행은 기업공개 및 상장, 유상증자, 무상증자, 주식배당 등 여러 가지의 형태로 이루어지고 있다.

(1) 기업공개 및 상장

기업공개(IPO : initial public offering)는 개인이나 소수의 주주로 구성되어 있는 폐쇄적인 기업이 증권시장에 신규상장하기 위하여 주식의 분산요건을 갖추기 위한 공모행위를 말한다. 이러한 관점에 의거 금융투자협회의 「증권인수업무에 관한 규정」에서는 기업공개를 유가증권시장 또는 코스닥시장에 주권을 신규로 상장하거나 유가증권시장(코스닥시장)의 주권상장법인이 코스닥시장(유가증권시장)에 주권을 신규로 상장하기 위하여 행하는 공모로 규정하고 있다. 따라서 기업공개는 상장의 이전단계라고 할 수 있다.

상장(listing)이란 거래소가 정한 상장요건을 충족하는 증권에 대하여 거래소 시장에서 집단적·대량적으로 매매 거래될 수 있도록 자격을 부여한 것을 의미한다. 따라서 상장하고자 하는 법인은 수익성, 규모, 재무건전성 및 유통가능성 측면에서 거래소가 정하는 일정한 요건을 충족하여야 상장이 가능하다. 이와 더불어 주식을 유가증권시장(코스닥시장)에 상장하는 기업은 관계법령과 거래소의 규정에 따라 투자자에게 기업내용을 공시하고 투자자의 이익을 보호할 의무를 가지게 된다.

상장은 준비단계, 본 절차의 순서를 거쳐 이루어진다. 먼저 거래소에 신규 상장하고자 하는 기업은 외부감사인을 지정하여 회계감사를 받아야 하고, 또한 대표주관회사와 대표주관계약을 체결해야 하며, 수권주식수의 조정, 회사가 발행할 주식의 종류, 1주의 금액 등과 관련하여 정관을 정비하여야 하고, 명의개서 대행회사를 선정하여 명의개서 대행계약을 체결해야 한다. 한편 주권상장법인 또는 주식을 신규로 상장하고자 하는 법인이 주식을 모집 또는 매출하는 경우에 당해 법인의 우리사주조합원은 모집 또는 매출하는 주식총수의 20% 범위 안에서 우선적으로 주식을 배정받을 권리가 있다. 따라서, 우리사주조합을 반드시 결성해야 한다.[7] 이와 더불어 우리사주조합원이 취득한 주식은 종업원지주제도의 취지에 따라 1년간 보유하도록 의무화하고 있기 때문에 이를 위하여 한국증권금융㈜와 지주관리 위탁계약을 체결하여야 한다. 그리고 주권의 신주상장을 위해 신주를 발행하는 경우 정관에 규정이 없으면 이사회(정관으로 주주총회에서 결정하기로 한 경우에는 주주총회)의 결의에 신주의 종류와 수, 발행가액 등에 대해 결의해야 한다.[8] 그리고 회계감리를 위한 상장예비심사청구 계획을 미리 거래소에 통보해야하고, 유가증권시장의 경우 상장신청과 관련한 사전협의를 행하여야 한다.

본 단계에서는 [그림 4-3]과 같은 과정을 거쳐 거래소에 상장이 이루어지게 된다.

먼저 거래소에 주권상장예비심사청구서를 제출하여 상장적격여부에 대해 심사를 받아야 하며 여기서 적격의 심사결과를 통지받은 신규상장신청인은 금융위원회에 증권신고서를 제출하고 공모절차를 진행하게 된다.

공모를 추진함에 있어서 공모가액(발행가액)은 보통 수요예측을 이용하여 결정한다. 수요예측은 발행가액이 시장수요를 반영하여 시장원리에 따라 결정되도록 하기 위해 도입된 제도로서 이는 주식을 공모함에 있어서,

7) 우리사주조합은 회사의 종업원으로서 이들에게 자기회사의 주식을 취득, 보유케하여 회사의 경영 및 이익분배에 참여시킴으로써 종업원의 재산형성을 촉진시키는 제도를 말한다. 우리사주조합원의 자격은 당해 법인에 계속하여 고용되어 있는 근로자에게 부여되며 주주총회에서 선임된 임원, 소액주주를 제외한 당해 법인의 주주 및 일용근로자는 가입할 수 없다.

8) 증자없이 구주매출을 통해 주권을 상장하는 경우에는 최대주주로부터 매출주식수 및 매출가액 등 구주매출에 관한 제반사항에 대한 위임을 받아 이사회 결의에 따라 공모를 한다.

공모가액(공모가격)을 결정하기 위해 대표주관회사가 당해 기업의 주식가치에 영향을 미치는 중요사항(발행회사가 속한 산업의 동향, 재무상태 및 영업실적, 주식시장상황, 공모규모 등)을 분석하여 결정한 공모희망가액을, 미리 기관투자자(해외 기관투자자 포함)에게 제시하여 그에 대한 수요사항을 파악해서 적정공모가격을 결정하는 제도이다. 최종 공모가격은 수요예측의 결과를 감안하여 대표주관회사를 포함한 인수회사와 발행회사가 협의하여 자율적으로 정한다.[9]

[그림 4-3] 상장의 본 절차

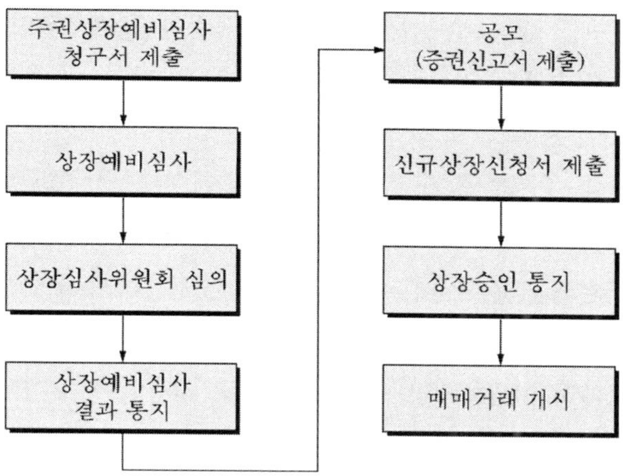

청약과 납입, 증자등기 및 주금수령 등 주식발행이 완료되면 발행회사는 금융위원회에 증권발행실적보고서를 제출(사본을 거래소에 제출)하고 납입일 까지 주권신규상장신청서를 거래소에 제출해야 한다.

한편, 거래소는 신규상장 신청일로부터 지체없이 신규상장 승인 여부를 통보함으로써 상장의 본절차가 마무리 된다.[10]

9) 다만, 공모예정금액이 50억원 미만인 경우는 ① 인수회사와 발행회사간에 정한 단일가격, ② 대표주관회사가 사전에 정한 방법에 따라 청약자로부터 경매의 방식으로 청약을 받은 후 일정가격(최저공모가격) 이상의 청약에 대해 배정하는 경우에는 당해 청약자의 청약가격, ③ 대표주관회사가 사전에 정한 방법에 따라 청약자로부터 경매의 방식으로 청약을 받은 후 산정한 단일가격, 중에서 하나의 방법으로 공모가격을 결정할 수 있다.

(2) 유상증자

유상증자는 기업이 자금 등의 재산수요를 충족시키기 위해 주주에게 현금이나 현물로 출자시키는 행위로서 회사의 재산이 실질적으로 증가한다. 즉, 유상증자는 신주를 발행함으로써 자기자본을 확충시키는 방법으로 기업의 재무구조를 개선하고 타인자본의존도를 줄이는 가장 기본적인 방법으로 활용되고 있다.

유상증자의 방법은 신주의 배정 및 인수방식에 따라 다음과 같이 구분할 수 있다.

구주주배정방식(주주배정방식)은 가장 일반적인 유상증자의 방법으로 신주의 인수권을 기존주주(구주주)에게 부여하고 배정하는 방법으로 실권주는 이사회결의로써 처리한다. 정관에 다른 정함이 없으면 상법에 따라 회사의 주주는 그가 가진 주식의 수에 따라 신주의 배정을 받을 권리를 가진다. 일반적으로 구주주배정방법의 경우 인수기관의 역할은 발행사무에 국한되는 것이 대부분이 때문에, 모집부족의 위험은 발행회사가 부담하게 된다.

제3자배정(연고자배정)방식은 특별법, 회사의 정관, 주주총회 특별결의 등에 의해 특정의 제3자에게 신주인수권을 부여하는 경우로서 연고자 배정방식이라고도 한다. 이는 기존주주의 이해관계 및 회사의 경영권 변동에 중대한 영향을 미치므로, 정관에 특별히 정하거나 주주총회특별결의 등 엄격한 규제를 가하고 있다. 정부, 해외합작투자, 거래선 등 회사와 특별한 관계에 있는 자 등에게 신주인수권을 부여하는 경우가 많으며, 외자유치, 정부출자 등에 많이 사용하는 방식이다.

일반공모방식은 구주주의 신주인수권을 완전히 배제하고 인수단(대표주관회사 등)의 연명으로 일반투자자에게 청약을 받는 방식으로 완전공모라고도 한다. 총액인수방식의 경우 청약미달이 발생하면 인수단이 자기의 책임과 계산하에 인수비율만큼 미달액 전액을 인수하게 된다. 일반공

10) 신규상장 당일의 최초매매거래는 단일가격에 의한 개별경쟁매매에 의하여 하루 1번 체결한다.

모는 구주주에게 신주를 배정하는 절차가 필요하지 않아 일정이 길지 않고 절차가 매우 간단하며, 기존주주에게 피해를 주지 않기 위해 발행가격이 시가에 가장 가깝게 나오도록 하고 있다.

〈표 4-1〉 유상증자의 절차

주주배정		주주우선공모	
일정	진행절차	일정	진행절차
~D-1	신주발행 이사회 결의 및 증자결의 내용 공시	~D-1	신주발행 이사회 결의 및 증자결의 내용 공시 대표주관회사선정, 인수계약 체결
D	증권신고서 제출	D	증권신고서 제출
D+8	증권신고서 효력발생 투자설명서 제출	D+11	증권신고서 효력발생 투자설명서 제출
D+9	신주발행 및 신주배정기준일 (주주명부폐쇄)공고 발행가액 산정	D+12	신주발행 및 주주확정일 (주주명부폐쇄)공고 발행가액 산정
D+24	신주배정기준일(명부폐쇄)	D+27	주주확정일(명부폐쇄)
D+30 전까지	우리사주조합 청약		
D+34	주주명부 확정	D+37	주주명부 확정
	신주배정통지 및 신주청약서등 발송		신주청약서 발송
D+35	발행가액 확정 확정가액통지·공고	D+38	발행가액 확정 확정발행가액 통지·공고
D+50 ~51	주주청약	D+53~54	우리사주조합 및 주주청약
D+53	실권주 처리	D+57	일반공모청약 공고
		D+58~59	일반공모청약
		D+61	공모청약집계 및 배정
		D+62	배정 및 환불공고
		D+63	환불
D+54	주금납입	D+64	주금납입
D+55	증자등기	D+65	증자등기
D+55 ~	증권발행실적보고서 주권발행·교부 및 신주상장	D+65~	증권발행실적보고서 주권발행·교부 및 신주상장

주주우선공모방식은 인수단(대표주관회사 등)이 유상증자분을 총액인수

한 후, 구주주와 우리사주조합에게 우선 배정하여 청약을 받고, 그 청약 미달분(실권주)은 발행회사의 이사회의 결의로 일반투자자를 대상으로 추가로 청약을 통해 일반공모를 시행하는 방법이다. 이는 구주주배정방식과 일반공모방식을 혼합한 형태로, 실권주 청약 후 잔여주식이 발생할 경우 인수단이 인수하기 때문에, 발행회사 입장에서는 신주발행에 따른 위험을 부담하지 않는다는 장점이 있다.

직접공모방식은 인수기관을 통하지 않고 발행회사가 직접 자기의 책임과 계산 하에서 신주를 공모하는 방법으로 주권비상장법인의 경우 발행가액의 적정성에 대하여 증권분석 전문기관(증권회사, 신용평가회사, 회계법인)의 평가를 받아야 한다. 일반적으로 비상장금융기관이 주로 사용하는 방법으로서 자체모집능력이 있는 발행주체에 유리한 방식이라 할 수 있다.

유상증자의 절차는 신주인수권배정방식에 따라 차이가 있는데, 주주배정방식과 주주우선공모방식의 유상증자절차는 〈표 4-1〉과 같다.

(3) 무상증자

무상증자는 주금의 납입없이 이사회 또는 주주총회의 결의로 자본잉여금 전부, 이익준비금, 기업합리화적립금, 재무구조개선적립금 등 법정준비금을 자본에 전입하고 증가된 자본금에 해당하는 만큼의 신주를 발행하여 구주주에게 소유주식수에 비례하여 무상으로 배정·교부하는 방법을 말한다.

이와 같이 무상증자는 자금조달을 목적으로 하지 않고 자본구성의 시정, 사내유보의 적정화 또는 주주에 대한 자본이득의 환원을 목적으로 총자산의 변화 없이 재무제표상의 항목변경을 통한 신주를 발행하는 것을 의미한다.

무상증자의 절차는 〈표 4-2〉와 같다.

〈표 4-2〉 무상증자의 절차

일정	진행절차
D	이사회 결의 및 공시
D+1	배정기준일 및 주주명부 폐쇄 공고
D+16	배정기준일
D+17	증자등기
D+28	신주배정통지 및 주권용지 교부신청
D+29	신주상장 신청
D+38	주권의 발행 및 교부
D+45	신주상장

(4) 주식배당

주식배당은 기업의 영업성과에 따라 발생한 이익잉여금의 자본전입을 위한 것으로 회사의 이익을 주주에게 현금으로 배당하는 대신 신주를 발행하여 주는 것을 말한다. 즉 주식배당은 사외유출될 자금을 자본화시켜 주식으로 지급하기 때문에 자산이 그만큼 유보되어 '이익의 자본화'라고도 한다.

주식배당의 경우 주주에 대한 배당으로 간주하여 배당소득세를 원천징수한다. 주식배당에 대한 한도는 상법에서 이익배당총액의 1/2 이내로 규정하고 있으나, 주권상장법인(유가증권시장주권상장법인 및 코스닥시장상장법인)의 경우에는 이와 같은 상법상의 규정에도 불구하고 시장에서 형성된 시가가 액면가를 초과하는 경우에 한하여 이익배당의 전부를 주식배당으로 할 수 있다.

(5) 기타 주식발행

이외에도 ㉠ 전환사채권자가 전환권을 행사하여 주식을 전환시킴으로써 주식을 발행하는 경우(전환사채의 주식전환), ㉡ 신주인수권부사채권자가 신주인수권을 행사함으로써 신주를 발행하는 경우(신주인수권부사채의 신주인수권행사), ㉢ 전환주식의 전환권행사 등에 의해 주식이 발행되며, 또한 합병, 주식병합, 주식분할 등에 의해 주식이 발행된다.

5. 주식발행시장의 동향

1980년대 전반기에는 극심한 인플레이션과 경제성장의 둔화, 경상수지의 악화 등 주식발행시장을 둘러싼 제반환경요인이 악화됨에 따라 주식발행시장을 통한 자금조달이 원만히 이루어지지 못하였으나, 1986년 이후 소위 '3저 현상(저국제금리, 저유가, 달러약세[엔화 강세])'에 힘입어 경상수지가 흑자로 전환되는 등 경제호황과 더불어 주식시장이 활황이 보임에 따라, 주식발행시장도 일찍이 경험해보지 못했던 활황을 누릴 수 있었다.[11] 주식발행을 통한 자금조달실적을 보면, 1986년에는 8,400억원이었던 것이 1987년에는 1조 8,900억원으로 전년대비 125%가 증가하였고, 1988년에는 무려 300%가 증가한 7조 7,700억원을 기록하였으며, 1989년에는 14조 1,700억원을 시현하여 1985년의 2,900억원과 비교하여 무려 49배의 증가를 기록하였다. 그러나 이와 같은 주식시장규모의 확충정책은 과다한 주식의 공급물량을 초래하여 1990년에 경기침체와 더불어 증권시장이 침체로 빠지게 하는 요인으로 작용하였다.

1990년에 들어와 주식유통시장의 지속적인 침체로 주식발행시장도 침체국면에서 벗어나지 못해 1990년의 경우 신규상장기업은 33사로 전년도에 비해 77사가 줄었고 금액면에서도 90%나 감소하였다. 그러나 1993년부터 경기가 회복됨에 따라 활발한 자금조달이 이루어지는 등 1995년까지 다시 활기를 찾아 1995년의 경우 기업공개, 유상증자 등을 통해 이루어진 주식발행액이 6조 1,140억원으로 1990년과 비교해 200%의 증가를

11) 1986년 이후 주식발행시장이 활황을 누릴 수 있었던 것은 첫째, 1970년대 이후 정부가 일관되게 유지해 왔던 기업공개정책을 적극적으로 추진한 결과라고 볼 수 있으며, 둘째, 주식유통시장의 활황에 따라 주식발행을 시현할 수 있는 분위기가 그 어느 때보다 성숙되어 있는 상태에서, 자본시장개방을 대비해 의도적으로 우리나라 주식시장의 규모를 확대하고자하는 정부의 의지가 부합되어 나타난 결과로도 볼 수 있다.

시현하였다.

〈표 4-3〉 우리나라 상장회사의 주식발행실적[1]

(단위: 십 억원)

	주식발행 형태								합계
	기업공개시의 주식발행 또는 매출				유상증자		코스닥 공모		
	신주모집		구주매출						
	건수	금액	건수	금액	건수	금액	건수	금액	
1980	6	0.3	-	-	52	170			170.3
1985	10	33	1	1.2	60	259			350
1989	110	1,468	16	1,582	274	11,124			14,174
1990	33	315	3	20	169	2,581			2,916
1995	35	531	-	-	163	5,583			6,114
1996	40	1,391	-	-	146	3,651			5,042
1997	23	479	-	-	109	2,676	34	100	3,255
1998	3	37	-	-	122	13,452	5	262	13,751
1999	15	1,720	-	-	250	33,426	105	2,111	37,257
2000	-	-	-	-	84	5,788	179	2,550	8,338
2001	3	217	-	-	99	5,097	166	1,309	6,623
2002	8	594	3	632	125	6,211	122	1,120	8,557
2003	9	524	1	35	100	7,116	70	577	8,252
2004	8	555	2	85	57	4,526	46	436	5,602
2005	10	449	1	2	44	1,876	67	849	3,176
2006	9	1,116	-	-	37	2,389	51	589	4,094
2007	9	1,525	-	-	65	10,479	59	776	12,780
2008	5	320	-	-	38	1,468	37	396	2,184
2009	10	472	-	-	74	5,659	55	1,201	7,332
2010	21	2,938			35	3,138	75	1,365	7,441
2011	13	1,358			54	8,803	54	1,079	11,240
2012[2)]	5	205			19	606	19	248	1,059

주: 1) 코스닥시장의 유상증자분과 기타공모금액은 제외된 수치임.
2) 2012년은 2012년 1월~11월 수치

자료 : 금융감독원, 『금융통계월보』, 각호.

한편, 1996년 이후 경기침체에 따른 주식유통시장의 지속적인 침체로 인하여 주식발행시장은 다시 침체로 빠졌다. 특히 1997년에는 부실금융으로 인한 금융기관의 구조조정과 외환시장의 불안으로 주식유통시장이 최악의 침체국면에 빠지게 됨에 따라, 주식발행시장을 통한 자금조달은 큰 폭으로 감소하였다. 1997년에 주식시장을 통한 자금조달은 전체 187건에 3조 2,250억원으로 1995년 대비 58%감소하였다.

1998년과 1999년에는 1998년 하반기 이후의 저금리기조 정착에 따른 주식시장 펀드에로의 자금유입 증대, 우리나라의 경제회복에 대한 외국인의 긍정적인 인식 확산 등에 기인하여, 주식발행시장은 재차 활성화되었다. 주식발행시장을 통한 1998년과 1999년의 자금조달실적을 보면, 14조 2,528억원, 41조 1,139억원으로 외환위기 이후 자금시장의 흐름이 증권시장으로 이동되었음을 시사하고 있다.

2000년대 전반기까지의 주식발행시장은 전반적으로 침체국면에서 벗어나지 못하였다. 2000년에는 IT부문의 과잉투자 및 세계 증권시장의 거품논란에 기인하여 우리나라의 증권시장도 점차적으로 침체됨에 따라 주식발행시장을 통한 자금조달도 감소하였다. 특히, 2000년의 경우 거래소시장(현재의 유가증권시장)을 통한 신규상장이 1건도 발생하지 않은 반면에, 코스닥시장의 경우에는 179건이 발생하는 등 신규상장에 있어서의 코스닥시장으로의 편중도가 극히 심화되었다. 2003년의 경우 거래소시장(현재의 유가증권시장) 및 코스닥시장에의 신규상장은 79건, 1조 1,010억원으로 전년대비 35.7% 감소하였다. 이와 같이 신규상장을 통한 자금조달이 지속적으로 감소한 것은 코스닥시장의 장기 침체로 인하여 코스닥시장 신규상장이 전년의 50% 수준에 지나지 않았기 때문이다.

2006년과 2007년에는 주식발행을 통한 자금조달이 전반적으로 호조를 지속하였다. 특히, 2007년의 경우 기업실적 개선, 중국 등 신흥국을 중심으로 글로벌증시의 호조 등에 기인하여 주가가 상승함에 따라 신규상장을 통한 자금조달은 물론, 유상증자를 통한 자금조달도 급격히 증가하였다. 한편 2008년에는 서브프라임모기지 부실에 따른 선진국 금융기관의 파산 등 국제금융시장의 불안지속, 외국의 대규모 순매도, 경기부진우려 등으로 주가가 크게 하락함에 따라 주식발행시장도 침체국면으로 전환되었다. 유가증권시장의 경우 신규상장이 5건 3,200억원에 지나지 않았으며,

유상증자를 통한 자금조달도 38건 1조 680억원으로 전년대비 14% 수준에 지나지 않을 정도로 급감하였다. 2009년 이후 경기회복 및 SPAC(special acquisition company: 기업인수목적회사)열풍 등에 힘입어 다시 증가세를 보이기도 하였으나, 2012년에 들어와 유럽재정문제 해결 지연, 경기둔화 장기화 등 글로벌 경제의 불확실성 지속에 따른 기업 투자수요 위축 등으로 극히 저조한 양상을 보였다.

제 4 절 주식 유통시장

1. 주식 유통시장의 의의와 기능

주식유통시장은 발행시장에서 기발행된 주식이 투자자들 상호간에 매매, 거래되는 시장을 말한다. 주식발행시장이 발행주체가 발행한 주식이 최초의 투자자에게 이전되는 1차적 시장이라고 한다면, 유통시장은 발행된 주식을 소유하고 있는 투자자와 다른 투자자간에 거래되는 2차적 시장을 의미한다.

주식유통시장은 ① 주식의 시장성과 유동성을 제고시켜 투자를 촉진시킴으로써 주식발행시장에서의 장기자본의 조달을 원활화하게 하고, ② 경쟁에 의거한 공정한 가격형성을 촉진시킴으로써 투자자에게 투자판단을 제공하며, ③ 주식유통시장에서 형성된 가격은 향후 주식을 발행할 때의 가격 형성에 기여한다. ④ 또한 적정가격형성으로 현금화를 가능하게 함과 아울러, 주식의 담보력을 향상시킴으로써 주식을 담보로 한 차입을 용이하게 해주는 기능을 수행한다.

2. 주식 유통시장의 분류

일반적으로 주식유통시장은 거래소시장과 장외시장으로 구분할 수 있다. 거래소시장은 거래소가 주식의 매매거래를 위해 개설·관리하는 구체적이고 조직적인 시장으로, 상장주식을 대상으로 일정한 장소에서 일정시간에 계속적으로 거래가 이루어지는 정형적인 시장이다. 우리나라의 경우 거래소가 개설하는 유가증권시장과 코스닥시장이 이에 해당된다. 이에 비해 장외시장은 거래소시장 밖에서 당사자간에 상대매매의 형태로 주식이 거래되는 비 조직적 시장으로, 주로 증권회사(금융투자회사)의 창구에서 매매 당사자간의 거래가 이루어지기 때문에 점두시장(OTC market: over the counter market)이라고도 한다.

그러나 이러한 구분은 최근 정보·통신기술 등의 발달로 그 의미가 퇴색되어 장외시장도 점차로 제도화되어 거래소시장과 대등한 조직적인 시장으로 변모해 가고 있다.

3. 유가증권시장

(1) 상장제도

상장(listing)이란 거래소가 개설한 증권시장에서 거래될 수 있는 자격을 부여하는 것을 말하며, 그 자격을 얻은 증권을 상장증권이라고 한다. 유가증권시장에서는 상장증권을 매매거래대상으로 삼고 투자자들 간에 거래가 이루어지기 때문에, 거래소는 증권의 상장과 관련하여 당해 법인의 수익성, 재무건전성, 주식분산의 정도 등 제반사항에 대해 엄격히 심사를 하고 있으며, 상장 후에도 상장 시의 기준을 계속해서 유지시키고 상장증권과 관련한 변동사항을 공시하는 등 증권의 원활한 유통과 공정한 가격형성을 위해 상장법인을 철저히 관리하고 있다.

주권의 상장에는 ① 신규상장, ② 신주상장, ③ 변경상장, ④ 재상장 ⑤ 우회상장 등이 있다(〈표 4-4〉 참조).

〈표 4-4〉 주권상장의 종류와 내용

상장방법	내 용
신규상장	-기업을 공개하여 일반에게 주식매각 후 처음으로 유가증권시장에 주권을 상장. -공모상장(상장법인이 모집 또는 매출을 통해 상장)과 직상장(이미 분산요건을 충족한 기업이 상장예비심사 후 공모절차없이 주권을 상장)으로 구분
신주상장	-기 상장된 주권의 발행인이 새로이 주권을 상장. (예: 유상 또는 무상증자, 기업합병, 전환사채권 등의 권리행사, 주식배당 등).
변경상장	-당해주권의 종목(상호),종류(우선주, 보통주), 액면금액, 수량 등을 변경 후 주권을 상장.
재 상장	-상장폐지된 법인이 회사를 정상한 후 상장(재상장 신청시기: 상장폐지일로부터 5년 이내) -주권상장법인간 분할 또는 분할합병에 의하여 설립된 법인이나 주권상장법인간의 합병에 의하여 설립된 법인의 상장.
우회상장	-주권상장법인이 주권비상장법인과 합병, 포괄적 주식교환, 제3자배정증자와 결합한 영업·자산(주식)양수, 현물출자로 인하여 경영권이 변동되고(주권비상장법인의 최대주주가 주권상장법인의 최대주주가 되는 경우), 주권비상장법인의 지분증권이 상장

(2) 매매거래제도

유가증권시장에서 매매를 할 수 있는 자는 금융위원회로부터 금융투자업 허가를 받은 증권회사(금융투자업자, 구체적으로는 투자매매·중개업자, 즉 금융투자회사)로서 거래소의 회원인 자에 한한다. 따라서 일반투자자가 유가증권시장에서 증권을 매매하고자 하는 경우에는 거래소회원인 증권회사(투자매매·중개업자)에 위탁하여야 하며, 위탁을 받은 회원(증권회사)은 고객의 주문을 전산화된 증권회사(금융투자회사)시스템을 통하여 거래소에 직접 전달하여 매매거래를 체결시킨다([그림 4-4] 참조).

[그림 4-4] 매매거래 절차

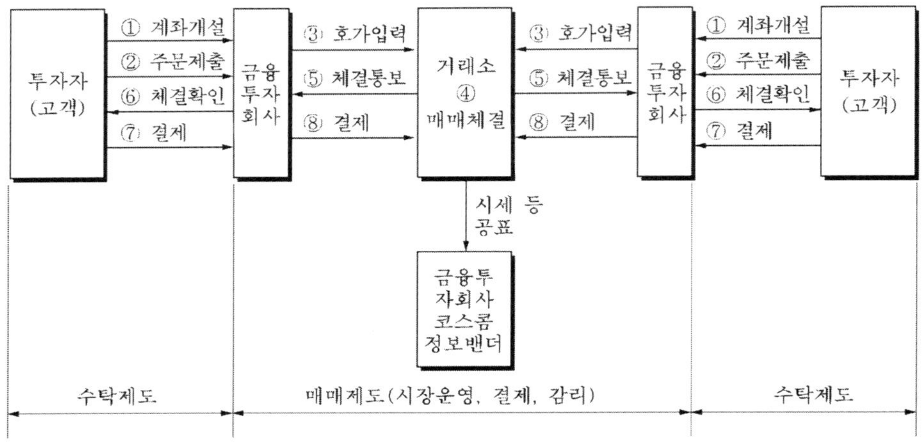

신규고객(위탁자)이 매매거래를 하고자 하는 경우에는 사전에 거래소회원인 금융투자업자(증권회사)와 매매거래계좌를 설정해야 하는데, 동 계좌를 설정하고자 할 경우에는 사전에 회원과 매매거래계좌설정계약을 체결해야 한다. 매매거래계좌계약은 매매거래계좌약정서에 의해 이루어지는데, 이는 회원과 위탁자간에 위탁조건에 관한 계약이 성립한다는 것을 의미하며, 동 계약조건에 의해 개별적인 매매거래의 위탁이 이행된다.

계좌가 설정되면 회원(금융투자업자)은 고객(위탁자)으로부터 주문을 받게 되는데, 회원이 주문을 수탁하는 방법에는 ㉠ 문서에 의한 수탁, ㉡ 전화 등에 의한 수탁, ㉢ 전자통신에 의한 수탁(home trading)이 있다.[12)]

유가증권시장은 매매시간에 따라 정규시장과 시장외시장으로 구분할 수 있다. 현재 정규시장은 오전장 오후장의 구부없이 오전 9:00부터 15:00까지 운영하는 것을 원칙으로 하고,[13)] 시장외시장은 장개시전 시간외장외

12) 여기서 수탁이란 투자자가 유가증권시장에서 증권을 매매하고자 할 경우, 거래소회원인 증권회사(투자매매·중개업자)에게 주문을 위탁하는 것을 의미하고, 주문이란 고객이 계좌를 설정한 후 매수 또는 매도의 의사를 표시하는 행위를 의미한다.

13) 장종료시의 가격결정을 위해 단일가매매 참여호가의 범위를 연장하는 종목의

시장과 장종료후 시간외시장으로 구분하고 있는 데, 전자의 경우는 7:30부터 8:30까지, 후자의 경우는 15:10부터 18:00까지 각각 운영되고 있다.

체결일과 결제일의 시간적 간격에 따라 구분할 때, 유가증권시장은 매매계약을 체결한 날부터 3일째 되는 날(T+2) 매매대금과 증권의 인수·인도의 결제가 이루어지는 보통결제거래를 채택하고 있다.

고객의 주문을 받은 회원이 시장에서 매매거래를 위하여 매매의사표시를 하는 행위를 의미하는 호가에는 ㉠ 지정가호가, ㉡ 시장가호가, ㉢ 조건부 지정가호가, ㉣ 최유리 지정가호가, ㉤ 최우선 지정가호가 등이 있다.

지정가호가는 상장증권의 종목, 수량, 가격 등을 지정하는 호가로서 회원이 지정한 가격이나 그 보다 유리한 가격으로 매매 거래를 하고자 하는 호가를 말한다. 따라서 매수호가의 경우 지정된 가격이나 그 보다 낮은 가격, 매도호가의 경우 지정된 가격이나 그 보다 높은 가격에서 매매거래성립이 가능하다.

시장가호가는 종목, 수량은 지정하되, 가격은 지정하지 않는 호가로서, 현 시점에서 가장 유리한 가격조건, 혹은 시장에서 형성되는 가격으로 매매 거래를 하고자하는 호가이다. 시장가호가는 지정가호가에 우선하여 매매체결이 이루어진다.

조건부 지정가호가는 지정가호가와 시장가호가의 특성을 절충한 호가로서, 시장종료전까지는 지정가호가로 매매에 참여하다가, 종가결정을 위한 호가접수시간 개시(현재 14시 50분)전까지 매매체결이 안되었을 경우에는 종가결정을 위한 호가접수시간 개시(현재 14시 50분)시점에서 자동적으로 시장가호가로 전환하여 종가가격결정에 참여하는 호가이다.

최유리 지정가호가는 종목 및 수량은 지정하되, 상대호가가 있는 경우 상대방 최우선호가의 가격으로 가격조건이 부여되는 호가이다. 즉 매도의 최유리 지정가호가의 경우에는 당해 호가의 접수시점에서 가장 높은 매수호가의 가격이 되고, 매수의 최유리 지정가호가의 경우에는 당해 호가

경우에는 15:00 이후 5분 이내에서 당해가격이 결정되는 시점까지로 하고 있다.

의 접수시점에서 가장 낮은 호가의 가격이 된다.

최우선 지정가호가는 종목 및 수량은 지정하되, 당해 호가의 접수시점에서 자기호가 방향의 최우선호가 가격으로 지정하는 호가이다. 따라서 매도의 최우선 지정가호가의 경우에는 가장 낮은 매도호가의 가격(매도호가가 없을 경우에는 직전의 가격), 매수의 최우선 지정가호가의 경우에는 가장 높은 매수호가의 가격(매수호가가 없을 경우에는 직전의 가격)으로 지정한 것으로 보아 매매체결하는 호가이다.

호가의 수량단위는 호가를 위한 대상증권의 단위수량으로서 호가가격단위를 산정할 때의 계산기준이 되는 수량을 의미하는데, 현재 주권은 1주이다. 한편, 호가가격단위는 가격대별로 호가할 수 있는 최소단위의 가격을 말하는데, 현재 유가증권시장의 주식의 호가가격단위는 〈표 4-5〉와 같다.

〈표 4-5〉 호가가격단위

주식가격	호가가격단위
-5,000원 미만	5원
-5,000원 이상 10,000원 미만	10원
-10,000원 이상 50,000원 미만	50원
-50,000원 이상 100,000원 미만	100원
-100,000원 이상 500,000원 미만	500원
-500,000원 이상	1,000원

매매수량단위는 유가증권시장에서 매매할 수 있는 최저수량을 의미하는 것으로 투자자의 최저투자규모를 결정지어 주는 단위이다. 현재 유가증권시장에서 적용하고 있는 주식의 매매수량단위는 10주이다.[14)]

매매계약의 체결은 한국거래소가 투자별 호가를 접수하여 일정한 체결원칙(가격우선의 원칙, 시간우선의 원칙, 수량우선의 원칙, 위탁매매우선의 원칙 등)에 의거 일치되는 호가끼리 거래를 체결하는 개별경쟁매매방식에 의해 이루어지고 있다. 개별경쟁매매는 단일가격에 의한 개별경쟁

14) 단, 5만원 이상 종목의 매매수량단위는 1주이다.

매매(단일가매매)와 복수가격에 의한 개별경쟁매매(접속매매)로 구분되는데, 단일가격에 의한 개별경쟁매매(단일가 매매)는 일정시간 동안 호가를 접수하여 매도호가와 매수호가의 합계수량이 합치되는 하나의 가격으로 매매를 체결시키는 방법을 말하고,[15] 복수가격에 의한 개별경쟁매매는 단일가격에 의한 개별경쟁매매로 가격을 결정한 직후부터는 호가접수순서에 따라 매매를 체결하는 것으로 이 경우의 매매는 가격조건이 부합하는 경우마다 매매체결을 성립시키기 때문에 복수의 가격이 형성된다.[16]

시간외시장은 정규시장거래시간 이전 또는 이후 일정시간 동안에 주문을 접수하여 정규시장과는 별도의 방법으로 매매거래를 성립시키는 것을 말하는데, 이는 ㉠ 시간외 종가매매, ㉡ 시간외 대량매매, ㉢ 시간외 바스켓매매, ㉣ 시간외 단일가매매, ㉤ 시간외 경쟁대량매매 로 구분된다.

시간외 종가매매는 정규매매시간 개시 전 일정시간동안(07:30~08:30) 혹은 종료 후 일정시간동안(15:00~15:30)에 매도·매수주문을 받아 당일 종가(장개시전 시간외 종가매매의 경우 전일종가)로 접수순(시간우선의 원칙)에 의거 매매를 체결시키는 것을 의미하며, 시간외 대량매매는 시간외시장의 매매거래시간(07:30~08:30, 15:10~18:00)동안 매매수량단위의 500배 이상(5,000주 이상) 또는 1억원 이상의 호가로서 종목 및 수량이 동일한 매도호가와 매수호가에 대하여 회원이 당일 상·하한가 범위이내의 가격으로 매매거래를 성립시키기 위하여 신청하는 경우 그 가격으로 매매거래를 성립시키는 것을 말한다. 시간외바스켓매매는 투자자 쌍방의 합의에 의해 당일의 상·하한가 범위이내의 가격에서 5종목 이상 그리고 10억원에 해당하는 수량 이상이 일괄하여 매매거래를 성립시키는 것을 의미하며, 시간외 단일가매매는 장종료 후 시간외시장에서 정규시장의 종

15) ㉠ 시가 및 장종료시의 가격결정시, ㉡ 시장의 전부 혹은 일부가 정지된 후 재개하여 최초의 가격결정시, ㉢ 매매거래가 중단, 정지된 후 재개하여 최초 가격 결정시 등에는 이 방법에 의해 매매를 체결시킨다.

16) 이와 같은 복수가격에 의한 개별경쟁매매는 매매시간 중에 계속적으로 복수의 가격이 형성되기 때문에 접속매매라고도 하는데, 이 방법은 단일가격에 의한 개별경쟁매매가 종료된 후(시가 결정 후)부터 종가결정(단일가매매)을 위한 호가접수시간 개시 전까지의 가격결정에 적용된다.

가를 기준으로 ±5%범위와 당일의 가격제한폭 이내의 범위에서 30분 단위로 매매를 체결시키는 것을 말한다. 시간외 경쟁대량매매는 장개시 전 호가접수시간(07:30~08:30)에 경쟁대량매매호가를 접수받아, 장개시시부터 장종료시까지 정규시장에서 성립된 해당종목의 매매거래를 기준으로 산출한 거래량 가중평균가격으로 경쟁매매호가 간에 매매를 성립시키는 것을 말한다.[17)]

유가증권시장에서는 주가의 급등락에 따른 투자심리의 불안가능성을 최소화하기 위해 가격제한폭제도와 매매거래중단제도 등을 적용·운용하고 있다. 먼저 개별종목의 경우 하루 중에 변동할 수 있는 주가변동률을 전일종가의 ±15% 범위로 제한하고 있으며, 풍문과 관련하여 주가 및 거래량이 급변하는 경우나, 매매개시 전에 풍문 등과 관련하여 주가 및 거래량의 급변이 예상되는 종목, 매매거래가 폭주하여 신속한 매매거래 성립이 불가능하다고 인정되는 종목, 그 밖에 시장관리상 필요하다고 인정되는 종목(시장감시위원회의 투자위험종목에 대한 매매거래정지요청, 불성실공시법인 지정 등)에 대해서는 매매거래를 중단하고 있다. 그리고 한국종합주가지수(KOSPI)가 전일종가보다 10% 이상 하락하여 1분간 지속되는 경우에는 주식시장의 모든 종목의 거래를 중단할 수 있다. 동 사유로 인한 매매중단은 1일 1회에 한하며, 사유발생 후 20분이 경과되면 매매거래를 재개할 수 있다. 단, 장종료 40분 전 이후에는 중단하지 않는다.

한편, 주가가 일정기간에 급등하여 불공정거래의 가능성이 크거나 투기성이 높은 종목에 대해 주의를 환기시키기 위해 투자경고종목 및 투자위험종목을 지정하고 있으며,[18)] 상장폐지기준에 해당할 우려가 있는 종목은 관리종목으로 지정(1일간 매매거래정지)함으로써 투자자의 주의를 환기시키고 있다.

---

17) 시간외 경쟁대량매매에 참여하는 호가는 호가수량에 해당금액의 기준가격을 곱한 금액이 5억원에 해당하는 수량이어야 하며, 참여하는 호가의 우선순위는 먼저 접수한 호가가 뒤에 접수한 호가에 우선한다(시간우선의 원칙적용).

18) 투자경고종목 지정에도 불구하고 그 종목의 주가가 지속적으로 급등하여 재차 투자경고종목 지정기준에 해당하는 경우에는 투자위험종목으로 지정된다.

결제방법에 있어서는 원칙적으로 증권과 대금을 실질적으로 수수하므로 실제결제방식을, 회원별, 종목별로 매도·매수를 차감하여 잔액이나 잔량만을 결제하므로 차감결제를, 그리고 거래소의 결제기구를 통하여 결제가 이루어지므로 집중결제를 채택하고 있다고 말할 수 있다.

(3) 주식 유통시장의 동향

코스피(KOSPI)는 1986년 이후 소위 '3저 현상(저국제금리, 저유가, 달러약세[엔화 강세])'에 힘입어 경상수지가 흑자로 전환되는 등 경제호황과 더불어 자본시장개방 도래에 따른 투자저변확대 등에 기인하여 1989년 1,000포인트를 돌파한 이후 최근까지 500~1,500포인트 대에서 큰 폭으로 등락을 시현하여 왔다. 이를 기간별로 나누어 살펴보면 [그림 4-5]와 같다.

[그림 4-5] 코스피의 추세

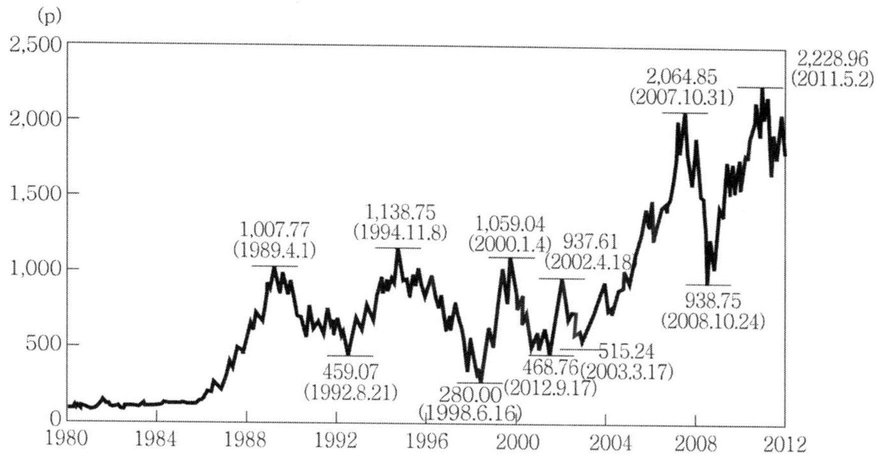

1986~1989년 중에는 3저 현상, 올림픽특수, 자본시장개방 도래 등의 환경요인에 기인해 1986년에 68%, 1987년에 98%, 1988년에 70.5%의 주가상승률을 시현하는 등 세계에서 가장 높은 신장률을 달성한 주식시장

으로 부각되기도 하였다. 1989년 4월 1일 1,007.77포인트를 기록하기도 하였으나, 1990년대에 들어와 경기침체 및 위축된 투자심리를 반영하여 무기력한 장세가 지속되어 1992년 8월 21일에는 459.07포인트까지 하락하였다.

한편, 외국인투자자에 대한 증권시장개방과 더불어 1992년 8월에 발표된 '증시안정화종합대책'에 힘입어 1994년 11월 15일에 최고치(1,138.75포인트)를 기록하는 등 1994년 말까지는 상승추세가 지속되었다. 그러나 1996년 이후 경기둔화, 사상최대의 무역수지적자, 대기업그룹의 지속적인 부도사태와 이에 따른 금융기관의 부실화 및 외환위기발생 등이 연속적으로 일어나 1998년 6월 16일 280.0포인트까지 폭락하였다. 1998년 하반기이후에는 금리인하, 기업 및 금융기관의 강력한 구조조정추진, 국가신용등급의 상향조정, IT산업성장 등에 기인하여 1998년 말 562.46포인트에서 1999년 말 1,028.07포인트로 급속히 상승하는 등 주식시장이 활황세를 보이고도 하였으나, IT관련주에 대한 거품론 대두, 9·11테러발생 등으로 다시 하락세로 반전하여 2001년 9월 17일에는 468.76포인트를 기록하였으며 그 이후에는 1,000포인트 아래에서 등락을 거듭하였다.

2004년 하반기부터는 다시 상승세로 전환하였는데, 특히 2005년에는 경기회복에 대한 기대와 더불어 적립식펀드투자의 정착 등에 기인하여 사상최고치를 계속 거듭하는 활황을 시현하였다. 2006년에는 조정국면을 거치기도 하였으나 2007년에 들어 세계주식시장의 견조한 상승세에 힘입어 7월 25일에는 코스피가 사상 처음으로 2,000포인트를 돌파하였다. 그러나 글로벌금융위기 등으로 2008년 10월 24일 938.75포인트까지 급락하였으나 빠른 경기회복과 외국인 투자자금의 유입 등으로 다시 상승하여 2011년 5월 2일에는 사상최고치인 2,229.0포인트를 기록하였다. 그 이후로는 유럽지역 국가채무문제 진전 상황에 따라 큰 폭의 등락을 거듭하고 있다.

상장기업수는 유가증권시장 개설 이후 견조한 증가세를 보여 1997년 말에는 776사에 도달하기도 하였으나, 1998년 이후 기업 및 금융기관의 강력한 구조조정에 영향을 받아 상장폐지기업이 속출하여 2004년 말에는

683사까지 감소하기도 하였다. 최근에는 상장기업수가 다소 증가하여 2009년 6월 말 현재 상장기업은 758사에 이르고 있다(〈표 4-6〉 참조).

〈표 4-6〉 유가증권시장의 주요지표(거래소시장)

(단위 : 10억원)

연도	상장회사수	상장자본금	시가총액	거래량(백만주)	거래대금
1980	352	2,421	2,526	1,645	1,134
1985	342	4,665	6,570	5,563	3,620
1989	626	21,211	95,476	3,397	81,199
1990	669	23,981	79,019	3,162	53,454
1995	721	38,047	141,151	7,656	142,914
1996	760	42,991	117,369	7,785	142,642
1997	776	45,153	70,988	12,125	162,281
1998	748	54,865	137,798	28,533	192,845
1999	725	78,090	349,503	69,359	866,923
2000	704	84,929	188,041	73,785	627,132
2001	689	82,755	255,850	116,417	491,365
2002	683	109,786	258,680	209,167	742,150
2003	684	87,941	355,362	133,876	547,509
2004	683	85,518	412,588	92,850	555,795
2005	702	80,586	655,074	116,439	786,257
2006	731	82,945	704,587	68,936	848,489
2007	746	85,588	951,717	89,506	1,362,877
2008	765	89,662	576,927	88,149	1,287,164
2009	770	97,467	887,935	122,871	1,466,274
2010	777	98,411	1,141,885	95,595	1,410,561
2011	791	102,935	1,041,999	87,732	1,702,060
2012.11	786	103,525	1,117,290	9,848	95,325

자료 : 증권거래소, 『주식』, 각호.
증권선물거래소, 『증권선물』, 각호.
한국거래소, 『KRX Market』, 각호.
금융감독원, 『금융통계월보』, 각호.

시가총액은 1996년 말 117조원에서 2011년 11월 말에는 1,117조원으로 크게 증가하였으나, 명목GDP대비 상장주식 시가총액비율(2011년 말 기준)은 89%수준으로 미국, 대만, 싱가포르보다는 낮은 상태이다(〈표 4-7〉 참조).

〈표 4-7〉 주요국의 명목GDP대비 상장주식 시가총액비율

(2011년 말 현재, 단위 : 10억달러)

	한국	미국	일본	독일	중국	대만	싱가포르
상장주식 시가총액(A)	996.1[1)]	15,640.7	3,540.8	1,184.5	3,412.1	635.5	598.3
명목 GDP(B)	1,116.2	15,075.7	5,866.5	3,607.4	7,298.1	466.4	259.8
A/B(%)	89.2	103.7	60.4	32.8	46.8	136.3	230.2

주 : 1) 유가증권시장 및 코스닥 상장주식 시가총액

자료 : IMF, World Federation of Exchange

유가증권시장 참가별 거래비중(거래대금비중)은 개인투자자의 경우 1997년 중 73.9%에서 2012년 상반기 중에는 52.1%로 감소한 반면에, 동 기간중에 기관투자자는 17.4%에서 23.7%로 상승한 데 비해 외국인 투자자는 6.7%에서 22.6%로 상승하였다.

[그림 4-6] 투자주체별 주식보유비중 추이

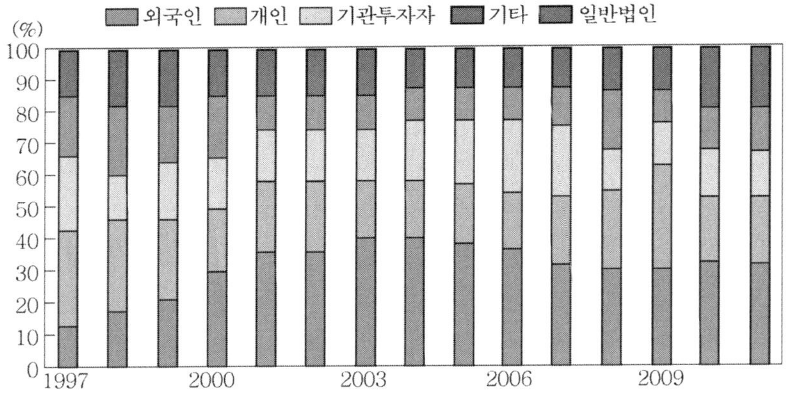

자료 : 한국거래소

한편 시가총액기준 소유자별 상장주식소유비중을 살펴보면, 외국인 투자자는 주식시장 개방과 더불어 꾸준히 증가하여 2004년말에는 42.0%에

달하기도 하였으나, 이후 하락하여 2011년말 현재 32.9%에 머무르고 있다. 기간투자자의 경우에는 펀드가입 열풍 등으로 2006년말 22.0%까지 상승하기도 하였으나, 2008년 글로벌 금융위기에 따른 대규모 펀드 환매 등의 영향으로 하락하여 2011년말 현재 13.6%에 머무르고 있다. 개인투자자의 비중은 2009년말 31.0%까지 상승하기도 하였으나, 2011년말 현재 20.7%이다.

4. 코스닥시장

(1) 코스닥시장의 의의와 기능

코스닥시장은 거래소(한국거래소)가 운영하는 증권시장으로, 주권비상장법인 중에서 성장성과 기술력을 지니고 있는 기업들을 코스닥시장에 상장하도록 하고 이들이 발행한 주식을 일정한 거래질서 하에서 다수의 매매당사간의 경쟁매매에 의하여 거래하는 시장을 말한다. 이와 같이 코스닥시장은 일정한 거래질서 하에서 경쟁매매가 행해지므로 장외시장과는 차별화되는 시장으로 유가증권시장과 더불어 제도화된 또 하나의 증권시장이라고 말할 수 있다.

이러한 중소·벤처기업을 위한 증권시장의 운영방식으로는 증권거래소가 운영하는 3부시장과 또는 병행시장(주니어마켓)형태의 유럽식과 증권업협회가 운영하는 미국·일본방식으로 구별할 수 있는데, 우리나라는 미국의 나스닥(NASDAQ : National Association of Securities Dealers Automated Quotations)시장을 벤치마킹(benchmarking)하여 코스닥(KOSDAQ : Korea Securities Dealers Association Quotations)시장이라고 칭하고 있다.

코스닥시장은 벤처기업, 유망중소기업 등이 발행한 주식에 대하여 환금성을 부여함으로써 이들 비상장 중소·벤처기업이 신주공모 등을 통해 장기안정적인 자금을 조달할 수 있는 기회를 제공한다. 또한 코스닥시장은 투자자에게 기존의 유가증권시장 상장주식 이외에 성장가능성이 높은 주권비상장 유망기업 주식을 투자할 수 있는 수단을 제공한다. 특히 코스닥시장은 유가증권시장에 비해 투자자의 투자위험 선호도 및 위험부담능력에 맞는 고위험 고수익(high risk, high return)투자상품을 제공한다. 그리고 코스닥시장은 벤처산업의 육성에 기여한다. 이는 벤처기업에 투자를 전문으로 하는 벤처금융(venture capital) 회사들이 코스닥시장을 통하여 투자한 자금을 회수할 수 있고, 새로운 유망벤처기업을 발굴하여 자금 등을 지원할 수 있기 때문이다.

(2) 상장제도

코스닥시장에 신규상장하기 위해서는 코스닥시장 상장규정에서 정하는 소정의 요건을 충족시켜야 한다. 코스닥시장 신규상장요건은 기업의 성격(벤처기업, 일반기업, 투자회사)에 따라 선택할 수 있도록 하고 있다.

벤처기업과 일반기업의 코스닥시장 상장요건은 벤처기업과 일반기업 모두에게 공통적으로 적용되는 항목(질적 요건 포함)과 벤처기업과 일반기업 각각에 적용되는 항목으로 구성되어 있다. 벤처기업과 일반기업 모두에게 공통적으로 적용되는 항목에는 감사의견, 주식의 분산, 유상증자 및 무상증자제한, 명의개서대행위탁, 통일규격유가증권발행, 주식양도의 자유보장 등이 있다.

벤처기업은 ① 벤처투자기업, ② 연구개발기업, ③ 기술평가보증·대출기업의 유형으로 분류하여 지정하고 있는데, 벤처기업에 대해서는 코스닥시장에 신규상장시 공통요건 이외에 ㉠ 자본금이 15억 이상일 것, ㉡ 최근 사업년도의 법인세비용차감전 계속사업이익이 있을 것, ㉢ 최근 사업년도말 자기자본이익률(ROE)이 5% 이상일 것, ㉣ 최근 사업연도 말 자본잠식이 없을 것 등의 요건을 충족시켜야 한다.[19)]

벤처기업 또는 투자회사가 아닌 일반기업은 앞서 언급한 공통요건 이외에 다음의 〈표 4-8〉의 요건을 갖추어야 한다.

19) 전문기술평가기관의 기술평가결과 A등급이상인 신성장동력기업에게는 ㉡ 경영성과와 ㉢ ROE요건을 적용하지 않는다.

〈표 4-8〉 일반기업의 코스닥시장 상장요건

	요 건
회사규모	-상장예비심사청구일 현재 자본금 30억원 이상이거나 기준시가총액이 90억원 이상일 것
영업기간	-상장예비심사청구일 현재 3년 이상 경과하고 계속적으로 영업하고 있을 것
경영성과	-최근사업년도의 법인세비용 차감전 계속사업이익이 있을 것
자기자본 이익률(ROE)	-최근 사업년도 말 자기자본이익률(ROE)이 10% 이상이거나 최근 사업년도의 당기 순이익이 20억원 이상일 것 또는 최근사업년도의 매출액이 100억원 이상이고 기준시가총액이 300억원 이상일 것

이와 같이 코스닥시장의 상장요건은 유가증권시장보다 다소 완화된 기준이 적용되고 있음을 알 수 있다.

③ 매매거래제도

코스닥시장의 매매제도는 유가증권시장과 거의 동일하다.[20] 코스닥시장상장법인도 유가증권시장상장법인과 마찬가지로 상장 후 영업활동과정에서 일정한 요건을 충족하여야 하며, 부실화하거나 공개기업으로서의 의무를 충족하지 못하는 기업은 상장폐지된다. 코스닥시장에서는 기업이 상장폐지되기 전까지 기업내용이 부실화되었거나 부도와 같은 경영파탄위기에 직면한 기업, 환금성이 결여된 기업, 공개기업으로서의 의무를 제대로 수행하지 않는 기업 등은 관리종목으로 각각 지정하여 관리하고 있다.

(3) 시장동향

코스닥시장은 1996년 7월 개설된 이래 정부의 적극적인 육성책과 정보통신주, 인터넷주 등 IT관련 첨단기술주에 대한 투자자들의 관심고조로 비약적으로 성장하였다.

코스닥지수는 1990년대 후반 미국의 IT산업의 호황과 정부의 적극적인 벤처기업 육성책에 힘입어 1998년 10월 7일 607.00포인트에서 2000년 3월 10일 2,834.40포인트까지 상승하는 등 활황세를 지속하였다.[21] 그러나 이

20) 유가증권시장의 경우 매매수량단위가 10주인데 반해, 코스닥시장은 1주인 것이 대표적인 차이점이다.

후 과다한 코스닥시장상장 및 증자물량으로 인한 수급불균형, 벤처기업 수익모델의 불확실 등에 따른 첨단기술주에 대한 거품논쟁, 미국첨단기술주의 급락 등 나스닥시장의 하락, 국내경기의 둔화 등과 같은 환경요인에 주가조작 및 일부 기업인의 도덕적 해이 등으로 인한 코스닥시장에 대한 투자자의 신뢰상실이 가세됨으로써 2004년 8월 4일 사상최저치인 314.71포인트를 기록하는 등 장기적인 침체국면에 빠지게 되었다. 한편 2005년에 들어 코스닥시장상장법인의 실적호전 기대, 바이오 관련주 및 DMB관련주 등을 중심으로 한 테마관련주들의 부각 등에 기인하여 2007년 7월 12일에 828.22포인트까지 상승하였으나 이후 글로벌금융위기 등으로 다시 급락하여 2008년 10월 27일에는 사상최저치인 261.19포인트를 기록하였다. 그 이후 빠르게 상승하여 2009년 4월 13일 500포인트를 회복하기도 하였으나, 그 이후부터 2012년 말까지 500포인트 내외에서 등락을 거듭하고 있다.

[그림 4-7] 코스닥지수의 추세

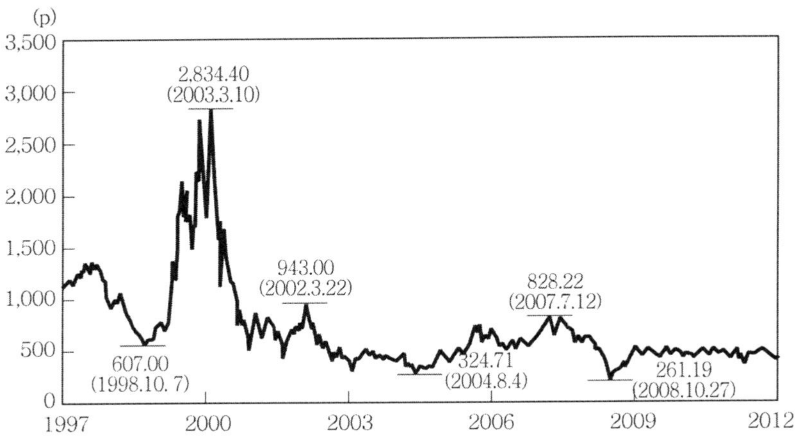

자료 : 한국거래소

21) 코스닥지수는 원래 지수단위가 100포인트였으나 2004년 1월 26일부터 지수단위를 1,000포인트로 상향조정하였다.

〈표 4-9〉 코스닥시장의 주요지표

(단위 : 10억원)

연도	상장회사수	상장자본금	시가총액	거래량(백만주)	거래대금
1996	331	3,101	7,606	35.4	534
1997	359	3,494	7,068	47.1	1,166
1998	331	5,407	7,892	205.6	1,607
1999	457	13,061	98,704	8,674.3	106,807
2000	608	15,145	29,015	51,050	578,490
2001	721	14,735	51,818	94,393	425,179
2002	843	14,616	37,403	78,182	294,092
2003	879	13,448	37,374	100,835	266,383
2004	890	12,325	31,149	71,441	155,696
2005	918	12,877	70,897	148,889	446,377
2006	963	13,028	72,137	134,050	427,504
2007	1,023	14,294	99,976	151,252	500,747
2008	1,038	13,224	46,186	125,464	308,978
2009	1,028	13,335	86,103	196,771	530,960
2010	1,029	13,524	97,972	161,403	483,091
2011	1,031	12,973	105,993	134,765	558,007
2012.11	1,004	12,688	109,340	9,792	41,422

자료 : 증권선물거래소, 『증권선물』, 각호.
한국거래소, 『KRX Market』, 각호.
금융감독원, 『금융통계월보』, 각호.

코스닥시장의 시가총액은 1998년 말 7조 8천억원에서 1999년 말에는 98조 7천억원으로 대폭적으로 증가하였다가 2000년초 주가 하락세로 전환됨에 따라 2004년 말에는 31조원까지 줄어들기도 하였다. 2005년 다시 상승세로 전환되면서 2007년에는 100조원까지 증가하였으나 이후 하락하여 2008년 10월 27일에는 40조원까지 급락하였다. 이후 상승세로 전환되어 2012년 11월 말 현재 109조원을 기록하고 있다.

상장회사수는 1997년 말 359사에서 1998년에는 기업구조조정 등의 영향으로 331사로 줄어들기도 하였으나 1999년 이후 IT산업의 급성장으로 크게 증가하여 2012년 11월 말 현재 1,004사에 이르고 있다.

5. 프리보드

(1) 프리보드의 의의와 기능

프리보드(Free Board)는 유가증권시장 및 코스닥시장에 상장되지 않은 비상장주권의 매매거래를 위하여 개설·운영하는 제도화된 장외시장으로 특히 주권비상장법인 중 성장단계에 있는 벤처기업 등 혁신형 기업들이 자본시장을 통하여 자금조달을 가능하도록 하기 위하여 개설되었다.

프리보드는 비상장 혁신형기업의 자본시장을 통한 장기 안정적인 자금조달과 더불어 발행주식에 대한 유동성을 부여할 뿐만 아니라, 고수익·고위험을 추구하고자 하는 투자자에게 새로운 투자기회를 제공하며, 또한 성장단계에 있는 벤처기업에 투자한 초기투자자금회수 및 재투자 촉진을 통한 벤처자금의 선순환을 유도하는 기능을 수행한다.

(2) 지정제도

프리보드에서 비상장기업이 발행한 주권이 거래되기 위해서는 다음과 같은 일정한 지정요건을 갖추어야 한다.[22] ㉠ 최근사업년도 재무제표에 대한 외부감사인의 감사의견이 적정 또는 한정의견일 것(단, 벤처기업과 유가증권시장 또는 코스닥시장에서 상장폐지된 법인의 경우는 이를 적용하지 않음) ㉡ 한국예탁결제원의 「증권등 취급규정」에 따른 통일규격증권일 것, ㉢ 지정신청일 현재 명의개서대행회사와 명의개서대행계약을 체결하고 있을 것 ㉣ 정관 등에 주식양도에 대한 제한이 없을 것 등이 이에 해당된다.

22) 여기서 지정이란 프리보드의 운영주체인 한국금융투자업협회가 비상장기업이 발행한 주권이 프리보드에서 거래될 수 있도록 프리보드호가종목으로 지정하는 행위를 의미하는데, 이는 유가증권시장 또는 코스닥시장의 상장과 유사한 개념이다.

(3) 매매거래제도

프리보드는 09:00~15:00에 상대매매방식에 의해 매매거래가 이행되며, 시간외 시장은 개설되어 있지 않다. 매매수량단위는 1주이며 가격제한폭은 매매기준가격[23] 대비 ±30%를 적용한다. 매매주문시에는 100%의 위탁증거금이 요구된다.

한편 프리보드에서 취득한 양도차익에 대해서는 유가증권시장과 코스닥시장과는 달리 양도소득세가 부과되는데, 양도소득세는 대기업발행주식의 경우는 20%, 중소기업발행주식은 10%를 납부한다.[24] 그리고 프리보드의 경우 주가수준을 체계적으로 나타낼 수 있는 지수는 없으나 시가총액을 지정주식수로 나누어 산출되는 가중주가평균을 발표하고 있다.

〈표 4-10〉 유통시장별 매매제도

구분	유가증권시장	코스닥시장	프리보드
거래시간	-정규시장 : 09:00~15:00 -시간외시장: 07:30~08:30, 15:10~18:00	좌 동	-정규시장 : 09:00~15:00 -시간외시장 : 없음
가격제한폭	전일종가±15%	좌 동	매매기준가격±30%
매매방식	경쟁매매	좌 동	상대매매
위탁증거금	증권회사(금융투자회사) 자율결정	좌 동	매수 : 현금 100% 매도 : 현금 100%
양도소득세	면제	좌 동	대기업 : 20% 중소기업 : 10%
증권거래세	0.3%(거래세: 0.15%, 농특세: 0.15%)	거래세: 0.3%	거래세 : 0.5%
신용융자	가능	좌 동	불가능
호가	지정가, 시장가, 조건부지정가. 최유리지정가, 최우선지정가	좌 동	지정가
기준가	전일종가	좌 동	전일가중평균종가
매매단위	10주[1)]	1주	1주

주 : 1) 전일종가 5만원 이상인 종목은 1주

23) 매매기준가격은 직전일에 거래가 형성된 경우에는 거래량가중평균주가(직전일의 총거래대금÷직전일의 총거래주식수)를 적용하며, 직전일에 거래가 형성되지 아니한 경우에는 직전전일의 기준가격을 적용한다.

24) 2개월내에 자진납부할 경우에는 세액의 10%를 공제받는다.

(4) 프리보드의 동향

프리보드는 2000년 3월 27일 출범하였는데, 출범 이후에는 경기침체에 따른 유가증권시장 및 코스닥시장의 부진, IT산업의 불황지속, 투기적 거래의 성행과 이에 따른 투자자의 신뢰저하 등의 환경요인으로 크게 활성화되지 못하였다.

지정주식시가총액경우는 2002년 말 1조 4,000억원을 정점으로 지속적으로 감소하여 2004년 말에는 3,800억원을 기록하기도 하였다. 2006년 말에는 4,179억원으로 약간 증가하기 시작하여 2009년 말에는 7,408억원으로 증가하기도 하였으나, 2012년말에는 5,894억원으로 감소하였다. 한편 지정기업수의 경우는 개장일인 2000년 3월 27일 9사에서 2002년 말에는 183사까지 증가하기도 하였으나, IT산업의 불황 및 이에 따른 벤처기업의 퇴조현상, 지정취소요건의 강화 등에 기인하여 2012년 6월 말 현재 55사로 감소하였다. 일평균 거래대금도 유사한 추세를 나타내고 있다. 즉 개장 첫해인 2000년 중에는 6억 7,400만원을 기록하였으나 그 이후 지속적으로 감소하여 2004년 중에는 4,100만원까지 떨어지기도 하였다. 프리보드로 명칭변경 후 다소 거래가 증가하여 2008년에는 1억 2,800만원 수준을 기록하기도 하였으나, 2012년 말에는 다시 4,000만원 수준으로 감소하였다.

중요개념 및 용어

자본시장	발행시장	유통시장
직접발행	간접발행	위탁모집
잔액인수	총액인수	발행인
발행기관	투자자	인수
청약	기업공개	상장
수요예측	유상증자	주주배정배정방식
제3자배정방식	일반공모방식	주주우선공모방식
직접공모방식	무상증자	주식배당
유가증권시장	수탁	호가
단일가매매	접속매매	시간외시장
시간외종가매매	시간외대량매매	시간외단일가매매
시간외경쟁대량매매	코스닥시장	벤처기업
프리보드	지정제도	

연 습 문 제

1. 자본시장의 국민경제적 측면에서의 기능에 대해 설명하라 .

2. 주식발행의 형태를 직접발행과 간접발행으로 구분하여 설명하라.

3. 기업공개와 상장에 대하여 설명하라.

4. 수요예측에 대하여 설명하라.

5. 유상증자의 방법인 주주배정방식과 주주우선공모방식을 비교 · 설명하라.

6. 무상증자의 의미 및 목적에 대하여 설명하라.

7. 주권상장의 종류를 5가지로 구분하여 설명하라.

8. 단일가매매와 접속매매에 대하여 설명하라.

9. 코스닥시장의의와 기능에 대하여 설명하라.

10. 프리보드의 의의와 기능에 대하여 설명하라.

제 5 장 채권시장

본 장에서는 먼저 채권시장의 의의 및 종류에 대하여 살펴본 후, 채권시장을 크게 채권발행시장과 채권유통시장으로 구분하고 이와 관련한 제반사항에 대해 구체적으로 알아보고자 한다.

제 1절 채권의 의의와 종류

1. 채권의 의의

채권은 정부, 공공기관, 특수법인, 주식회사 형태를 갖춘 사적기업 등이 불특정 다수인 투자자들로부터 비교적 장기의 자금을 집단적으로, 대량적으로 조달하고, 그 반대급부로 조달원금의 상환과 이자지급 등의 조건을 명확히 표시하여 발행하는 일종의 채용증서이다. 즉 채권이란 일반적으로 비교적 장기의 자금조달을 목적으로 하는 경제주체가 차입기간동안 약속된 방식에 의해 확정이자 및 원금의 지급을 약속한 증권이라고 말할 수 있다. 이러한 의미를 지니고 있는 채권은 다음과 같은 기본적 특성을 갖고 있다.

첫째, 채권은 보통의 채용증서와는 달리 법적의 제약과 보호를 받는다. 채권을 발행할 수 있는 발행주체의 자격요건 및 발행요건은 법률로 규정하고 있다. 일반적으로 정부, 공공기관, 특수법인, 상법상의 주식회사 등이 발행할 수 있으며, 정부가 발행하는 국채의 경우 국회의 동의를 받아야 하고, 주식회사가 회사채를 공모의 형태로 발행할 경우에는 금융위원회에 증권신고서를 미리 제출하여야 한다.

둘째, 채권은 어음, 수표 등의 증권과 달리 유통시장에서 자유롭게 거래된다.

셋째, 채권은 확정이자부증권이다. 채권은 발행시 혹은 매출시 채무자가 지급해야 할 이자, 상환금액이 확정 혹은 그 기준이 확정되어 투자원금에 대한 수익은 금리수준의 변동에 의한 예상치를 제외하고는 발행시 이미 결정된다. 따라서 채권투자 시에는 발행자의 원리금지급능력을 가장 중시한다. 왜냐하면 채권의 유통성은 원리금지급의 안정도에 비례하기 때문이다.

넷째, 채권은 원리금의 상환기간이 사전에 정해져 있는 기한부 증권이다. 주식발행에 의한 영구적인 자본조달과는 달리, 채권발행에 의한 자금조달은 한시적이어서 채권은 원리금에 대한 상환기간이 미리 정해진다. 이와 같이 채권이 확정부이면서 기한부증권인 관계로 잔존기간이 투자요소로 중요하다. 왜냐하면 이자율은 경제상황에 따라 변화하기 때문에 잔존기간의 여하가 투자시 중요한 요소로 부각된다.

다섯째, 채권은 상대적으로 장기증권이다. 채권은 장기의 자금을 조달할 목적으로 발행된 증권이므로 CD, CP 등 여타 채무표시 증권에 비해 상대적으로 장기의 상환기간이 존재한다.

여섯째, 채권은 자금운용의 수단으로서 이용된다. 채권은 기한부증권 및 확정이자부증권이라는 특성에 연유하여 가치평가에서 주식보다 금리체계내의 객관성을 보유하고 있어 기관투자자 등 투자자의 자금운용수단으로 이용된다.

2. 채권의 종류

채권은 그 내용이나 형식이 다양하여 간단히 분류하기는 어렵지만, 일반적으로 발행주체, 보증유무, 이자지급방법, 상환기간, 표시통화, 옵션(option)의 유무, 기타방법 등에 따라 다음과 같이 분류할 수 있다.

(1) 발행주체에 따른 분류

채권은 발행주체에 따라 크게 국공채(public bond)와 회사채(corporate bond)로 분류할 수 있다. 국공채는 민간에 대한 공적인 넓은 의미의 정부가 발행하는 채권으로, 국채, 지방채, 특수채 등이 있다. 국채는 국채법에 의거하여 국회의 동의를 받고 정부가 발행하는 채권이다.

국채에는 일반재정적자보전 혹은 재정자금의 수급조절을 위하여 발행하는 일반국채, 특정사업의 재원조달을 위한 사업국채, 기금의 재원조달을 위한 기금국채, 국가의 보상재원마련을 위한 보상국채 등이 있다. 현재 우리나라에서 발행되고 있는 국채로는 최근 국채발행의 중심을 이루고 있는 국고채권, 제1종 및 제2종 국민주택채권, 외국환 평형기금채권, 재정증권 등이 있다.

한편, 지방채는 지방자치법, 지방재정법에 의거 각 지방자치단체가 재원확보를 목적으로 발행하는 채권으로, 현재 각 시·도가 발행하는 지역개발채권, 서울시에서 발행하는 도시철도공채, 부산시의 부산교통채권, 인천, 대구, 광주, 대전 등의 도시철도공채가 있다.

특수채는 한국도로공사, 한국토지개발공사, 한국기술개발주식회사 등 특별법에 의해 설립된 법인이 설립 근거법에 의거 발행하는 채권이다. 특수채에는 토지개발채권, 한국전력공사채, 기술개발금융채, 한국전기통신공사채, 예금보험공사채 등이 있다.

금융채는 특별법에 의하여 설립된 금융기관이 발행한 채권으로 특수채의 일종으로 보기도 한다. 대표적인 예로는 산업금융채권, 중소기업금융채권 등이 있다. 한편, 일반적으로 종합금융회사가 발행하는 종합금융채, 여신전문업법에 의해 카드, 리스, 할부금융사들에 의해 발행되는 채권, 은행법에 의해 은행들에 의해 발행되는 은행채, 한국은행이 발행하는 통화안정증권 등도 금융채로 간주된다. 대부분의 금융채는 장기대출자금의 조달을 목적으로 금융채가 발행되나, 한국은행의 통화 안정증권과 같이 통화조절을 목적으로 발행되는 경우도 있다

회사채는 상법상의 주식회사가 발행하는 채권으로 사채라고도 한다. 회사채는 일반적으로 3년에서 5년 사이의 만기로 발행되며, 매 3개월마다 이자를 지급받고 원금은 만기에 상환을 받는다. 회사채는 사실상 국가에 의해 직·간접적으로 원리금지급이 보장되는 국공채와 달리 원리금 상환능력이 채권 발행기업에 따라 다르다.

(2) 보증여부에 따른 분류

이는 원금상환 및 이자율지급이 이루어지지 않을 때 발행주체이외에 제3자가 이를 보증하느냐 여부에 따른 분류이다. 이는 일반적으로 회사채

에 적용되는 분류로서, 제3자의 원리금상환이 보증되는 보증사채, 그렇지 않은 무보증사채가 있다. 이외에 부동산이나 증권 등을 원리금지급의 담보로 제공되는 담보부사채가 있다.

보증사채는 원금상환 및 이자지급을 발행회사 이외의 제3자가 보증하는 회사채를 의미한다. 원리금상환의 보증기관은 일반적으로 금융기관으로, 이에는 은행, 신용보증기금, 종합금융회사, 증권회사(금융투자회사), 보증보험회사 등이 있다.

무보증사채는 원리금상환에 대한 보증 혹은 담보제공없이 발행회사의 신용에 의거해 발행하는 회사채이다. 무보증사채는 보증사채나 담보부사채에 비해 원리금 적기지급의 안정성이 떨어지기 때문에 신용도가 우수한 주식회사만이 발행이 가능하다. 우리나라의 경우, 무보증사채를 발행하기 위해서는 2개 이상의 신용평가기관으로부터 복수평가를 받아야 한다.

담보부사채는 담보부사채 신탁법에 의거 사채에 물상담보권(物上擔保權)이 붙어 있는 회사채이다. 우리나라 기업의 경우, 담보로 제공할 수 있는 재산의 대부분이 은행차입담보로 설정되어 있어 담보부사채가 발행되는 경우는 매우 드물다.

(3) 이자지급방법에 의한 분류

우리나라에서 채권에 적용되는 이자지급방법은 단리채, 복리채, 할인채, 이표채, 그리고 특수한 형태로서 거치분할상환채로 분류할 수 있다.

단리채는 단리방식에 의해 이자금액이 원금과 함께 만기에 일시에 지급되는 방식으로, 이에는 양곡증권 및 국고채의 일부가 있다.

복리채는 이자가 이자지급 단위기간 수만큼 복리로 재투자되어 만기시에 원금과 이자가 함께 지급되는 채권이다. 우리나라 채권에 적용되는 가장 일반적인 이자지급방식 중의 하나로서 이에는 연단위 재투자 복리채, 3개월단위 재투자 복리채가 있다.

할인채는 만기시까지의 총 이자를 채권발행 혹은 매출시에 미리 공제하는 방식으로 선지급하는 형태의 채권이다. 따라서 만기 시에는 투자원금에 해당하는 액면금액만을 지급한다. 우리나라의 경우 통화안정증권, 금융채 등이 대표적인 할인채이다.

이표채는 이자를 일정기간마다 수령할 수 있는 이표가 채권에 첨부된 채권이다. 따라서 이자 지급일에 이표를 떼어내어 이자를 지급하는 형태를 취하고 있다. 우리나라의 경우 대부분의 회사채와 국채 및 금융채의 일부가 이표채방식으로 이자를 지급하고 있다.

특수한 형태로 거치분할상환채가 있다. 거치분할상환채는 원금과 이자가 일정기간 동안 거치된 후 지급되는 채권을 말하는데, 우리나라의 대표적인 거치분할상환채로는 1999년 8월 이전에 발행된 서울도시철도채권을 들 수 있다

(4) 상환기간에 따른 분류

이는 채권의 발행이후 상환(만기)까지의 기간을 기준으로 한 분류로, 기간에 대한 개념이 상대적이기 때문에 일률적으로 기준을 설정하기 어렵다. 우리나라의 경우 대체로 발행이후 상환(만기)기간이 1년 이하인 채권을 단기채, 1년 초과 5년 이하인 채권을 중기채, 5년을 초과한 채권을 장기채로 규정하고 있다.

단기채는 일반적으로 상환(만기)기간이 1년 이하인 채권으로서 통화안정증권, 금융채 중 일부가 이에 해당된다. 한편 중기채는 상환(만기)기간이 1년 초과 5년 이하인 채권으로서, 대부분의 회사채 및 금융채를 포함한 특수채, 제1종국민주택채권, 국고채권 중의 일부가 이에 해당된다. 그리고 장기채는 상환(만기)기간이 5년을 초과한 채권으로서 제2종 국민주택채권(20년), 서울도시철도채권(9년 또는 7년), 국채 중의 일부가 이에 해당된다.

(5) 표시통화에 의한 분류

채권은 채권의 권리가 어떤 통화로 표시되었는가에 따라 자국통화표시채권과 외화표시채권으로 분류하기도 한다.

자국통화표시채권은 발행국가의 법정통화로 채권의 권리가 표시된 채

권으로 우리나라의 경우 원화표시로 발행된 채권이 이에 해당된다. 한편, 외화표시채권은 타국의 통화로 채권의 권리가 표시된 채권으로 우리나라의 경우 해외발행 전환사채 및 신주인수권부사채, 외국환평형채권 등이 외화표시채권으로 발행되었다.

(6) 옵션(option)의 유무에 의한 분류

채권은 옵션(option)이 부여되었는지의 여부에 따라 분류할 수 있는데, 대표적인 예로서는 전환사채(CB : convertible bonds)와 신주인수권부사채(BW : bond with warrants), 그리고 교환사채(EB : exchangeable bond) 등을 들 수 있다.

전환사채는 투자자가 일정기간 동안 일정가격(전환가격)으로 주식으로 전환할 수 있는 권리가 부여된 증권으로, 일반적으로 전환사채의 투자자는 주가상승 시에는 전환권의 행사로 주가상승의 효과를 추구하고, 주가하락 시에는 확정이자를 수령하는 채권으로 보유하는 행동양식을 취하기 때문에, 전환사채는 채권과 주식의 성격을 동시에 지닌 복합증권이라 볼 수 있다.

신주인수권부사채는 사채권자에게 그 회사의 발행신주를 일정가격(행사가격)으로 일정량 구입할 수 있는 권한이 부여된 회사채를 말한다. 이와 같이 신주인수권부사채는 신주인수권과 보통사채의 특성을 결합한 채권으로서, 신주인수권부사채의 소유자에게 발행회사의 주식을 일정한 가격으로 취득할 수 있는 권한을 부여한다는 점에서는 전환사채와 유사하나, 신주인수권행사 후에도 사채가 존속되고, 신주인수권 행사하기위해서는 별도의 주금이 필요하다는 점에서는 전환사채와 구별된다.

교환사채는 사채소유자에게 사채발행 후 일정기간이 경과 후 발행회사가 보유하고 있는 유가증권시장상장주식이나 코스닥시장상장주식(자사주 포함)을 일정가격(교환가격)으로 교환해주도록 청구할 수 있는 교환청구권이 부여된 채권이다. 따라서 교환사채는 신주인수권부사채와 달리 권리행사시 추가적인 자금이 필요 없으며, 또한 전환사채와 달리 권리가 행사되더라도 발행회사의 자본금증대가 일어나지 않는다.

이익참가부 사채(participating bond)는 일정한 이율의 이자가 지급되는 동시에 회사의 이익분배에도 참여할 권리가 부여된 채권이다. 이는 이익분배에 대한 참가권부여로 투자상의 수익 증대를 꾀할 수 있는 반면에, 주식배당에 대한 배당을 깎아먹는 결과를 초래하기도 한다.

옵션부사채(bond with inbedded option)는 사채발행시 일정한 조건이 충족되면, 만기전이라도 사채권자에게 매도청구(call option), 사채권자는 발행자에게 상환청구(put option)를 할 수 있는 권리가 부여된 채권을 말한다. 이는 투자자에게는 금리변동 혹은 경영실적 악화 등 위험에 대한 대처를 가능하게 해주며, 발행자에게는 장기적으로 저리의 자금조달을 가능하게 해준다. 옵션부사채는 일반채권의 특성에 옵션성격을 부가한 것으로 콜채권(callable bond), 풋채권(put bond), 연장가능채권, 단축가능채권, 주택저당채권(MBS: mortgage-backed bond), 감채기금채권 등 그 종류가 다양하다.

제 2 절 채권 발행시장

1. 채권발행시장의 의의와 구조

채권발행시장은 발행주체가 발행기관을 통해 채권을 발행하여 투자자로부터 자금을 조달하는 추상적인 시장을 말한다. 일반적으로 채권의 발행시장은 발행주체, 발행기관, 투자자로 구성되는데, 채권발행시장의 구조는 다음과 같다([그림 5-1] 참조).

발행주체(발행자)는 채권발행에 의해 자금을 조달하는 자로서 정부, 지방자치단체, 특별법에 설립된 법인, 상법상의 주식회사 등이 이에 해당된다.

한편, 투자자는 채권발행시장에서 모집·매출되는 채권의 청약에 응하여 발행주체의 채권을 취득하는 자로서 자금의 대여자이다. 투자자에는 자산운용회사, 은행, 보험회사, 종합금융회사, 연기금 등과 같은 법인형태의 기관투자자와 개인자격으로 채권에 투자하는 개인투자자가 있는데, 우리나라의 경우에는 기관투자자가 대부분이다.

[그림 5-1] 채권발행시장의 구조

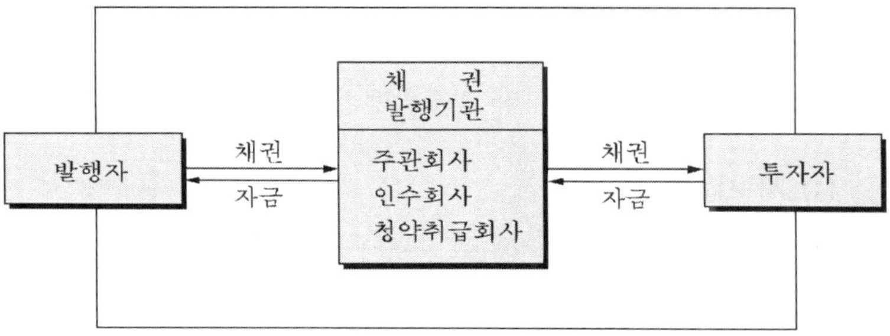

발행기관은 발행주체와 투자자사이에서 채권발행에 따른 제반업무 수행과 더불어 발행에 따른 위험부담 및 판매기능을 담당하는 전문기관으로서 이에는 주관회사, 인수기관, 청약기관이 있다. 주관회사는 인수단을 구성하고 채권발행관련 업무를 총괄하여 채권발행의 타당성, 소화가능여부, 발행시기, 발행조건 등을 발행주체와 협의 하는 역할을 수행한다. 채권발행규모가 클 경우에는 주관회사들이 간사단을 구성하여 공동으로 간사업무를 수행하는데, 이중 가장 중요한 역할을 담당하는 회사를 대표주관회사, 그 밖의 회사를 주관회사라고 한다. 현재 주관회사의 자격을 지닌 금융기관으로는 증권회사(금융투자회사), 산업은행, 종합금융회사가 있다. 인수회사는 주관회사와 협의하여 발행채권을 인수하는 기관이다. 인수회사는 인수채권을 자산들이 보유하기도 하고 경우에 따라서는 일반투자자나 청약기관에 매도하는 역할을 수행한다. 인수기관이 수행하는 인수업무도 주관회사들로 구성된 금융기관에 의해 행해지고 있다. 청약기관은 인수에 따르는 위험을 부담하는 인수단과는 달리 신규발행채권을 매입하고자하는 불특정다수의 투자자를 대신하여 청약업무만을 수행하는 기관이다. 일반적으로 청약기관이 담당하는 청약업무는 인수업무를 허가받은 증권회사(금융투자회사)의 본점 및 지점을 통하여 행해지고 있다.

2. 채권의 발행방법

채권의 발행은 크게 채권의 수요자의 범위에 따라 사모발행과 공모발행으로 구분된다. 한편 공모발행은 다시 투자자에게 소화시키는 방법 및 발행위험의 부담정도에 따라 직접발행과 간접발행으로 구분된다.

(1) 사모발행

사모발행은 발행주체가 직접 소수의 투자자와 사적교섭을 통해 채권을 매각하는 방법이다. 이는 주로 유동성이 낮은 회사채발행에 이용되며, 이 경우의 투자자는 대개 은행, 자산운용회사, 보험회사와 같은 기관투자자들이다. 사모발행에 의해 발행되는 채권을 사모채라고 하는데, 사모채는 일반적으로 공모채보다 발행이율이 높고 만기가 상대적으로 짧은 것이 특징이며 경우에 따라서는 발행자나 투자자의 특별한 요구를 만족시킬 수 있는 규정을 신축적으로 두기도 한다.

(2) 공모발행

공모발행은 불특정다수의 투자자를 대상으로 채권을 발행하는 방법으로 이는 다시 크게 직접발행과 간접발행으로 구분된다.

① 직접발행

직접발행은 발행주체가 채권발행에 따른 제반위험을 부담하는 방법으로, 채권의 발행조건을 발행 전에 미리 결정하고 발행하는지의 여부에 따라 다시 매출발행과 공모입찰발행으로 구분된다.

매출발행은 채권의 발행조건을 미리 정한 후 일정기간내에 개별적으로 투자자에게 매출하여 산출된 매도총액을 발행총액으로 간주하는 방법이다. 우리나라의 경우 일반주식회사에 대해서는 매출발행에 의한 사채모집을 허용하고 있지 않다. 다만 산업금융채권 등 금융기관이 발행하는 금융채에 대하여서는 창구매출발행을 허용하고 있다.

공모입찰발행은 미리 발행조건을 정하지 않고 가격이나 수익률을 다수의 투자자로부터 입찰응모받아 그 결과를 기준으로 발행조건을 결정하는 방법이다. 우리나라의 경우 공모입찰발행으로 발행되는 채권으로는 국고채 및 통화안정증권 등이 있으며 이들 채권에 대한 입찰응모자격은 정부로부터 국채딜러로 지정되거나 한국은행과 약정을 맺은 금융기관들로 한정되어 있다. 공모입찰방식은 크게 경쟁입찰과 비경쟁입찰로 구분되고, 경쟁입찰은 다시 복수가격(수익률)경매방식과 단일가격(수익률)경매방식으로 구분된다.

복수가격(수익률)경매방식은 일명 Conventional Auction 혹은 American Auction이라고도 하는데, 이는 발행기관이 내정수익률 이하에서 각 응찰자가 제시한 최저수익률로부터 발행액에 달할 때까지 순차적으로 낙찰자로 결정하는 방법이다. 이와 같이 낙찰자가 응찰시 제시한 수익률로 채권을 인수하기 때문에 복수의 낙찰가격이 형성된다. 우리나라의 경우 2000년 8월 16일 이전에 발행된 국고채 등이 이 방법으로 발행되었다.

단일가격(수익률)경매방식은 일명 Dutch방식이라고도 하는데, 이는 내정수익률이하에서 낮은 수익률을 제시한 응찰자부터 발행예정액에 도달할 때까지 순차적으로 낙찰자를 결정하고, 각 낙찰자가 입찰시 제시한 수익률 중에서 가장 높은 수익률을 일률적으로 통일 적용하여 단일가격으로 발행하는 방법이다. 우리나라의 경우 예금보험(상환)기금채권을 포함한 대다수들의 비금융 특수채들이 이 방법을 사용하고 있다.

차등가격 경매(낙찰)방식은 최고 낙찰수익률 이하 응찰수익률을 일정 간격으로 그룹화하여 각 그룹별로 최고 낙찰수익률을 적용하는 방식으로, 2009년 10월부터 국고채 발행에 도입되었다.

비경쟁입찰은 당일 이루어진 경쟁입찰에서 가중평균낙찰금리로 발행금리를 결정하는 방법이다. 따라서 비경쟁입찰방법에서는 응찰자는 희망낙

찰물량만을 제시한다. 우리나라의 경우 국채입찰에 참가하지 못하는 일반인을 위해 국채딜러들의 대행을 통해 이 방식을 이용하게 하고 있다.

② 간접발행

간접발행은 발행기관을 통하여 불특정다수의 투자자들에게 채권을 발행하는 방법으로, 발행총액 미달에 대한 부담의 정도에 따라 위탁모집, 잔액인수, 총액인수로 구분된다.

위탁모집은 채권발행에 따른 제반업무를 발행인의 대리인 자격 혹은 발행기관에게 위임하고 발행인의 대리인 자격 혹은 발행기관의 명의로 채권을 발행하되, 발행총액이 미달할 때에는 이를 발행주체(발행자)가 부담하는 방법이다. 이 방법은 일반적인 회사채발행에서는 거의 이용되지 않고 있다.

잔액인수는 채권발행업무 일체를 발행기관에게 위탁함과 아울러 발행주체(발행자)의 명의로 채권을 모집 또는 매출하고, 발행총액 미달시 계약에 의거 잔액을 발행기관이 책임지고 인수하는 방법이다.

총액인수는 채권발행업무 일체를 발행기관이 처리함과 동시에 발행채권총액을 발행기관이 모두 인수하여 발행기관의 책임하에서 모집, 매출하는 방법으로 발행에 따른 제반 위험은 발행기관이 부담한다. 따라서 발행주체(발행자)는 모집 또는 매출계약과 동시에 업무가 완료되며 발행조건 및 모집 또는 매출시의 가격차에 의한 손익은 발행기관에 귀속된다. 우리나라의 경우 대부분의 회사채는 총액인수방법을 통해 발행되고 있다.

3. 채권의 발행절차

(1) 국채

국채의 발행은 〈표 5-1〉에서와 같이 기획재정부장관이 중앙정부의 각 부처로부터 발행요청을 받아 발행계획안을 작성한 후 국회의 심의 및 의결을 거쳐 발행한다.

〈표 5-1〉 국채의 발행절차

	절 차	내 용
1	국채발행계획안 작성 및 조정	· 각부처: 예산요구서에 국채발행계획을 포함, 기획재정부장관에게 제출 · 기획재정부: 해당부처와 협의하여 국채발행계획안 작성
2	국채발행동의안 국무회의 심의	· 기획재정부는 국채발행동의안을 국무회의에 상정하여 심의
3	국회제출	· 국무회의 통과후 대통령 재가를 얻어 동의안을 국회 제출
4	국회심의 의결	· 국회는 상임위의 심의를 거쳐 국회본회의에서 심의의결한 후 정부에 통고
5	국채발행	· 국채발행일정 등 계획수립 후 국채발행대행기관을 통해 발행
6	발행대금세입조치	· 발행대금은 한국은행 정부예금계정에 입금

자료 : 한국은행, 『한국 금융시장』, 2012년, p. 175

국채는 국채전문딜러(primary dealer : PD) 등에 의한 경쟁입찰이나 일반인을 대상으로 한 첨가소화방식으로 발행된다. 국고채, 외국환평형기금채권 등은 국채딜러를 대상으로 경쟁입찰에 의해 발행되고, 국민주택채권 제1종 및 제2종은 첨가소화방식으로 발행된다.

경쟁입찰은 일반적으로 발행예정일 2영업일 전에 국채전문딜러를 대상으로 경쟁입찰을 실시하는데, 입찰형태는 종전의 서면입찰에서 1999년 1월부터 한국은행금융망(BOK-Wire)을 통한 전자입찰로 변경되었다. 결제는 발행당일 이루어지며 한국은행금융망(BOK-Wire)을 통해 인수자금이 입금되면 즉시 한국예탁결제원에 통보되어 계좌이체가 이루어짐으로써 거래가 종료된다.

[그림 5-2] 국고채 발행메커니즘

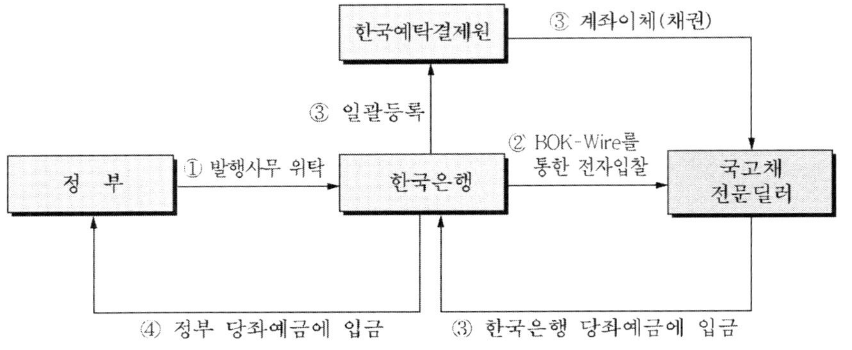

(2) 지방채

지방채는 지방자치법과 지방재정법에 의거하여 발행된다. 지방채를 발행하고자 할 때 지방자치단체의 장은 지방채 발행계획을 수립하여 행정안전부장관의 승인을 받은 범위 내에서 지방의회의 의결을 거쳐 지방채를 발행할 수 있다.[1] 한편 행정안전부 장관은 매년 지방채 발행계획을 수립하여 관계 중앙행정기관의 장과 협의한다.

지방채의 발행절차를 구체적으로 살펴보면 먼저 지방채 발행계획을 포함한 지방자치단체의 예산안을 상위 지방자치단체와의 협의를 거쳐 행정안전부에 제출한다. 행정안전부는 다시 중앙정부의 관련부처와의 협의를 통해 동의를 얻어 결정사항을 당해 지방자치단체에 통지하여 예산수립에 필요한 절차를 진행한다. 다음으로 기획재정부는 지방채를 통한 조달자금의 용도에 따라 국토해양부, 지식경제부 등 행정부처와 협의한다. 이와 같은 절차를 통해 결정된 지방채발행계획은 지방의회의 의결을 거쳐 발행하게 된다.

이와 같이 우리나라의 경우 지방채발행과 관련된 지방자치단체의 의사결정이 중앙정부에 의해 엄격히 규제받고 있음을 알 수 있다. 이는 기본

1) 단 시·군 및 자치구의 지방채발행계획안은 시·도지사를 거쳐 제출하여야 한다.

적으로 지방채의 발행이 실질적으로 중앙정부에 의해 보증을 받고 있다는 인식을 부각시키기 위한 것으로서 우리나라의 경우 지방자치단체의 독자적인 신용에 의한 지방채의 발행이 아직까지는 현실적으로 불가능하다는 것을 입증하고 있다.

(3) 특수채

특수채는 종류별로 발행주체의 설립을 규정하고 있는 특별법규에 의거하여 발행된다. 대부분의 특수채에 대해서는 정부가 원리금상환을 보증하고 있어, 발행 시에는 기획재정부장관의 승인을 받아야 한다.

먼저 특수채를 발행하고자 하는 발행법인은 당해연도에 발행할 채권총액에 대하여 그 해가 시작되기 전에 채권발행 및 원리금상환에 대한 정부보증신청서를 기획재정부장관에게 제출한다.

다음으로 기획재정부장관은 동 신청서에 대해 국무회의 심의 및 대통령의 심의를 거쳐 국회의 동의를 얻은 다음, 정부가 채권을 보증한다는 것과 채무보증단위에 대해 발행법인에게 제출한다.

마지막으로 발행법인이 승인된 범위 내에서 연간 채권발행계획을 수립하고 기획재정부장관의 승인을 득해 특수채를 발행한 후 발행실적을 기획재정부장관에게 보고함으로써 특수채발행은 종료된다.

(4) 회사채

회사채를 발행하고자 하는 주식회사는 먼저 인수기관을 선정하고 사전협의를 거친 후 회사채의 종류, 이자율, 이자지급방법, 상환방법 및 기간 등을 결의한다. 회사채발행은 일반적으로 증권회사(금융투자회사)를 통한 총액인수에 의한 간접발행으로 행해지고 있다.

회사채의 발행구조를 살펴보면([그림 5-13] 참조), 먼저 발행회사는 인수기관(주로 증권회사)을 선정하여 발행사무일체를 위임하고 인수기관은 발행회사채를 총액인수한 후 자산운용회사, 은행, 보험회사 등 기관투자자를 중심으로 한 매수자에게 회사채를 매도한다. 매수자는 수탁은행에 매매계약체결을 통보하고 해당발행회사 앞으로 대금지급을 지시한다.

발행회사는 매수자의 수탁은행으로부터 회사채발행자금을 거래 당일 수령한다. 한편 회사채의 인수도는 인수기관(주로 증권회사)이 회사채를 매수자 명의로 한국예탁결제원에 개설된 계좌에 등록함으로써 종료된다.

[그림 5-3] 회사채의 발행메커니즘

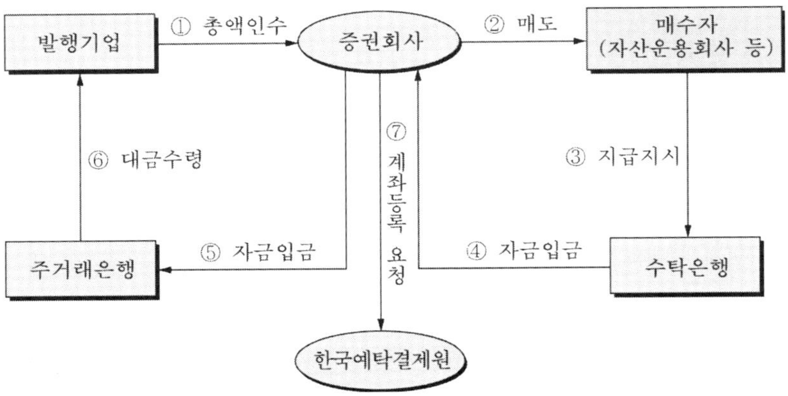

(4) 채권발행시장 동향

우리나라의 채권시장은 해마다 발행규모가 점진적으로 확대되어 채권의 총 발행규모가 지속적으로 증대되었다. 상장채권을 기준으로 발행채권의 총규모의 변화추이를 살펴보면, 1990년의 51조 1,000억원에서 2012년 6월 말 현재 1,286조원으로 크게 증대되었다.

2012년 6월 말 현재 상장채권종류별 발행현황을 보면, 국채가 422조 8,000억원으로 전체의 33%를 차지하고 있으며, 특수채 256조원(20%), 회사채 220조원(17%),금융채 205조원(16%),통화안정증권 165조원(13%)등의 순임을 알 수 있다.

〈표 5-2〉 상장채권 현황

(단위 :조원, 구성비 %)

연도 \ 채권	국공채				회사채	총계
	국채	지방채	특수채	소계		
1990	3.1	1.1	24.9	29.1(56.9)	22.0(43.1)	51.1
1995	19.5	3.2	46.8	69.5(55.2)	56.4(44.8)	125.9
1997	31.6	6.0	100.4	138.0(61.6)	86.1(38.4)	224.1
1998	42.1	7.1	165.3	214.5(64.2)	119.4(35.8)	334.0
2000	73.3	9.8	213.4	296.5(69.9)	127.9(30.1)	424.4
2002	99.0	9.2	314.4	422.6(74.9)	141.3(25.1)	563.9
2004	177.6	9.6	364.8	552.0(78.2)	153.2(21.8)	705.2
2006	257.7	11.4	416.7	685.8(83.6)	134.4(16.4)	820.2
2008	282.4	12.7	496.3	791.4(84.4)	145.8(15.6)	937.2
2010	362.5	15.7	584.9	963.1(83.4)	190.5(16.6)	1,154.0
2012.6	422.8	17.6	624.9	1,065.3(82.8)	220.1(17.2)	1,285.7

주 : 1) 특수채에는 금융채, 통화안정증권 포함.
2) ( )안은 구성비

자료 : 한국거래소

한편, 회사채의 발행규모를 종류별로 살펴보면, 1990년대 중반까지는 보증사채가 주류를 이루고 있었다. 예를 들어 1994년에 무보증사채의 비중이 약 42.78% 정도까지 차지한 적이 있었으나, 외환위기 발생 전까지는 보증사채중심으로 회사채가 발행되었다. 그러나 1997년의 외환위기를 계기로 보증사채의 보증기관인 금융기관들에 대한 신뢰도가 급격히 하락함에 따라, 우량대기업을 중심으로 무보증사채의 발행이 확산됨으로써 회사채발행시장은 보증사채중심으로부터 무보증사채중심으로 급속히 재편되었다. 그 결과 전체 발행시장 중 무보증사채발행이 차지하는 비중이 1997년의 14.96%에서 1999년 95.66%, 2002년 98.91%, 2006년 99.4 %, 2009년 97.2%. 2011년 99.8%로 급증하였다.

제 3 절 채권 유통시장

1. 채권유통시장의 의의와 분류

채권유통시장은 이미 발행된 채권이 투자자들 사이에서 거래되는 시장을 말한다. 이는 채권의 만기 전에 보유하고 있는 채권을 매도하여 현금화하고자 하는 투자자와 새롭게 채권에 투자하고자 하는 투자자간에 거래가 이루어지는 메커니즘을 의미한다. 주식시장에서와 같이 채권발행시장을 제1차 시장, 채권유통시장을 제2차시장이라고도 한다.

채권유통시장은 크게 장내시장과 장외시장으로 구분된다. 장내시장으로는 한국거래소 내에 설치된 일반채권시장과 국채전문유통시장이 있는데, 일반채권시장에서는 전환사채와 소액국공채의 장내거래가 의무화되어 있어 채권거래가 비교적 활성화되어 있으며, 국채전문유통시장에서는 국고채전문딜러의 국고채 지표채권의 장내거래가 의무화됨에 따라 거래가 큰 폭으로 증가하였다. 한편, 현재 대부분의 채권거래는 장외시장에서 이루어지고 있다.

2. 장내시장

장내시장은 한국거래소라는 구체적인 장소에서 상장채권(listed bond)을 대상으로 다수의 매도자와 매수자가 집단경쟁매매를 통하여 거래가 이루어지는 시장을 말한다. 매매거래의 대상이 되는 채권은 한국거래소에 상장된 종목으로 한정되어 있으며, 거래시간 및 거래조건 등이 규격화되어 있다.

우리나라의 장내시장은 불특정다수의 투자자들로 이루어진 일반채권시장과 국채딜러들만이 참가할 수 있는 국채전문유통시장으로 구분되어 있다.

(1) 일반채권시장

일반채권시장은 불특정다수의 일반투자자가 참여할 수 있는 시장으로 국채전문유통시장에서 따로 거래되는 국고채를 제외한 상장채권이 거래대상이 되나 현재 소액국공채와 상장전환사채 위주로 거래되고 있다.[2] 2009년 7월 말에는 국고채 ETF가 한국거래소에 상장되었다.

매매시간은 주식의 장내거래와 마찬가지로 토요일과 공휴일을 제외한 거래일의 오전 9시부터 오후 3시까지 거래가 이루어진다.

시장참여자의 경우, 직접참여자는 한국거래소의 회원 증권회사(금융투자회사)로 제한되지만, 개인, 일반법인, 한국거래소(이하 거래소로 칭함) 회원이 아닌 기관투자자, 외국인투자자 등도 회원 증권회사(금융투자회사)에 위탁계좌를 개설하여 참여할 수 있다.

실제 채권실무에서는 호가가 수익률로 이루어지는 것이 일반적이나, 거래소시장에서는 채권의 매매호가가 가격호가로 이루어지고 있다. 일반채권의 가격호가는 지정가호가를 사용하고 있으며, 호가단위는 1원이다.

거래소시장의 주식거래와는 달리 채권거래의 경우 가격 제한폭은 없다. 다만, 호가입력을 시행시 종목별 호가의 호가수량이 상장잔액을 초과하거나, 소액채권전담 증권회사(금융투자회사)의 종류별 매수호가의 수량이 50억원을 초과하는 경우, 또는 호가가격이 전일종가(전일종가가 형성되지 않은 경우에는 시가평가가격)를 30%초과하는 매수호가 혹은 30%에 미달하는 매도호가 등에 대해서는 호가 입력이 불가능하다.

거래소에서 매매되는 채권의 최소매매단위는 10만원이며, 이의 정수배로 거래된다. 단, 소액채권의 경우는 1,000원이고, 전환사채 및 신주인수권부사채는 권종금액으로 하며 권종금액이 10만원 미만인 경우에는 10만

2) 국민주택채권(1종), 서울 도시철도채권, 지역개발채권, 도시철도채권 등 법령에 의해 첨가매출되는 국공채 중에서 액면 5,000만원 이하는 소액국공채로 간주하여, 환금성제고 및 채권매입자의 자금부담경감을 위해 장내시장에서 거래되고 있다. 또한 전환사채는 가격형성을 통한 수요기반확충을 위해 발행 당일 상장이 의무화되어 장내시장에서만 매매가 가능하다.

원으로 한다.

매매체결은 기본적으로 전산매매에 의한 자동매매방식으로 이루어진다. 즉 동시호가 혹은 매매재개시에는 단일가격경쟁매매방식에 의해 이루어지고, 그 이후부터는 복수가격에 의한 경쟁매매방식으로 매매가 체결된다. 매매체결결과는 회원 증권회사(금융투자회사)를 통해 투자자에게 실시간으로 통보된다. 채권실물의 이전 및 대금결제는 한국예탁결제원을 통해 당일결제방식으로 이루어진다.

채권매매의 위탁수수료는 개별 증권회사(금융투자회사)가 자율적으로 결정하게 되어 있는데, 일반적으로 매매일로부터 채권의 만기상환일까지의 잔존기간에 따라 차등화하고 있다.

(2) 국채전문유통시장(IDM : inter-dealer market)

국채전문유통시장은 국채보유포지션 및 국채의 대량거래를 위해 거래소가 개설한 국채전문딜러간의 시장을 말한다. 이는 국채전문딜러가 고객을 상대로 자기매매를 집행하는 과정에서 국채보유포지션을 조절함과 아울러, 항시 대고객 거래에 응함으로써 국채시장조성기능을 원활히 수행할 수 있다.

이와 같이 국채전문유통시장에서는 국채보유포지션 및 시장조성의 기능을 수행하는 국채전문딜러가 대량거래를 통해 국채가격을 형성시키기 때문에, 지표금리 형성 및 국채의 유동성제고에 크게 기여하고 있다. 우리나라의 경우 1999년 3월에 국채전문유통시장이 개설되었다.

국채전문유통시장의 시장참가자는 거래소회원인 증권회사(금융투자회사)와 특별참가자인 은행, 종합금융회사로 이루어져 있다. 한편, 이들 시장참가자를 기능별로는 국채전문딜러(PD : primary dealer),[3] 일반딜러[4]로 분류할 수 있다.

3) 국채전문딜러는 기획재정부에 의해 국채전문딜러로 지정받은 금융기관을 의미하며, 시장조성자로서 호가제시 및 매매거래의무를 수행하는 기관이다

4) 일반딜러는 국채자기매매업인가 금융기관 중 국채전문딜러가 아닌 금융기관으로써 거래소회원이거나 국채특별참가자인 금융기관이 이에 해당된다. 일반딜러는 거래에 참가할 수 있는 자격만이 주어진다.

거래대상채권은 국고채권 뿐만 아니라 통화안정증권, 예금보험기금채권도 포함되는데, 국고채권은 시장조성을 위해 특별하게 취급되는 지표종목과 비지표종목으로 구분된다. 지표종목은 국채만기별 benchmark종목으로서 기획재정부장관이 지정하는 종목(국고채)으로 국채전문딜러의 시장조성의무 대상품목을, 비지표종목은 국채종목 중 비지표종목을 각각 말한다. 통화안정권의 경우 만기별로 가장 최근에 발행된 2개 종목(종목당 발행금액이 2,000억원 이상인 종목), 예금보험기금채권의 경우 만기 5년물, 발행금액 2,000억원 이상인 종목 중 가장 최근에 발행된 2개 종목이 각각 거래가 가능하다.

호가수량단위는 액면 10,000원, 호가가격단위는 1원으로 일반채권거래와 동일한 방식을 취하고 있으나, 매매수량단위는 10억원이다.

국채전문유통시장의 호가는 조성호가와 매매호가로 구분된다. 조성호가의 경우 국채전문딜러 매도 및 매수호가를 동시에 수행하는 양방향의 조성호가와, 국채딜러가 수행하는 매도 또는 매수호가인 일방향의 조성호가로 구분된다. 한편 매매호가는 시장참가자가 조성호가의 매매체결을 위해 모든 국채딜러가 참여할 수 있는 일방향의 호가를 의미한다.

[그림 5-4] 국채전문유통시장의 거래 메커니즘

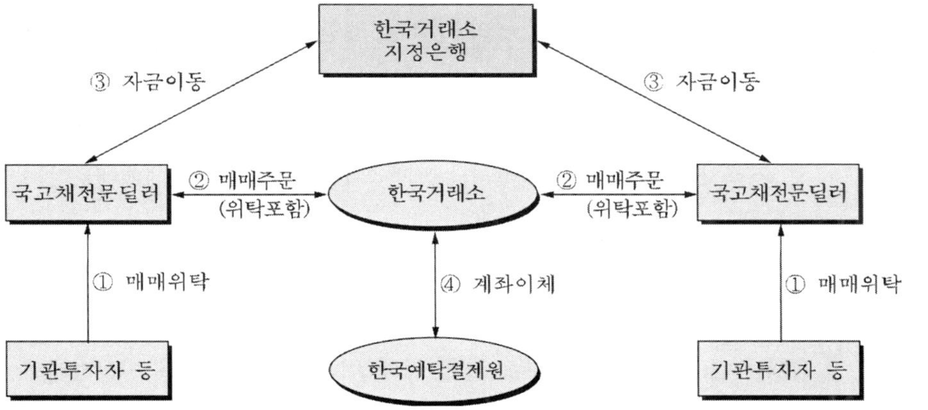

매매체결은 기본적으로 인터넷주문환경을 기반으로 KTS(Korea Trading System for government securities)에 의한 완전자동매매체결방식에 의해 이루어지고, 09시부터 15시까지 가격 및 시간우선원칙에 따라 복수가격에 의한 개별경쟁매매방식에 의해 체결이 이루어진다(단일가호가제도 없음). 채권거래의 안정성과 효율성을 높이기 위해 채권인도와 대금결제가 동시에 이루어지는 증권대금동시결제제도를 1999년 11월에 도입하였다. 이는 한국예탁결제원의 예탁자계좌간 대체에 의한 채권인도와 한국은행 전산망(BOK-Wire)에 개설된 한국예탁결제원의 계좌를 통한 대금결제를 연계하여 동시에 처리하는 방식이다.

매매확인 및 결제는 다자간 차감결제 및 집중결제방식에 의해 이루어진다. 대금결제는 한국은행금융망(BOK-Wire)자금이체방식에 의해, 국채결제는 한국예탁결제원 예탁자계좌간 대체방식에 의해 각각 이루어진다. 결제는 익일결제제도를 채택하고 있으며, 결제시한은 결제일 16시까지이다.

3. 장외시장

장외시장은 거래소이외의 장소에서 비상장채권을 포함한 전 종목을 대상으로 투자자간에 개별적인 상대매매에 의해 거래가 이루어지는 시장을 말한다. 채권은 주식과는 달리 성격상 개인투자자에 의해 소화되기가 어렵기 때문에, 주로 금융기관이나 법인 등 기관투자자간의 대량매매가 이루어지고, 개별경쟁매매보다는 상대매매에 의해, 그리고 자기매매의 형태로 거래가 이루어진다. 따라서 채권은 거래소를 통한 장내매매보다는 장외거래로 매매하는 경우가 많다.

채권의 장외시장은 증권회사(금융투자회사, 구체적으로는 채권에 대해 인가를 받은 투자중개업자)를 통한 대고객 상대매매와 딜러간 중개회사(IDB : Inter-Dealer Broker)들을 통해 이루어지는 딜러간 장외거래로 구분할 수 있다.

(1) 대고객 상대매매

채권거래의 상당부분은 증권회사(금융투자회사)를 중개기관으로 하여 장외에서 이루어진다. 이는 채권의 종목이 다양하고 거래조건이 표준화되어 있지 않아 조직적인 거래소시장의 자동매매시스템을 통해서는 원활한 거래가 곤란하기 때문이다.

거래대상채권은 상장 및 비상장채권 모두가 포함된다. 단, 관계법령에 의한 첨가소화채권(국민주택채권1종, 서울도시철도채권, 지역개발공채 및 지방도시철도채권 등), 소액국공채(액면가 5,000만원 이하)의 경우는 원칙적으로 거래소를 통해 매매하도록 되어 있고, 전환사채의 경우는 거래소에서의 거래가 의무화되어 있다.

[그림 5-5] 채권장외거래 메커니즘

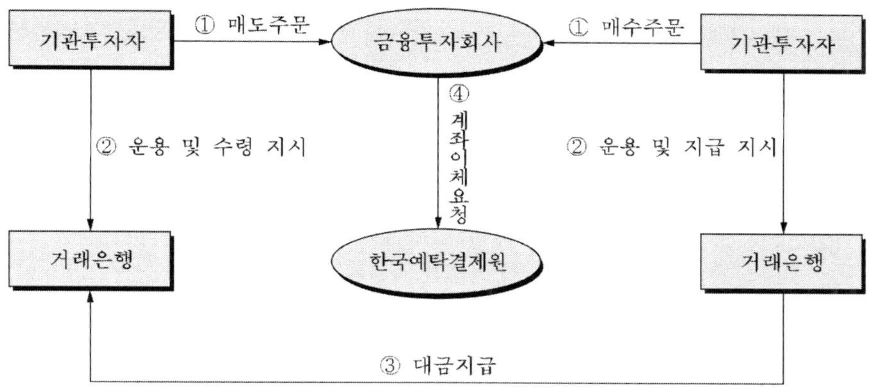

거래특성상 매매장소와 매매시간의 제한은 없으나, 대개의 경우 증권회사(금융투자회사)의 영업점에서 증권회사(금융투자회사)의 영업시간 내(09:00~15:30)에서 매매가 이루어진다.

호가는 일단 수익률로 호가한 후, 액면 10,000원당 수익률로 환산한 가격으로 계산한다. 한편 가격제한폭과 매매수량단위에 대한 제한은 없다.

결제는 매도자와 매수자가 협의하여 결정하는 데, 보편적으로 익일결제가 이루어지고 있다. 다만, 환매조건부채권매매, 개인 및 일반법인을 대상으로 한 액면가액 5천만원 미만의 채권거래인 소매채권매매 및 MMF편입채권매매의 경우는 매매계약을 체결한 날에 결제(당일결제)하기도 한다.

위탁자간의 매도 및 매수를 직접 연결시켜 주는 중개매매시에는 수수료가 부과되기도 하나, 대개의 경우 증권회사(금융투자회사)의 상품을 통한 자기매매형식을 띠고 있기 때문에 장외거래의 경우 일반적으로 수수료가 부과되지 않는다.

(2) 채권딜러간 장외거래

이는 2000년 2월 딜러간 장외채권중개를 전문적으로 취급하는 매매중개기관인 딜러간 중개회사의 설립이 허용됨으로써 시작되었다.

딜러간 중개회사(IDB : Inter-Dealer Broker)는 스스로 채권상품을 보유하지 않고 딜러(은행, 증권회사, 종합금융회사 등 채권투자매매기관)간의 매매중개만을 전문적으로 수행한다. 딜러간 중개회사의 중개대상이 되는 채권은 장외거래대상 채권들이며, 컴퓨터스크린이나 유선을 통해 매매중개과정과 시장호가가 공표된다.

(3) 채권거래전용시스템(FreeBond)

이는 채권장외시장에서 증권회사(금융투자회사) 또는 주요 시장참여자간의 매매·중개를 위한 호가탐색과 거래상대방과의 협상을 지원하기 위하여 금융투자협회에 의해 운영되는 채권거래 전용시스템으로 2010년 4월부터 운영되기 시작하였다.

FreeBond는 트레이딩보드(T-Board)와 전용 메신저, 2개의 요소로 구성된다. 트레이딩보드는 상대매매방식의 채권거래를 위해 필요한 호가탐색, 주문, 협상, 매매확정 등 다양한 매매기능을 제공하고, 전용메신저는 사설메신저의 일반적인 기능외에 대화방 기능, 1 : N 대화 등 채권에 특화된 기능을 다양하게 제공한다.

〈표 5-3〉 채권유통시장의 특징비교

구 분	장내시장(한국거래소시장)		장외시장	
	일반채권시장(소매 채권시장 포함)	국채전문유통시장	대고객상대매매	IDB를 통한 딜러간 중개매매
거래참가기관	거래소회원	국채전문딜러, 일반딜러	제한없음	채권 투자매매업자
거래중개기관	거래소	거래소	증권회사	딜러간 중개회사(IDB)
거래대상채권	상장채권	국고채 등	상장 및 비상장채권	
매매방식	경쟁매매		상대매매	
매매시간	09:00~15:00		제한은 없으나, 통상 09:00~15:30	
결제방식	당일결제		익일결제, 당일결제	당일결제
호가방식	원칙상 가격호가이나 수익률을 병기		수익률호가가 원칙이며, 가격을 병기	
최소매매단위	소액국공채 1,000원 기타채권 10만원	10억원	제한 없음	

4. 채권유통시장의 동향

유통시장에서의 전체채권규모(월평균)는 1998년 58조원에 불과하였으나, 2012년 6월에는 573조원으로 대폭적으로 증가하였다. 이는 외환위기 이후 채권발행규모가 확대되어진 데다가 채권시가평가제의 도입, 시장금리의 하향 안정화추세, 이에 따른 기관투자자들의 중도매각을 통한 차익실현 증대 등의 요인에 기인한다고 볼 수 있다.

우리나라의 채권거래는 1970년대 중반까지만 해도 장내시장을 중심으로 이루어졌으나 1970년대 후반부터는 장외시장이 발달하여, 장외거래 중심으로 전환되었다. 예를 들어 장외거래가 시작된 1977년에는 장내거래와 장외거래의 구성비가 62.4:37.6이었던 것이 2012년 6월 기준에서는 83.0% 이상이 장외에서 거래되었다(〈표 5-4〉 참조).

〈표 5-4〉 채권시장별 거래추이

(단위 : 10억원, %)

연 도	거래시장별		총계(C)	B/C(%)
	장내(A)	장외(B)		
1998	1,253	57,206	58,459	97.8
2002	3,55.0	169,457	173,007	97.9
2004	29,867	235,427	265,294	88.7
2006	24,516	253,614	278,130	91.1
2008	30,469	308,358	338,827	91.0
2010	46,999	473,199	520,198	90.9
2012. 1~6	96,992	476,238	573,230	83.0

자료 : 한국거래소, 한국금융투자협회

최근 채권유통시장의 동향과 관련한 특징 중의 하나는 총 채권거래 중 회사채거래가 차지하는 비중이 급격히 감소함으로써 채권유통시장이 국공채거래 중심으로 전환되고 있는 양상을 보이고 있다는 점이다. 예를 들어 1998년까지는 총 채권거래의 약 55% 이상을 회사채가 점유하였으나, 1999년에 그 비율이 25.7%로 감소하는 등 급격히 감소하여 2012년 상반기 중에는 회사채거래비중이 약 3.3%에 지나지 않았다.

중요개념 및 용어

채권
보증사채
단리채
전환사채
이익참가부사채
공모발행
공모입찰발행
차등가격경매방식
국채전문딜러
국채전문유통시장
딜러간 중개회사
국공채
무보증사채
복리채
신주인수권부사채
옵션부사채
직접발행
복수가격경매방식
비경쟁입찰발행
장내시장
장외시장
채권거래전용시스템
회사채
담보부사채
이표채
교환사채
사모발행
매출발행
단일가격경매방식
간접발행
일반채권시장
대고객 상대매매

연 습 문 제

1. 채권의 기본적 특성에 대하여 설명하라.

2. 채권을 보증여부에 따라 분류하여 설명하라.

3. 채권을 이자지급여부에 따라 분류하여 설명하라.

4. 전환사채와 신주인수권부사채에 대하여 비교 · 설명하라.

5. 매출발행과 공모입찰발행을 비교 · 설명하라.

6. 채권발행의 공모입찰방식 중 경쟁입찰방식을 복수가격경매방식과 단일가격경매방식, 차등가격 경매(낙찰)방식으로 구분하여 설명하라.

7. 채권유통시장의 특징을 장내시장과 장외시장으로 구분하여 설명하라.

8. 우리나라의 장내시장의 하나인 일반채권시장에 대하여 설명하라.

9. 국채전문유통시장의 의미, 참가자, 매매체결방법에 대하여 설명하라.

10. 장외시장을 대고객상대매매와 딜러간 중개회사를 통한 딜러간 중개매매로 구분하여 설명하라.

제 6 장 자산유동화증권시장

본 장에서는 먼저 자산유동화증권의 의의 와 기능에 대하여 살펴본 후, 자산유동화증권의 발행구조에 대하여 알아보고, 자산유동화증권의 종류 및 자산유동화증권의 동향에 대해 구체적으로 알아보고자 한다.

제 1 절 자산유동화증권의 의의와 기능

1. 자산유동화증권의 의의

자산유동화증권(ABS : asset backed securities)은 기본적으로 자산을 유동화하여 발행한 증권을 말한다. 일반적으로 자산의 유동화라 함은 비유동성 자산을 유동성이 있는 증권으로 전환하여 이를 매각함으로써 현금화하는 모든 행위를 의미하는데, 이러한 관점에서 자산유동화증권은 유동화의 대상인 각종 채권 및 부동산, 유가증권 등의 자산에서 발생하는 집합화된 현금을 기초로 원리금을 상환하는 증권으로 정의할 수 있다.

자산유동화증권(ABS)은 증권의 법적 성격 및 기초자산에 따라 별도의 명칭을 부친다. 예를 들어 자산유동화증권(ABS)의 법적 성격이 회사채인 경우에는 ABS사채, CP인 경우에는 ABCP(asset-backed commercial paper), 출자증권인 경우에는 ABS출자증권, 수익증권인 경우에는 ABS수익증권이라고 하고, 자산유동화증권(ABS)의 기초자산이 주택저당채권인 경우에는 MBS(mortgage-backed securities), 부채인 경우 CDO(collateralized debt obligation, 채권(bond)인 경우에는 CBO(collateralized bond obligations), 금융기관의 대출채권(債權)인 경우에는 CLO(collateralized loan obligations), 신용카드대출인 경우에는 CARD(certificates of amortizing revolving debts), 자동화할부대출인 경우에는 auto-loan ABS라고 한다.

2. 자산유동화증권의 기능

자산유동화의 가장 중요한 기능은 자산보유자(originator)의 재무상태를 개선할 수 있다는 것이다. 금융기관의 경우 보유하고 있는 위험자산을 매각하여 현금화함으로써 BIS자기자본 비율을 제고할 수 있으며, 기업의 경우에는 자산유동화증권(ABS)을 발행함으로써 부채비율을 높이지 않고 자금을 조달할 수 있다.

자산유동화의 또 하나의 기능은 자금조달비용을 경감시킬 수 있다는 점이다. 즉 신용도가 낮은 자산보유자가 우량한 기초자산을 이용하여 신용등급이 높은 자산유동화증권(ABS)을 발행하게 되면 자산보유자의 신용등급보다 유리한 조건으로 자금을 조달할 수 있다.

한편 투자자의 입장에서 보면 자산유동화증권(ABS)은 투자가치가 높은 투자대상이다. 왜냐하면 자산유동화증권(ABS)은 신용평가회사의 엄밀한 평가와 신용보강을 거쳐 발행되므로 상대적으로 안전하면서도 일반회사채보다 수익률이 다소 높기 때문이다.

그러나 자산유동화는 기초자산으로부터 발생하는 현금흐름의 불확실성(리스크)이 동 자산을 매각한 이후에도 계속 자산보유자에게 영향을 줄 수 있다. 예를 들어 선・후순위 채권으로 나뉘어 발행되는 자산유동화증권(ABS) 중에서 후순위채를 자산보유자가 인수하는 경우에는 매각한 기초자산의 리스크는 사실상 그대로 남아 있게 된다.

제 2 절 자산유동화증권의 발행구조

1. 기본구조

자산유동화증권(ABS)은 [그림 6-1]에서와 같은 과정을 거쳐서 발행된다. 먼저 자산보유자(originator)가 기초자산을 모아(pooling), 이를 특수목적기구(SPV : special purpose vehicle) 혹은 유동화전문회사(SPC: special purpose company) 등에게 양도한다. 특수목적기구(유동화전문회사)는 양도받은 기초자산을 담보로 발행한 자산유동화증권(ABS)을 일반투자자에게 매각하고 매각대금을 자산보유자(originator)에게 자산양도의 대가로 지급한다.

[그림 6-1] 자산유동화증권(ABS)의 발행구조

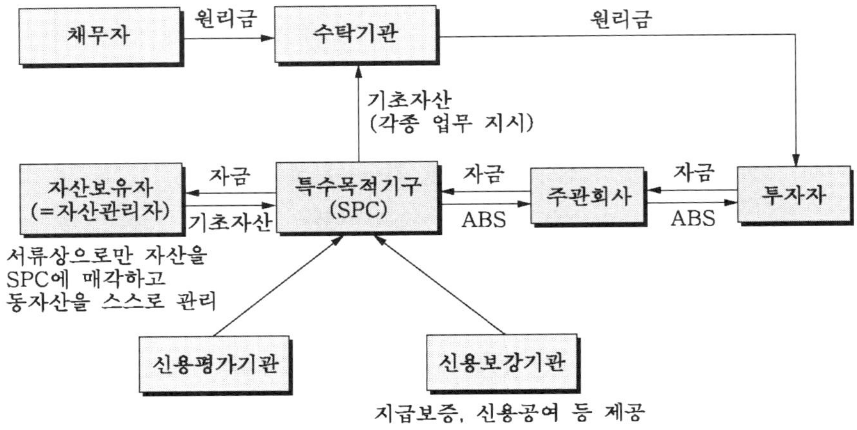

〈표 6-1〉 자산유동화증권(ABS)의 발행절차

순서	관련기관	주 요 내 용	소요(처리)기간
①	기업, 수탁회사 신용평가회사등	-유동화자산 실사, 유동화구조설계, 유동화 증권발행조건 결정 등	1~2월
②	SPC	-금융위원회에 자산유동화계획등록신청서 제출 ('자산유동화(ABS)법' 제3조) *신청서 기재내용에 허위·위법사항이 포함된 경우 금융위원회는 자산유동화계획의 등록을 거부할 수 있음.	10영업일
③	기 업	-SPC에 유동화자산 양도	
④	기 업	-금융위원회에 자산양도등록신청서 제출 ('자산유동화(ABS)법'제6조)	즉 시
⑤	SPC	-금융위원회에 증권(ABS)신고서 제출	5 일

주 : 자산유동화계획등록서, 자산양도등록신청서, 증권(ABS)신고서는 모두 전자로 공시됨. 이중 자산양도등록신청서는 법원의 부동산등기부와 유사한 역할을 담당함.

자료 : 방영민, 『금융』, 법문사, 2006년, p. 65

2. 주요참여자

이와 같은 자산유동화증권(ABS)의 발행에는 자산보유자, 특수목적기구(유동화전문회사), 자산관리자자, 수탁기관, 신용평가기관 등이 참여하게 된다.

자산보유자(originator)는 유동화대상 자산을 보유하고 있는 자로서, 자신이 보유하고 있는 기초자산을 특수목적기구(유동화전문회사)에게 양도하여 특수목적기구(유동화전문회사)로 하여금 자산유동화증권을 발행하게 하고 이 자산유동화증권의 매각대금을 양도한 기초자산에 대한 대가로 받음으로써 자금을 조달하는 주체이다. 은행, 증권회사(금융투자회사), 보험회사, 여신전문금융기관, 상호저축은행 등의 금융기관, 자산관리공사, 토지공사, 주택공사 등의 공공기업, 신용도가 우량한 일반기업 등이 이에 해당된다.

특수목적기구(SPC) 혹은 유동화전문회사(SPV)는 자산유동화증권의 발행 및 판매를 수행하기 위해 설립된 특별목적의 회사로서 자산유동화증권의 기초자산만으로 구성된 서류상의 회사(paper company)이다. 특수목적기구(유동화전문회사)는 자산유동화증권을 발행할 때마다 설립되는데, 이는 특수목적기구(유동화전문회사)를 자산보유자와 법적으로 별도 법인화함으로써 자산보유자가 부실화되더라도 특수목적기구(유동화전문회사)가 피해를 보지 않게 하기 위해서이며, 또한 자산유동화증권의 기초자산도 안전하게 보호될 수 있기 때문이다.

자산관리자(servicer)는 서류상의 회사인 특수목적기구(유동화전문회사)를 대신하여 기초자산을 실질적으로 관리해 주는 관리자이다. 자산관리자는 특수목적기구(유동화전문회사)를 대신하여 기초자산에 대한 채권의 추심 또는 채무자관리 등을 담당한다. 우리나라의 경우 자산보유자, 신용정보업자 등이 자산보유자가 될 수 있는데, 일반적으로 기초자산의 내용을 잘 파악하고 있는 자산보유자가 자산관리자가 된다.

수탁기관(trustee)은 기초자산을 안전하게 보관하는 한편, 자산유동화증권(ABS)의 원리금상환실무 및 채무불이행시 담보권행사 등 특수목적기구(혹은 유동화전문회사)를 대신하여 세부적인 실무업무를 총괄한다. 수탁기관은 자산유동화증권(ABS)과 관련한 현금흐름을 관리하는 동시에 투자자의 이익을 최종적으로 보호해 주는 역할을 담당하기 때문에 주로 신인도가 높은 은행이 수탁기관이 된다. 「자산유동화에 관한 법률」에서 수탁기관을 의무화하고 있지는 않으나 수탁기관을 선정하는 것이 일반적이다.

신용평가기관(rating agency)은 기초자산의 기대손실 및 신용보강기관의 신용도를 객관적으로 평가하여 자산유동화증권(ABS)의 신용등급을 일반투자자가 이해할 수 있는 신용등급체계로 표시하여 자산유동화증권(ABS)이 시장에서 원활하게 거래될 수 있도록 하는 역할을 수행한다.

신용보강기관(credit enhancer)은 자산유동화증권(ABS)의 안전성을 향상시키기 위해 일정한도 내에서 자산유동화증권(ABS)에 대해 지급보증을 하거나 신용을 공급하는 역할을 수행한다.

주관회사(lead manager)는 발행절차상 관련이 있는 기관들 간의 의견을 조율하기도 하고, 자체영업망을 이용하여 투자자를 탐색한 다음, 자산유동화증권(ABS)의 신용등급, 만기 및 발행물량을 수요에 맞게 조절하기도 한다.

이외에 자산유동화증권(ABS)발행에 따른 법률문제, 기초자산 및 자산유동화증권(ABS)의 평가문제 등과 관련하여 법률회사, 회계법인 등이 참여하고 있다.

3. 신용보강

자산유동화증권(ABS)은 주로 기초자산의 신용에 따라 원리금지급이 영향을 받기 때문에 이에 대비한 신용보강이 요구된다. 이러한 신용보강은 자산유동화증권(ABS)의 만기시까지 기초자산의 가치에 부정적인 영향을 미칠 수 있는 여러 가지 요인을 분석하여 기대손실규모를 파악한 다음 원리금의 가치가 보전될 수 있도록 안전망(safety net)을 갖추는 것을 말한다. 자산유동화증권의 원리금지불불이행에 대한 신용보강으로는 외부적인 신용보강방식과 내부적 신용보강방식이 있다

외부신용보강(external credit enhancement)방식은 은행 또는 신용보증기관의 지급보증이나 은행의 신용공급 등과 같이 제3자의 지급능력에 의존하여 해당 자산유동화증권(ABS)의 신용등급을 높이는 것을 말한다. 따라서 지급을 보증한 기관의 신용도가 신용보강장치의 신뢰성에 직접적으로 영향을 미친다.

〈표 6-2〉 자산유동화증권(ABS)발행을 위한 내부신용보강방식

신용보강방식	내 용
선・후순위구조화 (subordination)	-원리금보장에 대한 순위를 정하여 각각 다른 신용등급으로 발행
현금흐름차액적립 (excess spread)	-ABS에 대한 이자지급액이 기초자산으로부터 발생하는 수입보다 다소 작도록 설계하여 그 차액을 유동화전문회사(SPC)의 적립금 계정에 계속 누적시킴으로써 유사시 현금상환능력을 보강하는 데 이용토록 함
초 과 담 보 (over-collateralisation)	-유동화전문회사(SPC)가 양도받은 자산의 가치가 자산유동화를 통한 예상조달금액을 상회하도록 함으로써 일부 기초자산이 부실화되더라도 원래의 현금흐름을 유지할 수 있도록 함
환 매 요 구 권 (put-back option)	-기초자산의 신용등급 저하 등 원리금상환이 의문시되는 상황이 발생하면 자산보유자가 ABS를 재매입하도록 의무화
자 체 보 증 (originator's guarantee)	-자산보유자가 ABS의 원리금지급을 자체신용으로 보증

내부신용보강(internal credit enhancement)방식은 자산유동화증권(ABS)을 설계할 때부터 위험요소가 경감될 수 있도록 원리금의 지급조건을 조정하거나 자산보유자가 스스로 보증하는 것을 말한다. 이의 전형적인 방법으로는 자산유동화증권(ABS)을 선・후순위 구조화(subordination)하는 것을 들 수 있다. 여기서 선・후순위 구조화는 자산유동화증권(ABS)발행에 있어서 원리금지급 우선순위가 다른 두 종류이상의 증권을 발행하는 것을 말하는데, 선순위채는 기초자산에서 나오는 현금흐름이 부

족할 경우 후순위채보다 원리금을 우선적으로 지급받게 된다. 한편, 후순위채[5]는 일반적으로 정크본드시장에서 소화시키거나 자산보유자가 직접 인수하게 된다. 후순위채비율이 높을수록 선순위채의 신용보강정도가 높아지는데 기초자산으로부터 선순위채와 후순위채를 어떤 비율로 발행할 것인가는 기초자산의 부도율 및 부도시 손실률 등에 따라 달라진다.

이외에도 현금흐름 차액적립, 초과담보 등이 내부신용보강방식으로 이용된다. 그런데 실제로 자산유동화증권(ABS)을 발행할 때에는 원리금보장을 확실히 하기 위해 한 가지 방법이 아니라 여러 가지의 신용보강방식을 중복으로 사용하고 있다.

4. 자금이체방법

특수목적기구(유동화전문회사)가 기초자산에서 발생하는 현금흐름을 자산유동화증권(ABS) 투자자에게 어떻게 상환하느냐에 따라 다음과 같이 패스-스루방식과 페이-스루방식으로 분류된다. 이러한 분류는 자산유동화증권(ABS)에서 발생할 현금흐름의 형식을 나타내는 것으로 투자자가 투자대상 자산을 선택하는데 중요한 의사결정의 기준이 된다.

① 패스-스루(pass-through)방식

패스-스루방식은 기초자산에서 발생하는 현금흐름이 그대로 투자자에게 이전되는 방식을 말한다. 이 방식은 기초자산에서 현금흐름이 발생하면 투자자가 곧 바로 발생한 현금흐름만큼 수익을 얻게 됨과 아울러, 다른 한편으로는 원리금상환과 관련된 위험(신용위험 혹은 조기상환위험 등)을 직접적으로 부담하게 됨을 의미한다.

패스-스루방식은 출자증권이나 수익증권형태의 자산유동화증권(ABS)에 이용되는데, 우리나라의 경우 일부 사모 자산유동화증권(ABS)을 제외하고는 잘 사용되지 않는 방식이다.

---

5) 후순위채는 원리금보장면에서 순위가 가장 낮은 채권을 말한다

② 페이-스루(pay-through)방식

페이-스루방식은 기초자산에서 발생하는 현금흐름을 기초로 하되, 특수목적기구(유동화전문회사)가 적립·조정한 현금흐름을 투자자에게 지급하는 방식을 말한다. 이 방식은 현재 우리나라에서 가장 일반적으로 사용되는 방식으로 일반적으로 복수 트랜치(multi-tranche)구조를 취한다.

이는 특수목적기구(유동화전문회사)가 만기와 이자율 등이 서로 다른 트랜치(tranche)의 원리금상환에 사용될 수 있도록 기초자산의 현금흐름을 적립·조정하는 구조라고 말할 수 있다. 투자자의 입장에서 보면 각각의 트랜치(tranche)는 별개의 유가증권이라고 볼 수 있는데, 실제로 우리나라에서는 각 트랜치(tranche)가 각각의 일반채권과 같은 형태로 발행되는 비중이 월등히 높다.[6)]

제 3 절 자산유동화증권의 종류

1. CBO(collateralized bond obligations)

이는 채권(bond)을 기초자산으로 발행되는 ABS를 의미하는데, 신규발행채권을 기초로 하는 primary CBO(발행시장CBO)와 기발행된 채권을 기초로 하는 secondary CBO(유통시장CBO)로 크게 구분된다.

primary CBO는 채권시장에서 신용도가 낮아 회사채를 직접 발행하기

6) 예를 들어 총 N년 동안 연단위로 만기가 돌아오는 N개의 트랜치(tranche)로 구성되는 페이-스루방식의 자산유동화증권이 있다고 하면, 투자자에게는 만기별로 선택가능한 유가증권이 N개가 존재하는 것으로 간주한다는 것이다. 즉, 이 트랜치(tranche)들은 만기뿐만 아니라 이자율 혹은 지급방식도 차이가 있을 수 있다는 것이다(금융투자교육원, 『증권투자상담사 2』, 한국금융투자협회, 2012년, pp. 522~523.

어려운 기업의 회사채 차환발행 또는 신규발행을 지원하기 위해 도입되었는데, 대략적인 발행구조는 다음과 같다.

다수의 기업이 차환 또는 신규발행하는 회사채를 증권회사(금융투자회사)가 총액사모방식으로 인수하여 이를 유동화전문회사(SPC)에 양도하면 SPC가 신용보강 후 primary CBO를 발행하여 투자자에게 매각함으로써 인수자금을 조달하게 된다. 이 때 primary CBO의 신용보강은 주로 수탁기관의 신용공급에 의해 이루어지며 신용보증기금 등이 이 신용공급에 대해 지급보증을 하게 된다([그림 6-2] 참조).

[그림 6-2] primary CBO의 기본구조

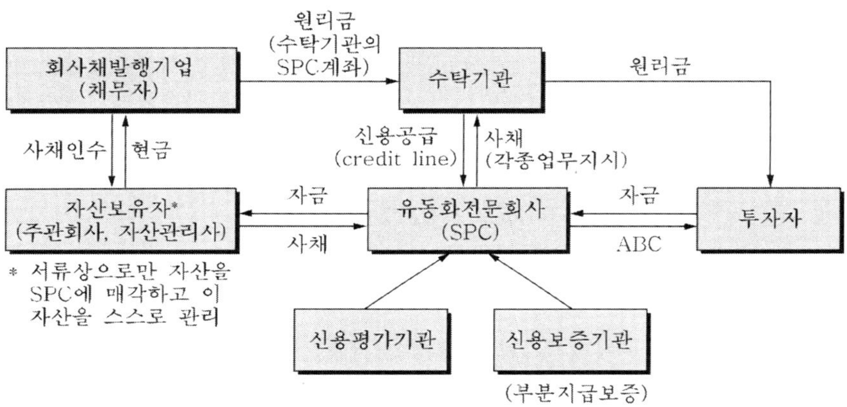

Secondary CBO는 우리나라의 경우 대우그룹사태이후 주로 자산운용회사가 부실채권을 기초로 자금을 조달하기 위해 발행되어 왔다. 대략적인 발행구조를 보면, 금융기관이 보유하고 있는 기발행 채권을 SPC에게 매각하고 이에 SPC는 신용을 보강한 다음 CBO를 발행하여 투자자에게 매각함으로써 자금을 조달한다. 이때 신용보강은 수탁기관의 신용공급과 선·후순위구조로 이루어진다.

2. CLO(collateralized loan obligations)

CLO는 금융기관의 대출채권(債權)을 기초자산으로 발행되는 ABS를 말하는데, 무수익대출채권(NPL: non-performing loan)등을 포함하는 기존대출채권을 유동화하는 CLO와 신규 대출채권을 기초자산으로 하는 primary CLO(발행시장 CLO)로 구분된다. 우리나라의 경우 대부분 무수익채권을 기초로 CLO가 발행되는데, 이처럼 무수익대출채권을 기초로 하는 CLO를 NPL ABS이라고도 한다.

NPL ABS는 1997년의 외환위기 이후 급증한 부실채권을 처분하여 금융기관의 재무건전성을 높이기 위해 발행되었는데, 금융기관은 부실채권을 SPC에 양도함으로써 직접 유동화하거나 한국자산관리공사에 매각한다.

NPL ABS는 무수익대출채권이 현금흐름이 없으므로 담보의 처분, 채권추심 등을 통해 얻어질 수 있는 현금흐름을 기초로 발행되는데, 신용보강은 수탁은행의 신용공급과 선·후순위구조로 이루어진다. 한국자산관리공사가 발행하는 NPL ABS의 경우에는 채권은행에 대한 환매요구권이 신용보강으로 이용된다.

primary CLO는 신용도가 취약한 기업에 대한 은행대출을 지원하기 위해 활용되고 있는데, primary CLO는 은행이 다수의 기업에 대한 신규대출채권을 SPC에게 매각하고 이를 기초로 CLO를 발행하여 자금을 조달하는 구조로 되어 있다. 신용보강은 주로 수탁은행의 신용공급에 의해 이루어지며 신용보증기금 등이 신용공급에 대해 지급을 보증한다.

3. CARD(certificates of amortizing revolving debts)

CARD는 현재 발생한 특정계좌의 신용카드매출채권[7]과 장래 특정시점까지 발생할 신용카드매출채권을 기초로 발행되는 ABS이다.

7) 현금서비스 이용대금채권을 포함한다.

만기가 짧은 신용카드매출채권을 기초로 장기의 ABS를 만들기 위해 CARD에는 재투자구조(revolving structure)가 이용된다. 즉, ABS를 발행할 때 기초자산으로 사용된 신용카드매출채권이 결제되어 회수되는 현금흐름으로 ABS의 이자만을 지급하고, 남은 금액으로는 특정계좌의 새로운 신용카드매출채권을 매입하여 기초자산에 추가시킨다.

CARD는 특정계좌로부터의 현금흐름을 자산보유자의 몫과 투자자의 몫으로 구분하고, 자산보유자의 몫을 일종의 내부 신용보강장치로 활용하고 있다. 따라서 CARD는 투자자의 몫을 기초로 ABS가 발행된다는 데에서 그 특징을 찾을 수 있다. 즉, 자산보유자 몫은 유입되는 현금흐름의 변동에도 불구하고 투자자의 몫이 고정되도록 한다. 한편 자산보유자의 몫이 일정수준 이하인 상태가 일정기간 계속되면 조기상환이 이루어진다.

CARD의 원금은 재투자기간이 끝난 후 일정기간 분할되어 상환되거나 일정기간동안 누적되어 만기에 한꺼번에 상환된다. 한편 CARD의 신용보강은 선·후순위구조, 하자담보책임 및 조기상환구조 등에 의해 이루어진다.

4. ABCP(asset-backed commercial paper)

ABCP는 CP의 형태로 발행되는 ABS를 의미하는데, 우리나라에서는 ABS/ABCP구조가 주로 활용되고 있다.[8)]

ABS/ABCP는 다른 ABS와 같이 SPC가 기초자산을 근거로 ABS를 발행하지만, 자산유동화기간에 상응하는 장기ABS를 1회 발행하는 대신에 단기ABS사채를 발행한 후 만기도래시 ABCP를 발행하여 ABS사채를 상환하고 자산유동화기간 동안에 계속해서 ABCP를 차환발행하는 구조를 취하고 있다([그림 6-13] 참조).

이와 같은 구조를 가진 ABS/ABCP는 장·단기금리차에 따른 자금조달비용의 절감, 기초자산에서 발행하는 여유자금의 재투자위험축소 등을

8) ABCP는 ABS사채의 발행없이 CP의 형태로만 발행될 수 있다.

추구할 수 있는 것이 가능하다.

[그림 6-3] ABS/ABCP의 기간구조 예시

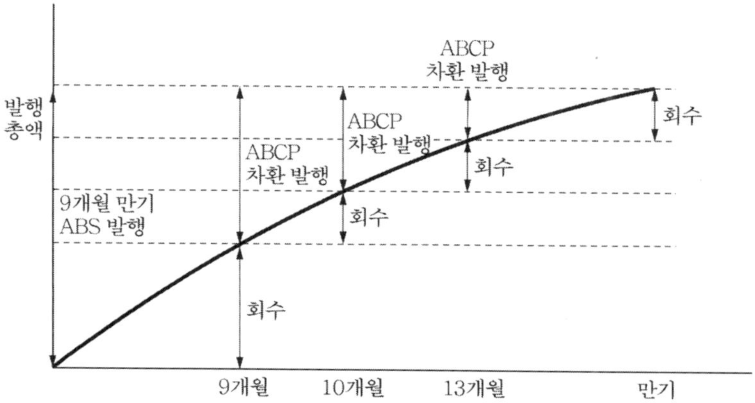

5. 주택저당증권(MBS : mortgage-backed securities)

MBS는 주택의 구입 또는 건축에 소요되는 대출자금에 대한 채권으로서 당해 주택에 설정된 저당권에 의해 담보된 대출채권인 주택저당채권(mortgage)을 기초로 발행된 ABS를 말한다. 다시 말하면 이는 주택저당채권 유동화를 위해 발행되는 채권으로, SPC 등의 유동화전문회사가 은행 등 주택금융기관의 저당채권을 유동화하기 위해[9] 이들 기관으로부터 주택저당채권을 매입하고 이를 담보로 발행하는 채권을 의미한다.

[그림 6-4]에서 보는 것처럼 MBS시장은 1차시장, 2차시장 및 자본시장으로 구성되는데, 1차시장은 모기지 차입자와 상업은행 등 모기지 대출기관 사이에 모기지론(mortgage loan; 주택담보대출)이 이루어지는 시장이고, 2차 시장은 모기지 대출기관이 보유하고 있는 주택저당채권을 유동

9) 여기서 저당채권의 유동화는 금융기관이 대출자금을 조기에 회수하기 위하여 보유하고 있는 다수의 저당채권을 모아 이를 기초로 증권을 발행하여 투자자에게 분산, 매각하는 것을 말한다.

화(증권화)하는 시장이며, 자본시장은 유동화된 MBS가 기관투자자들에게 매각되고 유통되는 시장을 말한다.

[그림 6-4] MBS의 발행구조

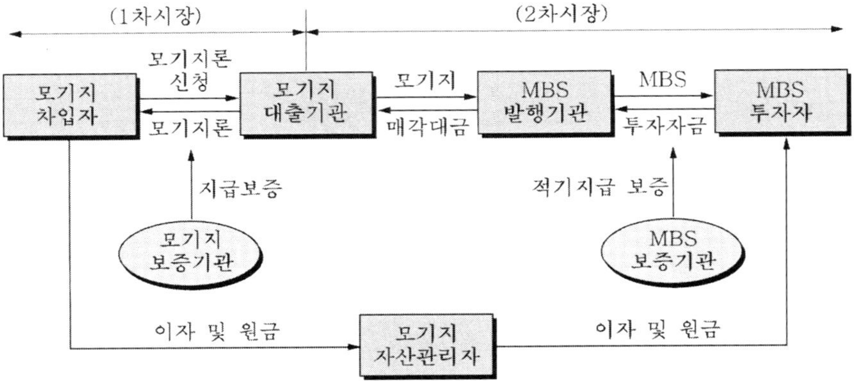

우리나라의 MBS유동화 구조를 살펴보면 다음과 같다. 먼저 주택자금 수요자에게 주택을 담보로 주택구입자금을 대출해 준 은행, 보험회사 등 금융기관들은 모기지론(mortgage loan)을 한국주택금융공사에 양도한다. 다음으로 한국주택금융공사는 금융기관으로부터 양도받은 주택저당채권을 기초자산으로 하여 주택저당채권을 발행하고, 이를 자본시장을 통해 투자자에게 판매한다.

MBS는 주택저당채권을 기초자산으로 하여 ABS를 발행한다는 측면에서는 일반ABS와 유사하지만 조기상환위험을 갖는다는 점에서는 커다란 차이가 있다.10) 이와 같은 조기상환은 차입자가 전직, 타주택 구입 등으로 주택을 매각하는 경우, 차입자가 모기지계약을 이행하지 못하여 담보주택이 매각되는 경우, 차입자가 재차입비용을 고려한 후에도 금리가 계약금리 이하로 하락하여 재차입하는 경우 등에서 발생한다.

1차 시장에서 발행하는 모기지론의 조기상환위험은 MBS의 형태에 따

10) 여기서 조기상환위험은 모기지 차입자가 추가적인 수수료의 납부없이 잔존 대출원금을 만기일이전에 상환함으로써 ABS발행자 또는 투자자의 현금흐름에 불확실성이 발행하는 위험을 말한다.

라 발행기관 또는 투자자에게 전가된다. 먼저, 채권형(MBB: mortgage-backed bond)은 유동화전문회사가 주택저당채권을 기초자산으로 하여 채권을 발행하는 것인데, 이 경우 조기상환위험은 발행자가 진다. 수익증권형(pass-through)은 소액의 모기지를 풀(pool)로 하여 이 풀에 대해 지분권을 나타내는 수익증권을 발행한 것으로, 조기상환되는 원리금이 모두 투자자에게 이전되기 때문에 투자자가 조기상환위험을 진다. 다계층증권(CMO : collateralized mortgage obligation)은 채권형(MBB)와 수익증권형(pass-through)의 성격을 혼합한 형태로 볼 수 있다. 즉 MBS발행자체가 주택저당채권의 소유권을 유지하면서 채권을 발행한다는 측면에서는 채권형(MBB)과 유사하고, 원리금 분할상환금액과 조기상환금액이 투자자에게 이전되어 투자자가 조기상환위험을 부담한다는 점에서는 수익증권형(pass-through)과 유사하다. 그러나 다계층증권(CMO)은 동일한 풀(pool)내에서 다양한 종류의 채권발행을 발행한다는 측면에서는 단일채권을 발행하는 채권형(MBB)과 구분되고, 다양한 종류의 채권발행으로 수요자간에 현금흐름에 차별을 두어 조기상환을 어느 정도 회피할 수 있다는 측면에서는 수익증권형(pass-through)과 구분된다.

〈표 6-3〉 MBS의 형태별 특징

구 분	MBB	pass-through	CMO
증권의 유형	부채증권	지분증권	부채증권
계층의 수	단일	단일	복수
원금의 이체여부	없음	직접이체	순위별 이체
조기상환위험부담주체	발행자	투자자	투자자
만기의 확실성 여부	확실	불확실	불확실
초과담보	있음	없음	있음
조기 상환 가능 여부	가능	clen - up[1]	clen - up[1]
부외처리여부	불가	가능	가능

주: 1) 원금의 일정비율 이하로 잔액이 남았을 경우 자산관리자나 발행자가 남은 현금에 대해 콜(call)을 행사할 수 있는 권리

우리나라의 경우 「ABS법」과 별도로 「주택저당채권유동화회사법(이하

MBS법)」을 제정하여 주택저당증권(수익증권) 또는 주택저당채권담보부채권(MBB)을 지속적으로 발행할 수 있는 주택저당채권유동화 전문기관을 설치할 수 있도록 하였다. 현재 한국주택금융공사가 주택저당채권을 가진 금융기관으로부터 채권을 양도받아 자신의 신탁계정에 신탁하고 신용을 보강한 다음 주택저당채권을 발행하고 있다. 이 때 신용보강에는 선·후순위구조와 함께 한국주택금융공사에 의한 지급보증이 이용되고 있다.

6. 부동산개발 PF ABS

부동산개발 PF ABS(이하 PF ABS라고 칭함)는 아파트, 상가 등의 개발사업을 추진하는 과정에서 금융기관이 시행사(건설기획사)에게 실행한 대출채권을 기초로 하여 유동화전문회사(SPC)가 발행한 ABS를 말한다.

PF ABS의 발행 및 상환과정에서는 시행사, 시공사, 금융기관 등이 참가한다. 시행사는 인허가를 얻어 부동산개발사업을 추진하는 주체로서 일반적으로 신용도가 낮아 금융기관으로부터 토지매입 및 공사시행과 관련하여 대규모 차입이 어렵다. 시공사는 신용도가 낮은 시행사가 금융기관으로부터 대출을 받을 수 있도록 연대보증이나 담보제공 등의 신용보강을 하여 개발사업에서 시공을 맡는 건설회사이다. 금융기관은 연대보증 또는 채무인수 조건으로 시행사에 자금을 대출한 후 대출채권을 유동화전문회사(SPC)에게 양도하고 유동화전문회사(SPC)는 PF ABS를 발행한다.

PF ABS의 원리금 상환은 개발사업으로부터 나오는 현금흐름에 기초하여 이루어진다. 만약 부동산 개발사업의 분양성과가 부진할 경우 시행사의 원리금 상환이 곤란해져 대출채권에 신용보강을 한 시공사의 채무인수가 불가피하여 시공사의 재무건전성을 악화시킬 수 있으며, PF ABS를 매입한 투자자들의 부실채권이 크게 증가할 위험성이 있다.

[그림 6-5] 부동산개발 PF ABS의 발행 및 상환흐름도

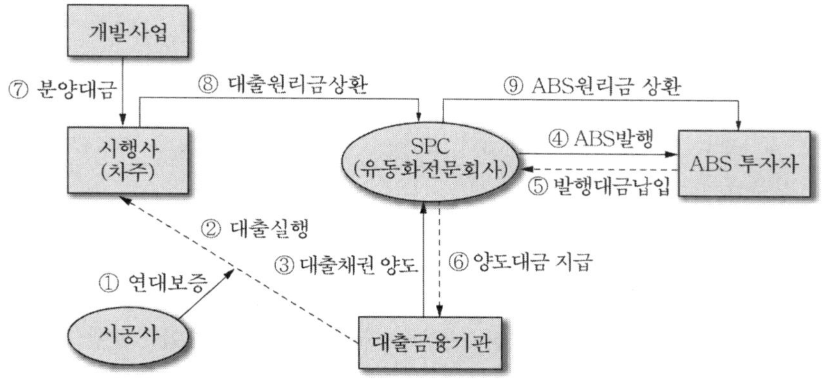

제 4 절 자산유동화증권의 동향

1. 발행동향

1998년 9월 ABS법이 제정된 이후 최근까지의 발행현황을 살펴보면 〈표 6-4〉와 같다.

1999~2000년 중에는 외환위기 이후의 금융기관 및 기업의 구조조정과 관련하여 금융기관의 BIS자기자본비율유지, 재무구조개선, 부실채권정리 등을 위해 ABS가 적극적으로 활용되었다. 특히 이 때 한국자산관리공사도 공적자금의 조기회수를 위해 금융기관으로 매입한 부실채권을 담보로 한 ABS를 적극적으로 발행하였다.

〈표 6-4〉 ABS발행 및 상환

(단위 : 10억원)

	2001	2007	2009	2010	2011	2011. 1~6	2012 1~6
ABS발행(A)	50,934	19,765	35,971	28,003	32,398	14,716	19,760
(공모 ABS)	40,347	13,742	30,116	18,909	22,641	9,944	15,375
공모 회사채[1)]	87,195	45,260	84,208	83,424	101,658	50,747	50,440

주 : 1) ABS 포함 발행금액
자료 : 금융감독원

2001년에는 신용카드이용제고에 따라 카드매출채권 및 카드론을 기초로 발행한 신용카드ABS 발행이 급증함에 따라 ABS발행금액이 50조 9,340억원에 이르기까지 하였다. 그러나 2002년에는 금융기관 및 기업의 구조조정이 마무리됨으로써 금융회사의 부실대출채권(NPL)정리를 위한 ABS발행이 크게 감소하여 ABS발행이 39조8,280억원 수준으로 감소하였다. 한편 2003년에는 신용카드회사에 대한 재무건전성 규제강화 및 카드사용 실적감소 등의 요인에 기인하여 여신전문금융회사의 ABS가 크게 감소한 반면, 은행이 보유한 부실채권 및 회사채를 이용한 ABS는 증가하여 전년수준을 유지하였다.

2004년에는 주택저당채권을 기초로 한 MBS발행이 본격화되었고 프로젝트 화이낸싱(PF : project financing) 및 SOC 관련 ABS의 발행이 증가하였으나, 여신전문금융회사의 ABS발행이 지속적으로 감소함으로써 전체 ABS의 발행규모는 26조 9,760억원으로 감소하였다. 한편 2005년에는 부동산개발 PF ABS의 발행증가로 발행규모가 전년에 비해 소폭 증가하였다. 2006년에는 부동산개발 PF ABS의 발행이 증가한 반면에 여신전문금융회사 및 한국주택공사의 발행이 감소하여 발행규모가 감소하였다.

2007년에는 주택건설경기부진에 기인하여 부동산 PF ABS발행이 크게 감소함에 따라 전체 ABS발행규모가 2000년 이후 처음으로 21조원을 하회하였다. 한편 2009년에는 여신전문금융회사의 해외 ABS발행증가와 더불어 글로벌 금융위기 이후 경기침체에 따른 중소·중견기업지원을 위한 정부주도의 P-CBO발행이 큰폭으로 증가하면서 발행규모가 36조원으로 확대되었으며, 이후에는 주택금융공사의 보금자리론 판매증가와 은행의 부실채권확대 등으로 MBS, NPL ABS 등을 중심으로 30조원 내외가 발행되고 있다.

2. 발행형태별 동향

ABS의 발행형태를 보면 채권형태가 가장 큰 비중을 차지하고 있으며, 출자증권 등 기타 형태는 미미한 가운데 주택금융공사의 MBS발행증가로 수익증권의 비중이 점차적으로 증가하는 추세를 보이고 있다(〈표 6-5〉 참조).

〈표 6-5〉 형태별 ABS발행

(단위 : 10억원, %)

	2004	2006	2008	2010	2011	2011.1~6	2012.1~6
채 권	23,595 (87.5)	19,717 (84.9)	16,355 (79.4)	20,000 (71.4)	23,707 (73.2)	10,813 (73.5)	13,853 (70.1)
수익증권	3,016 (11.2)	3,396 (14.6)	4,154 (20.2)	7,797 (27.8)	8,522 (26.3)	3,818 (25.9)	5,629 (28.5)
출자증권 등	365 (1.3)	110 (0.5)	95 (0.5)	205 (0.7)	169 (0.5)	85 (0.6)	279 (1.4)
합 계	26,976 (100.0)	23,222 (100.0)	20,605 (100.0)	28,003 (100.0)	32,398 (100.0)	14,716 (100.0)	19,760 (100.0)

주 : 1) ( )내는 구성비
자료 : 금융감독원

중요개념 및 용어

자산유동화증권	특수목적기구(유동화전문회사)	신용평가기관
자산보유자	자산관리자	수탁기관
주관회사	신용보강	외부신용보강
내부신용보강	패스-스루방식	페이-스루방식
CBO	primary CBO	secondary CBO
CLO	NPL ABS	CARD
ABCP	ABS/ABCP	MBS
주택저당채권	CMO	부동산개발 PF ABS

연 습 문 제

1. 자산유동화증권(ABS)시장의 의의와 기능에 대하여 서술하라.

2. ABS의 발행구조에 대하여 설명하라.

3. ABS의 주요참여자에 대하여 설명하라.

4. 신용보강방식을 내부신용보강방식과 외부신용보강방식으로 구분하여 설명하라

5. 패스-스루방식과 페이-스루방식를 비교하여 설명하라.

6. CBO를 primary CBO와 secondary CBO로 구분하여 설명하라.

7. CLO의 의미와 NPL ABS 및 primary CLO에 대하여 설명하라.

8. ABCP에 대하여 설명하라.

9. 주택저당증권(MBS)의 유동화구조에 대하여 설명하고, 자산유동화증권(ABS)과 어떠한 차이가 있는지를 서술하라.

10. 부동산개발 PF ABS에 대하여 설명하라

제 7 장 펀드시장

본 장에서는 먼저 집합투자기구(펀드)의 개괄적인 사항에 대하여 알아본 후, 여러 가지 다양한 기준에 의거해 집합투자기구의 형태를 분류하여 구체적인 내용을 살펴보고, 펀드시장의 최근의 동향에 대하여 알아본다.

제 1 절 집합투자기구(펀드)의 개요

1. 집합투자 및 집합투자기구의 정의

종래의 간접투자자산운용법에서는 간접투자라는 개념을 투자자로부터 자금 등을 모아서 일정한 자산에 운용하고 그 결과를 투자자에게 귀속시키는 것으로 정의하였는데, 2009년 2월 4일 시행된 『자본시장과 금융투자업에 관한 법률』(통칭 '자본시장법' 이하에서는 자본시장법이라고 칭함)에서는 간접투자라는 개념대신에 집합투자라는 개념을 도입하였다. 자본시장법에서 집합투자란 '2인 이상에게 투자권유를 하여 모은 금전 또는 국가재정법 제81조에 따른 여유자금을 투자자 또는 각 기금주체로부터 일상적인 운용지시를 받지 아니하면서 재산적 가치가 있는 투자대상자산을 취득·처분, 그 밖의 방법으로 운용하고 그 결과를 투자자 또는 각 기금관리주체에게 배분하여 귀속키는 것'을 말한다(법 제6조 5항).

이와 같은 집합투자의 개념요소를 다시 정리하면, ① 2인 이상에게 투자권유할 것, ② 투자자로부터 모은 금전 등을 집합하여 운용할 것, ③ 투자자로부터 일상적인 운용지시를 받지 않을 것, ④ 재산적 가치가 있는 투자대상자산을 취득, 처분, 그 밖의 방법으로 운용할 것, ⑤ 운영결과의 투자자의 귀속 이라고 말할 수 있다.

한편, ① 부동산투자회사법, 신탁투자회사법, 산업발전법, 여신전문금융업법 등과 같은 특별법에 따라 사모방법으로 금전 등을 모아 운용·배분하는 것으로서 투자자수가 49인 이하인 경우, ② 자산유동화법 상의 자산유동화계획에 따라 금전 등을 모아 운용·배분하는 경우, ③ 종금형 CMA, 지주회사, 투자자로부터 모은 금전 등을 투자자 전원의 합의에 따라 운용·배분하는 경우, ④ 신탁재산(종합재산신탁으로서 금전 수탁비율 40% 이하)의 효율적 운용을 위해 금전을 공동운용하는 경우 등은 집합투자의 정의에서 제외된다.

집합투자를 수행하기 위한 기구를 집합투자기구(펀드)라고 한다. 그런데 자본시장법에서는 집합투자증권을 집합투자기구에 대한 출자지분(투자신탁의 경우에는 수익권을 말한다)이 표시된 것으로 정의하고 있다(법 제9조 21항). 이와 같은 정의에 의거해 집합투자증권에 해당되기 위해서는 먼저 집합투자기구에 대한 출자지분이나 수익권이 표시된 것이어야 한다. 따라서 집합투자기구와 관련이 없는 출자지분이나 수익권이 표시된 것은 집합투자와 관련한 규제대상이 되지 않는다.

그런데 이러한 집합투자증권에 해당하는 수익증권 또는 지분증권은 금융투자상품으로서 증권에 해당하므로 투자자는 금융투자상품으로서의 집합투자기구(펀드)의 수익증권 또는 지분증권에 투자하게 되는 것이다. 그러나 실제에 있어서 투자자는 집합투자기구의 수익증권 또는 지분증권에 투자하는 것으로 인식하고 있는 것이 일반적인데, 자본시장법에서는 이러한 시장의 상황을 수용하여 집합투자기구(펀드)자체를 금융투자상품으로 인정해주고 있다.

2. 집합투자기구(펀드)의 종류

자본시장법에서는 종래의 간접투자자산운용법상의 7종류의 구분을 5종류로 재분류하고, 집합투자기구 종류별 운용대상 자산의 제한을 폐지함으로써 단기금융집합투자기구(MMF)를 제외한 모든 집합투자기구가 다양한 투자대상에 운용할 수 있도록 제도를 개선하였다.

집합투자기구(펀드)는 주요 투자대상 자산(집합투자기구 자산의 50%초과 투자자산)을 기준으로 증권집합투자기구(펀드), 부동산집합투자기구(펀드), 특별자산집합투자기구(펀드), 단기금융집합투자기구(MMF: Money Market Fund), 혼합자산집합투자기구(펀드)[1]로 구분된다(〈표 7-1〉참조).

1) 자본시장법상에서 집합투자기구(펀드)의 종류를 분류함에 있어서 가장 특징적인 것은 주요투자대상 자산을 특정하지 않고 언제나 어떤 자산에나 자유롭게

〈표 7-1〉 집합투자기구 종류별 구분

구　분	증권집합 투자기구	부동산집합 투자기구	특별자산 집합투자기구	MMF	혼합자산 집합투자기구
증　권	○	○	○	○	○
파생상품	○	○	○	×	○
부 동 산	○	○	○	×	○
실물자산	○	○	○	×	○
특별자산	○	○	○	×	○

3. 집합투자기구(펀드)의 구성

자본시장법에서는 집합투자기구(펀드)의 범위를 확대하여 투자신탁, 투자회사(상법상 주식회사 형태)외에도 투자유한회사(상법상 유한회사형태), 투자합자회사(상법상 합자회사형태), 투자익명조합(상법상 익명조합형태) 및 투자조합(민법상 조합형태)등 다양한 법적형태의 공모 집합투자기구(펀드)를 인정하고 있다(〈표 7-2〉 참조).

〈표 7-2〉 공모 집합투자기구

구 분		개　념
계약형태의 집합투자기구	투자신탁	-집합투자업자인 위탁자가 신탁업자에게 신탁한 재산을 신탁업자로 하여금 그 집합투자업자의 지시에 따라 투자·운용하게 하는 신탁형태의 집합투자기구
회사형태의 집합투자기구	투자회사	-상법에 따른 주식회사형태의 집합투자기구
	투자유한회사	-상법에 따른 유한회사 형태의 집합투자기구
	투자합자회사	-상법에 따른 합자회사 형태의 집합투자기구
조합형태의 집합투자기구	투자조합	-민법에 따른 조합형태의 집합투자기구
	투자익명조합	-상법에 따른 익명조합 형태의 집합투자기구

한편 자본시장법에서는 간접투자자산운용법상의 사모간접투자기구(펀

운용할 수 있는 새로운 종류의 집합투자기구(펀드)인 혼합자산집합투자기구(펀드)를 신설하였다는 점이다.

드)를 승계하여 사모집합투자기구(펀드)를 규정하면서[2], 간접투자자산운용법에서 간접투자기구로 간주하지 않았던 사모투자전문회사(PEF)를 투자합자회사의 일부로 포섭하여 집합투자기구(펀드)의 하나로 보고 있다(〈표 7-3〉 참조). 따라서 자본시장법상에서는 일반 투자합자회사(사모투자전문회사가 아닌 투자합자회사를 말함)와 사모투자전문회사라고 하는 두 가지 형태의 투자합자회사가 존재함을 알 수 있는데, 사모투자전문회사의 경우 일반집합투자기구(펀드)에 적용되는 대부분의 규정의 적용을 배제해주고 있는 등 일반집합투자기구와는 투자목적이나 운용방법 등에서 큰 차이가 있다.

〈표 7-3〉 사모집합투자기구

구 분	개 념
사모집합투자기구	-집합투자증권을 사모로만 발행하는 집합투자기구로서 대통령이 정하는 투자자의 총수가 대통령령이 정하는 수 이하인 것(사모집합투자기구에 대해서는 공모집합투자기구에 적용되는 규정들 중에서 적용이 배제되는 특례규정을 설정하고 있음[(법 제249조)참조]).
사모투자전문회사	-경영권참여, 사업구조 또는 지배구조의 개선 등을 위하여 지분증권 등에 투자·운용하는 투자합자회사로서 지분증권을 사모로만 발행하는 집합투자기구(사모투자전문회사에 대해서는 법 제10장에서 특례규정을 두고 있음)

이와 같이 자본시장법상 집합투자기구(펀드)는 투자신탁, 투자회사, 투자유한회사, 투자합자회사, 투자익명조합, 투자조합 및 사모투자전문회사 등 7개가 존재하며, 이들 집합투자기구가 발행한 지분증권이나 수익증권만이 집합투자증권으로 인정된다.

2) 사모집합투자기구(펀드)는 집합투자증권을 사모로만 발행하는 집합투자기구로서 대통령령이 정하는 투자자의 총수가 대통령령이 정하는 수 이하인 집합투자기구(펀드)를 말한다. 사모집합투자기구(펀드)에 대해서는 공모집합투자기구(펀드)에 적용되는 규정들 중에서 적용이 배제되는 특례규정을 설정하고 있다(자본시장법 제 249조 참조).

4. 집합투자기구(펀드)의 설정 · 등록

집합투자업자(자산운용회사 등)가 집합투자기구(펀드)를 이용하여 집합투자를 하고자 하는 경우에는 당해 집합투자기구(펀드)를 금융위원회에 사전에 등록하여야 한다. 이 경우 집합투자기구(펀드)의 등록주체는 집합투자기구(펀드)의 법인격여부에 따라 집합투자업자(투자신탁 및 투자익명조합)와 집합투자기구(펀드) 자체(투자회사, 투자익명조합, 투자조합, 투자합자회사, 투자유한회사)로 이원화되어 있다. 한편 집합투자기구(펀드)의 설정 및 설립주체는 집합투자업자가 된다(〈표 7-4〉 참조).

〈표 7-4〉 집합투자기구(펀드)의 설정 · 설립주체와 금융위 등록주체

	집합투자기구설정 · 설립주체	집합투자기구 금융위 등록주체
투자신탁	집합투자업자가 설정	집합투자업자
투자회사	발기인이 설립	투자회사
투자유한회사	집합투자업자가 설립	투자유한회사
투자합자회사	집합투자업자가 설립	투자합자회사
투자조합	집합투자업자가 설립	투자조합
투자익명조합	집합투자업자가 설립	집합투자업자

금융위원회에 등록하여야 하는 집합투자기구(펀드)의 범위는 모든 집합투자기구(펀드)로서 사모집합투자기구(PEF포함)도 금융위원회에 등록해야 한다. 다만 자본시장법이 아닌 다른 법률에 따라 설정 · 설립된 집합투자기구(펀드)는 해당법률에서 정하는 바에 따라 해당부처에 등록하고 자본시장법상 등록의무는 면제된다. 즉, 다른 법률에 따라 설정 · 설립된 사모집합투자기구(펀드)는 자본시장법 적용이 전면 배제되며, 다른 법률에 따라 설정 · 설립된 공모집합투자기구(펀드)는 자본시장법상 집합투자기구(펀드)로 보되 해당법률에서 자본시장법 적용을 광범위하게 적용 배제하고 있다.

한편 집합투자기구의 운용주체는 금융위원회 인가를 받은 집합투자업자로 제한된다. 다만, 사모투자전문회사(PEF)의 경우에는 집합투자업자 이외의 자도 집합투자기구를 설정·운용할 수 있다.

제2절 집합투자기구(펀드)의 형태

집합투자기구(펀드)는 다음과 다양한 기준에 의해 여러 형태로 분류할 수 있다. 다만, 이하에서는 편의상 자본시장법상의 명칭인 집합투자기구를 글로벌시장에서 통용되어지고 있는 펀드로 칭하기로 한다.

1. 펀드의 법적 형태기준에 의한 분류

(1) 계약형 펀드(투자신탁)

계약형 펀드(contractual type fund)는 신탁형 펀드(trust type fund)라고도 하는데, 자본시장법상에서는 투자신탁이 이에 해당된다.

계약형 펀드는 집합투자업자(위탁자)를 중심으로 설정·운용된다. 즉 투자신탁재산을 설정·운용하는 위탁자(집합투자업자), 그 재산을 보관·관리하는 수탁자(자산보관회사 혹은 신탁업자라고도 함)간에 체결된 신탁계약에 의해 집합투자재산을 설정하고 이에 대한 수익권을 균등하게 분할하여 나타내는 지분증서인 수익증권을 수익자(beneficiary : 투자자)가 취득하는 형태로 이루어진 펀드를 말한다. 이를 보다 구체적으로 살펴보면, 집합투자업자(위탁자)는 투자신탁재산을 설정하여 수익증권을 발행, 이를 수익자(투자자)에게 매출하여 자금을 조성하고 이 자금으로 증권 등의 금융투자상품에 투자·운용하는데, 이에 따른 관리사무 예를 들어 신탁재산의 보관 및 출납, 증권의 배당 및 이자지급 등은 수탁자가 대행한다. 현재 수탁자는 '신탁업'상의 수탁자인 은행 등이 담당하고 있다([그림 7-1 참조]).

[그림 7-1] 계약형 펀드의 운영구조

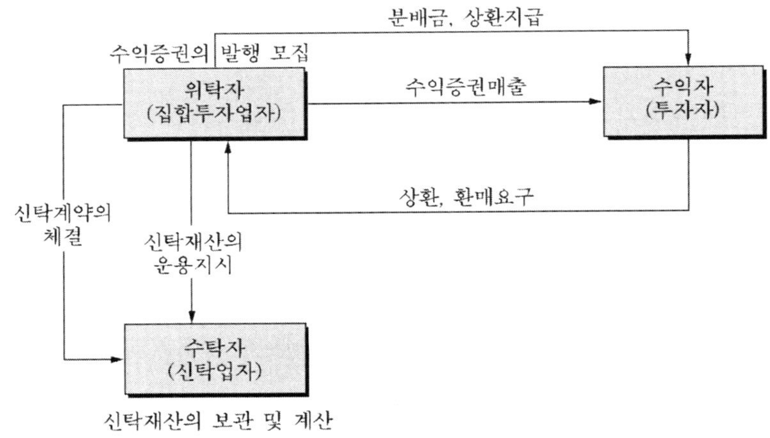

(2) 회사형 펀드(투자회사)

회사형 펀드(corporation type fund)는 투자대행만을 목적으로 설립된 회사 형태의 펀드를 말하는 데. 각 국가별로 회사와 관련한 법의 내용이 상이하므로 펀드의 법적 형태로 활용되는 회사의 종류도 다양하다. 외국의 대표적인 회사형 펀드로는 미국의 뮤추얼 펀드(mutual fund)를 들 수 있고 자본시장법상의 투자회사, 투자유한회사, 투자합자회사가 회사형 펀드에 해당된다.

투자회사는 대행투자를 목적으로 설립된 회사가 일반대중에게 주식을 발행하고 그 운용수익을 배당하는 형태로 이루어진 펀드를 말한다. 투자회사는 집합투자재산을 운영하는 법률적인 주체이나 실질적으로는 상근임원이나 직원을 둘 수 없고 본점이외의 영업소를 설치할 수 없는 명목상의 회사(paper company)로서 투자회사의 실질적인 운영주체는 집합투자업자이다. 즉 집합투자업자는 계약형 펀드의 위탁자와 같이 집합투자자산을 운용하고 투자회사를 대표한다([그림 7-2] 참조).

[그림 7-2] 투자회사의 운영구조

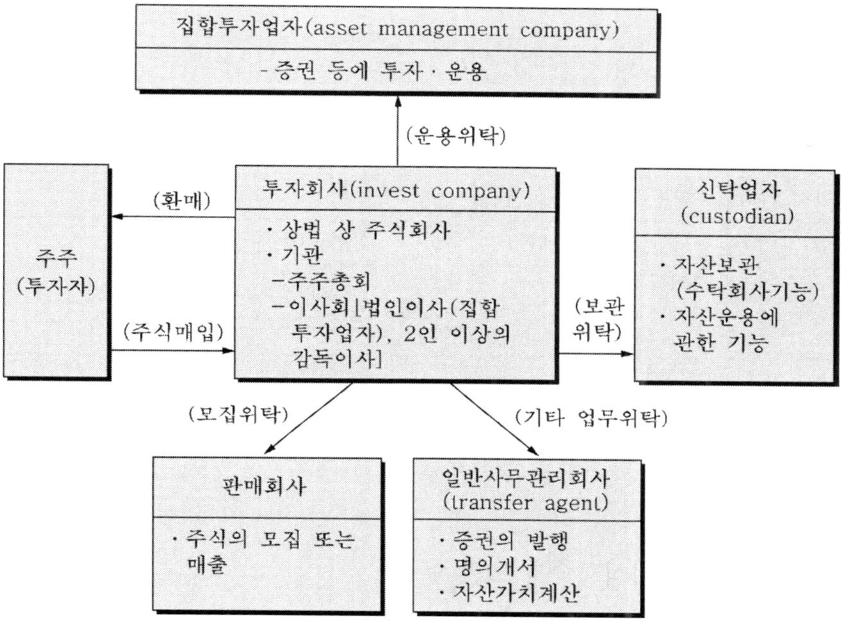

회사형 펀드는 계약형 펀드에 비해 설립절차가 용이하고, 회사채 등 부수증권의 발행을 통해 자금조달을 신축성있게 수행할 수 있으며, 환매금지형(폐쇄형)으로 설정될 경우 펀드운용을 당초 계획대로 끝까지 운용할 수 있는데 반해, 투자자 보호장치가 미흡하다. 계약형 펀드의 경우 감독기관의 인·허가를 통해 투자자보호가 비교적 잘 마련되어 있는 반면에 회사형 펀드는 주로 주주총회에만 의존하고 있기 때문이다. 또한 회사형 펀드는 상법상의 회사이기 때문에 운용수수료 외에도 등록세, 임원보수, 회계감사보수 등 등기비용을 투자자(주주)들이 추가로 부담해야 하는 단점이 있다.

투자회사(회사형펀드)에 투자할 수 있는 방법은 새로 설정되는 펀드에 가입하거나 주식시장에 상장되어 있는 투자회사의 주식을 매입하는 방법이 있다. 외국의 주식과 채권, 선물옵션 등에 투자하고 중도환매가 가능한 개방형 해외투자 상품도 취급되고 있다.

〈표 7-5〉 투자신탁과 투자회사의 비교

	투자신탁(계약형 펀드)	투자회사(회사형 펀드)
설립형태	신탁계약	집합투자기구(펀드)자체가 주식회사
발행증권	수익증권	주식
투자자의 지위	수익자	주주
관련법	신탁법, 자본시장법	상법, 자본시장법
원천징수	-채권 50% 이상운용: 이자소득 -주식 50% 이상운용: 배당소득 * 주식매매익 등 비과세	-운용대상에 관계없이 배당소득 * 주식매매익 등 비과세
중도환매방법	-중도환매 가능 (환매수수료 징구)	-주식매각을 통해 현금화가능(환매금지형) -환매가능(개방형)
취급기관	-운용 : 집합투자업자 -판매 : 증권회사, 은행, 보험사	-운용 : 집합투자업자 -판매 : 증권회사, 은행, 보험사

2. 펀드자금의 모집방식기준에 의한 분류

펀드자금의 모집방식을 기준으로 한 펀드의 분류는 각 국가별로 구분기준이 동일하지는 않지만 일반적으로 공모펀드와 사모펀드로 분류할 수 있다.

(1) 공모펀드(public offering fund)

공모펀드는 불특정 다수를 대상으로 모집하는 펀드로서 펀드자금의 모집방식에 특별한 제한이 없는 펀드를 의미한다. 즉 공모펀드는 투자자의 자격이나 투자금액에 제한이 없고 투자자를 모집하는 방법에서도 제한이 없는 것이 일반적이다.

집합투자업이 도입된 대부분의 국가들의 펀드관련 법제는 공모펀드위주 또는 공모펀드만을 대상으로 규정하고 있기 때문에 각국의 금융감독기관은 공모펀드위주 또는 공모펀드만을 대상으로 감독하는 것이 일반적이다. 이에 따라 실제로 글로벌 펀드시장에서 설정·운용되는 펀드의 대부분은 공모펀드에 해당된다고 말할 수 있다.

(2) 사모펀드(private placement fund)

사모펀드는 적격투자자 또는 소수투자자만을 대상으로 하는 펀드를 말한다. 여기서 적격투자자는 일반적으로 기관투자자와 일정금액이상을 투자하는 개인 또는 일반법인을 말하고, 소수투자자는 일정수로 제한된 투자자를 의미한다. 다만, 해당 기관투자자의 범위와 소수투자자의 수에 대해서는 각국의 법제에 따라 상이하다.

사모펀드에 대해서는 공모펀드에 대해 적용되는 각종 제한이나 규제가 완화 또는 면제되는 대신 공모펀드의 투자자에게 적용되는 투자자보호규정이 적용되지 않는 것이 일반적이다. 자본시장법에서는 사모투자자 수를 49인 이하로 규정하고 있으며, 공모펀드에서 적용되는 규정(① 투자광고 관련규정, ② 펀드재산의 운용제한 관련규정, ③ 자산운용보고서 관련규정, ④ 수시공시 관련규정, ⑤ 펀드재산에 관한 보고 등 관련규정, ⑥ 집합투자규약의 공시 관련 규정, ⑦ 파생상품의 운용시 의무사항 관련규정, ⑧ 환매금지형펀드의 상장의무 관련규정, ⑨ 집합투자증권 기준가격공고·게시의무 관련규정, ⑩ 결산서류 등 관련의무사항 관련규정, ⑪ 펀드재산의 회계처리 의무사항 관련규정, ⑫ 회계감사인의 손해배상책임 관련규정, ⑬ 신탁업자의 운용행위감시 관련규정, ⑭ 신탁업자의 자산보관·관리보고서 작성 등 의무사항 관련규정 등)의 적용을 배제하고 있다.

3. 펀드규모의 증대가능기준에 의한 분류

펀드규모의 증대가능여부를 기준으로 추가형펀드와 단위형펀드로 분류할 수 있다.

(1) 단위형펀드

이미 설정·설립된 펀드에 추가로 설정·증자·추가출자 등을 할 수 없거나 또는 일정기간만 추가로 설정·증자·추가출자 등이 가능함에 따라 펀드규모가 증대될 수 없거나 제한을 받는 펀드를 말한다. 일반적으로 사모펀드의 경우 단위형펀드로 설정·설립되고 있다.

(2) 추가형펀드

이미 설정·설립된 펀드에 추가로 설정·증자·추가출자 등이 가능함에 따라 펀드규모가 증대될 수 있는 펀드를 말한다. 일반적으로 공모펀드의 경우 추가형펀드로 설정·설립되고 있다.

4. 펀드투자자의 환매청구가능기준에 의한 분류

펀드투자자의 환매가능청구가능 여부를 기준으로 다음과 같이 개방형펀드와 폐쇄형펀드로 분류할 수 있다.

(1) 개방형펀드(open-end fund)

개방형펀드는 펀드투자자가 언제든지 환매청구를 할 수 있는 펀드를 말하는데, 이는 다시 환매수수료 징구기간에 따라 일반적으로 단기형펀드, 중기형펀드, 장기형펀드로 구분된다.

일반적으로 공모펀드의 경우 개방형펀드로 설정·설립되고 있다.

(2) 폐쇄형펀드(close-end fund)

폐쇄형펀드는 펀드투자자가 펀드에 대한 투자일로부터 일정기간 또는 전 기간 동안 환매청구를 할 수 없거나 또는 제한된 특수한 사유가 발생한 경우에 한하여 예외적으로 환매를 청구할 수 있는 펀드를 말한다. 환매제한형 펀드 또는 환매금지형 펀드라고도 한다.

일반적으로 사모펀드의 경우 폐쇄형펀드로 설정·설립되고 있다.

5. 자본시장법상 펀드의 투자대상자산기준에 의한 분류

자본시장법에서는 펀드를 주요 투자대상 자산(펀드자산의 50%초과 투자자산)을 기준으로 증권집합투자기구(펀드), 부동산집합투자기구(펀드), 특별자산집합투자기구(펀드), 혼합자산집합투자기구(펀드), 그리고 단기금융집합투자기구(펀드)(MMF: Money Market Fund)로 구분하고 있다.

(1) 증권집합투자기구(펀드)

집합투자재산의 50%를 초과하여 증권(채권, 주식)에 투자하는 집합투자기구(펀드)를 말한다. 실무적으로는 증권(주식)의 투자비율에 따라 채권형, 주식형, 혼합형으로 세분된다(〈표 7-6〉참조).

〈표 7-6〉 증권(주식)의 투자에 따른 집합투자기구(펀드)의 구분

구 분	내 용
채권형	-운용대상에 주식이 편입되지 않고 자산총액의 60% 이상을 채권(금리선물포함)으로 운용하는 상품
주식형	-자산총액의 60% 이상을 주식(주가지수선물 · 옵션포함)에 운용하는 상품
주식혼합형	-자산총액의 50% 이상, 60% 미만을 주식(주가지수선물 · 옵션포함)에 운용하는 상품
채권혼합형	-자산총액의 50% 미만을 주식(주가지수선물 · 옵션포함)에 운용하는 상품

자본시장법상 증권 중에서 ① 부동산개발회사가 발행한 증권, ② 부동산, 지상권, 금전채권 등의 자산이 신탁재산 · 집합투자재산 · 유동화자산의 50% 이상을 차지하는 경우와 그 수익증권 · 집합투자증권 · 유동화증권, ③ 부동산투자회사 · 선박투자회사 등이 발행한 주식, ④ 유동화자산의 70% 이상이 부동산 · 부동산 관련 자산인 유동화 증권 등은 증권투자집합투자기구(펀드)에 투자할 수 없다.

(2) 부동산집합투자기구(펀드)

집합투자재산의 50%를 초과하여 부동산에 투자하는 집합투자기구(펀

드)를 말한다. 부동산집합투자기구(펀드)는 부동산 외에 부동산을 기초로 한 파생상품, 지상권 등 부동산관련 권리, 금전채권, 부동산관련 증권 등에도 투자할 수 있다. 또한 부동산개발 관련 법인에 대한 대출, 부동산의 개발・관리・개량・임대의 방법으로도 운용할 수 있다.

(3) 특별자산집합투자기구(펀드)

집합투자재산의 50%를 초과하여 특별자산(증권 및 부동산을 제외한 투자대상자산)에 투자하는 집합투자기구(펀드)를 말한다.

이와 같은 특별자산펀드의 정의에 의거한 특별자산펀드의 예를 들면 다음과 같다.

① 펀드재산의 대부분을 일반상품(농산물, 수산물, 임산물, 광산물, 에너지에 속하는 물품 및 이 물품을 원료로 하여 제조하거나 가공한 물품, 그 밖에 이와 유사한 것)에 투자하는 특별자산펀드

② 펀드재산의 대부분을 선박, 항공기, 건설기계, 자동차 등과 같이 등기・등록 등의 공시방법을 갖추고 있는 동산에 투자하는 특별자산펀드

③ 펀드재산의 대부분을 미술품(그림・조각・공예・사진 등 예술작품을 포괄함)이나 악기(명품 바이올린과 같은 모든 종류의 악기를 포함)에 투자하는 특별자산펀드

④ 펀드재산의 대부분을 문화콘텐츠상품(영화, 드라마, 애니메이션, 음반, 연극, 뮤지컬, 오페라, 게임, 캐릭터, 인터넷/모바일콘텐츠, 출판물 등과 엔터테인먼트 성격을 내포하고 있는 제반상품을 포괄적으로 말함)에 투자하는 특별자산펀드

⑤ 펀드재산의 대부분을 특별자산에 해당하는 증권에 투자하는 특별자산펀드. 이 경우 특별자산에 해당하는 증권을 기준으로 다음과 같이 세분화됨.

-특별자산이 신탁재산, 펀드재산, 유동화자산의 50% 이상을 차지하는 경우의 해당 수익증권, 집합투자증권, 유동화증권에 펀드재산의 50%를 초과하여 투자하는 특별자산펀드

-「선박투자회사법」에 따른 선박투자회사가 발행한 주식에 펀드재산의 50%를 초과하여 투자하는 특별자산펀드

-「사회기반시설에 대한 민간투자법」에 따른 사회기반시설사업의 시행을 목적으로 하는 법인이 발행한 주식 및 채권에 펀드재산의 50%를 초과하여 투자하는 특별자산펀드

-「사회기반시설에 대한 민간투자법」에 따른 하나의 사회기반시설사업의 시행을 목적으로 하는 법인이 발행한 주식과 채권을 취득하거나 그 법인에 대한 대출채권을 취득하는 방식으로 투자하는 것을 목적으로 하는 법인(같은 법에 따른 사회기반시설투융자회사는 제외)의 지분증권에 펀드재산의 50%를 초과하여 투자하는 특별자산펀드

⑥ 펀드재산의 대부분을 통화, 일반상품, 신용위험(당사자 또는 제삼자의 신용등급의 변동, 파산 또는 채무재조정 등으로 인한 신용의 변동), 그 밖에 자연적·환경적·경제적 현상 등에 속하는 위험으로서 합리적이고 적정한 방법에 의하여 가격·이자율·지표·단위의 산출이나 평가가 가능한 것을 기초자산으로 하는 파생상품에 투자하는 특별자산펀드

⑦ 펀드재산의 대부분을 영업권, 탄소배출권, 지적재산권 등 권리에 투자하는 특별자산펀드

⑧ 증권 및 부동산을 제외한 자산으로서 펀드에 투자할 만한 경제적 가치가 있는 모든 투자대상자산이 특별자산에 해당하므로 다양한 형태의 특별자산펀드의 개발이 가능

(4) 혼합자산집합투자기구(펀드)

집합투자재산을 운용함에 있어서 증권, 부동산, 특별자산의 최저투자비율의 적용을 받지 않는 펀드를 말한다. 혼합자산펀드는 법령상 주된 투자대상 및 최저투자한도 등에 대한 별도의 제한이 없으므로 어떤 자산이든 투자비율의 제한 없이 투자가 가능하다는 장점이 있는 반면에, 환매금지형펀드로 설정·설립되어야 한다는 제한을 받고 있다.

(5) 단기금융집합투자기구(펀드)(MMF: Money Market Fund)

집합투자재산의 전부를 대통령령으로 정하는 단기금융상품에 투자하는 펀드로서 대통령령이 정하는 방법으로 운용하는 펀드를 말한다.

자본시장법 시행령상 대통령령으로 정하는 단기금융펀드에서 투자가능한 단기금융상품이란 원화로 표시된 자산으로서 다음과 같은 각 호의 어느 하나에 해당하는 것을 말한다.

① 남은 만기가 6개월 이내인 양도성예금증서.

② 남은 만기가 1년 이내인 국채증권, 지방채증권, 특수채증권, 사채권(법 제71조 제4호에 따른 주권관련사채권 및 사모의 방법으로 발행된 사채권은 제외) 및 기업어음증권. 다만, 환매조건부매수의 경우에는 남은 만기의 제한을 받지 아니 한다.

③ 남은 만기가 1년 이내인 금융기관이 발행·할인·매매·중개·인수 또는 보증하는 어음(기업어음증권은 제외).

④ 금융기관에 대한 30일이내의 단기대출.

⑤ 만기가 6개월 이내인 법 제79조 제2항 제5호 각 목의 금융기관에의 예치.

⑥ 다른 단기금융펀드의 집합투자증권의 어느 하나에 해당하는 것.

자본시장법 시행령상 대통령령으로 정한 단기금융펀드를 운용하는 방법이란 다음 각 호의 어느 하나에 해당하는 방법을 말한다.

① 증권을 대여하거나 차입하는 방법으로 운용하지 아니할 것.

② 환매조건부매도는 집합투자기구에서 보유하고 있는 증권총액의 100분의 5 이내일 것.

③ 각 단기금융펀드 집합투자재산의 남은 만기의 가중평균이 90일 이내일 것.

④ 각 단기금융집합투자(법 제76조 제2항에 따라 판매가 제한되거나 법 제237조에 따라 환매가 연기된 단기금융펀드는 제외)의 집합투자재산이 다음의 각 목의 기준을 충족하지 못하는 경우에는 다른 단기금융집합

투자기구를 설정·설립하거나 다른 단기금융펀드로부터 그 운용업무의 위탁을 받지 아니할 것. 다만, 국가재정법 제81조에 따른 여유자금을 통합하여 운용하는 단기금융펀드 및 그 단기금융집합펀드가 투자하는 단기금융펀드를 설정·설립하거나 그 운용업무의 위탁을 받는 경우에는 다음 각 목의 기준을 적용하지 아니 한다.

가. 투자자가 개인으로 만 이루어진 단기금융집합투자기구인 경우 : 3천억원 이상.

나. 투자자가 법인으로만 이루어진 단기금융집합투자기구인 경우 : 5천억원 이상.

한편, 집합투자업자가 단기금융펀드의 집합투자재산으로 운용할 수 있는 채무증권(양도성예금증서 및 금융기관이 발행·매출·중개한 어음 및 채무증서를 포함)은 취득시점을 기준으로 신용평가업자의 신용평가등급(둘 이상의 신용평가업자로부터 신용평가등급을 받은 경우에는 그 중 낮은 신용평가등급을 말함)이 최상위등급 또는 최상위등급의 차하위등급 이내이어야 한다. 이 경우 신용평가등급은 세분류하지 않은 신용평가등급을 말한다.

이와 같이 단기금융펀드 편입자산의 신용등급 강화에도 불구하고 ① 담보 또는 처분옵션을 감안하여 집합투자재산평가위원회가 상위2개 등급에 상응한다고 인정하는 채무증권, ② 신용평가등급이 없는 채무증권의 어느 하나에 해당하는 채무증권은 신용평가등급이 상위 2개 등급에 미달하거나 신용평가등급이 없는 경우에도 단기금융펀드의 집합투자재산으로 운용할 수 있다.

6. 특수한 형태 기준에 의한 분류

자본시장법에서는 특수한 형태의 펀드를 환매금지형펀드, 종류형펀드, 전환형펀드, 모자형펀드, 상장지수펀드로 구분하고 있다.

(1) 환매금지형펀드(폐쇄형펀드)

환매금지형펀드는 집합투자증권의 환매를 청구할 수 없는 펀드를 말하는데, 집합투자업자는 존속기간을 정한 펀드에 한하여 집합투자증권의 환매를 청구할 수 없는 환매금지형펀드의 설정 · 설립이 가능하다.

집합투자기구가 부동산펀드, 특별자산펀드, 혼합자산펀드, 펀드자산총액의 20%를 초과하여 시장성없는 자산(부동산, 특별자산 등)에 투자하는 펀드인 경우에는 반드시 폐쇄형펀드로 설립해야 한다. 다만, 부동산펀드, 특별자산펀드, 혼합자산펀드의 경우 ① 법 제229조 제2호에 따른 부동산, ② 법 제229조 제3호에 따른 특별자산, ③ i) 상장증권, ii) 채무증권, iii) 파생결합증권, iv) 모집 또는 매출된 증권, v) 환매청구가능한 집합투자증권 중 어느 하나에 해당하지 않는 증권에 투자하지 않는 집합투자기구를 설정 · 설립하는 경우는 제외한다.

투자신탁이나 투자익명조합의 집합투자업자 또는 투자회사 등은 기존 투자자의 이익을 해할 우려가 없는 등 대통령령으로 정하는 때에만 환매금지형펀드의 집합투자증권을 추가로 발행할 수 있다. 여기서 대통령령으로 정하는 때란 ① 환매금지형펀드로 받은 이익분배금의 범위에서 그 집합투자기구의 집합투자증권을 추가로 발행하는 경우, ② 기존 투자자의 이익을 해칠 염려가 없다고 신탁업자로부터 확인을 받은 경우, ③ 기존투자자 전원의 동의를 받은 경우 중 어느 하나에 해당하는 경우로서 기준가격과 증권시장에서 거래되는 가격을 고려하여 산정한 가격으로 발행하는 때를 말한다.

그리고 투자신탁의 집합투자업자 또는 투자회사는 신탁계약 또는 정관에 투자자의 환금성보장 등을 위한 별도의 방법을 정하지 아니한 경우에는 환매금지형펀드의 집합투자증권을 최초로 발행한 날로부터 90일 이내에 그 집합투자증권을 증권시장에 상장하여야 한다.

(2) 종류형펀드(Class Fund)

종류형펀드는 한 펀드내에서 판매보수의 차이로 인하여 기준가격이 다르거나 판매수수료가 다른 여러 종류의 집합투자증권을 발행하는 펀드를 말하는데, 통상 멀티클래스 펀드(Multiple-Class Fund)라고 한다.

[그림 7-3] 멀티클래스 펀드의 구조

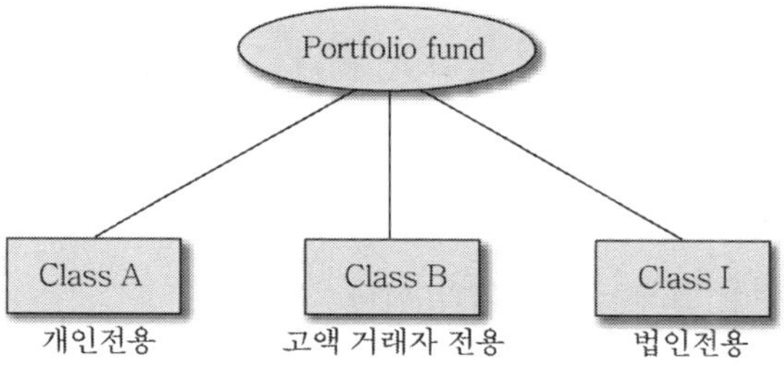

종류형펀드의 특징으로는 하나의 펀드에서 판매보수 및 수수료가 다른 다양한 종류의 집합투자증권을 발행함으로써 투자자가 투자자금의 규모 및 투자기간에 따라 선택할 수 있는 폭이 넓다는 점, 투자자 그룹별로 보수 및 수수료 수준을 달리 정할 수 있으므로 투자자별 성향에 맞는 맞춤형설계가 가능하다는 점 등을 들 수 있다.

한편 종류형펀드의 장점으로는 펀드가입기간에 따라 직접투자증권의 종류(class)를 나누고 있는 펀드를 장기간 가입하면 판매보수 부담을 줄일 수 있으며, 보수 및 수수료 수준이 다른 소규모펀드를 한 펀드 내에 통합하여 운용할 수 있어 펀드의 대형화를 통해 운용효율화를 제고시킬 수 있다는 것을 들 수 있다.

(3) 전환형펀드(Umbrella Fund)

전환형펀드는 집합투자업자 등이 복수의 펀드 간에 각 펀드의 투자자가 소유하고 있는 집합투자증권을 다른 펀드의 집합투자증권으로 전환할 수 있는 권리를 투자자에게 부여하는 구조의 펀드를 말하는데, 통상 Umbrella Fund라고 한다. Umbrella Fund는 펀드구조가 마치 우산처럼 생겼다고 하여 붙여진 펀드로 하나의 펀드아래 운용성격이 다른 하위펀드(보통 7개 이내)를 구성하여 투자자의 시황 판단에 따라 수수료부담없이 자유롭게 전환할 수 있는 펀드를 말한다.

전환횟수의 제한은 없으며 중도환매가 가능하다. 가입할 때 가입금액의 1~2%의 판매수수료를 선취하며, 추가형으로 추가설정이 가능하다.

(4) 모자형 펀드

모자형 펀드는 집합투자업자 등이 모펀드가 발행하는 집합투자증권을 취득하는 구조의 자펀드를 설정·설립하는 것을 말하는데, 통상 Master-Feeder Fund라고 한다. 모자형 펀드의 경우에는 다음과 같은 각 호의 요건을 모두 충족하여야 한다.

① 자 펀드가 모 펀드의 집합투자증권외의 다른 집합투자증권을 취득하는 것이 허용되지 아니 할 것.

② 자 펀드외의 자가 모 펀드의 집합투자증권을 취득하는 것이 허용되지 아니 할 것.

③ 자 펀드와 모 펀드의 집합재산을 운용하는 집합투자업자가 동일할 것.

자 펀드가 모 펀드의 집합투자증권을 취득하는 경우에는 집합투자재산을 집합투자증권에 운용하는 경우(재간접펀드)의 자산운용 제한사항(사모펀드의 집합투자증권에 투자하는 행위제외)을 적용하지 않는다.

그리고 투자매매업자 또는 투자중개업자는 모펀드의 집합투자증권을 투자자에게 판매하여서는 아니 된다. 한편 사모펀드가 아닌 자펀드는 사모펀드인 모펀드의 집합투자증권을 취득할 수 없다.

(5) 상장지수펀드(ETF : Exchange Trade Fund)

상장지수펀드는 ① 증권에 관하여 그 종류에 따라 다수 종목의 가격수준을 종합적으로 표시하는 지수 중 대통령령으로 정하는 요건을 갖춘 지수의 변화에 연동하여 운용하는 것을 목표로 할 것, ② 수익증권 또는 주식의 환매가 허용될 것, ③ 수익증권 또는 주식이 해당 투자신탁 또는 투자회사의 설정·설립일로부터 30일 이내에 상장될 것 이라는 요건을 모두 갖춘 펀드를 말한다.

이와 같이 상장지수펀드는 안정적인 수익률이 장점인 인덱스 펀드

(index fund)에 개별주식의 높은 환금성이 더해진 펀드이다. 즉, 특정한 지수에 따라 운용되는 것으로, 거래소에 상장되어 거래소의 거래시간 중에 일반 주식과 같이 거래된다.[3] 예를 들어 화학업종 ETF라면 화학업종 지수의 구성종목에 연동하도록 종목을 보유하고 운용이 되므로 화학업종 ETF를 매입한다는 것은 여러 화학회사의 주식을 매입하는 것과 동일하다고 할 수 있다.

[그림 7-4] 상장지수펀드의 구조

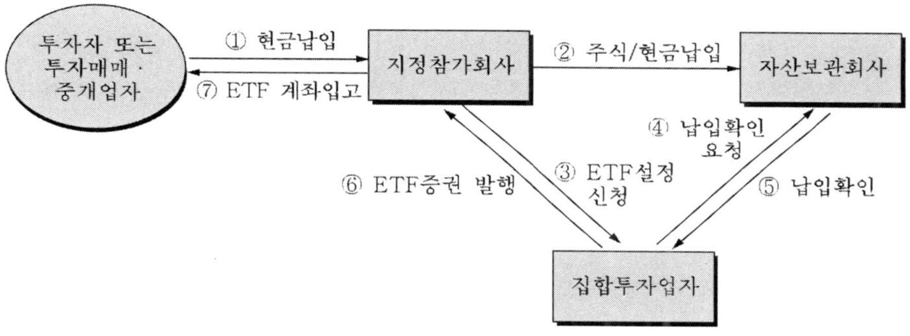

ETF는 일반 펀드와 다르게 ETF가 설정·해지되는 발행시장과 이미 발행된 ETF가 주식과 같이 투자자들 사이에 매매되는 유통시장으로 구분된다. 발행시장에서는 지정참가회사(AP : authorized participant)[4]를 통하여 ETF의 설정·해지가 이루어지고, 유통시장(구체적으로는 거래소)

3) 일반주식과 같이 증권회사에 직접 주문을 내거나 HTS(home trading system)또는 전화로 매매할 수 있다.

4) 지정참가회사는 증권을 대상으로 투자매매업(인수업은 제외)이나 투자중개업을 영위하는 자로서 ① 상장지수펀드의 설정 추가설정 또는 설립·신주발행을 집합투자업자에게 요청하는 업무, ② 상장지수펀드의 해지·일부해지 또는 해산·주식의 일부소각을 집합투자업자에게 요청하는 업무, ③ 투자자가 납부한 금전 또는 증권을 금융위원회가 정하여 고시하는 일정단위(설정단위)에 상당하는 자산으로 변경하기 위한 증권의 매매나 위탁매매업무, ④ 상장지수펀드의 집합투자증권이 증권시장에서 원활하게 거래되도록 하고, 그 가격이 그 집합투자증권의 좌수 또는 주수당의 순자산가치에 수렴되도록 하는 업무(금융위원회가 정하여 고시하는 지정참가회사만 해당)를 담당하도록 하기 위하여 집합투자업자가 지정하는 자를 말한다.

에서는 일반투자자들과 지정참가회사가 주식과 같은 방법으로 매매가 이루어진다. 이와 같이 일반투자자들은 펀드의 설정·환매를 통해서 투자하는 것이 아니라 거래소를 통해서 ETF를 매수·매도한다.

투자신탁이나 투자회사 외에 다른 형태의 펀드에 대해서는 ETF를 허용하지 않는다.

7. 사모투자전문회사(PEF : Private Equity Fund)

PEF는 사모펀드의 일종이나 일반사모펀드와는 달리 단순히 수익성을 추구하는 것이 아니라 경영권 참여, 사업구조 또는 지배구조의 개선 등의 방법으로 투자한 기업의 가치를 높이고 그 수익을 투자자에게 배분하는 것을 목적으로 하는 펀드이다. 자본시장법에서는 경영권행사, 사업구조 또는 지배구조의 개선 등을 위하여 지분증권 등에 투자·운용하는 투자합자회사로서 지분증권을 사모로만 발행하는 집합투자기구로 정의하고 있다.

우리나라의 PEF는 미국의 PEF를 모델로 하여 도입하였으나 차입 및 동일종목 투자한도의 제한, 산업자본의 참여제한 등의 규제에 기인하여 미국의 PEF보다 상당히 많은 규제를 받고 있다. 우리나라의 PEF는 기업을 인수하여 구조조정을 통해 기업의 투자가치를 제고시켜 투자수익을 얻는 것이 주 목적으로 포트폴리오 투자는 원칙적으로 금지하고 있다. PEF의 경우 M&A이나 사회간접자본에 전체 운용자산의 60% 이상을 의무적으로 투자해야 하고 금융위원회에 등록한 후 2년 이내에 그 재산의 50% 이상을 경영권 참여를 위해 투자하여야 하며, 경영권 참여에 성공한 후 기업의 주식 또는 지분은 경영권 참여 후 6개월 이내에 매각이 금지된다. 그리고 경영권참여 투자를 명분으로 PEF가 포트폴리오 투자를 행하는 것을 방지하기 위해 경영권참여에 실패한 경우에는 투자주식 또는 지분을 매각해야 한다.

우리나라의 PEF는 합자회사(무한책임사원+유한책임사원)로 반드시 명목회사(paper company)의 형태로 설립되어야 하며, 업무집행은 무한책임사원(통상 집합투자업자)이 담당하고 사원수는 50인 미만으로 제한하고 있다.

[그림 7-5] PEF의 운영구조

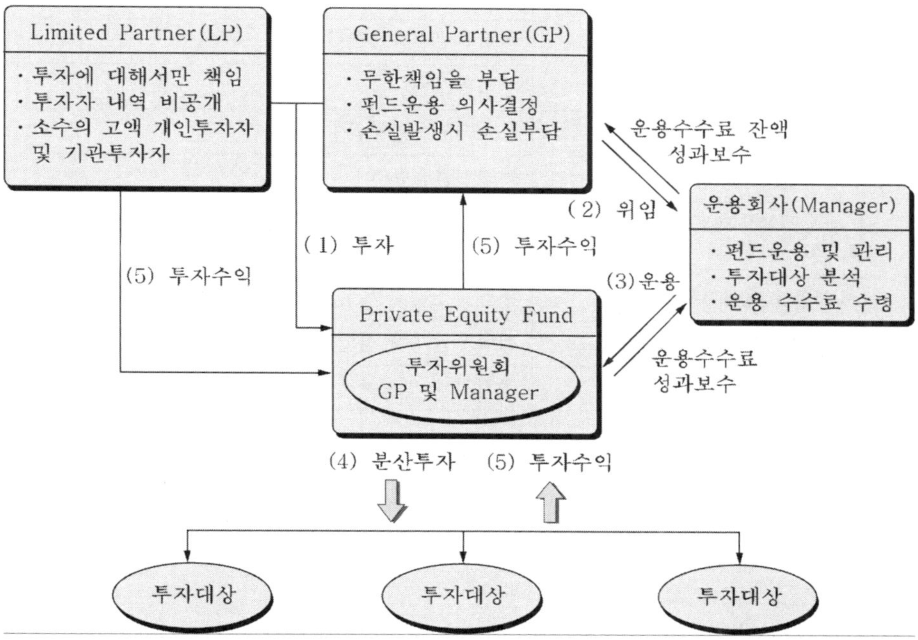

자료 : 강병호 · 김석동, 『금융시장론(제10개정판)』, 박영사, 2010년, p. 361.

8. 자본시장법의 적용을 받지 않는 펀드

자본시장법이 아닌 아래와 같은 다른 법률에 의거해 공모의 방식으로 금전 등을 모아 운용 · 배분하는 것을 목적으로 하는 펀드에 대하여, 자본시장법은 비록 자본시장법상에서 규정하고 있는 펀드는 아니지만 자본시장법상의 펀드로 간주하여 자본시장법에서 정하고 있는 투자자보호와 관련한 제반 규정을 적용하고 있다.

〈표 7-7〉 자본시장법의 적용을 받지 않는 집합투자기구

종 류	근 거 법 률
1) 사회기반시설투융자회사	사회기반시설에 대한 민간투자업
2) 부동산투자회사	부동산투자회사법
3) 선박투자회사	선박투자회사법
4) 문화산업전문회사	문화산업진흥기본법
5) 기업구조조정조합	산업발전법
6) 중소기업창업투자조합	중소기업창업지원법
7) 신기술사업투자조합	여신전문금융업
8) 한국벤처투자조합 9) 개인투자조합	벤처육성에 관한 특별조치법
10) 부품·소재전문투자조합	부품·소재전문기업 등의 육성에 관한 특별조치법
11) 해외자원개발투자회사	해외자원개발 사업법
12) 기업구조조정투자회사	종전의 기업구조조정투자회사법

다른 법률에 근거를 두고 있는 펀드 중에서 가장 대표적이고 일반화된 펀드에 해당하는 부동산투자회사(일반적으로 REITs라고 함)와 선박투자회사에 대해 이하에서 살펴보기로 한다.

(1) 부동산투자회사(REITs : Real Estate Investment Trust)

부동산투자회사(REITs, 이하 리츠라고 칭함)는 불특정 다수인으로부터 금전을 수탁 또는 납입받아 자금을 모집한 후, 이 자금으로 특정 부동산을 매입, 개발, 관리, 처분하거나 부동산관련 증권 등에 투자하여 그 투자수익을 수익자 또는 투자자에게 교부하는 투자상품을 말한다.

리츠와 부동산펀드는 자금으로 부동산에 투자하여 수익을 배분해 주는 방식은 유사하나 부동산펀드는 설정기간이 2~3년 정도로 건설자금 대여, 오피스·상업시설매입 등이 주 대상이나 리츠는 5년 이상의 장기투자대상에 투자한다는 점에서 차이가 있다(〈표 7-8〉 참조).

〈표 7-8〉 리츠와 부동산펀드의 차이점

	리 츠	부동산펀드
설립근거	부동산투자회사법	자본시장법
감독기구	국토해양부	기획재정부
설립자본금	250억원	제한 없음
상장여부	상장의무	공모의 경우 의무
배당	-이익의 90% 이상 배당시 법인세 감면	-보통 1년 단위로 이익배당(발매시 약관에 게재)
판매	-금융투자업자(증권회사)	-금융투자업자(증권회사), 은행
존속기간	-실체형일 경우 영속법인	-실물펀드(3~5년) PF(1~3년)

이와 같은 특징을 지닌 리츠는 부동산관련 공급시장과 수요시장을 금융시스템을 통해서 상호연결, 보완하는 기능을 수행한다. 즉 리츠를 통해 대규모 부동산 또는 개발사업을 소액화, 증권화하여 일반투자자에게 제공함으로써 부동산시장의 유동성 제고, 가격등락의 리스크완화 등을 가능하게 해주고, 부동산투자의 소액대중화를 통해 투자수익을 공유하게 할 뿐만아니라 금융시장과 실물시장의 연계발전을 가능하게 한다.

리츠에는 부동산투자회사법에 의해 부동산투자회사가 설정·운영하는 일반리츠와 자본시장법에 의해 집합투자업자가 설정·운영하는 CR리츠가 있다. 일반리츠는 부동산투자를 전문적으로 하는 부동산투자회사가 투자자로부터 자금을 위탁받아 부동산이나 부동산관련 증권 등에 운용하여 그 수익을 지급하는 형태로 모든 부동산투자가 가능하다. 부동산투자회사는 주식회사로 투자 및 운용을 직접 할 수도 있고 자산관리회사에 위탁할 수도 있다.

CR리츠는 기업의 구조조정을 지원하기 위해 설정된 한시적 명목회사형태의 투자회사로 투자 및 운용대상이 채무상환, 재무구조개선약정의 이행 및 회사정리절차에 의해 매각하는 부동산 등으로 제한되어 있다. 자산의 운용은 국토해양부장관이 인가한 자산관리회사에 반드시 위탁하여야만 한다.

리츠에 대한 주감독기관은 국토해양부이나 CR리츠에 대해서는 금융위원회가 업무 및 재산에 대한 검사권 및 자료의 제출보고 · 명령권을 보유하고 국토해양부에 대해 당해 회사에 대한 업무정지 및 임직원의 징계를 요구할 수 있다.[5)]

(2) 선박투자회사

선박투자회사법에 의거하여 다수 투자자로부터 자금을 모집하여 선박을 취득하고 그 취득한 선박을 해운선사에 용선함으로써 얻게 되는 용선료 수입을 투자자에게 수입의 분배방식(채권이자형, 고정배당금)으로 배당하는 펀드를 말한다.

이는 선박투자회사, 선박운용회사, 해외자회사, 해운선사 등으로 운영구조를 형성하고 있다. 선박투자회사는 다수투자자로부터 자금을 모집하여 설립되는 회사(paper company)로 선박투자를 통해 배당수익을 창출하는 것이 특징이다. 선박운용회사는 선박투자회사가 서류상의 회사이므로 선박투자회사와 선박운행회사, 선박관리회사, 조선소, 금융기관, 자산보관회사 등 모든 당사자들의 계약은 선박운용회사(집합투자업자, 현재의 자산운용회사)가 선박투자회사의 위임을 받아 처리한다. 해외자회사는 조세감면 및 국내외 금융기관으로부터 원활한 자금차입의 목적으로 해외에 설립하여 선박의 취득, 소유, 대선 등의 업무를 대행한다. 해운선사는 선박투자회사의 투자수익을 확보하기 위해 선박을 빌려가고 임대료를 지급하는 회사이다.

동 펀드는 높은 목표수익률과 배당금에 대한 비과세혜택이 가장 큰 장점이며, 동 펀드의 수익자는 정기적으로 배당수익을 지급받는다. 한편 동 펀드는 폐쇄형으로 투자기간이 보통 10~15년으로 되어 있어 환금성에 대한 제약이 있는데, 이를 해결하기 위해 증권시장에 상장하여 자금이 필요한 사람은 증권시장에서의 매도를 통하여 자금환수가 가능하다. 또한 실적배당형상품으로 투자원금을 보장받을 수 없다. 다만, 투자한 선박을

---

5) 강병호 · 김석동, 『금융시장론(제10개정판)』, 박영사, 2010년, p. 360.

담보로 선박보험 가입을 통해 손실가능성을 축소할 수 있다.

선박투자회사는 국토해양부장관의 인가를 받아야 하며 최소자본금은 50억원 이상으로 설정된다.

[그림 7-6] 선박펀드의 구조

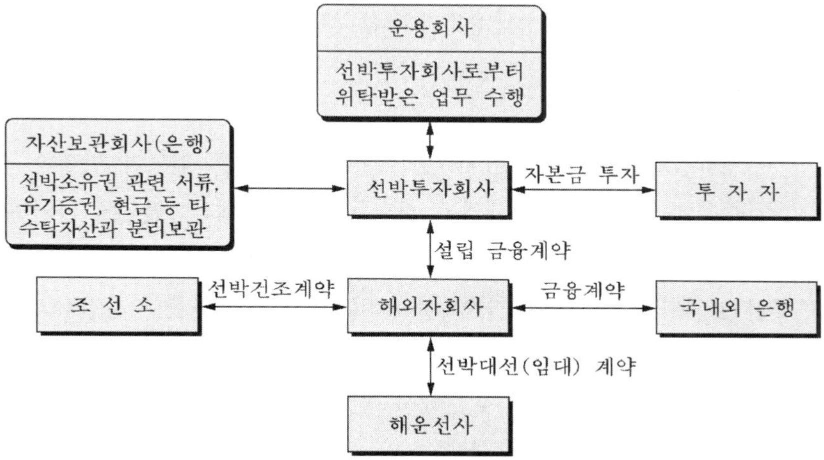

자료 : 강병호 · 김석동, 『금융시장론(제10개정판)』, 박영사, 2010년, p. 361.

9. 기타

(1) 적립식펀드

투자신탁 수익증권에 목돈을 일시에 투자하는 것이 아니라 일정기간 동안 원하는 펀드(주식형, 채권형 등) 한 가지를 선택하여 투자하는 상품이다. 은행의 정기적금과 같이 일정기간 동안 적립하고 만기에 목돈을 찾는 형태의 상품으로, 여러 종목과 장기간에 걸쳐 분산투자함으로써 위험을 낮추는 정기정립효과를 추구할 수 있다. 그러나 분산 장기투자한다고 항상 수익률이 높은 것은 아니므로 주식시장 상황 등에 따라 일부 중도환매나 전액환매 시기를 결정하는 것이 중요하다.

투자원금은 보장되지 않으며 운용실적에 따라 원금에 손실이 발생할 수도 있다. 가입대상 및 적립한도는 일반적으로 제한이 없으나 세제혜택 적용 펀드는 제한을 두는 경우가 있으며, 일정기간 동안 일정금액 또는 좌수를 정하여 매월 저축하는 정액적립식과 일정기간동안 금액에 제한없이 수시로 저축하는 자유적립식의 2가지 방법이 있다. 운용은 집합투자회사에서, 판매는 은행, 증권회사(금융투자회사), 보험회사에서 각각 행하고 있다.

(2) 재간접펀드

재간접펀드(fund of funds)는 펀드자산을 다른 펀드가 발행한 집합투자증권에 50% 이상 투자하는 펀드를 말한다. 재간접펀드에 가입하면 여러 자산운용회사들이 운용하는 다양한 펀드에 동시에 가입한 것과 유사한 효과가 있어 분산투자효과를 높일 수 있고 다양한 투자전략의 효과를 추구할 수 있다.

그러나 재간접펀드는 펀드에서 또 다른 펀드에 투자하는 구조이므로 판매보수 및 운용보수를 이중으로 지급하는 결과를 초래하는 등 비용부담이 일반 펀드에 비해 높을 수 있고, 펀드운용의 내용을 파악하기 어렵다는 단점이 있다. 최근에는 해외펀드 특히 BRICs 국가, 베트남 등에 투자하는 재간접펀드가 증가하고 있다.

(3) 해외펀드

해외펀드는 취급기관, 가입대상. 가입한도 등이 일반적인 국내펀드와 동일하지만 투자대상이 해외의 주식, 채권, 부동산 등인 상품이다. 해외펀드도 국내펀드와 동일하게 집합투자재산의 비율에 따라 자산총액의 60% 이상을 해외주식에 투자하는 주식형, 자산총액의 60% 이상을 해외채권에 투자하는 채권형, 자산총액의 50% 이상, 60% 미만을 해외주식에 운용하는 주식혼합형, 자산총액의 50% 미만을 해외주식에 운용하는 채권혼합형으로 구분된다.

해외펀드는 국내 자산운용회사에서 운용하고 원화로 투자하는 즉 해외투자국내펀드인 역내펀드(on-shore fund)와 해외 자산운용회사가 해외에서 운용하는 외국펀드인 역외펀드(off-shore fund)로 나눌 수 있다. 역내펀드는 국내법에 의해 국내 자산운용회사가 국내에서 설정한 펀드로서 국내투자자들로부터 자금을 모아 해외에 있는 주식, 채권, 부동산 등에 투자하는 펀드로, 엄밀히 말하면 투자대상을 해외로 확대했을 뿐 기존의 국내펀드와 크게 다를 바 없다. 역외펀드는 해외 자산운용회사가 외국에서 설립, 설정한 펀드로서 전 세계 투자자들로부터 자금을 모아 전 세계를 대상으로 주식이나 채권에 투자하여 수익을 추구하는데, 일반적으로 면세지역에 설정되어 운용된다.

〈표 7-9〉 역외펀드와 해외투자 역내펀드의 비교

	역외펀드	해외투자 역내펀드
설립근거	외국법	국내법
운용주체	외국 자산운용회사	국내 자산운용회사
펀드형태	주로 단독펀드	주로 재간접펀드(fund of funds)
펀드종류	매우 다양	제한적
환위험관리주체	투자자	펀드운용자
수수료	비교적 낮음	비교적 높음

자료 : 금융투자교육원, 『증권투자상담사 Ⅲ』, 2011년, p. 96.

또한 해외펀드는 집합투자재산을 운용하는 지역(미국, 유럽, 중국, 인도 등)에 따라 브릭스펀드(BRICs[6] fund), 차이나 펀드(Cnina fund), 이머징펀드(Emerging fund) 등 매우 다양하게 구분된다. 이처럼 해외펀드는 개별상품별로 다양한 집합투자재산운용비율, 투자방법, 집합투자재산운용지역 등이 세분화되어 투자자성향에 맞는 해외펀드를 찾기가 용이하다. 그러나 해외시장에서 집합투자재산을 운용하기 때문에 국내펀드와 비교할 때 다음과 같이 환위험노출, 환매기간, 세금 및 수수료 등에 유의하여야 한다.

해외펀드는 해외에서 투자하기 때문에 필연적으로 환위험에 노출되게

6) BRICs의 B는 Brazil(브라질), R은 Russia(러시아), I는 India(인도), C는 China(중국)를 의미한다.

된다. 이러한 환위험을 회피하기 위해서는 선물환거래를 이용하거나, 펀드 내에 자체적으로 회피장치를 두는 경우도 있다. 투자자가 환위험을 회피하는 경우 환위험 회피비용은 투자원금의 0.5% 정도가 일반적이며 투자원금에 대해 1년 단위로 계약을 갱신한다.

해외펀드는 국내펀드에 비해 환매기간이 긴 편이다. 일반적으로 국내펀드는 환매신청 후 3~4일 내외로 자금을 받을 수 있지만, 해외펀드는 8~10일 정도 소요된다.

판매회사별로 다르지만 일반적으로 해외펀드에 대한 판매수수료는 국내펀드보다 비싸게 책정된다. 계약기간 이전에 환매했을 때 부과하는 중도환매수수료의 기준이 되는 기간은 국내펀드는 90일, 해외펀드는 180일 정도로 해외펀드가 국내펀드에 비해 길다. 국내주식형 펀드의 경우 주식매매차익으로 인한 수익에 대해 비과세하고 있으나, 해외펀드는 15.4%의 세금을 내야 한다.

제 3 절 펀드시장의 동향

1. 시장의 규모

최근 우리나라의 펀드시장은 급속한 성장세를 지속하였다. 2012년 말 현재 펀드시장의 운용자산 총 설정잔액은 307.6조원으로 이는 2003년 말 대비 약 112.1%(162.5조원)증가한 수치이며, 또한 1997년 외환위기 당시 대비 약 241.3%(217.5조원) 증가한 수치이기도 하다.

[그림 7-7] 펀드시장의 운용자산 설정잔액

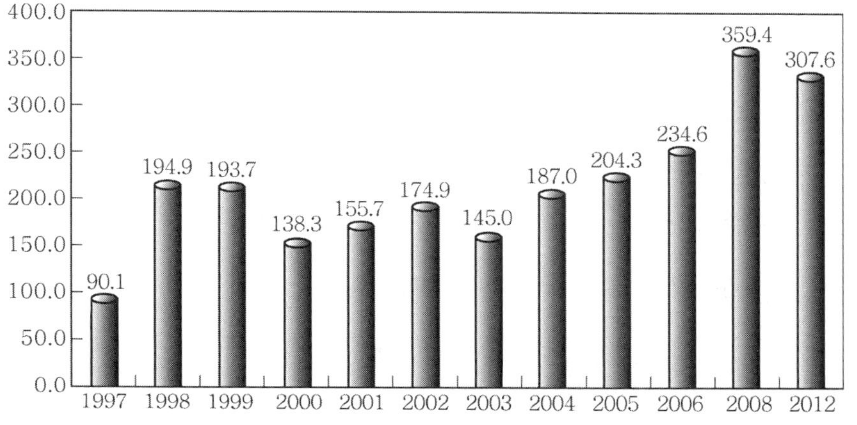

자료 : 금융투자협회

1998년과 1999년의 총 설정잔액은 각각 194.9조원, 193.7조원인데, 이는 금리가 급등함에 따라 채권형 펀드를 중심으로 자금흐름이 집중된 것에 연유한다. 그 이후 대우그룹사태와 IT버블붕괴, 신용카드회사의 채무불이행 등의 환경요인에 의해 급감하여 2000년 138.3조원, 2003년 148.3조원까지 감소하였으나, 2004년 이후 '간접투자자산운용법'의 시행 등에 따른 투자자들의 신뢰회복, 고령화 사회의 도래와 퇴직연금제도, 자산운용회사(종전의 투자신탁회사)의 구조조정 마무리, 8.31부동산대책 등의 사회적 이슈가 대두 등에 기인하여 지속적인 상승세를 시현하여 왔다. 그러나 2009년이후 주가상승에 따른 차익실현을 위한 주식형을 중심으로 한 펀드환매의 지속적인 증가로 감소추세가 지속되고 있다.

2. 투자대상자산 유형별 동향

(1) 증권 펀드

2011년 말 현재 주식형과 혼합형, 채권형 펀드로 구성된 증권펀드의 설정액은 179.2조원으로 2002년 대비 약 42.9.%, 53.8조원 증가하였다. 주식형펀드는 동기간 약 894%, 93.7조원 증가하였고, 채권형 펀드는 약 27.1%, 16.7조원 감소하였으며, 혼합형 펀드는 약 43.3%, 23.1조원 감소하였다. 이는 10년간에 걸쳐 주식형 펀드는 1999년 바이코리아 열풍으로 63.7조원에 달했던 수탁고를 크게 초과하여 급등세를 시현한 반면에, 혼합형 펀드 및 채권형 펀드는 상대적으로 감소하는 추세를 보이고 있음을 알 수 있다(〈표 7-10〉참조).

〈표 7-10〉 증권 펀드의 유형별 설정액 현황

(단위 : 10억원)

연 도	주식형	혼합형		채권형	합 계
		주식혼합	채권혼합		
1967	10,675			64,651	75,326
1998	8,607			172,831	181,438
1999	63,680			108,223	171,903
2000	4,075	25,016	26,159	56,239	111,489
2001	6,919	18,743	30,506	64,168	120,335
2002	10,483	16,896	36,421	61.591	125,392
2003	9,401	12,064	27,126	54,394	102,985
2004	8,580	8,160	26,502	75,749	118,991
2005	26,185	8,353	34,106	51,336	119,981
2006	46,491	8,891	39,121	50,417	144,921
2007	116,353	12,878	31,786	40,862	201,880
2008	140,214	13,592	25,658	30,342	209,806
2009	126,232	13,436	18,003	46,108	203,778
2011	104,201	11,974	18,226	44,844	179,245
2012.11	95,960	10,300	19,393	46,595	172,248

자료 : 금융투자협회

증권펀드의 현황의 특징은 주식형 펀드의 상승으로 귀결지울 수 있다. 이는 근본적으로 정부의 강력한 부동산대책에 대한 반사효과, 주식시장의 활황 등으로 부동산시장 및 채권형 펀드로부터 이탈된 자금이 주식형 펀드로 대거 유입된 것에 기인하는데, 특히 적립식펀드의 활황에 기인하는 바가 컸다고 말할 수 있다.

2005년 이후 급격한 증가세를 보이던 적립식펀드 판매잔액은 2009년에 들어 감소세로 전환되어 2011년 말 현재 57조 200억원(계좌수 921.6만개)에 달하고 있다(〈표 7-11〉 참조). 이는 경기에 대한 불안감으로 주가상승기에 많은 환매가 일어난 데에서 연유된다고 볼 수 있다.

〈표 7-11〉 적립식펀드 판매액과 계좌수 추이

(단위: 10억원, 1,000개)

	2005년 말	2006년 말	2007년 말	2008년 말	2009년 말	2011년 말	2012년 11월
판매잔액	14,033	28,089	58,400	76,578	70,082	57,200	54,654
계 좌 수	5,625	7,535	14,837	14,310	11,885	9,216	8,208

자료 : 금융투자협회

(2) MMF, 파생상품, 기타

MMF와 2004년 이후 판매되기 시작한 파생상품, 기타펀드의 성장도 괄목할만하다(〈표 5-12〉 참조).

〈표 7-12〉 MMF, 파생상품, 기타펀드의 설정액현황

(단위 : 10억원)

	2005년	2006년	2007년	2008년	2009년	2011년	2012년11월
M M F	64,846	57,154	46,739	88,903	71,691	53,127	68,918
파생상품	12,201	16,845	22,393	27,880	19,335	22,928	32,121
기 타	7,317	15,695	25,449	32,898	37,077	43,181	50,616

자료 : 금융투자협회

2011년 12월 말 현재 MMF, 파생상품, 기타 펀드의 설정잔액은 119.2조원으로 2005년 말 대비 약 41%(34.8조원)증가하였다. 이중에서 특히 MMF를 제외한 파생상품, 기타펀드의 급증은 펀드의 다각화측면에서 투자자의 투자범위가 확대되고 있다는 것을 시사하는 것으로 바람직한 현상이라고 볼 수 있다.

3. 투자주체별 구성현황

2011년 12월 말 현재 MMF를 포함한 총신탁재산은 305조 6,820억좌로 금융기관(47%),개인(38%),일반법인(15%)의 순으로 구성되어 있다(〈표 7-13〉 참조). 최근의 동향을 살펴보면 개인이 감소하고 있는 반해, 금융기관 및 일반법인의 비중이 증가추세임을 알 수 있다.

〈표 7-13〉 투자주체별 구성현황

(단위 : %)

	2008년 12월 말	2009년 12월 말	2011년 12월 말	2012년 11월말
개 인	52	51	38	44
금융기관	36	36	47	41
일반법인	12	13	15	15
계	100	100	100	100

자료 : 금융투자협회

중요개념 및 용어

집합투자	집합투자기구	집합투자증권
집합투자업자	계약형펀드(투자신탁)	수익증권
위탁자 수탁자	수익자	회사형펀드(투자회사)
공모펀드	사모펀드	단위형펀드
추가형펀드	개방형펀드	폐쇄형펀드
증권집합투자기구(펀드)	부동산집합투자기구(펀드)	특별자산집합투자기구(펀드)
혼합자산집합투자기구(펀드)	단기금융집합투자기구(펀드)	환매금지형펀드
종류형펀드	전환형펀드	모자형펀드
상장지수펀드(ETF)	PEF(사모투자전문회사)	부동산투자회사(REITs)
선박투자회사	적립식펀드	재간접펀드
해외펀드	역내펀드	역외펀드

연 습 문 제

1. 집합투자기구(펀드)의 의미 및 성격에 대하여 설명하라.

2. 펀드를 계약형펀드와 회사형펀드로 구분하여 비교, 설명하라.

3. 펀드를 공모펀드와 사모펀드로 구분하여 비교, 설명하라.

4. 자본시장법상 투자대상자산기준에 의해 펀드를 어떻게 분류하는지를 설명하라.

5. 환매금지형펀드에는 어떤 펀드가 있는지 설명하라.

6. 상장지수펀드(ETF)에 대하여 서술하라.

7. PEF에 대하여 구체적으로 설명하라.

8. 부동산투자회사(REITS)와 부동산펀드를 비교, 설명하라.

9. 적립식펀드에 대하여 설명하라.

10. 해외펀드를 역내펀드와 역외펀드로 구분하여 설명하라.

제 8 장 자산관리시장

본 장에서는 자산관리시장을 크게 신탁시장과 투자자문(일임)시장으로 분류한 후, 각 시장의 의의와 관련 상품에 대하여 구체적으로 살펴보고자 한다.

제 1 절 신탁시장

1. 신탁의 의의

신탁(trust)은 위탁자(trustor)와 수탁자(trustee)간의 신임관계를 바탕으로 개인 또는 단체인 위탁자가 금전 또는 그 밖의 재산의 관리 또는 처분을 신탁금융기관인 수탁자에게 일정기간 동안 위탁하여 운용하게하고, 여기서 발생하는 운용수익을 수익자(beneficiary)에게 귀속시키는 것을 말한다. 이때 수탁자는 수탁업무수행에 따른 서비스제공의 대가로 신탁수수료를 위탁자로부터 받는다.

〈표 8-1〉 신탁과 고유계정과의 비교

구 분	신 탁	예 금	채 권
재 산 관 계	신탁재산(신탁계정)	고유재산(은행계정)	고유재산(은행계정)
계 약 관 계 인	위탁자, 수탁자, 수익자	예금자, 은행	예금자, 은행
계약의 성질	신탁행위(계약, 유언)	소비임치계약	증권 매매계약
	신탁법	민법	상법
운 용 방 법	신탁계약 및 법령범위내에서 운용	제한없음	법령범위 내에서 운용
이 익 분 배	실적배당 (운용수익-신탁보수)	약정이자(확정이자)	확정이자
배당률(이율)	실적배당	약정금리	확정금리
원 본 보 전	원칙적으로 원본에 대한 보장의무없음	원금, 약정이자 지급의무 있음	원금, 약정이자 지급의무 있음
특 약 체 결	가능	불가능	불가능
규 제 법 률	신탁법, 자본시장법	은행법	상법, 증권관련법률
감 독 기 관	금융감독원	금융감독원	금융감독원

자료 : 금융투자교육원, 『증권투자상담사 Ⅲ』, 한국금융투자협회, 2011년, p. 42.

신탁이라는 법률관계가 성립하려면 신탁관계인, 신탁행위 및 신탁재산(재산권)이라는 구성요소가 필요하다.

현재 위탁자와 수탁자간의 계약관계에 기초한 법률관계를 규정한 신탁에 관한 기본법은 신탁법이고, 신탁의 인수를 영업으로 하는 신탁업자를 규율하는 법은 『자본시장과 금융투자업에 관한 법률(이하 자본시장법이라 칭함)』이다.

수탁자는 위탁자로부터 재산권의 이전을 받아 신탁목적에 따라 신탁재산권의 관리 또는 처분을 행하고 신탁재산에서 발생하는 손익은 모두 위탁자 또는 수익자에게 귀속시켜야 한다. 신탁행위는 위탁자와 수탁자간 쌍방의 계약에 의해 이루어지는 신탁계약과 단독행위인 유언신탁(testamentary trust) 등으로 구분할 수 있다.[1)]

한편 신탁의 대상이 되는 재산은 법률상으로 소유권의 이전과 처분이 가능한 것이 전제가 되는데, 우리나라의 경우 신탁업자가 위탁자로부터 수탁할 수 있는 재산의 종류에 대해서는 신탁법상 제한이 없다. 그러나 영업으로 수탁을 하는 자를 규율하는 자본시장법에서는 신탁재산은 금전채권, 동산, 토지와 그 정착물, 지상권, 전세권, 토지임차권, 무체재산권(지적재산권 포함), 주권 등의 증권 등으로 한정하고 있다. 다만 이상의 재산 중 2개 이상을 1개의 신탁계약에 의거 종합하여 수탁할 수 있다.

2. 신탁재산의 종류

신탁은 수탁재산의 형태에 따라 금전으로 수탁하는 금전신탁과 금전이외의 재산이나 경제적 권리로 수탁하는 재산신탁으로 구분된다. 금전신탁은 금전을 신탁재산으로 인수하는 신탁형태를 총칭하는 것으로 신탁종료시 신탁재산을 금전으로 교부하는 신탁을 말하고, 재산신탁은 신탁인수시에 신탁재산으로 금전 이외의 재산 즉 금전채권, 증권, 부동산 등을 수탁하여 신탁종료시 신탁재산을 현상 그대로 수탁자에게 교부하는 신탁을

1) 강병호 · 김석동, 상게서, p. 368.

말한다.

(1) 금전신탁

금전신탁은 위탁자가 신탁재산의 운용방법을 특정하고 있느냐의 여부에 따라 특정금전신탁과 불특정금전신탁으로 구분된다. 특정금전신탁은 위탁자가 신탁재산의 운용대상으로 특정주식, 특정대출 등과 같이 구체적으로 그 운용방법을 정하여 위탁한 경우를, 불특정금전신탁은 그 운용방법을 특별히 지정하지 않고 위탁자에게 일임하여 신탁종료시에 금전으로 환급할 것을 약정하는 경우를, 각각 의미한다. 특정금전신탁에는 대표적으로 맞춤형 특정금전신탁과 분리과세 특정금전신탁 등이 있다.

① 맞춤형 특정금전신탁

고객이 운용대상, 운용방법, 운용조건 등을 은행에게 지시하고, 은행은 고객이 지시한 내용대로 운용하여 신탁기간 종료시 운용수익에서 일정한 비용(신탁보수 등)을 차감한 후 실적배당하는 주문형 신탁상품이다. 세금우대 종합저축한도 내에서 1년 이상 가입시에는 세금우대혜택을 받을 수 있다.

맞춤형 특정금전신탁은 신탁계약기간별로 별도 펀드를 구성하여 관리 · 운용하기 때문에 고객의 투자성향, 투자기간, 투자금액 등에 따라 맞춤형 투자가 가능하다. 특정금전신탁에서 발생한 수익은 고객이 직접 증권 등에 투자한 것으로 가정하여 과세한다. 즉 증권의 매매차익은 비과세하고 증권이자는 이자소득으로, 주식배당금은 배당소득으로 과세한다.

은행, 증권회사(금융투자회사), 보험회사 등의 신탁업자가 취급하며, 가입대상에는 제한이 없다. 종류에는 채권형, 주식형, 랩어카운트형[2]이 있으며, 최저예탁한도는 일반적으로 5천만원 이상이나 금융기관별로 상이하다. 예탁기간은 3개월 이상이나 제한이 없으며, 거치식으로 예탁한다.

---

2) 랩어카운트(wrap account)는 고객이 예탁한 자산에 대한 포트폴리오 구성 및 투자자문 등의 자산관리서비스를 제공하고 이에 대해 일정률의 수수료를 받는 상품이다. 구체적인 것은 제 8장 2 절 참조.

② 분리과세 특정신탁

특정금전신탁 상품 중 발행일로부터 상환일까지의 기간이 10년 이상인 장기채권에 투자하는 경우, 동 채권에서 발생하는 이자소득에 대하여 분리과세[3]를 신청할 수 있는 상품이다.

분리과세 특정신탁은 주로 국가 및 지방자치단체가 발행한 채권에 운용하므로 안전한 투자가 가능하며 예치기간에 관계없이 분리과세 신청이 가능하다. 또한 분리과세 특정신탁에 가입하면 33%의 세율로 소득세를 납부하고 납세의무가 종결되기 때문에 금융소득 종합과세대상소득에 포함되지 않는다. 그리고 분리과세 특정금전신탁에 가입하였더라도 투자자는 분리과세 또는 일반과세 중에서 선택할 수 있다.

은행, 증권회사(금융투자회사), 보험회사 등이 취급하며, 가입대상에는 제한이 없다. 종류에는 국공채형, 주식형이 있으며, 예탁한도는 1억원 이나 금융기관별로 상이하다. 예탁기간은 제한이 없으나 일반적으로 1년 이상이다.

③ 불특정금전신탁

불특정금전신탁은 신탁업을 영위하고 있는 은행 등의 금융기관이 신탁단위(펀드)별로 일정한 판매기간을 정하여 다수의 고객으로부터 금전을 신탁받아 대출, 채권, 주식 등의 자산에 운용하고 운용수익에서 신탁보수 등 일정한 비율을 차감한 후 실적배당하는 상품이다.

불특정금전신탁은 만기 후에도 실적배당하기 때문에 이미 가입한 고객은 만기가 경과하였다 하여 바로 해약하는 것보다는 다른 저축상품과 배당률을 비교하여 해지여부를 결정하는 것이 유리하다.[4]

은행, 증권회사(금융투자회사), 보험회사 등 신탁업자가 취급하고 있으며 세금은 일반과세, 세금우대, 생계비형비과세 중에서 선택이 가능하다.

한편 신탁재산의 운용방법은 크게 합동운용(common fund trust)과 개

3) 분리과세는 원천징수의무자가 이자나 배당소득을 지급할 때 원천징수함으로써 이자・배당소득을 지급받는 자의 납세의무가 종결되는 제도이다.
4) 금융투자교육원, 『증권투자상담사 Ⅲ』, 한국금융투자협회, 2011년. p. 44.

별운용(private fund trust)으로 분류된다. 합동운용은 개별위탁자로부터 받은 신탁자금을 공동자금으로 하여 운용하고 그 운용과실을 위탁자에게 적절히 분배하는 것을, 개별운용은 개별위탁자로부터 받은 신탁자금을 개별적으로 분리하여 운용하는 것을, 각각 의미한다. 일반적으로 특정금전신탁의 경우에는 개별운용을, 불특정금전신탁의 경우에는 합동운용을 한다.

(2) 재산신탁

재산신탁은 재산의 종류에 따라 증권신탁, 금전채권신탁, 부동산신탁, 무체재산권신탁, 이밖에 지상권, 전세권, 임차권 등의 신탁으로 구분된다.

① 증권신탁

증권신탁은 고객소유의 증권을 신탁재산으로 수탁하여 증권의 보관, 이자배당금, 상환금의 수령, 증자대금의 불입, 담보제공, 대여 등 증권을 관리, 처분, 운용하고 신탁종료시 신탁원본 및 수익을 운용현상대로 교부하는 재산신탁을 말한다. 이는 신탁목적에 따라 관리신탁, 운용신탁 및 처분신탁으로 구분된다.

관리신탁은 증권의 관리업무를 신탁업자가 대행하는 데에 그 목적이 있는데, 증권의 이자나 배당금의 추심이 이에 해당된다. 한편 운용신탁은 신탁업자가 수탁된 증권을 운용하여 위탁자가 그 운용수익을 얻도록 하기 위한 것으로 증권대여료수입 등이 그 예이다. 그리고 처분신탁은 신탁업자가 수탁된 증권을 위탁자가 지정한 가격과 기간이내에 처분하기 위한 신탁이다.

최저신탁금액은 3억원 이상으로 하고 있으며, 수탁가액은 수탁시점의 공정한 가액으로 한다. 단, 공정한 가액이 불분명한 경우에는 액면가액으로 할 수 있다. 중도해지는 원칙적으로 불가능하지만 계약기간 만료전에 원본 및 수익금 전액이 회수되어 신탁목적이 달성된 경우에는 가능하다. 일부 중도해지하는 경우 당초 수탁증권 장부가액 내에서 해지한다.

신탁기간이 만료되어 신탁이 종료된 때에는 신탁의 최종재산에 대한 수익자의 승인을 얻은 후 최종계산서와 함께 신탁재산을 현상대로 교부한다. 단, 수익자의 요청이 있는 경우에는 금전으로 환가하여 교부할 수 있다.

② 금전채권신탁

금전채권신탁은 수탁자가 금전채권 등 신탁재산을 위탁자로부터 수탁하여 이를 관리하고 그 대금을 받아 위탁자에게 지급하는 것을 말한다.[5)] 위탁자는 금전채권 신탁계약에서 발생할 수익권에 따라 발행된 수익권 증서를 수익자 변경 또는 타인에게의 양도 등을 통하여 채권이 변제될 때 까지 회수할 수 없는 자금을 유동화할 수 있다.

수탁가능채권은 ㉠ 금전채권의 채권자 또는 채무자가 투자적격업체이거나 금융기관이 보유 또는 보증한 채권이어야 하고, ㉡ 채권자가 금전채권에 대하여 완전한 소유권을 지닌 것으로, ㉢ 소송 등 분쟁이 없어야 하며, ㉣ 기타 금전채권의 내용에 따라 금전채권을 신탁하는 데 있어 하자가 없어야 한다.

계약에 의거한 중도해지 또는 만기해지에 따른 신탁원본 및 수익의 지급으로 신탁이 종료된다. 중도해지는 원칙적으로 불가하지만, 신탁목적이 달성되었거나 불가피한 사유에 의하여 현저하게 곤란하거나 불가능하게 된 경우에는 신탁해지가 가능하다. 회수된 채권원리금으로 수익을 지급하며 그 방법은 신탁계약으로 정한다. 수익권에 대한 원본 및 이익보전을 하지 아니하고 실적배당을 한다.

③ 부동산신탁

부동산신탁은 고객소유의 부동산을 수익자의 이익 또는 신탁계약에 정한 바에 따라 관리, 처분, 담보 및 개발을 목적으로 수탁받아 운용하고 신탁종료시 그 현 상태로 교부하는 신탁상품이다. 부동산신탁은 신탁재산에 대한 강제집행 및 경매금지로 신탁재산의 안정성을 보장할 수 있고,

---

5) 금전채권신탁은 금전채권의 종류에 따라 일반금전채권신탁과 생명보험신탁으로 구분된다. 일반금전채권신탁은 어음, 채권 등 일반적인 금전채권 등을 대상으로 수탁 보관하여 만기일이 도래하면 이 채권을 받아내는 것으로 추심신탁이라고도 한다. 생명보험신탁은 보험계약자 및 보험금수취인을 수탁자의 명의로 변경하여 보험료 납입이나 보험금수취업무를 대행해주는 것을 말한다.

신탁재산에 대해서는 취득세, 등록세가 면제된다.[6] 또한 신탁재산과 관련한 계약, 권리관계, 세무 및 법률 등을 신탁업자가 종합적으로 관리함으로써 부동산관리의 편리성을 높일 수 있다.

부동산신탁은 신탁목적에 따라 관리신탁과 처분신탁으로 구분된다. 이 중에서 관리신탁은 다시 위탁자가 부동산의 권리와 그 관리권을 전부 수탁자에게 위탁하는 경우(갑종)와 부동산의 권리만을 위탁하고 관리는 위탁자자신이 하는 경우(을종)로 구분된다. 관리신탁은 부동산의 재산권을 안전하게 보전하고자하는 것으로 일단 신탁으로 설정된 재산은 강제집행이나 경매 등 제3자의 재산권침해로부터 법률상의 보호를 받을 수 있다.

처분신탁은 부동산의 매각을 목적으로 하는 신탁으로[7], 부동산담보신탁과 부동산개발신탁(토지) 등이 대표적인 예이다. 부동산담보신탁은 금융기관에게 대출받을 때 부동산을 직접담보로 제공하지 않고 부동산신탁회사에게 자기소유 부동산의 관리를 맡긴 뒤 그 증서(수익증서)를 담보로 대출받는 것을 말한다. 부동산신탁회사는 일정기간 신탁재산의 담보력이 유지되도록 관리하다가 위탁자가 금융기관 대출금을 갚지 못하면 신탁재산인 부동산을 처분, 그 대금으로 채무를 변제해 준다. 이와 같이 부동산담보신탁을 이용할 경우 위탁자(대출금융기관에 대출신청 채무자 또는 담보제공자)는 비용을 절감할 수 있고 대출금융기관은 채권확보 및 담보관리의 편리성을 추구할 수 있다.

부동산개발신탁은 부동산소유자가 부동산을 신탁업자에게 신탁하는 것으로, 신탁업자는 수익권을 부동산소유자에게 교부하고 토지의 개발 및 관리업무를 대행하며 부동산의 이용 및 처분에서 발생하는 수익을 부동산소유자에게 환급한다.

④ 무체재산권신탁

무체재산권신탁은 경제적 가치가 있는 권리를 가진 자가 이를 신탁회

6) 단, 재산세 및 종합토지세는 제외한다.
7) 최근에는 부동산의 관리 및 처분서비스를 동시에 제공하는 신탁이 개발되고 있다.

사에 신탁하고 신탁회사는 이를 운용하여 그 수익을 권리자에게 지급하는 신탁을 말하는 데, 지적재산권신탁이 대표적인 예이다.

특허권이나 저작권 등을 소유한 자가 동 권리를 신탁회사에 신탁하고 신탁회사는 이를 매각하여 받은 대금이나 이용자에게 대여하고 받는 이용료에 대한 수취권을 표창하는 신탁수익권을 발행하여 이를 일반투자자에게 매각하고 대금을 지적재산권소유자에게 지급하는 것이 그 예이다.[8)]

⑤ 지상권, 임차권, 전세권신탁

이들 신탁은 수탁물건에 부수되어서 일괄 신탁계약형태로 체결되든가, 아니면 별개의 계약형태로 체결될 수 있다. 예를 들어 부동산신탁의 경우 그 부동산건물을 전세 임대를 하였을 때 그 임대료 등 수입금관리를 관리항목으로 추가해서 포함할 수 있다.

제 2 절 투자자문(일임)시장

1. 투자자문(일임)의 의의 및 유형

투자자문은 투자자에게 증권, 파생상품 등 금융투자상품의 가치 또는 투자자산에 대한 투자판단에 관하여 구술, 문서, 그 밖의 방법으로 제공하는 서비스를 말한다. 이와 같은 의미를 지닌 투자자문을 전문적으로 취급하는 기관을 투자자문회사라고 한다.

투자자문회사가 전문적인 지식과 정보를 바탕으로 투자자의 투자관리 업무를 대행한다는 점에서는 자산운용회사와 유사하나, 전자의 경우 특정 고객의 주문을 받아 투자관리를 대행하는데 반해, 후자의 경우 자산운용회사가 미리 투자목적별로 상품을 만들어 이를 불특정다수에게 판매한다는 점에서, 또한 전자의 경우 투자자산의 소유권을 고객이 직접 보유하는

8) 강병호 · 김석동, 상게서, p. 372.

데 반해 후자의 경우 집합자산의 소유권은 수탁회사가 보유하고 고객은 집합자산의 수익권을 보유한다는 점 등에서 각각 차이가 있다.

투자자문업은 정보의 비대칭이 존재하는 증권시장에서 시장참여자들에게 투자정보에 대한 전달기능을 수행함으로써 정보의 효율성을 제고시킬 뿐만 아니라, 정보탐색비용측면에서 개별투자자들보다 경제적이고 저렴한 비용으로 정보제공이 가능하므로 정보탐색비용의 절감을 추구할 수 있다.

투자자문의 유형은 크게 투자일임과 투자자문으로 구분된다. 투자일임(discretionary investment counselor)은 고객으로부터 투자판단의 전부 또는 일부를 위임받아 고객을 위해 투자하는 것으로, 자산운용자의 판단에 의해 일임된 범위 내에서 고객별로 투자결정이 행해지는 것을 말한다. 이에 비해 투자자문(investment advisory)은 투자판단에 대한 자문만하고 투자결정은 고객이 하는 것을 말한다. 우리나라의 경우 투자일임업을 포함한 모든 투자자문업을 영위하는 투자자문회사는 요건을 갖추어 등록하면 영업을 할 수 있으며, 증권회사(금융투자업자), 집합투자업자(자산운용회사), 은행 등도 투자자문업을 겸영할 수 있다.

2. 투자자문(일임) 관련 금융상품

우리나라의 투자자문업에서 취급하는 주요 금융상품으로는 자산종합관리계좌와 주가지수연동 금융투자상품 등을 들 수 있다.

(1) 자산종합관리계좌(wrap account)

자산종합관리계좌(wrap account 이하 랩어카운트라고 칭함)는 고객으로부터 예탁받은 자금으로 여러 종류의 자산운용관련 서비스를 하나로 싸서(wrap) 고객의 투자성향분석에 따라 이를 제공하는 자산종합관리계좌이다. 즉, 자산전반에 대한 컨설팅을 통해 투자자산을 배분, 운영하고 이에 따른 주문집행 및 결제 등의 업무를 일괄적으로 처리함으로서 관련업무 수행에 따른 제 비용을 합해서 단일 수수료를 징수하는 금융상품이다.

랩어카운트는 자산운용방식과 투자대상상품에 따라 컨설턴트 랩(Consultant Wrap)과 펀드랩(Fund Wrap)으로, 투자일임여부에 따라 일임형과 자문형으로 각각 구분할 수 있다.

컨설턴트 랩(Consultant Wrap)은 고객의 투자목적에 맞도록 해당 금융투자업자(증권회사)와 계약을 맺고 있는 투자자문회사를 추천하고 해당 투자자문회사에서 고객에 적합한 투자전략을 수립한 후, 이를 바탕으로 고객의 자산을 운용하는 방식이다. 펀드 랩(Mutual Fund Wrap)은 고객의 성향에 적합한 자산배분 유형이나 투자전략에 따라 가장 적합한 펀드로 최적의 폴트폴리오를 구성하는 투자전략을 제안하는 방식이다.

〈표 8-2〉 랩어카운트의 장 · 단점

구분	장 점	단 점
금융투자회사	-자산규모에 따라 운용수수료를 부과함으로써 금융투자회사의 전략과 일치 -안정적인 수익기반 -이익상충문제가 적음 -고객의 관계긴밀화, 장기화 -투자상담사의 독립성약화 -투자상담사의 소속의식 강화	-영업직원의 제교육 등 wrap계정에 대응하기위한 체제구축필요 -수수료 수입총액이 감소할 가능성 존재
영업직원	-이익상충 가능성 없음(고객설득에 크게 기여)	-금융투자회사에 대한 독립성 약화 -고객에 대한 영향력이 상대적으로 약화
고 객	-이익상충가능성 적음 -비교적 소액으로 전문가의 서비스가능 -주문형상품으로 고객수요에 부응 -거래 많아도 단일 수수료 -영업직원에 대한 의존탈피	-주가하락시 상대적으로 수수료 부담증가 -일괄 수수료로 불필요한 서비스 대가 지불
투자자문업자	-고객저변의 확대 -수수료에 관계없는 신축적 운용가능 -일부 사무비용절감	-운용보수의 감소 -시장상황에 관계없이 수수료 이상의 운용성적 요구부담

자료 : 금융투자교육원, 『증권투자상담사 Ⅲ』, 한국금융투자협회 , 2011년, p. 55.

한편 일임형은 고객 자산을 증권회사(금융투자회사)가 스스로 판단하여 운용하는 방식이며, 자문형은 고객의 자산운용에 대해 자문만 하고 최종판단은 고객이 결정하는 방식이다.

〈표 8-3〉 랩어카운트와 펀드와의 차이점

	랩어카운트	펀드
판매수수료	없음(단, 서비스 수수료 부담)	있음(펀드에 따라 다름)
환매수수료	없음	있음(펀드에 따라 다름)
운용방식	계좌로 별로 운용	펀드매니저가 통합운용
맞춤형 투자	투자자 성향에 따라 조절가능	투자자 의견 반영 어려움
단일종목 투자한도	제한 없음	10% 이내
목표수익률	절대수익 추종	벤치마크(bench mark)추종
투자내용 확인	실시간, 온라인으로 가능	별도 요구 가능

자료 : 한국은행, 『2012년 금융생활 길라잡이』, 2012년, p. 86.

랩어카운트는 미국의 경우 1980년대 중반 이후 증권회사들의 소매업무의 핵심이 단순 중개업무에서 자산관리업무로 전환됨에 따라 종합증권회사들의 중심영업분야로 부각되었는데, 우리나라의 경우 2001년에 자문형 랩어카운트가 2003년부터는 일임형 랩어카운트가 각각 증권회사(금융투자회사)에 허용되었다.

(2) 주가지수연동 금융투자상품

주가지수연동 금융투자상품은 기존의 금융투자상품에 주식관련 파생상품을 혼합한 형태의 복합상품으로 주가지수의 성과에 따라 수익률이 달라진다. 금융기관별로는 증권회사(금융투자회사)의 주가지수연동증권(ELS: equity-linked securities), 자산운용회사의 주가지수연동펀드(ELF: equity-linked fund), 은행의 주가지수 연동예금 (ELD: equity-lInked de- posits) 등을 들 수 있다.

주가지수연동 금융투자상품은 원금보장여부에 따라 원금보장형과 원금손실가능형으로 구분된다. 은행의 주가지수연동예금(ELD)은 전액 원금보장형이며, 증권회사(금융투자회사)나 자산운용회사의 주가지수연동 금융투자상품은 두 가지 유형이 다 가능하나 원금보장형이 많다.

① 증권회사의 주가지수연동증권(ELS : equity-linked securities)

주가지수연동증권(ELS : equity-linked securities)은 투자자로부터 조달한 자금의 대부분을 우량채권에 투자하고 일부를 주가지수옵션, 주식워런트증권 또는 주가지수선물 등에 운용하는 금융투자상품으로, 만기시 원리금지급액이 주가지수의 변동에 따라 달라지는 증권이다. ELS는 증권회사(금융투자회사)가 원금의 일정수준을 보장하며 공모 또는 사모방식으로 발행한다. ELS는 증권이어서 다른 주가지수연동 금융투자상품과는 달리 중도환매가 불가능하나 거래소에 상장되므로 거래소의 매매를 통해 현금화가 가능하다. ELS는 만기시에는 원금의 일정비율지급이 보장되나 만기 이전 중도매매시에는 추가적인 투자원금의 손실을 야기할 수 있다.

② 자산운용회사의 주가지수연동펀드(ELF : equity linked fund)

주가지수연동펀드(ELF : equity linked fund)는 투자원금과 수익이 주가지수 또는 개별주가에 연동되는 펀드이다. ELS와 마찬가지로 운용자산의 대부분은 국공채에 투자하여 원금을 보전하고 나머지는 일부자산을 주가와 연동되는 파생상품에 투자함으로써 초과수익을 확보하는 구조의 금융상품이다. ELD나 ELS는 판매(발행)하는 금융기관에 사전에 약속한 투자원리금은 확실히 지급을 보장하지만, ELF는 실적배당상품이므로 실제펀드의 운용실적에 따라 사전에 약속한 수익보다 많이 나올 수도 있고 적게 나올 수도 있다.

③ 은행의 주가지수연동예금(ELD: equity-linked deposits)

주가지수연동예금(ELD : equity-linked deposits)은 주가지수상승률에 연동하여 사전에 약정한 금리를 지급하는 정기예금의 일종으로 주가지수 하락시에도 원금지급이 보장되는 금융상품이다. ELD는 조달자금을 주로 대출금 및 증권으로 운용하면서 운용예상수익 중 일부를 주가지수옵션에 투자하였다가 주가지수 상승시에는 옵션행사를 통해 수익을 실현하여 이자를 지급한다. 반면 주가 하락시에는 옵션행사를 포기함으로써 최대손실 규모가 정기예금 이자발생 예상분으로 지급한 옵션프리미엄으로 한정된다. 이와 같이 ELD의 가입자는 예금의 만기가 도래했을 때 최악의 경우 이자를 전혀 지급받지 못하고 원금만 되돌려 받을 수도 있다. ELD는 정기예금으로서 지준이 부과되며 5천만원까지 예금자보호대상에도 포함된다. 만기는 대부분 1년이며 중도해지시에는 고율의 수수료가 부과된다.

〈표 8-4〉 ELD, ELS, ELF의 비교

	ELD	ELS	ELF
판매(발행)기관	은행	증권회사	자산운용회사
상품형태	정기예금	증권(공모 · 사모)	수익증권(펀드 가입)
자금운용	대출금 및 증권+주가지수옵션	채권+주식워런트증권 · 주가지수옵션 · 선물	펀드(포트폴리오조정)
원금보장여부	만기시 원금 100% 지급 보장	만기시 원금의 일정비율(100%, 95%, 90% 등) 지급보장	원금보존 추구형 실적배당상품
수익결정	주가지수에 따라 사전에 약정한 확정수익지급	주가지수에 따라 사전에 약정한 확정수익지급	운용성과에 따른 실적배당
중도해지가능여부	중도해지가능(해지수수료 부담)	중도환매불가(거래소를 통한 매도,, 원금손실 발생 가능)	중도환매가능(일정기간 이내 환매시 환매수수료부담, 원금손실 가능)
예금자보호	보호	비보호(발행회사의 신용이 중요)	비보호(실적배당상품)

주가지수연동 금융투자상품은 수익실현방식에 따라 넉아웃(knok-out)형, RC(Reverse Convertible)형, 디지털(Digital)형, 불스프레드(Bull Spread)형 등으로 구분된다.

④ 넉아웃(knok–out)형

넉아웃(knok-out)형은 주가지수가 한번이라도 한계지수 이상으로 상승하면 만기시 당초 약정한 고정수익률로 상환하고, 지수가 기간 중 한번도 한계지수 이상 상승하지 않는 경우 만기지수가 행사지수보다 높으면 원금 대비 지수상승률에 참여율을 곱한 만큼을 만기에 수익으로 지급한다.

[그림 8-1] knock-out형

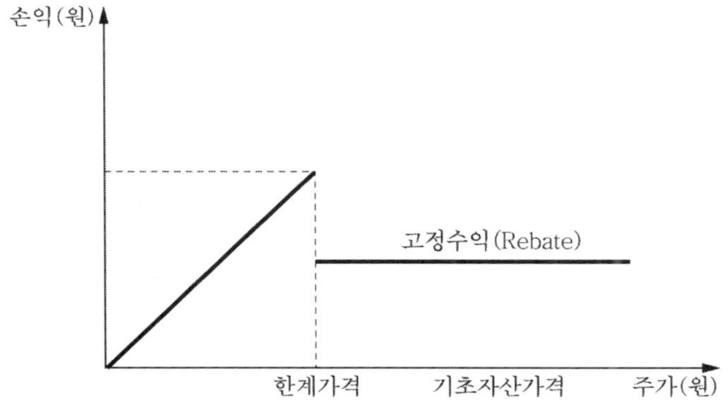

자료 : 금융투자교육원, 『증권투자상담사 Ⅲ』, 한국금융투자협회, 2011년, p. 60.

〈예시〉

-만기시점의 주가지수가 기준지수보다 낮을 경우 : 0%(원금보장)

-만기시점까지 주가지수가 기준지수보다 30% 높은 한계지수 이상 상승한 적이 없는 경우 : 주가지수 상승률×참여율

(예: 주가지수가 10% 상승했는데 참여율이 60%이면 수익률은 6%)

-만기까지 한 번이라도 30% 이상 상승한 경우 : Rebate율(연 8%)

⑤ RC(Reverse Convertible)형

RC(Reverse Convertible)형은 만기 때 주가지수가 일정수준(전환지수) 이상이면 고정된 높은 수익을 받고, 주가지수가 전환지수 이하로 하락하면 수익규모가 감소하며, 주가지수가 일정수준 이하로 추가 하락하면 손실이 발생한다.

〈예시〉

-만기시점의 주가지수가 전환지수 이상일 경우 :

액면 × (100% +기준수익률 8.0%)이면 연 8.0% 확정지급

-만기시점의 지수가 전환지수 이하일 경우 :

액면 × (100% +기준수익률 8.0%) × 승수(승수 =만기지수/전환지수)

[그림 8-2] Reverse Convertible 형

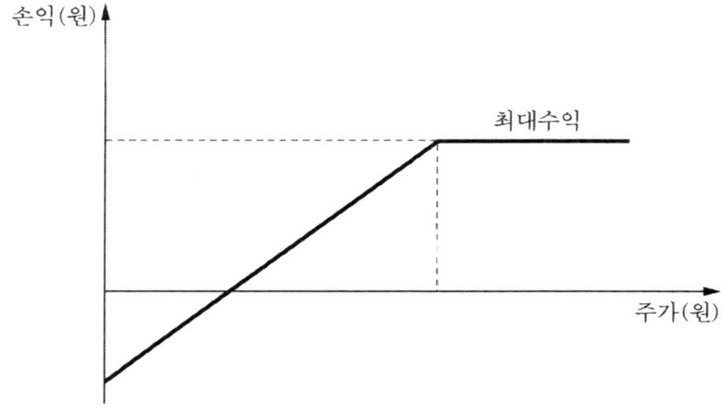

자료 : 금융투자교육원, 『증권투자상담사 Ⅲ』, 한국금융투자협회, 2011년, p. 62.

⑥ 디지털(Digital)형

디지털(Digital)형은 Digital Call Option형과 Digital Put Option형으로 구분할 수 있는데, Digital Call Option형은 주가지수가 상승할 경우에는 상승률과 관계없이 고정된 수익을 받고 주가지수가 하락하면 원금을 보장해주거나 하한(Floor)을 설정해주는 구조이고, Digital Put Option형은 반대로 주가지수가 하락하면 하락률에 관계없이 고정된 수익을 받고 주가지수가 상승할 경우에는 원금을 보장해주거나 하한(Floor)을 설정해주는 구조이다.

〈예시〉

-만기시점의 주가지수가 기준지수 대비 상승하는 경우 : 8%

-주가지수가 기준지수 대비 하락하는 경우 : 0%(원금보장)

[그림 8-3] Digital 형

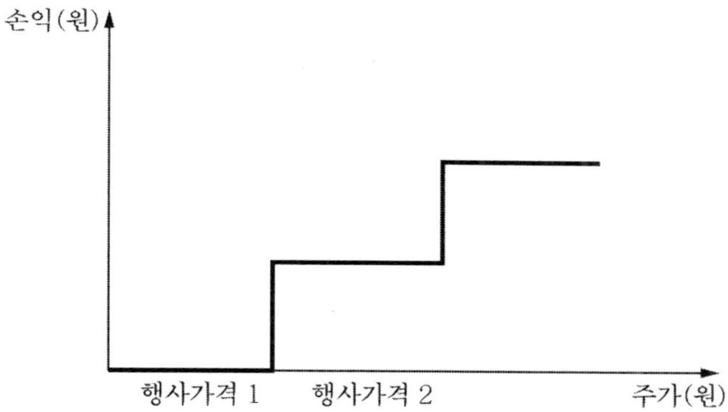

자료 : 금융투자교육원, 『증권투자상담사 Ⅲ』, 한국금융투자협회, 2011년, p. 63

⑦ 불스프레드(Bull Spread)형

불스프레드(Bull Spread)형은 주가지수가 일정수준 이하이면 원금이 보장되거나 하한 수익률(Floor Rate)을 받고, 주가지수가 상승하면 일정수준까지는 주가지수상승률에 비례하여 소정의 참가율을 받으며, 일정수준을 상회하면 고정된 수익률(상한 수익률 : Cap rate)을 받는 구조로 원금보장형과 비보장형이 있다.

[그림 8-4] Bulll Spread형

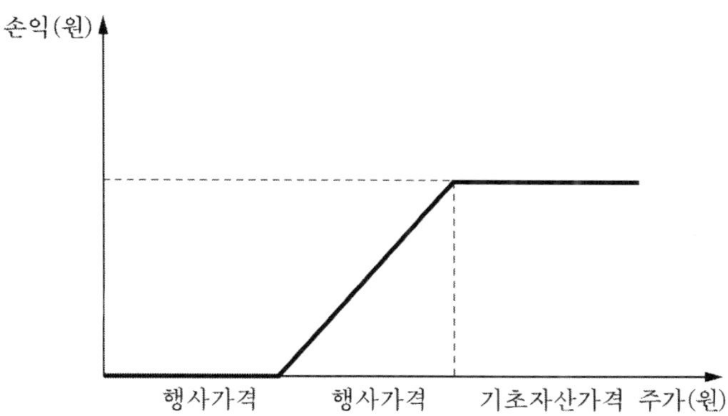

자료 : 금융투자교육원, 『증권투자상담사 Ⅲ』, 한국금융투자협회, 2011년, p. 61.

〈예시〉

-만기시점의 주가지수가 기준지수보다 낮은 경우 : 0%(Floor rate)

-만기시점의 주가지수가 기준지수보다 0~15% 상승하는 경우 : 주가지수 상승률 × 참여율

-만기시점의 주가지수가 15% 이상 상승한 경우 : 8%(Cap rate)

〈표 8-5〉 주가지수연동 금융투자상품의 유형 및 수익구조

유 형	수 익 구 조
넉 아 웃 형	-만기까지 주가지수상승률이 단 한번이라도 미리 정해놓은 수준에 도달하면 확정된 수익으로 상환되며. 그 외의 경우에는 만기시 주가에 따라 수익이 정해지는 구조
R C 형	-미리 정해 놓은 하락폭 밑으로만 주가지수가 하락하지만 않으면 사전에 약정한 수익률을 지급하며, 동 수준이하로 하락하면 원금에 손실이 발생하는 구조
디 지 털 형	-만기시 주가가 일정 수준을 상회하는지 여부(상승률 수준과는 무관)에 따라 사전에 정한 두 가지 수익 중 한 가지를 지급하는 구조
불스프레드형	-만기시점의 주가수준에 비례하여 손익을 얻되 최대수익 및 손실이 일정 수준으로 제한되는 구조

중요개념 및 용어

신탁	신탁계약	유언신탁
금전신탁	특정금전신탁	맞춤형 특정금전신탁
분리과세 특정신탁	불특정금전신탁	합동운용
개별운용	재산신탁	관리신탁
처분신탁	부동산 담보신탁	부동산 개발신탁
증권신탁	금전채권신탁	부동산신탁
무체재산권신탁	투자자문	투자일임
랩어카운트	컨설턴트 랩	펀드 랩
ELS	ELD	ELF
넉아웃 형	RC 형	디지털 형
불스프레드 형		

연 습 문 제

1. 신탁을 금전신탁과 재산신탁으로 구분하여 설명하라.

2. 금전신탁을 특정금전신탁과 불특정금전신탁으로 구분하여 설명하라.

3. 특정금전신탁의 대표적인 예인 맞춤형 특정금전신탁에 대하여 설명하라.

4. 부동산신탁의 개념 및 장점에 대하여 설명하라.

5. 부동산담보신탁과 부동산개발신탁에 대하여 설명하라.

6. 투자자문과 투자일임을 비교 · 설명하라.

7. 랩어카운트에 대하여 구체적으로 설명하라.

8. ELS와 ELD, ELF를 비교 · 설명하라.

9. 주가지수연동 금융투자상품의 유형 중의 하나인 넉아웃(knock-out)형의 수익구조에 대하여 설명하라.

10. 디지털(digital)형과 불스프레드(Bull Spread)형의 수익구조를 비교 · 설명하라.

제 9 장 여신전문금융시장

여신전문금융시장은 수신기능없이 여신만을 전문적으로 취급하는 시장을 말하는데, 본 장에서는 리스시장, 팩토링시장, 신용카드시장, 할부금융시장, 벤처캐피털시장을 중심으로 각 시장의 의의 및 기능, 취급상품 그리고 현황 등에 대하여 구체적으로 살펴보고자 한다.

제 1 절 리스시장

1. 리스의 의의

리스(lease)는 임대인(lessor)이 설비시설 또는 현금이 아닌 자산을 임차인(lessee)에게 대여하여 일정기간동안 사용하게 하고 이에 대한 대가로 임차인으로부터 리스료(임대료 : rent)를 정기적으로 지급받는 것을 말한다.

일반적으로 임대인은 설비의 제작회사나 금융기관 또는 독립된 리스회사들이며 임차인은 주로 기업이다.

한편 리스의 대상은 기업의 설비자산이 일반적이며 최근에는 자동차리스 등 소비자금융, 항공기, 발전설비까지도 확대되고 있다.

리스시장의 메커니즘은 [그림 9-1]과 같다.

[그림 9-1] 리스시장의 메커니즘

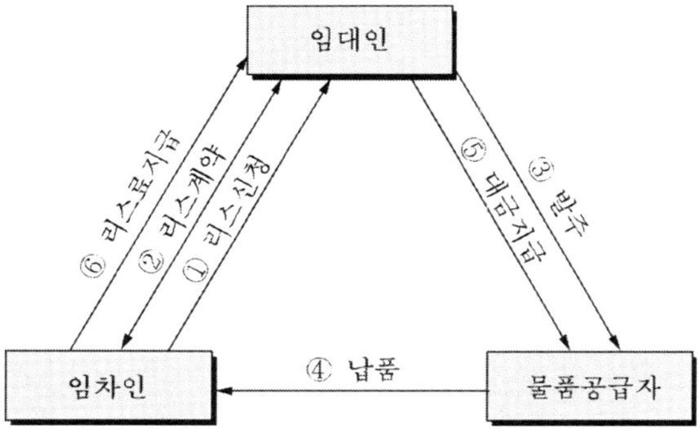

2. 리스의 이점

리스를 통해 임대인과 임차인이 누릴 수 있는 이점은 다음과 같이 정리할 수 있다.

(1) 임대인의 이점

첫째, 세금절약효과를 꾀할 수 있다. 임대인은 리스자산의 소유권이 임대인에게 있으므로 리스자산에 대한 감가상각비나 설비유지비용에 대한 절세효과와 투자세액공제의 혜택을 누릴 수 있다.

둘째, 담보효과를 누릴 수 있다. 임대인은 리스기간 중 설비소유권이 자신에게 귀속되어 자동적으로 담보효력이 있기 때문에 이들 리스자산을 담보로 제공하고 금융기관으로부터 융자를 받을 수 있다.

셋째, 관리비를 절감할 수 있다. 리스전문 임대인은 다량의 설비를 구매함에 따라 규모의 경제를 실현할 수 있고 리스자산에 대한 전문적 지식을 활용하여 관리비를 절감할 수 있다.

(2) 임차인의 이점

첫째, 자금절약효과를 누릴 수 있다. 임차인의 측면에서는 설비를 직접 구입하지 않고 리스를 함으로써 투자자금의 절약효과가 있다. 만약 임차인이 고가의 설비를 직접 구입하려면 이에 따른 자금조달부담과 자산운용의 제약을 받아야 하기 때문이다.

둘째, 위험절감효과를 추구할 수 있다. 임차인은 기술진보에 따른 설비의 상대적인 낙후화 위험 등 설비소유에 수반한 위험을 줄일 수 있다. 즉 이와 같은 위험을 임차인은 임대인에게 완전히 전가할 수 있다는 것이다.

셋째, 자금코스트 인하효과를 누릴 수 있다. 앞에서 언급한 것처럼 임대인은 리스를 통해서 절세효과를 얻을 수 있는데, 이 경우 절세이득의 범위 내에서 임차인에게도 어느 정도의 리스료 인하효과를 제공할 수 있다. 또한 리스를 이용할 경우 외부자금동원에 의해 직접구매할 경우 소요되는 비용(예를 들어 주식발행비용 등)을 절감할 수 있다.

넷째, 부외거래효과를 추구할 수 있다. 임차인이 리스를 통해 차입한 설비는 대차대조표상에 기재되지 않고 각주 란에 표시되므로 리스설비나 그와 관련한 자금조달은 사실상 기업의 자산이나 부채규모를 과소계상하게 되는데, 이를 기반으로 산출된 부채비율 등의 재무비율도 상대적으로 과소평가되고 자산수익률 등 수익성비율 등은 과대평가가 된다. 이와 같이 리스를 이용할 경우 임차인은 부외거래효과를 누릴 수 있다.

3. 리스의 종류

리스는 임대인이 리스기간 동안에 리스물건가액 전액을 회수하는가, 임차인이 리스계약을 취소할 수 있는가 등에 따라 운영리스와 금융리스로 구분된다. 우리나라에서는 '리스회계 처리기준'과 '법인세법 기본통칙'에 의해 운영리스와 금융리스로 분류하고 있다.

운영리스는 리스기간동안에 리스물건가액의 전액을 회수하지 않으며 임차인은 임대인에게 일정기간전의 통보로 리스계약을 취소할 수 있다. 일반적으로 운영리스는 비교적 단기간의 계약으로 임대인이 설비의 수선비, 보험료, 재산세 등 설비의 유지에 따른 일체의 비용을 부담하는 대신 설비유지비용이나 리스자산의 감가상각비에 대한 세금절약효과를 갖는다. 따라서 임대인은 설비보유에 따른 위험, 예를 들어 기술진보에 따른 설비의 상대적 낙후화 위험, 리스기간종료 후의 잔존설비의 처분 및 가격저하 위험 등을 부담하게 된다. 운영리스는 자동차, 컴퓨터 등 다른 이용자에게 임대하거나 매각할 수 있는 범용성이 큰 물건을 대상으로 하는 것이 보통이다.

금융리스는 임대인이 리스기간동안 리스물건가액 전억을 회수하며 임차인이 리스기간동안 미상환금액 전액을 상환하지 않는 한 리스계약은 원칙적으로 취소가 불가능하다. 만약 임차인이 부득이 이 계약을 취소할 경우 취소로 인해 임대인이 입게 되는 손실을 부담해야 한다. 금융리스는 임차인이 리스자산의 실질적인 소유자이므로 설비보유에 따른 일체의 위험을 부담하는 대신 설비유지비용이나 리스자산의 감가상각비에 대한 세금절약혜택을 갖는다.

이와 같이 금융리스와 운용리스의 구분은 임차인이 리스자산을 사실상 소유할 목적으로 하는 금융행위인지 여부에 따라 결정된다고 말할 수 있다.

리스와 유사한 거래방식으로 렌탈(rental), 연불판매(deferred payment), 할부판매(installment) 등이 있다. 현재 우리나라에서 시행되고 있는 렌탈은 임대물건의 유지보수책임과 소유권이 임대인에게 있는 단순 임대차거래로 거래형식은 운영리스라고 할 수 있으나 '시설대여법'의 규제대상이 아니기 때문에 리스로 간주되지 않는다.

연불판매와 할부판매의 차이점은 물건소유권의 이전시기에 따라 할부판매는 당사자간의 계약에 의해 결정되나, 연불판매는 최종대금의 완납 후에 결정된다는 점이다.

4. 리스시장의 동향

리스회사의 시설대여업무 취급실적(2개의 종합금융회사분은 제외)을 중심으로 리스시장의 현황을 보면 다음과 같다(〈표 9-1〉 참조).

〈표 9-1〉 리스회사의 리스계약실적 추이

(기간 중, 단위 : 10억원)

연 도	1990	1995	2000	2004	2006	2008	2009	2010	2011
계약실적	3,882	15,871	1,332	4,535	7,497	10,021	7,756	13,876	10,151

자료 : 여신금융협회

1995년 15.9조원에 달했던 리스계약이 외환 및 금융위기를 거치면서 크게 위축되어 2000년에는 1.3조원으로 감소하였으나, 최근 다시 회복세를 보여 2011년에는 10.1조원으로 증가하였다. 2011년의 리스계약 실적을 종류별로 구분해 살펴보면, 금융리스가 74%(7.5조원), 운용리스가 26%(2.5조원)을 각각 차지하고 있음을 알 수 있다.

제 2 절 팩토링시장

1. 팩토링의 의의

팩토링(factoring)은 신용공여자인 팩터(factor : 금융기관)가 고객(client)이 보유한 매출채권의 구입을 통해 고객에게 간접적인 금융을 제공하는 것을 말한다.

[그림 9-2] 팩토링의 메커니즘

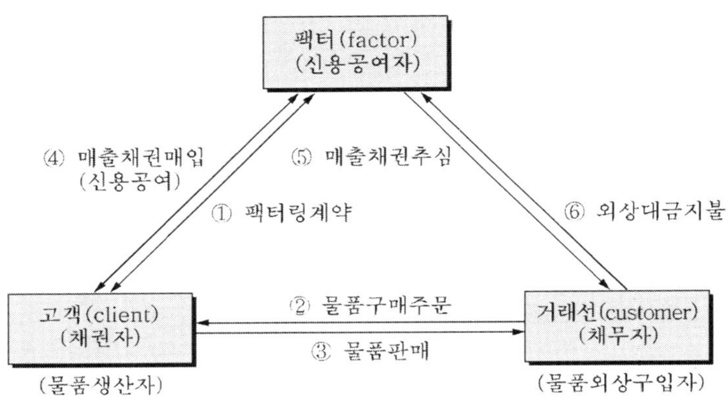

팩터는 원래 수수료를 받고 위탁상품의 판매를 대신해 주는 판매대행인이었으나 이러한 기능은 점차 없어지고 매출채권의 매입을 통한 신용공여자로 변모하였다. 팩터링의 경우 매출채권을 금융의 대상으로 한다는 점에서 매출채권담보대출(pledging)과 매우 유사하지만, 매출채권의 회수

책임과 거래선의 지급불능사태시 누가 손실을 부담하느냐에 있어서 양자간에 차이가 있다. 즉, 매출채권담보대출의 경우 책임이 고객자신에게 있는데 반해, 팩토링의 경우는 고객이 매출채권을 팩터(금융기관 또는 팩터링회사)에게 원칙적으로 소구불능조건(non-recourse basis)으로 매각한 것이므로 그 책임도 팩터에게 있다는 것이다. 팩터링의 메커니즘은 [그림 9-2]와 같다.

우리나라의 팩터링은 받을 어음할인 또는 매출채권할인의 두 가지방식이 있는데, 주로 받을 어음을 대상으로 이루어진다. 또한 채무불이행이 발생할 경우 금융기관이 소구권을 행사하는 방식이므로 우리나라의 팩토링은 실제로 매출채권을 담보로 금융을 제공하는 매출채권담보대출(pledging)에 가깝다.

현재 팩터링을 취급하는 금융기관으로는 은행, 종합금융회사, 여신전문금융기관 등이며 팩터링전업회사도 있다.

2. 팩터링의 종류

(1) 만기팩터링(maturity factoring)

팩터(factor)가 고객(client)에게 제공하는 서비스는 크게 ① 매출채권관리, ② 위험부담, ③ 대출의 세 가지 기능으로 분류할 수 있는데, 만기팩토링은 이 중 대출기능을 제외한 신용조사, 위험부담의 기능만을 제공하는 것으로 팩터가 고객으로부터 매출채권을 구입하되 그 대금은 외상채권의 평균만기일에 지급하는 것을 말한다.

(9-1)

$$\text{평균기일} = \frac{\Sigma \text{매입채권금액} \times \text{매입일로부터 채권만기일까지의 기간}}{\text{매입채권총액}}$$

평균만기일 =평균기일 + 대금회수에 소요되는 일수

고객은 만기팩토링을 통해 매출채권의 확실한 회수이외에도 회계기장 등의 서비스를 받을 수 있다.

(2) 종합팩터링(full service factoring)

팩터(factor)가 고객(client)에게 신용조사, 위험부담, 대출 등 모든 서비스를 제공하는 경우를 말한다.

팩터는 매출채권의 평균만기일 이전에 고객에게 매출채권의 일정비율에 해당하는 금액을 대출형식으로 선급한다. 이 경우 고객은 대출일로부터 평균만기일까지 할인형식으로 이자를 선급하게 되며, 이때 적용되는 이자에는 순수한 이자와 팩터가 매출채권을 회수하는데 대한 수수료가 포함되어 있다고 할 수 있다. 미국의 경우 그 적용비용이 우량대출금리(prime rate)보다 2~3%포인트가 높은 것이 일반적이다.

(3) 중개팩터링(drop-shipment factoring)

중개팩터링은 고객이 신용도가 낮아 팩터에게 신용보증과 업무대행을 의뢰하는 계약으로 팩터가 자신의 신용을 무기로 하여 매출거래의 중개 역할만을 수행하는 것을 말한다. 중개팩터링의 메커니즘을 설명하면 다음과 같다.

① 상품을 판매하는 고객은 공급자와 매입자를 지정하여 상품구입신청서(purchase order)를 작성, 이를 팩터에게 보낸다. ② 팩터는 매입자의 신용상태를 분석하여 적격하다고 판단되면 공급자에게 고객명의로 구입신청서와 지급보증서(L/G : letter of guarantee)를 보낸다. ③ 팩터는 공급자로부터 상품송장(shipping invoice)을 받음과 동시에 매입자(채무자)에게 이 대금을 팩터에게 지급할 것을 통지하고, 팩터는 매입자로부터 대금을 받으면 공급자에게는 상품대금을, 팩터링을 의뢰한 고객에게는 팩터링수수료를 차감한 상품매매이익을 송금하게 된다([그림 9-3] 참조).

[그림 9-3] 중개팩토링의 메커니즘

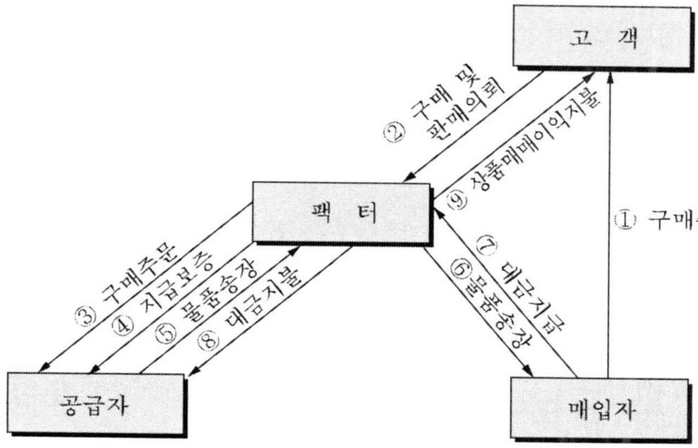

(4) 국제팩터링(international factoring)

국제팩터링은 국제무역의 영역까지 확대되어 결제기능을 수행하는 경우로서, 국제간 무역당사자 간에 거래쌍방의 수출팩터 또는 수입팩터가 개입하여 무역대금을 결제해 주는 것을 말한다. 국제팩터링은 계약자가 수출업자인가 수입업자인가에 따라 수출팩터링과 수입팩터링으로 구분된다.

국제팩터링의 주요기능은 무신용장방식(non L/C base)인 일종의 단순 송금방식에 의해 무역거래가 이루어질 경우 팩터가 수출업자와 수입업자 사이에서 무역대금의 지급보증(letter of guarantee)과 선급금융(advance financing)을 제공하는 것에 있다. 이외에도 국제팩터링은 거래처의 신용조사, 신용위험인수(지급보증), 대금회수, 회계업무처리대행 등 여러 가지의 서비스를 제공한다. 이와 같은 기능을 국제팩토링이 수행하기 때문에 수출업자에게는 수입팩터링회사의 신용승인(지급보증)으로 대금회수에 대한 불안감없이 외상수출을 확대할 수 있어 거래처의 다양화 및 수출물량확대가 용이하고, 수출계약상 외상수출대금 회수시까지 선급금융을 수혜받을 수 있어 자금압박에서 벗어날 수 있으며, 또한 수입팩터링회사를 통한 수입업체의 신용상태 등 정보획득이 용이하고 외상판매대금 관리대행에 따라 인력 및 비용절감을 기할 수 있다.

국제팩터링거래에 따라 수수료는 수출채권 양도시 수출업체가 부담하는데, 수수료의 책정기준은 수입업자의 자체신용도, 수입국의 국가신용등급에 따라 송장금액의 일정률범위 내에서 결정된다.

(5) 수출환어음 매각(forfaiting)

수출환어음 매각이란 일반적으로 자본재수출과 관련하여 발생한 외상수출채권을 은행 등 금융기관(forfaiting)이 소구권을 행사하지 않는 조건으로 수출업자와 사전에 약정한 고정금리로 할인 매입하는 중장기무역금융을 말한다. 수출환어음 매각의 메커니즘은 [그림 9-4]와 같다.

[그림 9-4] 수출환어음 매각의 메커니즘

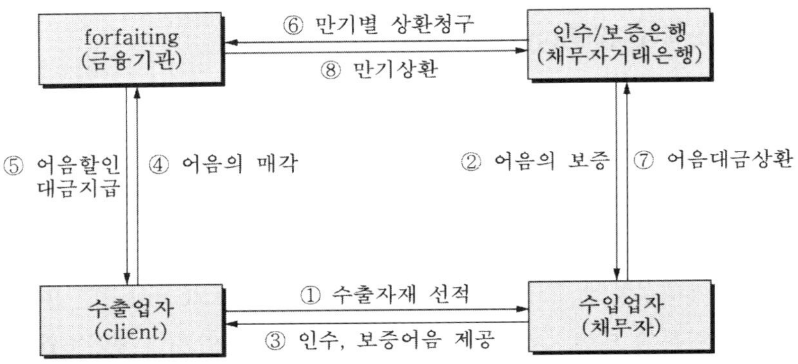

수출환어음 매각거래에서 매입대상 금융채권은 통상 수입업자발행의 약식약속어음(short-form promissory note)이거나 또는 수출업자발행의 환어음(bill of exchange)이 이용된다. 이들 어음거래는 국제무역거래에서 양도가 용이하고 빈번하게 통용되는 방식이다.

이 금융기법은 수출업자 측에서는 매출채권의 신속한 현금화, 매출채권의 신속회수 및 서류작성 등 각종 부대비용 절감, 신용위험의 회피 등을 기대할 수 있으며, 한편, 수입업자 측에서는 차입능력의 증대 및 다양화를 도모할 수 있고, 포피터(forfaiter)입장에서는 다른 투자수단에 비해 높은 수익률을 기대할 수 있다. 또한 보증은행의 경우는 보증료와 인수수수료 등 수익증대를 기할 수 있다.

신용공여기간은 3년에서 5년 이내의 중장기금융, 또는 초단기 90일에서 10년까지 매우 다양한 기간이 활용된다.

제 3 절 신용카드시장

1. 신용카드의 의의와 기능

신용카드(credit card)는 카드회원의 신청에 따라 신용카드사(card issuer)가 카드를 발행하고, 카드소지인(card holder)은 이 카드를 이용하여 현금없이 계속적 반복적으로 카드사의 가맹점(merchant)에서 물품구입 또는 서비스의 제공을 받을 수 있고, 또한 카드사나 그와 제휴한 제 3자로부터 서비스 또는 신용을 제공받을 수 있음을 증명하는 하나의 증표를 의미한다.

우리나라의 경우 신용카드는 크게 은행계 카드와 비은행계 카드로 구분되는데, 비은행계카드는 전문회사카드와 백화점카드로 구분된다. 은행계 카드는 은행이 카드업무를 직접 경영하는 형태와 은행의 자회사를 통해 영위하는 형태로 구분되는데, 자회사형태인 경우 은행이 자회사인 카드회사에 대한 자금공급과 카드회사와 고객간의 업무중개만을 담당하고 신용공여에 따르는 채권·채무관계는 카드사와 고객간에 성립하는 방식으로 운영되고 있다.

신용카드시장은 카드회원, 가맹점, 카드회사 및 카드회사와 가맹점간에서 신용상태에 확인을 위한 단말기나 인증서비스를 제공하고 수수료를 받는 VAN사업자 등으로 구성되어 있다. 우리나라의 신용카드의 메커니즘은 [그림 9-5]와 같다.

[그림 9-5] 신용카드의 메커니즘

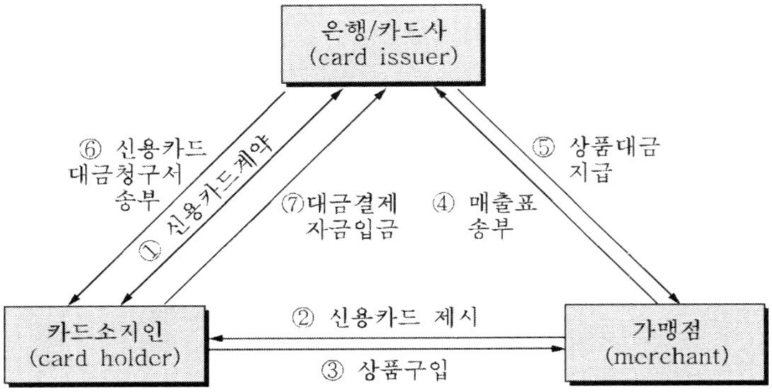

신용카드가 수행하는 기능은 다음과 같이 정리할 수 있다.

첫째, 대금지급수단의 기능을 수행한다. 신용카드는 재화와 서비스거래에서 현금 대신 그 대가로 지불하는 수단이 된다.

둘째, 소비자신용기능을 수행한다. 신용카드는 외상구매의 기능과 더불어 소비자금융의 활용수단이 된다.

셋째, 신분증명기능을 수행한다. 신용카드는 자기신분을 증명하는 수단으로 활용되고, 또한 출퇴근 점검(pass)기능을 담당한다.

넷째, 정보수집저장기능을 수행한다. 예를 들어 IC카드의 경우 모든 개인정보가 카드 안 IC칩에 수록 내장되어 있어 실생활에 바로 적용할 수 있다.

다섯째, 대용화폐기능을 수행한다. 신용카드는 국내가맹점에서 구매하는 상품이나 용역의 대가 지불 시에 화폐에 갈음하여 결제처리할 수 있다.

여섯째, 외환기능을 수행한다. 국외의 가맹점에서 상품이나 서비스를 구매하고 지불하는 통화는 현지통화로 즉시 환산 처리된다.

이외에도 신용카드는 보험기능, 통신판매기능, 여행전문기능, 공익기능 등 다양한 기능을 수행한다.

2. 신용카드의 종류

신용카드의 카드소지인이 신용카드로 물품 또는 서비스를 구입하고 결제대금이 카드회원의 거래은행의 결제계좌에서 실제 결제되는 결제시점을 기준으로 하여 다음과 같이 3가지로 구분된다.

(1) 선불카드(prepaid card)

선불카드는 결제계좌에 미리 결제대금을 입금하여 두고(선불), 대기상태에서 그 후 거래시마다 그 예치액이 차감되어 가는 카드이다. 지하철 정액권, 공중전화카드, 버스카드 등이 그 전형적인 예이다. 선불카드는 소액다거래용으로 사용되므로 최고한도는 신용카드나 직불카드보다 적은 게 원칙이다.

선불카드는 직불카드와 유사한 기능을 가지고 있으나, 직불카드가 은행의 결제계좌를 이용한 자금이체방식인데 반해 선불카드는 매체에 저장된 가치로 결제한다는 점에 차이가 있다.

선불카드는 판매자측면에서는 고객유치와 판매이윤을 바로 현금화시킬 수 있고, 고객측면에서는 할인혜택을 누릴 수 있으며 정부측면에서는 세원포착의 용이에 따른 탈세를 방지를 추구할 수 있다. 반면에 위조나 변조의 위험이 크다는 문제점도 지니고 있다.

(2) 직불카드(debit card)

직불카드는 카드사용 실시간에 동시적으로 결제대금이 은행계좌에서 인출결제되는 방식의 카드이다.

직불카드는 현금소지에 따른 위험을 감소시키고 은행의 영업시간이후에도 자신의 예금계좌의 현금을 계속 이용할 수 있다는 이점을 지니고 있다. 은행의 경우도 현금이나 수표거래가 줄어듦에 따른 창구업무의 경감과 수수료수입을 기대할 수 있고 판매점도 매출증대와 판매대금의 조기회수를 피할 수 있다.

직불카드는 ATM을 통해 예금을 인출하거나 당좌계정과 연계하여 신용한도를 이용할 수 있으며, 결제조직을 공유하는 지역소재 다른 은행의 ATM을 통해서도 사용이 가능하다. 우리나라의 경우 1996년부터 은행, 금융결제원 및 부가가치통신사업체들이 제휴하여 직불카드를 발행하고 있다.

(3) 후불카드(credit card)

후불카드는 카드소지인이 카드사용 후 일정기간 경과 후 결제하는 방식으로 진정한 의미의 신용카드라고 말할 수 있다. 통상 27일부터 57일까지 지급결제가 유예되고 할부결제(3, 6, 9, 12개월 등)도 가능하므로 소비자신용의 기능을 수행한다. 할부결제의 경우는 수수료가 부과되는 것이 보통이다.

〈표 9-2〉 선불카드 · 직불카드 · 후불카드의 비교

구 분	선 불 카 드	직 불 카 드	후 불 카드
성 격	-수신 상품	-수신상품	-여신상품
발 급 대 상	-제한없음	-예금계좌 소지자	-자격기준 해당자
주 요 시 장	-소액 다거래업종	-소액 다거래업종	-중고액 거래업종
가맹점 이용	-가맹점 공동이용	-가맹점 공동이용	-가맹점 공동이용
연 회 비	-없음	-없음	-없음
이 용 한 도	-발행권면금액의 최고한도 50만원	-예금잔액범위 내	-각 회사 자체기준에 의거 신용도에 따라 차등

3. 신용카드시장의 동향

신용카드의 보급 및 이용추이를 살펴보면, 현금서비스 한도제한 폐지, 가맹점 공동망제도 시행, 신용카드 사용액에 대한 소득공제 도입(1999년) 및 한도 확대(2001년), 신용카드영수증 복권제 도입(2000년) 등 일련의

신용카드사용 장려시책의 영향으로 2000년대 초반에 큰 폭의 성장세를 시현하였다.

그러나 이와 같은 과정에서 지나치게 과도한 외형확대가 신용불량자양산과 신용카드회사의 부실화를 초래하는 요인으로 작용함에 따라 2002년을 기점으로 신용카드시장이 크게 위축되기도 하였으나, 2008년 이후 다시 증가세로 전환되어 2009년에는 신용카드 발급 매수가 1억만개를 돌파하였다. 신용구매와 현금서비스 등 신용카드 이용금액도 2001년 443조원에서 2002년 623조원으로 대폭 증가하였다가 2006년에는 368조원으로 줄어들기도 하였으나, 2011년에는 534조원으로 증가하였다.

한편 가맹점수는 2001년 말 8,933만개에서 꾸준히 증가하여 2011년 말 현재 1조 2,213만개에 달하고 있다.

〈표 9-3〉 신용카드보급 및 이용추이

	2001	2002	2003	2004	2005	2006	2008	2009	2010	2011
발급매수(기말, 만매)	8,933	10,481	9,552	8,346	8,290	9,115	9,624	10,699	11,658	12,213
가맹점수(기말, 만개)	1,263	1,561	1,695	1,709	1,612	1,704	1,561	1,656	1,769	1,821
이용금액(기간중, 조원)	443	623	481	358	364	368	445	454	493	534

자료 : 여신금융협회

제 4 절 할부금융시장

1. 할부금융의 의의

할부금융(installment financing)은 할부금융업자(할부금융회사)가 재화와 서비스의 매도인 또는 매수인과 각각 약정을 체결하여 재화와 서비스의 구매자금을 매도인에게 지급하고 매수인으로부터 그 원리금을 분할하여 상환받는 방식의 금융을 말한다.

할부금융은 일반적으로 자동차나 주택 등 일시불로 구입하기 어려운 물품의 구입시, 구입에 필요한 자금을 할부금융업자가 판매인에게 일시불로 지급하고 구입인은 이를 분할하여 상환하는 방식을 취한다. 할부금융업자와 판매인간에는 사전에 구매인의 자격요건, 이자율, 대출기간, 채권확보조건 등 할부금융 조건을 협의하여 업무제휴약정을 체결하고, 동 조건을 충족하는 구입인이 할부금융 이용을 신청하는 경우 판매인이 할부금융을 신청하며, 할부금융업자는 동 신청에 대해 심사를 거쳐 대출여부를 결정한다.

2. 할부금융의 특징

할부금융은 물품의 판매대금을 분할하여 상환한다는 점에서 연불판매에 수반되는 연불금융이나 리스에 수반되는 금융리스와 유사하나, 리스구매자(염가구매권자: bargain purchase option holder)에게 반드시 물건의 소유권이전이 전제되지 않는 리스와는 달리 할부금융은 연불금융과 마찬가지로 최종할부금 납입이 완료되면 반드시 소유권도 구매자에게 이전된다.

구입물건의 소유권 이전시기에 있어서 연불판매는 최종대금 완납 후에 결정되는 경우가 있으나, 할부판매는 당사간의 계약에 따라 구체적인 이전시기가 사전에 결정된다. 그리고 할부판매는 판매대금을 2개월 이상 3회 이상 분할지급하는 것으로 규정되어 있어 단기 할부금융의 특성이 강한 반면에, 연불판매는 2년 이상에 걸쳐 정기적으로 분할지급하는 것으로 규정되어 있어 장기할부금융의 성격을 지닌다.

할부금융은 이를 이용하는 고객의 유동성제약이 크지 않은 고소득층이나 상환능력이 부족한 저소득층보다는 정기적으로 정액소득을 받는 중산층이 주류를 이루고 있다는 점에서 중산층에 대한 소비자금융이라고 특징지울 수 있다. 국민소득의 증대, 임금수준의 향상 등에 기인한 두터운 중산층의 형성은 고가내구소비재에 대한 수요를 크게 증대시키게 되는데, 이에 따라 이들의 유동성제약을 완화해 주기 위한 할부금융의 수요가 증가하게 된다. 이와 같이 할부금융은 국민소득 증가에 기인해 발생하는 소비자들의 잠재수요를 유효수요로 발전시켜 생산증대를 유도하는 역할을 수행하고 있다.

3. 할부금융시장의 현황

우리나라의 경우 할부금융은 정부가 1995년 '신용카드업법'을 근거로 관련법규를 정비함으로써 도입되었다. 그 후 할부금융회사의 영업은 1996년부터 시작되었는데, 이 당시에는 할부금융회사의 취급품목에 따라 일반할부금융회사, 주택할부금융회사 및 기계할부금융회사의 세 종류로 구분하여 인가하였고 취급품목도 종류별로 제한하였다. 그러나 이러한 인가구분 및 취급품목의 제한은 1997년 8월 '여신금융업법'의 제정에 따라 폐지되었다.

할부금융회사의 할부금융 실적을 보면, 신규취급액의 경우 2000년 14조원에서 2002년 16조원까지 증가했다가 이후 신용관리강화 및 소비위축 등의 영향으로 2004년에는 9조원수준으로 크게 감소한 후 지속적으로 감소하여 2009년에는 6.9조원수준에 머물기도 하였으나, 이후 증가하는 추세로 전환하여 2011년에는 11조 수준에 이르게 되었다. 취급잔액은 2008년 말 11조원에 달한 후 감소하다가 2011년 말에는 16.2조원으로 증가하였다.

〈표 9-4〉 할부금융회사의 할부금융 취급추이

(단위 : 10억원)

	2003	2004	2005	2006	2007	2008	2009	2010	2011
신규취급	11,159	9,181	9,809	9,524	10,221	11,643	6,983	10,453	11,017
취급잔액	6,815	6,253	7,080	7,720	9,879	11,373	9.333	11,304	16,247

자료 : 여신금융협회

제5절 벤처캐피털시장

1. 벤처캐피털의 의의와 특징

벤처캐피털(venture capital)은 기술력과 장래성은 있으나 자본과 경영기반이 취약한 유망기업을 대상으로 창업이나 제품개발의 단계 등에서 자금지원 및 경영·기술지도 등을 수행하고, 투자한 기업이 성공한 후에는 투자원금의 회수는 물론 높은 투자수익과 부수적인 거래에 따른 수익을 추구하는 기관 또는 투자자그룹을 말한다.

일반적으로 벤처캐피털은 새로운 제품 또는 서비스의 연구개발을 위한 기업이나 신기술개발을 위한 자금을 지원하는 경우가 많으며, 투자한 기업이 성공한 후에 투자원금과 배당 및 이자소득, 시세차익 등을 획득할 수 있다. 그러나 한편으로는 벤처캐피털은 투자대상기업의 성공여부가 불투명한 상태에서 자금을 지원하기 때문에 회수불능의 위험성이 항상 상존할 뿐만 아니라, 투자대상기업이 성장하여 이익을 창출하기까지는 상당한 기간이 소요되므로 이에 대한 위험부담을 감수해야 한다.

벤처캐피털은 벤처기업(venture business)등의 유망기업에 대해 주식, 신주인수권, 신주인수권부사채(BW), 전환사채(CB), 전환우선주 등의 취득형태를 통해 투자하는데, 주식보다는 이익배당이나 청산에 있어서 우선권이 있는 전환우선주나 전환사채 등을 취득하는 것이 일반적이다. 한편 투자한 자금을 회수하는 방법에는 투자기업의 공개(IPO : initial public offering), 제3자와의 합병, 경영자에의 매각, 투자기업이 실패한 경우의 정리 등이 있는데, 이 중에서 기업공개와 M&A를 통한 회수가 가장 일반적으로 보유주식을 매각하여 자본이득을 취득한다. 이 밖의 벤처캐피털의 수익원으로 투자자들로부터 받는 2~3%의 관리수수료 등이 있다.

벤처캐피털은 벤처기업에 자금을 지원한다는 점에서는 일반금융기관과 유사하나 투자기업이 성공하지 못하면 자본이득을 얻을 수 없어 위험을 부담한다는 점에서는 일반금융기관과 차이가 난다. 또한 벤처기업에 대한 지배의 목적이 없다는 점에서는 일반적인 출자관계와 다르다.

벤처캐피털은 벤처기업주식의 매각에 따른 자본이득이 주요목적이므로 벤처기업의 주식이 상장되어 거래될 수 있는 자본시장의 발전이 필수적이다. 따라서 대부분의 국가에서는 벤처기업주식의 원활한 거래를 지원하기 위해 상장요건을 일반기업보다 완화하는 등 지원제도를 시행하고 있다. 우리나라도 1998년 1월부터 코스닥시장에 벤처기업 전용시장을 개설하고 벤처기업에 대해서는 일반기업보다 완화된 상장요건을 적용하여 벤처기업의 성장과 더불어 벤처캐피털회사의 투자자금을 회수할 수 있는 기회를 증대시키고 있다.

2. 벤처캐피털의 동향

우리나라의 벤처캐피털에는 신기술사업금융회사, 중소창업투자회사가 있다.

(1) 신기술사업금융회사

우리나라의 경우 1974년 한국기술진흥(주)이 처음 설립된 이후 1981년에 특별법에 의해 한국종합기술금융(주)이 설립됨으로써 정부주도에 의한 본격적인 벤처캐피털제도가 성립하게 되었다. 그 후 1984년까지 2사가 추가로 설립되었으며, 1986년 12월에는 '신기술사업금융지원에 관한 법률'이 제정됨에 따라 4사 가운데 한국종합기술금융(주)을 제외한 3사가 신기술사업금융회사로 전환하였다. 한편, 특별법에 의해 설립된 한국종합기술금융(주)은 별도의 인가를 취득하여 1999년 '여신전문금융업' 상의 회사로 전환하였다. 이에 따라 2011년 말 현재 12사의 전업신기술사업금융회사와 22사의 겸업 여신전문금융회사가 영업중이다.

신기술사업금융회사는 신기술사업자[9]에 대한 투・융자 및 경영・기술지도, 신기술사업투자조합의 설립 및 자금의 관리·운용을 주 업무로 하고 있다. 이때 신기술사업자에 대한 투자는 주식인수, 전환사채, 신주인수권부사채, 일반사채의 인수 등을 통해, 융자는 일반융자 또는 조건부융자 방식[10]으로 각각 이루어진다.

신기술사업금융회사는 다른 여신전문금융회사와 같이 금융기관차입, 회사채 또는 어음발행, 보유 유가증권 매출, 대출채권 양도 등을 통해 자금을 조달한다. 이외에도 공공자금관리기금, 신용보증기금 등 정부기금으로부터 신기술사업 투·융자에 필요한 자금을 차입할 수 있다.

2011년 말 현재 신기술사업금융회사 및 신기술사업투자조합의 투·융자잔액은 1조 254억원이며 이 가운데 회사분이 38.1%를 차지하고 있다.

〈표 9-5〉 신기술사업금융회사·투자조합의 투·융자잔액추이

(단위 : 10억원)

	2000	2002	2004	2006	2008	2010	2011
회사분	2,044	1,401	557	438	471	551	478
조합분	338	754	731	553	609	666	776
계	2,383	2,156	1,288	991	1,081	1,217	1,254

자료 : 여신금융협회

(2) 중소기업창업투자회사

중소기업창업투자회사는 중소기업창업자[11] 및 벤처기업에 대한 투자, 창업투자조합의 결성 및 업무집행, 해외기술의 알선·보급을 위한 해외투자 등을 영위하는 회사를 말한다. 중소기업창업투자회사는 1986년 4월 제

9) 『기술신용보증기금법』에서는 기술을 개발하거나 이를 응용하여 사업화하는 중소기업과 제품 및 공정개발을 위한 연구사업, 연구개발의 성과를 기업화·제품화하는 사업, 기술도입 및 기술의 소화·개량사업을 영위하는 상시종업원 1,000명 이하, 총자산 1,000억원 이하인 기업을 신기술사업자로 규정하고 있다.

10) 조건부융자는 계획한 사업이 성공하는 경우에는 일정기간 사업성과에 따라 실시료를 받지만, 실패하는 경우에는 대출원금의 일부만을 최소상환금으로 회수하는 방식이다.

11) 중소기업창업자는 중소기업을 새로 창업하거나 중소기업을 창업하여 사업을 개시한 날로부터 7년이 경과되지 않은 사업자를 말한다.

정된 「중소기업창업지원법」에 의거 납입자본금 50억원 이상인 상법상의 주식회사로서 중소기업청에 등록하여야 한다.

중소기업창업투자회사는 주식, 전환사채, 신주인수권부사채를 인수하거나 약정투자[12)]를 통해 중소기업 창업자 등에게 자금을 지원하는 업무를 주로 행하고 있는데, 등록 후 3년 이내에 납입자본금의 50%를 창업자나 벤처기업, 창업투자조합 등에 투자하여야 한다. 이외에 투자기업에 대한 경영상담, 정보제공, 마케팅 · 기업공개 · 해외진출 등 기업가치 재고를 위한 활동을 영위한다. 한편 중소기업창업투자회사는 원래 경영지배목적의 투자를 제한했으나, 창업초기 기업의 자금조달 및 부실징후 기업의 구조조정 원활화를 위해 2005년 10월부터 경영지배목적 투자를 허용하였다. 이와 더불어 사모투자전문회사(PEF) 사원참여도 허용되었다.[13)]

중소기업창업투자회사의 자금조달은 자본금, 정부, 정부기금, 금융기관 등으로부터의 차입금, 창업투자조합의 기금, 회사채발행[14)] 등으로부터 조성한다.

중소기업창업투자회사는 1990년대 말 벤처기업육성시책, 코스닥시장활성화 등에 힘입어 2000년 말 147사에 달했으나, 이후 수익성악화 등으로 감소하여 2011년 말 현재 105사가 영업 중이다. 최근 중소기업창업투자회사 및 중소기업창업투자조합의 창업투자실적은 경기영향 등으로 부진한 양상을 띠고 있다. 2011년 말 현재 투자기업수 및 투자잔액은 각각 3,541사, 2조 270억원이고, 신규투자는 613사에 1조2,600억원이 투자되었다.

---

12) 약정투자는 중소기업창업투자회사와 기업간에 투자조건에 대한 약정을 맺는 방식으로 이루어지는 투자를 말한다.

13) 종래 중소기업창업투자회사는 주식이나 주식관련증권에 투자보다는 융자에 사실상의 자금대여라고 할 수 있는 약정투자가 많았으나, 최근 「중소기업창업지원법」의 개정으로 중소기업창업투자회사의 투자범위를 확대하여 PEF의 유한책임사원 또는 무한책임사원으로 참여할 수 있게 하고, 투자기업에 대한 경영지배를 허용하는 등 각종 벤처기업 활성화를 위한 지원을 확대함에 따라 주식관련 투자가 늘어나고 있다.

14) 중소기업창업투자회사는 자본금과 적립금총액의 10배 이내에서 회사채를 발행할 수 있다.

〈표 9-6〉 중소기업창업투자회사 및 조합의 창업투자실적

(단위 : 10억원, 개)

		2000	2002	2004	2006	2008	2009	2010	2011
투자 잔액	금 액	2,869	3,032	2,563	2,195	2,165	2,093	2,171	2,270
	기업수	1,973	3,076	2,618	2,093	2,661	2,762	3,101	3,541
신규 투자	금 액	2,008	889	564	733	496	524	560	613
	기업수	1,901	1,117	510	617	724	867	1,091	1,260

자료 : 중소기업청

중요개념 및 용어

리스 / 운영리스 / 금융리스
연불판매 / 할부판매 / 팩토링
종합팩터링 / 중개팩터링 / 국제팩터링
수출환어음매각 / 신용카드 / 선불카드
직불카드 / 후불카드 / 할부금융
연불금융 / 벤처캐피털 / 신기술사업금융회사
신기술사업자 / 중소기업창업투자회사 / 중소기업창업자

연 습 문 제

1. 리스시장의 메커니즘에 대하여 설명하라.

2. 리스를 운영리스와 금융리스로 구분하여 설명하라.

3. 팩터링의 의의에 대하여 설명하라.

4. 팩터링의 종류 중의 하나인 만기팩터링에 대해 설명하라.

5. 신용카드가 수행하는 기능에 대하여 설명하라.

6. 선불카드, 직불카드, 후불카드를 비교 · 설명하라.

7 할부금융의 의의에 대하여 서술하라.

8. 할부금융을 리스, 연불금융 등과 비교하여 그 특징에 대하여 서술하라.

9. 벤처캐피털의 의의와 특징에 대하여 서술하라.

10. 중소기업창업투자회사의 업무에 대하여 설명하라.

제10장 파생상품시장

본 장에서는 파생상품시장의 제반사항에 대해 개괄적으로 살펴보고자 한다. 먼저, 파생상품시장의 의의와 기능에 대하여 알아본 후, 다음으로 파생상품을 계약형태, 기초자산의 유형, 거래장소에 따라 분류하고 이에 대한 제반사항에 대해 구체적으로 알아보고자 한다.

제 1 절 파생상품의 의의와 기능

1. 파생상품의 개념과 기능

파생상품(derivatives)은 통화, 채권, 주식 등 기초자산(underlying asset)의 가치변동에 의해 그 가치가 결정되는 계약을 말한다. 구체적으로는 기초자산의 미래가격을 현시점에서 결정한 후, 미래의 계약만기일(결제일)에 미리 결정된 가격 및 방법으로 해당상품에 대해 매매, 교환 또는 권리의무의 이행 등을 행하는 형태의 계약을 말한다.

파생상품시장은 다음과 같이 여러 가지의 기능을 수행한다. 먼저 파생상품에 대한 투자는 기초자산에 투자하는 것보다 간편하고 또한 여러 가지의 이점을 제공한다. 즉, 파생상품 거래는 소액의 증거금 또는 프리미엄만으로 훨씬 규모가 큰 기초자산에 투자한 것과 동일한 효과를 추구할 수 있으며,[1] 옵션을 비롯한 파생상품의 여러 계약형태를 적절히 이용하면 기초자산만으로 불가능한 다양한 포트폴리오를 구성할 수 있다.

또한 파생상품시장은 보다 높은 투자수익을 원하는 투자자에게는 고수익 투자수단을, 안정적인 재무관리를 필요로 하는 기업이나 금융기관에게는 효과적인 위험관리수단을 각각 제공한다.

한편, 파생상품거래는 거래상대방의 채무불이행의 위험이 높고 레버리지 효과가 클 뿐만 아니라 거래구조가 복잡하여 투기적 거래에 대한 효과적인 내부통제가 이루어지지 않을 경우 재무적 위험에 처할 가능성이 높다. 또한 거래규모가 대형화되고 금융시장 간의 연계성이 심화되어 개별금융기관이 위험관리에 실패할 경우 그 영향이 전체금융시장시스템에 파급될 가능성이 증가하고 있다[2]. 이에 따라 세계 각국에서는 파생상품

1) 이를 레버리지 효과(leverage effect)라고 한다.

2) 최근의 리먼브라더즈(Lehman Brothers)등의 대형금융기관의 부실과 이에 연

거래의 잠재적 위험을 최소화하기 위해 모니터링 강화, 청산·결제시스템의 확충, 일반 투자자 보호장치 마련 등 금융하부구조 및 감독체계 등의 정비에 노력을 기울이고 있다.

2. 파생상품의 구분

파생상품은 계약형태에 따라 선도계약, 선물, 옵션, 스왑 등[3]으로, 기초자산의 유형에 따라 통화, 금리, 주식, 신용관련 파생상품 등으로 거래장소에 따라 장내거래와 장외거래로 각각 구분된다(〈표 10-1〉 참조).

〈표 10-1〉 주요 파생상품의 종류

	장내거래	장외거래
주식관련 파생상품	-주가지수선물(index futures) -주가지수옵션(index options) -주식옵션(equity options) -주가지수선물옵션(index futures options)	-주식옵션(equity options) -주식스왑(equity swaps)
금리관련 파생상품	-금리선물(interest rate futures) -금리선물옵션(interest rate futures options)	-선도금리계약(forward rate agreements) -금리스왑(interest rate swaps) -금리옵션(interest rate options) -스왑옵션(swap otions)
통화관련 파생상품	-통화선물(currency futures) -통화선물옵션(currency futures options)	-선물환(forward exchange) -통화스왑(currency swaps) -통화옵션(money option)
신용관련 파생상품	-	-신용파산스왑(credit default swap) -합성부채담보부증권(synthetic collateral debt obligation) -총수익스왑(total return swap) -신용연계증권(credit linked notes)

유된 글로벌 금융위기는 파생상품의 위험성을 극명하게 나타낸 예라고 말할 수 있다.

3) 선물, 옵션, 스왑이 혼합된 형대(swaptions, callable swaps 등)와 현물증권과 파생상품이 혼합된 형태(inverse floaters, warrans 등)도 있다.

제 2 절 계약형태에 따른 분류

1. 선물거래

앞에서 언급한 것처럼 파생상품은 계약형태에 따라 선도계약, 선물, 옵션, 스왑 등으로 구분할 수 있는데, 여기서는 개념과 특징을 중심으로 개괄적으로 비교해 보고자 한다.

선물거래(future trading)는 수량·규격·품질 등이 표준화되어 있는 특정대상물을 현재시점(계약시)에서 정한 가격(선물가격)으로 장래의 일정시점(최종거래일)에 인수 및 인도할 것을 약속하는 거래로서,4) 거래소에서 규정한 정형화된 방법으로 거래하는 것을 의미한다.

〈표 10-2〉 선물거래와 현물거래

	선 물 거 래	현 물 거 래
시장의 기능	위험전가 및 가격정보제공	자본형성
거래대상상품의 보유기간	한 정	제한 없음
공급물량	불확실	공급량이 공개되고 변화가 적음
레버리지효과	증권시장보다 큼	선물시장보다 작음
증거금의 성격	증거금은 통상 거래대금 총액의 10% 내외로 이행보증금의 성격	주식매입대금의 일부 지급성격

선물거래의 특징은 현물거래, 선도거래, 옵션거래 등과의 비교를 통해 발전근거나 거래방식 등에 있어서의 차이점을 파악할 수 있다. 먼저 선물거래는 매매계약시점과 대상물의 수도 및 대금수수시점이 서로 다르다는 점에서 현재시점에서 대상물과 대금수수가 동시에 이루어지는 현물거래

4) 최종거래일 이전에 언제라도 반대매매, 즉 매도자는 되사고(환매) 매수자는 되파는(전매) 거래를 한 경우에는 당초의 가격과 반대거래 가격과의 차이에 해당하는 금액을 수수하여 결제할 수 있는 거래이다.

(spot trading)와 대응되는 개념이다(〈표 10-2〉 참조).

2. 선도거래

거래소 이외의 장소에서 개인간의 거래를 통해 이루어지는 사적 장래 인수도 계약을 선도거래(forward trading)라고 하는데, 선물거래와 선도거래는 장래 인수도 계약이라는 점에서 본질적인 개념은 같지만 거래장소, 거래조건, 거래방법, 거래형태 등에서는 차이가 있다(〈표 10-3〉 참조). 선물거래는 선도거래를 제도화, 규격화, 표준화한 거래라고 말할 수 있다.

〈표 10-3〉 선물거래와 선도거래

	선물거래	선도거래
거래장소	지정된 거래소	지정된 특정한 장소가 없음
매매계약체결방법	완전경쟁매매	개인간 상대매매
결제이행보증장치	증거금, 일일정산, 결제기관 등의 장치가 존재	계약상대방의 신용에 의존
결제일전 계약해소	반대매매에 의해 언제든지 가능	대부분 결제일에 계약이행
거래상대방	불특정 다수(거래용이)	계약조건이 합치하는 특정인 (거래성립이 어려움)
신용위험	청산소에서 거래이행보증	계약불이행위험 존재

3. 옵션

옵션(option)은 특정대상물을 사전에 정한 가격으로 일정한 기간(혹은 일정한 시점)내에서 살 수 있는 권리 또는 팔 수 있는 권리를 의미한다. 여기서 옵션의 대상이 되는 목적물을 기초자산(underlying asset)이라 하고, 사전에 정한 가격을 행사가격이라고 한다. 그리고 일정한 기간내란 옵션계약에 따라 옵션의 매수자가 옵션의 매도자에 대해 특정한 가격으로 기초자산을 거래할 수 있는 기간인 권리행사기간을 말하고, 사전에 정한 시점을 만기일이라고 한다. 옵션 중에는 살 권리를 콜(call)옵션 또는 콜(call)이라고 하고, 팔 권리를 풋(put)옵션 또는 풋(put)이라고 한다.

옵션거래는 옵션을 매매대상으로 하는 거래로서 옵션매입자와 옵션매도자간에 이루어진다. 옵션매도자는 옵션매수자에게 옵션(권리)을 제공하고, 옵션매수자는 옵션매도자에게 그 대가를 지급한다. 이와 같이 옵션매수자가 미리 정해진 조건으로 기초자산을 사거나 팔 수 있는 권리를 얻는 대신 옵션매도자에게 일정한 대가를 지불하는데, 이를 프리미엄 또는 옵션가격이라고 한다.

선물거래와 옵션거래는 계약시점으로부터 상당기간 후에 대상물의 결제를 이행한다는 점과 경제적 기능이 유사하지만 다음과 같은 차이점이 있다(〈표 10-4〉 참조).

〈표 10-4〉 선물거래와 옵션거래

	선물거래	옵션거래
거래대상	기초자산 자체	기초자산을 매도・매수할 수 있는 권리
위 험	위험의 한정이 불가능	매수자 :위험한정 가능 매도자 :위험한정 불가능
증 거 금	매도자와 매수자 모두 납부	의무를 부담하는 매도자만 납부
인 수 도	결제시기에만 가능	만료일 이전가능(만료일이후 권리소멸)

4. 스왑

스왑(swap)은 일반적으로 두 개의 금융자산 또는 부채에서 파생되는 미래의 현금흐름을 교환하기로 하는 계약으로, 서로 다른 통화표시 채무의 원리금상환을 교환하기로 약정하는 통화스왑(currency swap)과 변동금리채무와 고정금리채무간의 이자지급을 교환하기로 약정하는 금리스왑(interest rate swap) 등으로 구분된다.

제3절 기초자산의 유형에 따른 분류

앞에서 언급한 것처럼 파생상품은 기초자산의 유형에 따라 통화관련 상품, 금리관련 파생상품, 주식관련 파생상품, 신용관련 파생상품 등으로 구분할 수 있는데, 이에 대해 여기서는 개념 및 특징을 중심으로 개괄적으로 살펴보고자 한다.

1. 통화관련 파생상품

통화관련 파생상품으로는 선물환(forward exchange), 통화선물(currency future), 통화옵션(currency option), 통화스왑(currency swap) 등이 있다.

(1) 선물환

먼저 선물환은 거래당사자가 특정통화의 거래규모와 환율을 정한 후 미래의 특정일에 미리 약정한 조건에 의해 수도결제하는 거래로서 환율 변동위험을 회피하거나 환차익을 획득하기 위한 수단으로 활용된다.

(2) 통화선물

통화선물은 환리스크를 헤지(hedge)하거나 환차익을 얻기 위하여 특정통화를 미래의 특정시점에 미리 정해진 가격으로 매입 또는 매도하는 거래를 말한다. 통화선물은 거래대상통화, 거래단위, 결제일 등의 표준화된 형태로 장내시장인 거래소에서 거래되는 반면에, 선물환은 모든 계약조건이 거래당사자간의 합의에 의해 결정되고 장외시장에서 거래된다는 점에서 차이가 있다.

(3) 통화옵션

통화옵션은 계약체결일로부터 만기일(또는 계약기간동안)에 특정통화를 미리 약정한 환율로 매입하거나 매도할 수 있는 권리를 매매하는 거래를 말한다. 통화옵션거래에서 옵션매입자는 현물환율이 약정환율보다 불리하게 변동할 경우 약정환율로 옵션을 행사하여 손실을 방지하며 현물환율이 약정환율보다 유리하게 변동할 경우에는 옵션을 포기한다.

(4) 통화스왑

통화스왑은 둘 또는 그 이상의 거래기관이 사전에 정해진 만기와 환율에 의거해 상이한 통화로 차입한 자금의 원리금상환을 상호교환하는 거래이다. 통화스왑은 주로 차입자가 각자 유리한 금융시장에서 자금을 조달한 후 각자 필요한 통화로 교환함으로써 차입비용의 절감이나 환율변동에 따른 리스크를 회피하는 수단으로 이용된다.

2. 금리관련 파생상품

금리관련 파생상품은 각종채권의 보유에 따른 금리변동을 회피하기 위한 상품으로 선도금리계약(forward rate agreement), 금리선물(interest rate future), 금리선물옵션((interest rate future option), 금리스왑(interest rate swap) 등이 있다.

(1) 선도금리계약

선도금리계약은 미래의 일정시점으로부터 약정만기일까지의 계약기간동안 적용될 금리를 거래당사자간에 미리 확정하는 것으로 계약기간 시작일에 약정금리와 시장금리에 의한 이자차액을 정산한다.

(2) 금리선물

금리선물은 거래소에 상장된 금융자산을 시장참가자간에 자유롭게 결정되는 수익률 또는 할인율로 거래하되 일정기간 후 해당 금융자산을 인·수도하기로 약정하는 거래를 말한다. 그런데, 실제로 거래대상이 되는 기초자산은 금리자체가 아니라 금리수준에 따라 가치가 변동하는 국채 등 고정금리부 금융자산이다. 금리선물은 이들 거래대상 금융자산의 만기에 따라 단기금리선물(통화안정증권금리선물, CD금리선물 등)과 장기금리선물(3년 국채선물, 5년 국채선물 등)로 구분된다.

(3) 금리선물옵션

금리선물옵션은 거래소에 상장된 금융자산을 일정기간 후 일정수익률로 매입 또는 매도할 수 있는 권리를 매매하는 거래를 말한다.

(4) 금리스왑

금리스왑은 차입금에 대한 금리리스크의 해지(hedge)나 차입비용의 절감을 위하여 두 차입자가 각자의 채무에 대한 이자지급의무를 상호간에 교환하는 거래를 말한다. 금리스왑거래는 주로 같은 통화와 원금 및 만기가 같은 부채구조를 가지고 있는 두 당사간의 거래가 대부분이며, 자금의 흐름도 원금의 교환없이 이자차액만 주고 받는다.

3. 주식관련 파생상품

주식관련 파생상품은 주가변동에 의거해 발생하는 위험을 회피하기 위한 상품으로, 대표적인 예로서는 주가지수선물, 주가지수옵션 등을 들 수 있다.

주가지수선물은 상장주식 전체 또는 일부의 가격수준을 나타내는 주가지수를 대상으로 하여 미래의 특정시점에 미리 정한 가격으로 매매할 것을 약정하는 상품을 말한다.

주가지수옵션은 주가지수를 대상으로 하여 미래의 일정시점에 일정한 가격으로 거래할 수 있는 권리를 매매하는 상품을 말한다.

4. 신용관련 파생상품

신용관련 파생상품은 차입자 또는 발행자의 신용에 따라 가치가 변동하는 기초자산의 신용위험(credit risk)을 분리하여 이를 다른 거래상대방에게 이전하고 그 대가로 프리미엄을 지급하는 금융상품을 말한다. 이의 대표적인 예로서는 신용파산스왑(credit default swap), 총수익스왑(total return swap), 신용연계증권(credit linked note), 합성담보부증권(synthetic collateral debt obligations) 등을 들 수 있다.

(1) 신용파산스왑

신용파산스왑(CDS)은 보장매입자가 보장매도자에게 일정한 수수료를 정기적으로 지급하는 대가로 보장매도자로부터 신용사건이 발생할 경우, 사전에 약속한 금액이나 사고로 인한 당해 대출이나 채권의 시장가치 감소분을 지급받는 계약을 말한다. 신용사건은 계약에 의한 지급보장이 발효되는 조건을 충족시키는 사건으로 거래확인서 등 계약서류에 명시된다. 한편 기초자산은 보장매입자가 신용파생상품거래를 통해 신용위험을 해지(hedge)하고자 하는 기초자산으로, 은행의 특정기업에 대한 대출금을 기초자산의 예로 들 수 있다. 준거자산(reference assets)은 신용파생상품 계약상 신용사건의 발생여부를 판단하는 기준이 되는 자산으로서 기초자산이 그대로 이용되거나 기초자산과 밀접한 관련이 있는 다른 자산이 이용된다.

예를 들어 은행이 특정기업에 제공한 대출금의 신용 위험을 해지하고자 하는 경우 동 기업이 발행한 회사채를 신용파생상품 계약상 준거자산으로 할 수 있다.

[그림 10-1] 신용파산스왑(CDS)거래의 메커니즘

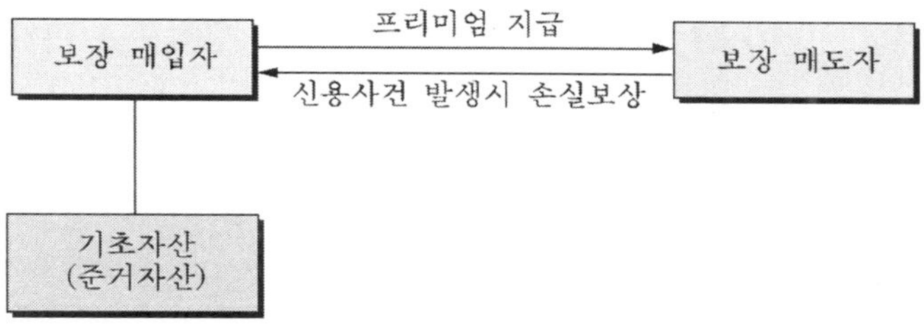

(2) 총수익스왑

총수익스왑(TRS)은 매수자와 매도자가 기초자산에서 발생하는 총수익과 일정한 약정이자(통상 LIBOR+a)를 일정 시점마다 교환하는 계약이다. 매수자(TRS 지급자)는 기초자산에서 들어오는 원리금 및 기초자산의 시장가치 상승분 등 총수익을 매도자(TRS 수취자)에게 지급하는 대신, 매도자는 매수자의 요구에 따라 변동 또는 고정금리에다 기초자산의 시장가치 하락분을 지급한다. 결과적으로 총수익스왑은 매수자의 계정에 존재하고 있는 기초자산을 매도자가 소유하고 있는 것과 같은 효과가 발생한다.

[그림 10-2] 총수익스왑(TRS) 거래의 메커니즘

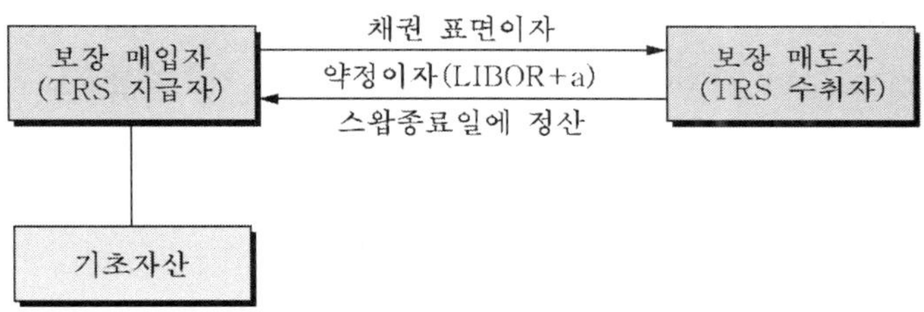

(3) 신용연계증권

신용연계증권(CLN)은 신용파산스왑(CDS)을 증권화한 형태로, 채권을 이용하여 신용위험을 다수의 투자자들에게 분산·이전시키도록 고안된 신용파생상품이다. 신용연계증권의 보장매입자는 기초자산의 신용상태와 연계된 증권(주로 채권)을 발행하고 약정된 방식으로 이자를 지급하며, 보장매도자는 약정이자를 받는 대신 신용사건이 발생하는 경우 기초자산의 손실을 부담하게 된다.

[그림 10-3] 신용연계증권(CLN) 거래의 메커니즘

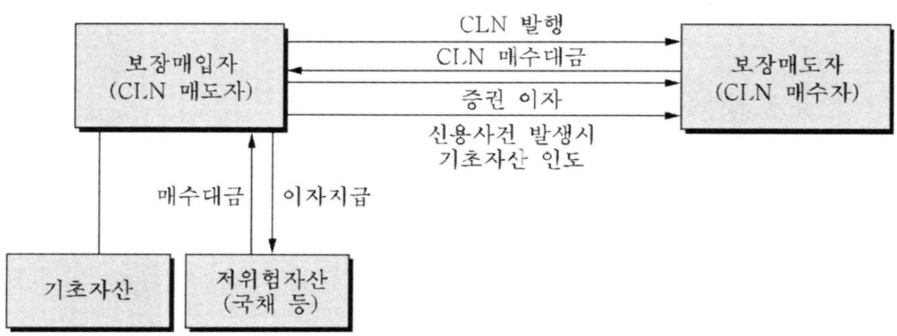

(4) 합성담보증권

합성담보증권(synthetic CDO)은 CDS와 CDO 및 자산유동화기법을 합성하여 신용리스크를 투자자에게 전가하는 신용위험경감 상품이다. 합성담보부증권은 현물채권이나 대출을 기초자산으로 하는 전통적인 CDO(cash CDO)와는 달리, 자산보유자가 기초자산을 SPV(특수목적회사: special purpose company)에 매각하는 것이 아니라, 기초자산으로부터 발생하는 현금흐름만을 매각하고 SPV와 CDS계약을 체결하여 보유자산의 신용리스크만 SPV에게 이전한다.

[그림 10-4] 합성CDO거래의 메커니즘

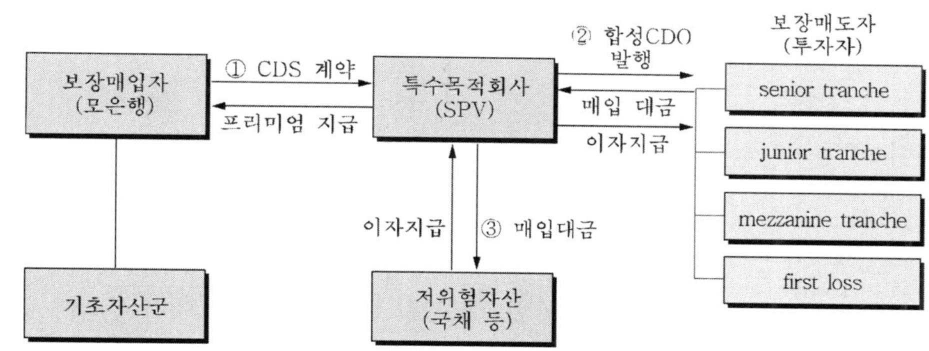

주: ① 모은행은 특수목적회사(SPV)와 기초자산군이 내재된 신용위험을 이전하는 CDS 계약을 체결하고 특수목적회사에게 CDS프리미엄을 지급한다.
② 특수목적회사는 기초자산군의 신용위험정도 등을 기초로 합성CDO를 발행하여 투자자(보장매도자)에게 매각하고 약정이자를 지급한다.
③ 특수목적회사는 채권발행대금으로 신용도 및 유동성이 높은 저위험자산(국채 등)을 매입한다.

제 4 절 거래장소에 따른 분류

1. 장내시장과 장외시장

파생상품시장은 장내시장과 장외시장으로 구분할 수 있다. 장내시장은 가격이외의 모든 거래요소가 표준화되어 있는 파생상품이 거래되는 시장으로서 거래소시장이라고도 한다. 반면에 장외시장은 표준화되어 있지 않은 파생상품이 거래소 이외의 장소에서 시장참가자간에 직접 거래되거나 딜러나 브로커의 중개에 의하여 거래되는 시장을 말한다.

파생상품을 거래하는 장내거래와 장외거래를 비교해 보면 〈표 10-5〉와 같다.

〈표 10-5〉 장내거래와 장외거래의 비교

	장내거래	장외거래
거래 조건	-거래단위, 대상통화, 결제시기 등이 표준화	-거래당사자가 협의하여 거래금액, 통화, 기간 등을 자유롭게 결정
거래 장소	-거래소	-딜러나 브로커를 통하여 전화, 텔렉스 등으로 계약체결
거래참가자	-거래소회원만 거래, 기타참가자는 회원의 중개로 거래	-제한 없음
계약상대방	-거래소	-상호 거래상대방을 알고 있으므로 상대방의 신용을 감안하여 계약여부를 결정
결 제	-상품가격의 등락을 일일정산을 통해 증거금에 반영하여 대부분 만기전에 반대거래를 통하여 거래를 청산하고 차액만을 정산	-대부분 만기에 현물을 인·수도하며 중간정산은 하지 않음
증 거 금	-증거금을 예치	-딜러나 브로커가 고객별 신용한도를 설정하거나 담보금예치를 요구

2. 우리나라의 현황

우리나라의 경우 장내거래는 2005년 1월 거래소통합조치에 의거하여 한국거래소 내의 선물시장에서 주가지수선물, 미국달러선물·옵션, 엔선물, 유로선물, 국채선물, 금선물, 돈육선물, 미니 금선물, 주가지수옵션, 개별주식옵션 등이 이루어지고 있다. 장외거래는 선물환, 스왑, 옵션, 선도금리계약 등 통화관련 상품이 주로 거래되고 있다.

중요개념 및 용어

파생상품
선도거래
기초자산
풋옵션
통화옵션
선도금리계약
금리스왑
주가지수옵션
총수익스왑
장내시장
레버리지효과
옵션
선물환
선물환
통화스왑
금리선물
주식관련 파생상품
신용관련 파생상품
신용연계증권
장외시장
선물거래
스왑
콜옵션
통화선물
금리관련 파생상품
금리선물옵션
주가지수선물
신용파산스왑
합성담보부증권

연 습 문 제

1. 파생상품시장의 의의와 가능에 대하여 서술하라.

2. 선물거래와 옵션거래를 비교 · 설명하라.

3. 통화관련 파생상품에 대하여 설명하라

4. 금리관련 파생상품에 대하여 설명하라.

5. 주식관련 파생상품에 대하여 설명하라.

6. 신용관련 파생상품에 대하여 설명하라.

7. 파생상품시장의 거래를 장내거래와 장외거래로 분류하여 설명하라.

8. 금리관련 파생상품에 대하여 설명하라.

제11장 선물시장

본 장에서는 먼저 주가지수선물시장과 관련하여 주가지수선물거래의 개요에 대하여 살펴본 후, 우리나라 주가지수선물시장 및 기타선물시장의 시장메커니즘 및 동향에 대하여 구체적으로 알아보고자 한다.

제 1 절 주가지수선물시장

1. 주가지수선물거래의 개념 및 특징

앞에서 언급한 것처럼 주가지수선물거래는 증권시장에서 매매되고 있는 전체주식 또는 일부주식의 가격수준을 나타내는 주가지수를 대상으로 하는 선물거래를 말한다. 이러한 의미를 지니고 있는 주가지수선물거래는 다음과 같은 특징이 있다.

첫째, 주가지수선물거래는 실제하지 않는 대상을 매매한다.

예를 들어 농·축산물이나 광산물의 선물거래는 실제로 존재하는 상품을 표준화하여 선물거래의 대상으로 하고 있는 반면, 주가지수선물거래는 주식시장에 상장되어 있는 전체주식 또는 일부주식의 가격수준을 나타내는 수치인 주가지수를 대상으로 하는 선물거래이다. 따라서 주가지수선물거래는 어디까지나 계산상으로 존재하는 것이지 실제로 존재하는 상품은 아니다.

둘째, 주가지수선물거래는 최종결제 시 현금결제만이 가능하다. 앞에서 언급한 것처럼 일반적으로 선물거래에서는 최종거래일까지 반대매매되지 않은 계약은 매매대상인 실물을 인도하고 그 대가를 지불함으로써 종료된다. 그러나 주가지수선물거래의 대상인 주가지수는 계산상의 수치에 불과하여 인수도를 할 수 없기 때문에 현금(계약시에 정한 주가지수의 수치와 결제시의 현물주가지수의 수치와의 차에 해당하는 현금)만으로 결제할 수 있다.

셋째, 주가지수선물거래는 약정금액의 일부분만을 증거금으로 납부함으로써 계약이 성립되기 때문에, 향후 결제위험을 피하기 위해 매일의 기초자산 가격변동에 따른 평가손익을 증거금에서 가감한다. 이 과정에서 증거금이 일정수준이하로 줄어들면 추가적으로 입금을 요구(margin call)하는 일일정산제도(marking to market)를 적용한다.

넷째, 주가지수선물시장에서는 가격결정이 합리적으로 이루어질 수 있도록 이론가격을 작성·발표하고 있다. 이론가격은 주가지수선물대신 현물시장에서 실제로 주식을 매입하는 경우를 가정하여, 현물가격에 주가지수선물 결제일까지의 자금조달비용과 배당수익을 가감하여 산정한다. 이와 같은 이론가격에 의거하여 투자자는 선물가격의 고평가 혹은 저평가의 여부를 판단한다.

$$\text{이론가격(기본모형)} = S \times [1 + (r - d) \times T/365] \quad (11\text{-}1)$$

단, S : 기초자산의 현재가격
r : 차입이자율(연율)
d : 기초자산의 배당수익률(연율)
T : 만기까지의 잔존일수

2. 주가지수선물거래의 유형

주가지수선물거래는 크게 헤지거래(hedge trading)와 투기거래(speculation trading)로 구분된다. 헤지거래(hedge trading)는 현물상품의 선물시장을 통하여 현물시장의 가격변동위험을 회피하는 것인데 반해, 투기거래는 현물시장의 참여 없이 선물시장에서 포지션을 보유 또는 매각함으로써 이에 따른 매매차익을 획득하고자 하는 거래이다. 투기거래는 다시 순수한 투기거래(open position trading)와 차익거래(arbitrage trading) 그리고 스프레드거래(spread trading)로 세분된다.

(1) 헤지거래(hedge trading)

헤지거래(hedge trading)는 현물시장으로부터의 가격변동위험을 회피하기 위해 현물시장에서 취한 포지션과 반대된 포지션을 선물시장에서 취함으로써 한 쪽 시장에서의 손실을 다른 한 쪽의 이익으로 상쇄하고자

하는 거래이다. 이러한 의미를 지니고 있는 헤지거래(hedge trading)는 매입헤지(long hedge)와 매도헤지(short hedge)로 나누어진다.

매입헤지(long hedge)는 주가지수선물을 매입함으로써 포트폴리오 가치를 보전하는 것을 말한다. 즉 주식포트폴리오를 가까운 장래에 매입하고자 하는 투자자는 주식시세의 상승에 의한 손실을 미리 회피하기위해 현재시점에서 주가지수선물을 매입하게 된다. 이 경우에 예상한 대로 시세가 상승한 경우 주가지수선물을 비싼 가격으로 매도하여 이득을 취하게 되는데, 이것은 향후 높은 가격으로 매입하는 현물의 기회손실을 보전하게 된다.

매도헤지(short hedge)는 주식 포트폴리오를 보유하고 있는 투자자가 주가하락에 의한 손실을 회피하기 위하여 현물에 대응하여 주가지수선물을 매각하는 헤지(hedge)이다. 즉 현재시점에서 선물시장에서 주가지수선물을 매도하고 미래 원하는 시점에서 주식 포트폴리오를 매도하면 가격변동의 방향에 관계없이 투자가치가 보전된다. 예상대로 주가가 하락하면 현물시장에서는 기회손실을 보지만 선물시장에서는 현재보다 싼 가격으로 매입할 수 있게 되므로 이익을 보게 된다. 만약 예상과 반대로 가격이 상승하면 현물시장에서의 기회이익은 선물시장에서의 손실을 보전하게 된다.

〈사례 1〉

□ 개시조건

-50억원 상당의 주식포트폴리오를 보유하고 있는 기관투자자 A가 주가손실에 대비해 KOSPI 200선물을 100계약을 매도하고자 함.

-KOSPI 200현물지수는 100포인트이고, 2개월 후에 최종결제되는 선물가격은 이론가격인 102포인트(이론가격 산출 적용금리가 연 12%이고, 동 기간 중 배당수익은 발생하지 않는다고 가정)에 매도

□ 투자결과

-최종결제시 KOSPI 200지수가 예상대로 하락한 경우와 반대로 상승한 경우로 나누어 헤지거래의 결과를 보면 다음과 같음.

〈KOSPI 200지수가 10% 하락하여 90포인트가 된 경우〉

보유주식 손익	KOSPI 200 선물거래 손익	손익
50억원×△10%=△5억원(손실)	12포인트×50만원×100계약= 6억원(이익)	1억원

〈KOSPI 200지수가 10% 상승하여 110포인트가 된 경우〉

보유주식 손익	KOSPI 200 선물거래 손익	손익
50억원×10%=5억원(이익)	△8포인트×50만원×100계약= △4억원(손실)	1억원

-거래결과에서 보는 바와 같이 KOSPI 200선물을 이용하면 헤지기간 중 주식가격이 상승하든 하락하든 주가변동에 따른 손익은 주가지수선물에서의 손익으로 완전히 상쇄됨(주가변동위험의 완전회피)과 동시에 KOSPI 200선물을 이용하는 대신 보유주식을 전부 매각할 경우 주식대금 운용으로 얻게 될 이자수입 1억원(50억원×12%×2/12월)도 확보하게 됨.

(2) 순수한 투기거래(open position trading)

순수한 투기거래란 주식을 보유하지 않고 장래의 주가변동을 예측하여 선물만 매도 또는 매수함으로써 시세변동에 따른 차익획득을 목적으로 하는 거래를 말한다. 선물거래는 거래대금의 일정률(예: 15%)인 증거금만으로 거래가 가능하고 언제든지 반대매매에 의해 포지션을 해소할 수 있기 때문에 투기목적의 거래에 쉽게 이용될 수 있다.

이러한 순수한 투기거래는 헤지 또는 차익거래자가 선물을 매도, 매수하고자하는 경우 거래상대방의 역할을 수행하여 선물시장의 가격형성을 원활히 하고 유동성을 제고하는 역할을 수행한다. 그러나 순수한 투기거래는 레버리지효과로 인해 낮은 투자금액으로 높은 이익을 얻을 수 있지만, 반대로 예상이 틀린 경우 큰 손실을 볼 수 있으므로 선물거래 유형 중에서 가장 위험이 큰 거래이다.

〈사례 2〉

□ 개시조건

-투자자 B가 향후 KOSPI 200지수의 상승을 예상하고 보유자금 7,500만원으로 KOSPI 200선물을 매수한 후 KOSPI 200지수가 상승 또는 하락하는 경우의 손익을 주식투자와 비교하고자 함

-현재의 선물가격은 100포인트이고, 10계약을 매수하여 증거금으로 7,500만원을 납부하였다고 가정

□ 투자결과

〈KOSPI 200지수가 5% 상승한 경우〉

KOSPI 200선물 거래결과		주식을 매수한 경우 투자결과	
(105P-100P)×50만원×10계약=2,500만원(이익)	투자수익률 : 33% (2,500/7,500)	7,500만원×5% =375만원(이익)	투자수익률 : 5%

〈KOSPI 200지수가 5% 하락한 경우〉

KOSPI 200선물 거래결과		주식을 매수한 경우 투자결과	
(95P-100P)×50만원×10계약=2,500만원(손실)	투자수익률 : △33% (△2,500/7,500)	7,500만원×△5% =△375만원(손실)	투자수익률: △5%

-거래결과에서 보는 바와 같이 주가지수선물에 투자하는 것이 주식에 투자하는 것보다 수익률이 약 7배 정도 크다는 것을 알 수 있음.

-이는 주가지수선물거래의 위탁증거금률이 15%이기 때문에 발생하는 레버리지효과에 의한 것임(손실이 발생할 때도 레버리지효과로 인하여 큰 폭의 손실을 입음).

(3) 차익거래(arbitrage trading)

차익거래는 선물의 이론가격과 실제가격사이에 일시적인 가격불균등이 발생했을 경우에 장래 그 차이가 좁혀질 것으로 예상하여 현물과 선물시장에 동시에 개입하여 각각 반대방향으로 매매하는 거래를 말한다.

실제 선물가격이 이론 선물가격보다 높은 경우에는 선물에서 매도포지션을 취하고 현물은 매입하고, 반대로 선물가격이 이론 선물가격보다 낮은 경우에는 선물에서 매입포지션을 취하고 현물은 매도한다.

주가지수선물의 이론가격은 지수의 현물가격에 보유비용을 합한 것이다. 여기서 보유비용이란 지수현물을 보유하는 데 대한 금융비용으로 현물지수에 대한 이자비용에서 현물지수를 보유함으로써 발생하는 배당수익을 차감한 것이 된다. 일반적으로 배당수익률은 단기이자율보다 낮으므로 이론 선물가격은 현물가격을 상회한다.

그런데 실제 선물가격이 이론 선물가격과 일치하는 경우는 거의 없다. 따라서 차익거래로 인한 수익(이론과 실제 선물가격과의 차이)이 단기금융비용보다 높으면 차익거래의 기회가 존재한다고 할 수 있다. 이때 차익거래자는 차익거래를 하는데 드는 거래비용과 세금 등을 고려하여 최종적으로 의사결정을 해야 한다.

〈사례 3〉

□ 개시조건

-2012년 11월 12일 현재 현물시장의 KOSPI 200지수는 100포인트이고, KOSPI 200선물 12월물(최종거래일 12월12일)의 가격은 102P, 단기금리 연9%, 예상배당수익률 연 3%(연중 균등배당가정)라고 가정

-이때 KOSPI200선물 12월물 선물이론가격은 100.5P가 되어 선물가격(102P)이 상대적으로 높음.

-이에 따라 투자자C는 12월물 KOSPI 200선물 10계약을 102P에 매도

함과 함과 아울러 선물10계약에 상당하는 현물주식 5억원(100P×50만원×10계약)을 연 9%의 금리로 차입하여 매수하였음.

-최종거래일의 KOSPI 200 종가지수는 97P라고 가정.

□ 투자결과

구분	현물시장	선물시장
매매체결결과	① 주식매매 -매수(11/12):5억원(100P×50만원×10계약) -매도(12/12):4.85억원(5억원×97/100) -결과 : 0.15억원 손실 ② 차입금의 이자비용: 0.0375억원=5억원×9%×1/12 ③ 배당수입 : 0.0125억원=5억원×3%×1/12	① KOSPI 200선물매매 -매도(11/12): 5.1억원 (102P×50만원×10계약) -최종결제(12/12):4.85억원 (5억원×97/100) -결과 : 0.25억원 이익
(손익)	0.175억원 손실	0.25억원 이익
총손익	0.075억원 이익(0.25억원-0.175억원)	

-여기에서 차익거래이익 0.075억원은 11월 12일의 선물가격 102P와 선물이론가격 100.5P의 차이인 1.5포인트에 해당하는 금액(1.5P×50만원×10계약)으로 이 금액은 최종현물지수가 어떻게 형성되더라도 동일하다.

(4) 스프레드 거래(spread trading)

선물에 있어서 스프레드란 서로 다른 두개의 선물상품 또는 결제월 종목간의 가격차이를 의미하고, 선물스프레드거래란 이러한 서로 다른 두개의 선물상품 또는 결제월 종목을 동시에 사고파는 거래를 말한다. 이러한 스프레드거래의 목적은 서로 다른 두 포지션의 가격변동폭 차이에서 이익을 추구하는 데에 있다.

선물 스프레드거래의 가격은 원월물에서 근원물의 가격을 뺀 수치를 말한다. 이는 주가지수선물의 경우 일반적으로 원월물의 가격이 근월물의 가격보다 이론적으로 높기 때문이다. 따라서 거래시에 매도와 매수의 기준을 원월물을 기준으로 하여, 스프레드매도는 원월물매도와 근월물매수를, 매수는 원월물매수와 근월물매도를 각각 의미한다.

스프레드거래에서 매수자란 스프레드를 매수, 즉 원월물을 매수하고 근월물을 매도하는 자를 말한다. 매수자는 현재 시장에서 형성된 종목간의 가격차, 즉 스프레드가 적정수준보다 작아서 향후에 스프레드의 확대를 예상하고 스프레드 매수포지션을 취하게 되는데, 거래성립이후 매수시의 스프레드보다 더 크게 되면 이익이 발생하고, 작아지면 손실이 발생한다. 한편 스프레드거래에서 매도자란 스프레드를 매도, 즉 원월물을 매도하고 근월물을 매수하는 자를 말한다. 매도자는 현재 시장에서 형성된 종목간의 가격차, 즉 스프레드가 적정수준보다 커서 향후에 스프레드의 축소를 예상하고 스프레드 매도포지션을 취하게 되는데, 거래성립이후 매도시의 스프레드보다 더 작아지면 이익이 발생하고, 커지면 손실이 발생한다.

〈사례 4〉

□ 개시조건

-현재 KOSPI 200지수는 100포인트이고, KOSPI 200선물 12월물은 103P, 3월물은 105P라고 가정

-이에 따라 투자자 C는 12월물의 이론가격 102P, 3월물의 이론가격 106P에 비해 12월물은 고평가되어 있고, 3월물은 저평가되었다고 판단하여, 선물스프레드가격 +2P에 선물스프레드 5계약을 매수하였음.

□ 투자결과

-한달 후 선물스프레드가 +4P로 확대된 경우의 투자결과는 다음과 같음.

〈선물스프레드가 +4P로 확대된 경우〉

주문유형	스프레드 구성종목 거래내역	
	근월종목(12월물)	원월종목(3월물)
스프레드 +2P에 매수	KOSPI 200 12월물 5계약 103P에 매도	KOSPI 200 3월물 5계약 105P에 매수
스프레드 +4P에 매도	KOSPI 200 12월물 5계약 104P에 매수	KOSPI 200 3월물 5계약 108P에 매도
결 과	-1P(103P-104P)×50만원 ×5계약=250만원 손실	3P(108P-105P)×50만원 ×5계약=750만원 이익
	총손익 : 500만원이익(=2P×50만원×5계약)	

3. 주가지수선물거래의 결제방법

주가지수선물거래는 일반 선물거래와는 실물을 인·수도 할 수 없으므로 현물지수를 최종결제가격으로 하여 현금 결제한다. 따라서 주가지수선물거래에서는 결제불이행을 방지하기 위하여 주식결제업무에는 없는 매매증거금관리 및 미결제약정수량 관리업무가 있다.

KOSPI 200 선물거래의 경우 반대매매 및 최종결제방법으로 결제가 이루어진다. 반대매매란 최종일결제이전에 기존의 매수(매도)한 계약과 동일한 종목, 동일한 수량을 매도(매수)하여 선물거래에 의한 결제의무를 벗어나는 결제방법이다.

최종결제는 최종결제일까지 반대매매되지 않은 미결제약정(포지션)을 결제하는 것을 말한다. 최종결제의 경우, 매수자는 약정지수에 50만원을 곱하여 산출한 금액을 매도자에게 지불하고, 매도자는 실물대신에 최종결제지수(최종거래일의 KOSPI 200현물종가지수)에 50만원을 곱하여 산출한 금액을 매수자에게 지불하는 것으로 종료되나, 실질적으로는 약정지수와 최종결제지수의 차에 50만원을 곱하여 수수(차금결제)하는 방식으로 이루어진다.

제 2 절 우리나라의 주가지수선물시장

1. KOSPI 200 선물시장

KOSPI 200선물시장은 유가증권시장에 상장되어 있는 200개 종목의 시가총액의 변동을 통하여 시장전체의 움직임을 나타내는 지수를 대상상품으로 사용하는 주가지수선물시장이다. 1996년 5월 3일 거래소(현재의 유가증권시장)에 KOSPI 200 선물이 상장된 이후 지금까지 거래되고 있다. KOSPI 200지수는 1990년 1월 3일을 기준시점으로 하여 시가총액방식으로 다음과 같이 산출한다.

$$\text{(11-2)} \qquad \text{오늘의 KOSPI 200지수} = \frac{\text{오늘의 시가총액}}{\text{기준시가 총액}} \times 100$$

KOSPI 200 선물에는 결제월이 3월, 6월, 9월, 12월인 4개 종목[1]이 있으며, 새로 상장되는 종목의 거래기간은 최장 1년이다. 각 종목의 최종결제일은 각 결제월의 두 번째 목요일로서 이날이 되면 해당 결제월종목은 당일 거래시간 종료 후 상장폐지되고, 다음날부터는 새로운 결제월종목이 자동적으로 상장되어 거래된다.

KOSPI 200 선물의 경우 주가지수에 거래단위승수 50만원을 곱한 값을 1계약단위로 한다. 예를 들어 KOSPI 200선물지수가 110포인트이고 어떤 투자자가 2계약을 매수하였다면, 계약금액은 110포인트에 50만원과 매수수량 2계약을 곱한 1억 1,000만원이 된다. 호가단위는 0.05포인트로 금액

1) 결제월물울 기준으로 선물거래 종목을 구분하는 이유는 결제월이 다를 경우 거래할 수 있는 기간뿐만 아니라 결제월간 가격도 상이하여 투자자의 이해 등 권리내용이 달라지기 때문이다.

으로는 25,000원(0.05P×500,000원)이다.

KOSPI 200 선물의 거래시간은 월요일부터 금요일까지 주식시장과 동시에 거래를 개시(09:00)하여 주식시장 종료 15분 후(15:15)에 거래를 종료한다.[2] 이때 08시 00분부터 09시 00분까지는 단일가매매로 거래를 체결하고 09시 00분 15시 05분까지는 접속매매로 거래한다. 그리고 15시 05분부터 15시 15분까지는 단일가매매로 거래를 체결한다. 다만 최종거래일이 도래한 종목의 매매거래시간은 09시 00분부터 14시 50분까지이며 접속매매로 거래를 체결한다.

KOSPI 200 선물의 결제이행 담보장치로는 기본예탁금과 위탁증거금이 있다. 기본예탁금은 미결제약정을 보유하고 있지 않는 위탁자(선물투자자)가 선물거래를 하고자 할 때 요구되는 최소한도의 예탁금을 말하며 위탁자의 신용, 거래경험 등을 감안하여 차등 징수하고 있다. 현재 기본예탁금은 최소 500만원이상(최초로 선물을 거래하는 투자자는 3단계 구분 중 1,500만 이상 3,000만원 미만, 또는 3,000만원 이상의 기본예탁금을 예탁)이다.[3]

위탁증거금은 계약상대방의 의무불이행 위험을 방지하기 위하여 징수하며 신규거래시 납부하는 주문증거금과 미결제약정을 유지하는데 필요한 유지증거금으로 구분된다. 주문증거금은 KOSPI 200지수에 거래단위(50만원)를 곱한 금액의 15% 이상 수준을, 유지증거금은 KOSPI 200지수에 거래단위(50만원)를 곱한 금액의 10% 이상 수준을, 각각 유지해야 한다.[4] 거래의 체결은 주식시장과 마찬가지로 개별경쟁매매방식으로 가격, 시간의 원칙 등에 따라 이루어진다.

---

2) 이는 확정된 현물포지션에 대해 자신의 투자목표 내지 전략에 맞추어 선물포지션을 조정할 수 있는 기회를 부여하기 위해서이다.

3) 기본예탁금제도는 2009년 2월부터 모든 파생상품에 적용되고 있고, 적격기관투자자(사후증거금계좌)는 기본예탁금제도 적용을 배제하고 있다.

4) 만약, 실제증거금이 유지증거금 수준에 미치지 못할 경우 선물투자자는 다음날 12:00까지 유지증거금 수준으로 추가 납부할 것을 요구(margin call)받는데, 이를 이행하지 않으면 거래소가 미결제약정의 반대매매, 또는 대용증권의 처분을 행하게 된다.

〈표 11-1〉 KOSPI 200선물과 스타지수선물의 거래제도

구 분	KOSPI 200선물	스타지수선물
거래단위	KOSPI 200지수× 50만원	KOSDAQ스타지수×1만원
결제월	3,6,9,12월	
최소가격 변동폭	0.05포인트	0.50포인트
최소가격변동금액	25,000원(=0.05×50만원)	5,000원(=0.50×1만원)
거래시간	월요일~금요일, 09:00~15:15 (단, 최종거래일은 09:00~14:50)	
최종거래일	결제월의 두 번째 목요일 (단, 공휴일인 경우에는 순차적으로 앞당김)	
결제방법	현금결제	
가격제한폭	기준가격±10%	
기준가격	전일종가	
위탁증거금	기본예탁금 : 500만원 이상 차등적용 또는 면제(적격기관투자자) 주문증거금률 : 15% 이상 유지증거금률 : 10% 이상	
매매거래중단제도 (circuit breakers)	-전날 거래량이 가장 많은 종목의 가격이 전일 종가대비 5%(스타지수선물의 경우 6%) 이상 변동하고 괴리율이 3% 이상 확대되어 1분간 이상 지속 ⇒모든 선물거래를 5분간 중단(1일1회) -주가지수(코스피 또는 코스닥지수)가 10% 이상 하락한 상태가 1분간 지속되어 주식시장의 거래가 20분간 중단되는 경우 ⇒모든 선물거래를 20분간 중단(1일1회)	
프로그램매매호가의 효력정지제도 (side car)	-전날 거래량이 가장 많은 선물종목의 가격이 전일종가대비 5%(스타지수선물의 경우 6%,) 이상 변동하여 1분 이상 지속되는 경우 ⇒주식시장에서의 프로그램매매호가의 효력을 5분간 정지(1일 1회)	

자료 : 한국거래소

KOSPI 200 선물거래에서는 투자자보호차원에서 일일가격제한폭과 효력정지제도 등을 두고 있다. 먼저 KOSPI 200 선물거래의 가격제한폭은 기준가격대비 상하 10%이다.[5] 거래소는 프로그램매매[6]에 의한 주식시장

5) 기준가격은 전일의 종가이며(기세포함), 전일종가가 없는 경우에는 최근일의 종가로 한다. 다만, 최근일의 종가와 전일의 현물종가지수를 기초로 산출한 이론가격의 차이가 최근일의 종가를 기준으로 한 가격제한폭을 초과하는 때에는 거래소가 산출한 이론가격을 기준가격으로 한다. 또한 시장개설시와 새로운 종목의 상장시에도 이론가격을 기준가격으로 한다.

6) 프로그램매매는 선물거래와 연계된 차익거래 및 선물거래와 관계없이 일시에

의 과도한 급등락을 방지하기 위해 프로그램매매호가의 효력정지제도(side car)를 도입하여, 적용시키고 있다. 이는 KOSPI 200 선물가격이 전일종가대비 5% 이상 변동하여 1분 이상 지속될 경우 주식시장의 프로그램매매호가에 대하여 일시적으로 효력을 정지시킨 후 발동시점부터 5분이 경과한 시점에서 매매체결에 참가하도록 하는 제도이다. 이는 주식시장의 매매거래종료 40분전 이후에는 적용하지 않으며 1일 1회에 한하여 발동하게 되어 있다.

한편 거래소는 시장의 가격안정화를 도모하기 위하여 선물의 일시적 매매거래중단제도(circuit breakers)를 도입, 적용하고 있다. 이 제도에 의하면 어제의 약정수량이 가장 많은 선물종목의 가격이 기준가 대비 5% 이상 변동하고 선물이론가격에 대비한 괴리율[7]이 3% 이상인 상태가 1분 이상 지속되는 경우에는 모든 선물거래가 5분간 중단된다. 거래중단 후 10분간 매매주문이 접수되고 접수순에 따라 매매가 체결된다. 또한 주식시장에서 종합지수가 전일종가대비 10% 이상 하락하고 이 상태가 1분간 지속되어 매매거래를 20분간 중단할 때에는 선물시장도 매매거래를 중단한다. 그리고 KOSPI 200 구성종목의 절반 이상이 거래가 이루어지지 않거나 시스템에 장애가 발생할 경우에도 거래를 일시 중단할 수 있다. 다만, 인위적인 거래중단은 1일 1회로 제한하고 있다.

2. 스타지수선물시장

스타지수선물시장은 2005년 1월 통합 증권선물거래소(현재의 한국거래소)가 출범한 이후 개설된 첫 번째 파생상품시장으로, 종전의 거래가 부진했던 KOSDAQ50 선물시장을 대체해 코스닥시장에 효율적인 위험관리수단을 마련함으로써 동 시장의 질적 수준을 향상시키기 위해 2005년 11월 7일에 개설되었다.

KOPI 구성종목 총 15종목 이상을 거래하는 비차익거래로 구분된다.

7) 괴리율 = (선물가격/이론가격-1)×100

스타지수선물시장은 거래단위승수는 1만원이며 이에 따른 최소 가격변동폭은 0.5포인트이고 결제이행담보장치에 있어서는 KOSP I200선물과 동일한 증거금[8] 및 기본예탁금제도를 채택하고 있다. 다만, 스타지수선물시장이 유동성 부족으로 시장상황과 무관하게 프로그램매매호가의 효력정지제도가 빈번히 발동되는 상황을 시정하기 위해 2009년 7월에 코스닥시장의 사이드카 발동요건을 강화하였다.

기본예탁금(1,500만원)은 KOSPI 200선물 · 옵션 및 주식옵션과 통합하여 적용된다. 가격제한폭은 전일종가의 10%이고 결제월물, 최종거래일, 개장시간 등은 KOSPI 200선물시장과 동일하다(〈표 11-1〉 참조).

3. 주가지수선물시장 동향

(1) KOSPI 200선물시장

KOSPI 200선물은 1996년 5월 거래소에 상장된 후 거래규모가 폭발적으로 증가하고 있다. 개설 이후 71.6만 계약이었던 약정수량이 큰 폭으로 증가하여 2011년에는 8,727.4만 계약에 이르고 있으며, 미결제약정수량도 폭발적인 증가세를 시현하여 2011년 말에는 81,702계약에 달했다. 이와 같이 KOSPI 200선물은 짧은 역사에도 불구하고 급속히 성장하여 세계적인 규모의 주가지수선물시장이 되었다.

〈표 11-2〉 KOSPI 200선물거래 실적

(단위: 천계약, %, 십억원, 계약)

구 분	1996	2000	2005	2007	2009	2011
계 약 수	716	19,667	43,848	47,758	83,117	87,274
계약금액	30,690	859,711	3,048,203	5,272,887	7,652,807	11,259,932
미결제약정수량	4,908	30,052	82,729	76,791	106,151	81,702

주 : 미결제약정수량은 말기준임.
자료 : 한국거래소, 『KRX Market』, 각호.

8) 다만, 선물스프레드 증거금률이 KOSPI200선물의 경우 1.5%(주문증거금률)과 1.0%(유지증거금률)인데 반해, 스타지수선물은 각각 3.0%와 2.0%이다.

시장참가자별 거래비중을 보면, 2003년중 전체거래의 55.1%를 점유했던 개인투자자의 비중이 2012년 상반기 중에는 33.7%로 감소한 반면, 16.4%를 점유했던 외국인 투자자의 비중이 36.9%로 증가하였으며, 증권회사(금융투자회사)도 22.1%에서 26.4%로 증가하였다.

[그림 11-1] KOSPI 200선물시장 참가자별 거래비중(거래량 기준)

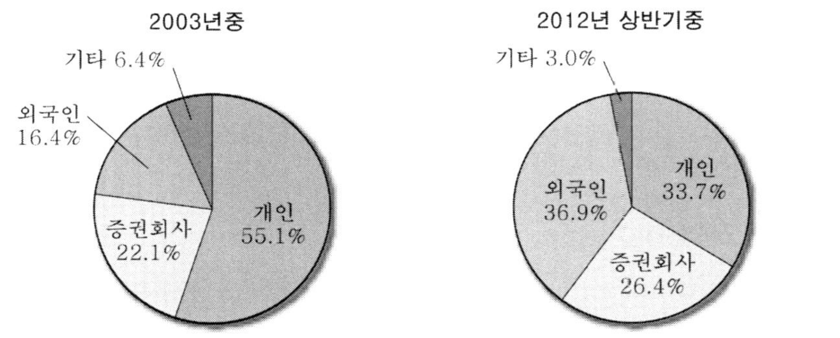

(2) 스타지수선물시장

스타지수선물은 2005년 11월 도입 이래 거래규모가 급격히 감소하는 등 침체국면이 지속되고 있다(〈표 11-3〉 참조).

〈표 11-3〉 스타지수선물거래 실적

(단위: 계약, 십억원, 계약)

구 분	2005	2006	2007	2008	2009	2010	2011
계약수	103,619	90,143	22,369	13,352	286	61	39
계약금액	1,327	1,175	363	196	3	0.7	0.5
미결제약정수량	709	181,287	83	12	8	4	-

주 : 미결제약정수량은 말기준임.
자료 : 한국거래소, 『KRX Market』, 각호.

[그림 11-2]와 같이 시장참가자별 거래비중을 보면, 2006년 중에는 증권회사(금융투자회사)가 58.8%로 가장 큰 비중을 차지했으나, 2011년중에는 개인(48.7%), 자산운용회사(25.6%), 증권회사(7.7%) 등의 순서로

거래가 이루어졌다.

[그림 11-2] 스타지수선물시장 참가별 거래비중(거래량 비중)

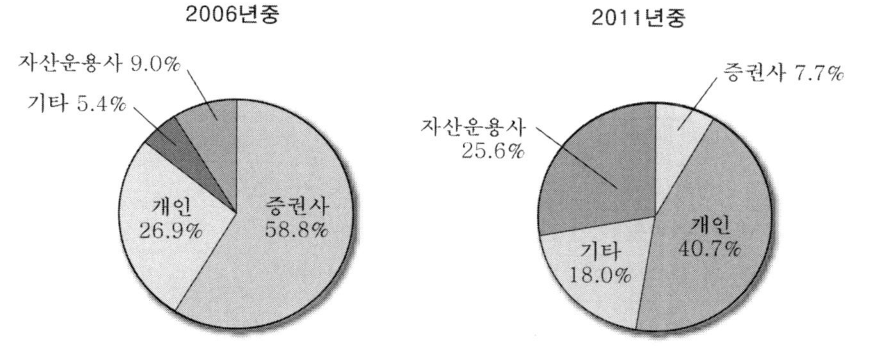

제 3 절 기타 선물시장

1. 미국달러선물시장

미국달러선물은 미국달러를 대상상품으로 한 선물거래이다. 즉 미국달러선물은 미래의 일정시점에 인수도할 미국달러화를 현재시점에서 미리 매수하거나 매도하는 계약에 의해 이루어지는 선물거래로서 1999년 4월 환율변동에 따른 위험관리 및 투자수단을 제공하기 위하여 한국선물거래소(현재의 한국거래소)에 상장되어 거래되고 있다.

미국달러선물은 10,000달러를 거래대상으로 하고, 결제월은 분기월 중 4개와 그밖의 월중 4개이다. 일일가격제한폭은 기준가격대비 상하±4.5%이며, 거래시간은 09:00~15:15(최종거래일 09:00~11:30)이다. 최종결제방법은 실물인수도이고, 인수도금액은 최종거래일의 최종결제가격으로 한다. 최종결제가격 산정방식은 일일정산가격산정방식과 동일하며, 최종결제일에 달러와 원화를 교환한다.

〈표 11-4〉 미국달러선물의 거래제도

거래대상	미국달러
거래단위	US$ 10,000
결 제 월	분기월 중 4개와 그 밖의 월 중 4개
상장결제월	1년이내의 8개월 결제월
가격의 표시	US$ 1당 원화(소수점 둘째자리까지 표시)
최소가격변동폭	0.10원
최소가격변동금액	1,000원(US$ 10,000 ×0.10원)
거래시간	09:00~15:15 (최종결제일 09:00~11:30)
최종거래일	결제월의 세 번째 월요일 (공휴일인 경우 순차적으로 앞당김)
최종결제일	최종거래일로부터 기산하여 3일째 거래일
결제방법	기초자산 인수도
가격제한폭	기준가격 대비 상하±4.5%
단일가격경쟁매매	개장시(08:00~09:00) 및 거래종료시(15:05~15:15)

자료 : 한국거래소

2. 엔선물 · 유로선물시장

엔선물은 일본통화인 엔을 기초자산으로, 유로선물은 유로통화를 기초자산으로 한 선물거래로써, 환율변동에 따른 위험관리 및 투자수단을 제공하기 위하여 2006년 5월 26일 거래소에 상장되어 거래되고 있다. 구체적인 거래제도의 내용은 〈표 11-5〉와 같다.

〈표 11-5〉 엔선물 · 유로선물의 거래제도

	엔선물	유로선물
기초자산	엔	유로
거래단위	¥1,000,000	10,000유로
결 제 월	최근 연속 6개월(분기월 4개, 그 외 월2개) 및 다음 분기월 중 2개월	
상장결제월의 수	1년이내 8개월	
가격의 표시	100엔당 원(원) (소수점 둘째자리까지 표시)	1유로당 원(원) (소수점 둘째자리까지 표시)
호가가격 단위	0.10	
호가한도 가격	기준가격±5.25%	
거래시간	09:00~15:15(최종결제일 09:00~11:30)	
최종거래일	결제원의 세 번째 월요일	
최종결제일	최종거래일로부터 기산하여 2일째 거래일	
최종결제방법	기초자산 인수도	

자료 : 한국거래소

3. 국채선물시장

국채선물시장에는 3년 국채선물과 5년국 채선물, 10년 국채선물이 한국거래소에 상장되어 거래되고 있는데, 3년국채선물은 3년 만기 액면가 1억원국고채, 5년 국채선물은 5년만기 액면가 1억원 국고채, 10년 국채선물은 10년 만기 액면가 1억원인 국고채를 거래대상으로 하고 있다.[9]

3년 국채선물 및 5년 국채선물의 경우 거래단위는 액면가 1억원이고(10년 국채선물은 액면가 5,000만원), 결제월은 3, 6, 9, 12월 이며, 상장결제월은 6월이내의 2개 결제월이다. 또한 최종결제방법은 현금결제이고, 최종결제일은 최종거래일의 다음날이다. 그리고 3년국채선물 및 5년국채선물, 10년국채선물의 최종결제가격은 최종결제기준채권별 수익률을 사용하여 산출한 가격으로 한다.

9) 3년국채선물은 1999년 9월에, 5년국채선물은 2003년 8월에, 10년국채선물은 2008년 2월에 각각 상장되었다.

〈표 11-6〉 3년국채선물 및 5년국채선물, 10년국채선물의 거래제도

	3년국채선물	5년국채선물	10년국채선물
거래대상	표면금리 5%, 6개월단위 이자지급방식의 3년 만기 국고채	표면금리 5%, 6개월 단위 이자지급방식의 5년 만기 국고채	표면금리 5%, 6개월 단위 이자지급방식의 10년만기국고채
거래단위	액면 1억원		좌 동
결 제 월	3, 6, 9, 12월		좌 동
상장결제일	6월 이내의 2개 결제월		좌 동
가격의 표시	액면 100원당 원화(백분율 방식)		좌 동
호가가격단위	0.01포인트		좌 동
최소가격변동금액	10,000원(1억원×0.01×1/100)		좌 동
거래시간	09:00~15:15(최종거래일 09:00~11:30)		좌 동
최종거래일	최종결제월의 세 번째 화요일 (공휴일인 경우 순차적으로 앞당김)		좌 동
최종결제일	최종거래일의 다음날		좌 동
결제방법	현금결제		좌 동
가격제한폭	기준가격대비 상하 ±1.5%	기준가격대비 상하 ±1.8%	기준가격대비 상하±2.7%
단일가격경쟁매매	개장시(08:00~09:00) 및 최종거래일이외의 거래종료시(15:05~15:15)		좌 동

자료 : 한국거래소

4. 금선물시장

금선물은 미래의 일정시점에 인수도할 금을 현재 선물시장을 통해 매매하는 계약으로, 1999년 4월 거래소(구 한국선물거래소)에 상장되어 거래되고 있다.

〈표 11-7〉 금선물의 거래제도

구 분	금선물
기초자산	순도 99.99%의 금괴
거래단위	1 kg
결제월	2, 4, 6, 8, 10, 12월 및 그 밖의 월 중 1개
상장결제월의 수	1년 이내의 7개 결제월
호가가격단위	10원
최소가격 변동금액	10,000원(1,000g×10원)
가격제한폭	기준가격 대비상하 ±9%
거래시간	09:00~15:15 (최종결제일 09:00~11:30)
최종거래일	결제월의 세 번째 수요일
최종결제일	최종거래일로부터 가산하여 3일째 거래일
결제방법	기초자산 인수도
단일가격경쟁매매	개장시(08:00~09:00) 및 최종거래일이외의 거래종료시(15:05~15:15)

자료: 한국거래소

금선물은 순도 99.9%의 금괴를 기초자산으로 하고 있으며, 결제월은 매월로 상장결제월의 수는 짝수월 6개, 그 외 월 1개를 통합하여 7개이다. 최종결제방법은 기초자산인수도이며, 최종거래일의 정산가격을 최종결제가격으로 하고, 최종결제일에 금과 원화가 교환된다.

5. 돈육선물시장

돈육선물은 돼지 가격의 변동 위험을 회피하기 위하여 2008년부터 한국거래소에서 도입하여 거래하고 있다. 돈육선물은 1계약당 1,000kg에 해당하는 돈육 대표가격을 현재시점(계약시점)에서 정한 가격으로 장래의 일정시점(최종거래일)에 사거나 팔기로 약속하는 거래이다. 돈육선물은 실제 돼지를 사고파는 것이 아닌 돈육의 가격을 거래대상으로 하는 선물거래인 점이 특징이다. (〈표 11-8 〉참조).

〈표 11-8〉 돈육선물의 거래제도

구 분	돈육선물
거래대상	돈육대표가격(산출기관 : 축산물품질평가원)
계약크기	1,000 Kg
결제월	분기월 중 2개와 그 밖의 월 중 4개
최장거래기간	6개월
가격의 표시	원/kg
호가가격단위	5원
최소가격변동금액	5,000원 (1,000Kg × 5원)
거래시간	10:15 ~ 15:15 (최종거래일 : 좌동)
최종거래일	각 결제월의 세 번째 수요일
최종결제일	결제월의 최종거래일부터 기산하여 3일째 거래일
결제방법	현금결제
단일가격경쟁매매	개장시(09:15 ~ 10:15) 및 거래종료시(15:05 ~ 15:15)

자료: 한국거래소

6. 미니 금선물시장

미니금선물은 2010년 9월부터 한국거래소에 상장되어 거래되고 있는 선물상품이다. 금의 가격변동위험에 노출된 기업은 미니금선물을 활용하여 금가격과 관련한 위험을 헤지할 수 있고, 투자자들은 재테크를 위한 투자수단으로 미니금선물을 활용할 수 있다.

미니금선물은 기존 금선물에 비해 거래단위를 10배로 낮추었으며 현금결제방식으로서 현재의 거래시점에 예측한 금가격과 만기일에 실제로 형성된 금가격과의 차액을 주고 받는 상품이다.

7. 기타 선물시장 동향

(1) 미국달러선물

미국달러선물은 환율변동에 따른 위험의 헤지수단을 제공하기 위하여

1999년 4월부터 선물거래소(현재의 한국거래소)에 상장되어 거래되고 있다. 최근 거래추이를 보면 지속적으로 거래규모가 증가하고 있음을 알 수 있다(〈표 11-9〉 참조)

(2) 엔선물 · 유로선물

엔선물 · 유로선물은 환율변동에 따른 위험관리 및 투자수단제공을 위해 2006년 5월부터 선물거래소(현재의 한국거래소)에 상장되어 거래되고 있다. 엔선물 · 유로선물 공히 지속적으로 활발히 거래되고 있다(〈표 11-9〉 참조).

(3) 금선물

금선물은 1999년 4월부터 선물거래소(현재의 한국거래소)에서 상장되어 거래되고 있다. 최근의 거래추이를 보면, 거래규모는 감소추세를 보이고 있어 아직도 활발히 거래되고 있는 상황은 아니다(〈표 11-9〉 참조).

〈표 11-9〉 통화기타상품선물거래 현황

		2008	2009	2010	2011
미국달러선물	계약수(천계약)	6,658	41,161	65,693	70,212
	계약금액(천억)	3,773	6,840	7,611	7,800
	미결제약정수량(1계약)	151,591	914,825	825,555	587,673
엔선물	계약수(천계약)	103	272	448	803
	계약금액(천억)	53	46	58	112
	미결제약정수량(1계약)	1,541	14,024	15,745	14,262
유로선물	계약수(천계약)	103	310	426	205
	계약금액(천억)	81	72	65	31
	미결제약정수량(1계약)	2,854	19,450	12,782	3,289
금선물	계약수(천계약)	1.26	1.73	0.03	-
	계약금액(천억)	0.38	0.69	0.01	-
	미결제약정수량(1계약)	-	-	-	-

자료 : 한국거래소, 『KRX Market』, 각호.

(4) 국채선물

국채선물은 3년국채선물의 경우 1999년 9월에, 5년국채선물의 경우 2003년 8월에, 10년국채선물의 경우, 2008년 2월에 각각 선물거래소(현재의 한국거래소)에 상장되어 거래되고 있다. 최근 국채선물의 거래추이를 보면 3년국채선물의 경우 거래가 지속적으로 증가하고 있는 반면에, 5년국채선물은 도입된 지 얼마 안 되어 거래규모가 미미한 수준이다. 한편, 10년국채선물은 2011년 급격히 거래규모가 증가하였다(〈표11-10〉 참조).

〈표 11-10〉 채권금리상품 선물거래현황

		2008	2009	2010	2011
3년 국채 선물	계약수(천계약)	15,910	20,050	27,863	34,140
	계약금액(천억)	17,026	22,096	30,976	35,364
	미결제약정수량(1계약)	125,125	140,381	146,758	202,901
5년 국채 선물	계약수(천계약)	-	-	-	-
	계약금액(천억)	-	-	-	-
	미결제약정수량(1계약)	-	-	-	-
10년 국채 선물	계약수(천계약)	9.5	0.008	33.0	3,503
	계약금액(천억)	4.54	0.003	34.50	3,785.34
	미결제약정수량(1계약)	-	-	2.047	13,161

자료 : 한국거래소, 『KRX Market』, 각호.

중요개념 및 용어

주가지수선물거래	일일정산제도	이론가격
헤지거래	투기거래	순수한 투기거래
차익거래	스프레드거래	반대매매
KOSPI200선물시장	스타지수선물시장	미국달러선물시장
국채선물시장	금선물시장	돈육선물시장

연 습 문 제

1. 주가지수선물거래의 특징에 대하여 설명하라.

2. 헤지거래에 대하여 구체적으로 설명하라.

3. 순수한 투기거래에 대하여 구체적으로 설명하라.

4. 차익거래에 대하여 구체적으로 설명하라.

5. 스프레드거래에 주대하여 구체적으로 설명하라.

6. 주가가지수선물의 결제방법에 대하여 설명하라.

7. KOSPI 200 선물의 거래제도에 대하여 설명하라.

제12장 옵션시장

본 장에서는 먼저 주가지수옵션시장과 관련하여 주가지수옵션거래의 개요에 대하여 살펴본 후, 우리나라 주가지수(주식)옵션시장 및 기타옵션시장의 시장메커니즘 및 동향에 대하여 구체적으로 알아보고자 한다.

제 1 절 주가지수옵션시장

1. 주가지수옵션시장의 의의와 특징

주가지수옵션시장은 주가지수선물과 마찬가지로 주가지수를 대상으로 미래의 일정시점에서 사전에 약정한 가격으로 매입·매도할 수 있는 권리가 거래되는 시장을 말한다. 이러한 의미를 지니고 있는 주가지수옵션시장의 특징은 다음과 같은 특징이 있다.

첫째, 주가지수는 실제로 주고받을 수 없는 추상물인 수치에 불과하므로 실물결제가 아닌 권리행사가격과 결제시점의 현물주가지수와의 차이를 기준으로 현금으로 결제한다.

둘째, 주가지수옵션은 주가지수선물과 달리 기초자산의 가격변동에 따른 투자자의 손익구조가 비대칭적이다. 주가지수선물거래의 경우 시장가격변동분이 전부 이익이나 손실로 실현된다. 즉 손익이 무제한적으로 증가될 수 있다. 이에 비해 주가지수옵션거래는 손실이나 이익 어느 한쪽이 제한되어 있다. 옵션매수의 경우는 이익이 무제한적인 반면에 손실이 제한되어 있고, 옵션매도의 경우는 손실이 무제한적인 반면에 이익이 제한되어 있다. 따라서 선물거래에서는 손익이 대칭적인 구조인데 비해, 옵션거래는 손익이 비대칭적인 구조라고 말할 수 있다.

둘째, 주가지수옵션은 기초자산가격의 변동에 따른 손익구조의 비대칭성 및 풋옵션, 콜옵션간의 손익의 상반성 등에 기인하여 다양한 형태의 손익구조 및 투자수단을 제공한다. 뿐만 아니라 주가지수옵션거래에서는 시황변동의 방향이외에 시황의 변동성에 대한 예측까지도 이용할 수 있다. 실제로 주가지수옵션거래에서는 가격이 움직이는 방향보다도 가격이 얼마나 큰 폭으로 변동할 것인가가 더 중요하게 되는 경우가 많다.

셋째, 주가지수옵션은 기한부 상품이다. 즉, 주가지수옵션거래는 권리에 대한 거래이며 그 권리는 채권과 같이 일정한 기간으로 제한되어 있다. 따라서 그 기간내에는 권리를 행사할 수 있지만 그 기간이 지나면 권리를 행사할 수 없다.

넷째, 주가지수옵션거래에는 가치의 소모성이 존재한다. 주가지수옵션은 향후 장세가 자신이 생각한 대로 움직이는 경우 권리를 행사하거나 반대매매를 통해 투자수익을 올리는 상품이기 때문에 다른 조건이 일정하다면 계약기간이 길수록 기초자산가격변동의 가능성이 커지게 되어 옵션의 가치가 상승하며 계약만료일이 다가올수록 그 가치(시간가치)가 하락하는 특성을 지니고 있다. 따라서 주가지수옵션을 소모성상품이라고 하며 만료일에는 "기초자산가격 - 행사가격", 즉 행사가치만 남게 된다.

2. 거래의 유형

(1) 콜옵션 매수

콜옵션거래는 기초자산을 권리행사가격에 살 수 있는 권리를 매매대상으로 하는 거래인데, 콜옵션 매수는 기초자산의 가격이 상승하리라고 예상하는 경우 가장 간단하면서도 가장 높은 투자수익률을 올릴 수 있다. 즉, 콜옵션 매수자는 기초자산가격이 행사가격을 초과하는 폭이 옵션매입시 지불한 프리미엄보다 큰 경우 이익이 발생하며, 예상과 반대로 기초자산가격이 하락한 경우라도 손실은 지불한 프리미엄에 한정된다.

〈사례 1〉

-KOSPI 200현물가격이 100P일 때 행사가격이 100P인 콜옵션 1계약을 30만원(3P×10만원)에 매수하였다면

-옵션만기일에 KOSPI 200 현물지수가 상승하여 100P 이상인 경우,

· 콜옵션 매수자는 권리를 행사.

· 만일, 만기일에 KOSPI 200 현물지수가 105P가 되어 권리를 행사

하였다면, 권리행사로 차금 50만원[(105P-100P)×10만원]을 받을 수 있으므로 옵션매수비용 30만원을 차감한 20단원의 순이익이 발생

· 콜옵션매수자는 KOSPI 200 현물지수가 상승하면 할수록 이익은 그만큼 증가

-옵션만기일에 KOSPI 200 현물지수가 100P 이하인 경우,

· 콜옵션 매수자는 권리행사를 포기. 옵션대금으로 지불한 30만원만 손실

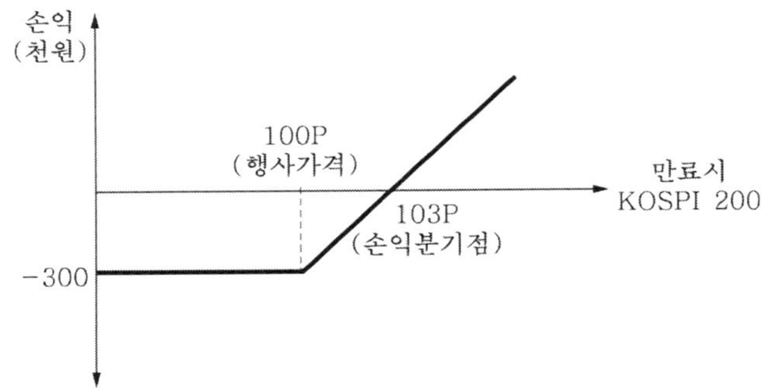

(2) 콜옵션 매도

콜옵션매도는 기초자산가격이 상승할 가능성이 희미하다고 확신하는 경우에 사용되는 기법이다. 즉, 콜옵션 매도자는 기초자산가격이 행사가격을 초과하는 폭이 옵션 매도시에 수령한 프리미엄보다 작으면 이익이 발생하지만, 이와 반대로 기초자산가격이 상승하게 되면 손실은 무한대로 커진다.

〈사례 2〉

-KOSPI 200현물가격이 100P일 때 행사가격이 100P인 콜옵션 1계약을 30만원(3P×10만원)에 매도하였다면

-옵션만기일에 KOSPI 200 현물지수가 하락하여 100P이하인 경우,

 · 옵션 매수자의 권리행사포기로 의무가 해소되어 옵션매도시 수령한 프리미엄(30만원)만큼 이익이 발생.

-옵션만기일에 KOSPI 200 현물지수가 100P를 상회하는 경우,

 · 콜옵션 매도자는 옵션매수자의 권리행사요구에 응해야 하며, 손실규모는 KOSPI 200 현물지수의 수준에 따라 달라짐.

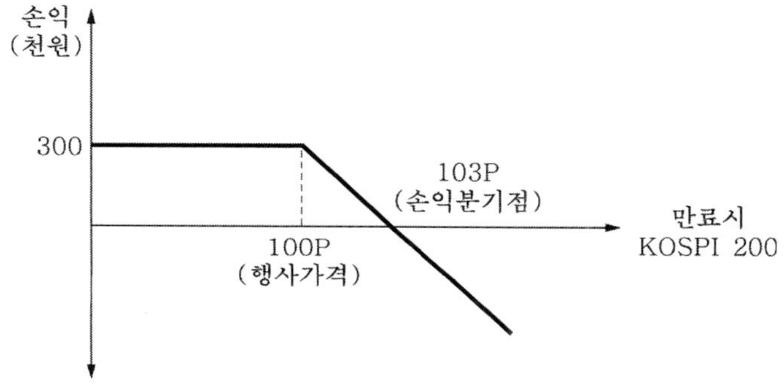

(3) 풋옵션매수

풋옵션거래는 기초자산을 권리행사가격에 팔 수 있는 권리를 매매대상으로 하는 거래인데, 풋옵션매수는 기초자산가격이 하락할 것이라고 예상하는 경우에 사용되는 기법이다. 즉, 풋옵션 매수자는 기초자산가격이 행사가격을 하회하는 폭이 옵션매수시 지불한 프리미엄보다 큰 경우 이익이 발생하며, 이와 반대로 기초자산가격이 상승하더라도 손실은 지불한 프리미엄에 한정된다.

〈사례 3〉

-KOSPI 200현물가격이 100P일 때 행사가격이 100P인 풋옵션 1계약을 20만원(2P×10만원)에 매수하였다면

-옵션만기일에 KOSPI 200현물지수가 하락하여 100P 이하인 경우,

 · 풋옵션 매수자는 권리를 행사.

· 만일, 만기일에 KOSPI 200현물지수가 95P가 되어 권리를 행사하였다면, 권리행사로 차금 50만원[(100P-95P)×10만원]을 받을 수 있으므로 옵션매수비용 20만원을 차감한 30만원의 순이익이 발생
· 풋옵션매수자는 KOSPI 200현물지수가 하락하면 할수록 이익은 그만큼 증가

-옵션만기일에 KOSPI 200현물지수가 100P 이상인 경우,
· 풋옵션 매수자는 권리행사를 포기. 옵션대금으로 지불한 20만원만 손실

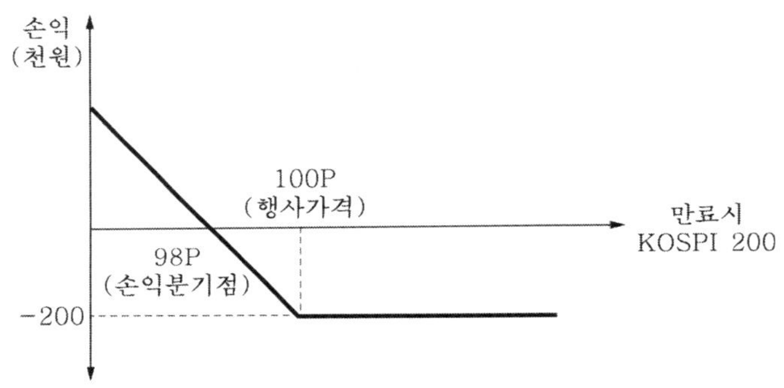

(4) 풋옵션 매도

풋옵션매도는 기초자산가격이 하락할 가능성이 희박하다고 확신하는 경우에 사용되는 기법이다. 즉, 풋옵션 매도자는 기초자산가격이 행사가격을 하회하는 폭이 옵션 매도시에 수령한 프리미엄보다 작으면 이익이 발생하지만, 이와 반대로 기초자산가격이 상승하게 되면 손실은 무한대로 커진다.

〈사례 4〉

-KOSPI 200현물가격이 100P일 때 행사가격이 100P인 풋옵션 1계약을 20만원(2P×10만원)에 매도하였다면

-옵션만기일에 KOSPI 200현물지수가 상승하여 100P 이상인 경우,

· 옵션 매수자의 권리행사포기로 의무가 해소되어 옵션매도시 수령한 프리미엄(20만원)만큼 이익이 발생.

-옵션만기일에 KOSPI 200현물지수가 100P를 하회하는 경우,

· 풋옵션 매도자는 옵션매수자의 권리행사요구에 응해야 하며, 손실규모는 KOSPI 200현물지수의 수준에 따라 달라짐.

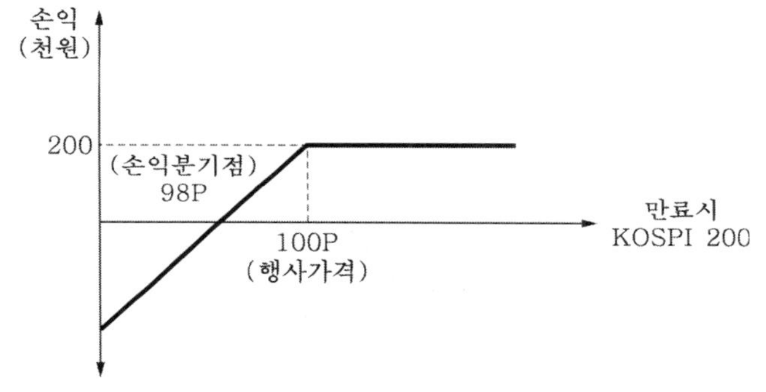

3. 손익구조

(1) 콜옵션 매수자

콜옵션의 이익과 손실은 옵션프리미엄과 기초자산의 가격 및 권리행사가격에 의해서 결정된다.

콜옵션은 미래의 시장가격과는 관계없이 약정된 가격으로 기초자산을 살 수 있는 권리이기 때문에, 기초자산의 가격이 약정된 행사가격보다 높을 것으로 예상하는 투자자들이 콜옵션을 매입하게 될 것이다.

만약, 만기일에 기초자산의 가격(ST)이 옵션의 행사가격(K)보다 높으면, 콜옵션매입자는 권리를 행사하여 시장가격보다 낮은 행사가격으로 기초자산을 매입함으로써, 기초자산의 가격과 행사가격의 차이(ST-K)만큼

의 이익을 실현할 수 있다. 그러나 옵션매입시 옵션프리미엄(CO)을 지급하였기 때문에 실제이익은 (ST- K-CO)이다. 이와 반대로 만기일에 기초자산의 가격이 옵션의 행사가격보다 낮으면, 콜옵션 매입자는 권리를 행사하지 않고 옵션프리미엄만큼의 손실을 보게 된다. 따라서 만기일에 콜옵션 매입자의 손익은 [Max(0, ST-K)-CO]이 된다.

[그림 12-1] 콜옵션 매수자의 손익형태(만기일)

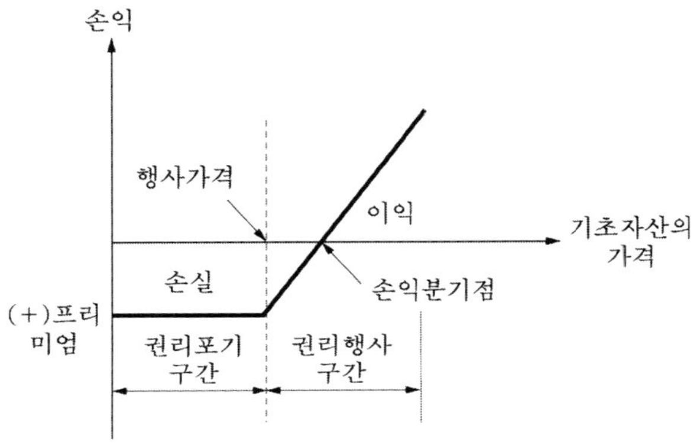

(2) 콜옵션 매도자

콜옵션매도자는 옵션이 행사되면 반드시 이에 응해야 하기 때문에, 만기일에 기초자산의 가격이 옵션의 행사가격보다 높으면 콜옵션매도자는 (ST-K)만큼의 손실이 발생한다. 이와 반대의 경우에는 옵션이 행사되지 않기 때문에 손익의 변화가 없다.

그러나 콜옵션 매도자는 옵션프리미엄만큼의 수입이 있기 때문에, 만기일에 콜옵션 매도자의 손익은 [CO + Min(0, K-ST)]이 된다.

이와 같이 콜옵션 매도자의 손익은 콜옵션 매수자와는 대칭관계를 이루고 있기 때문에 매수자의 이익은 매도자의 손실이며, 매수자의 손실은 매도자의 이익이 됨을 알 수 있다.

[그림 12-2] 콜옵션 매도자의 손익형태(만기일)

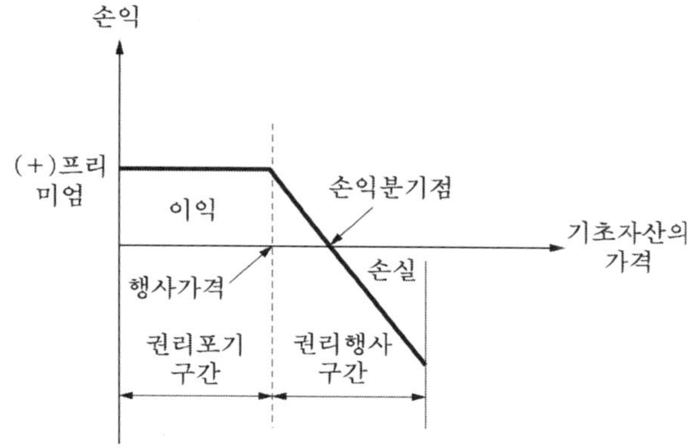

(3) 풋옵션매수자

풋옵션의 이익 또는 손실도 옵션프리미엄과 기초자산 및 권리행사가격의 관계에 의해서 결정된다.

풋옵션은 미래의 시장가격과는 관계없이 약정된 가격으로 기초자산을 팔 수 있는 권리이기 때문에, 기초자산의 가격이 약정된 행사가격보다 낮을 것으로 예상하는 투자자들이 풋옵션을 매입하게 될 것이다.

[그림 12-3] 풋옵션 매수자의 손익형태(만기일)

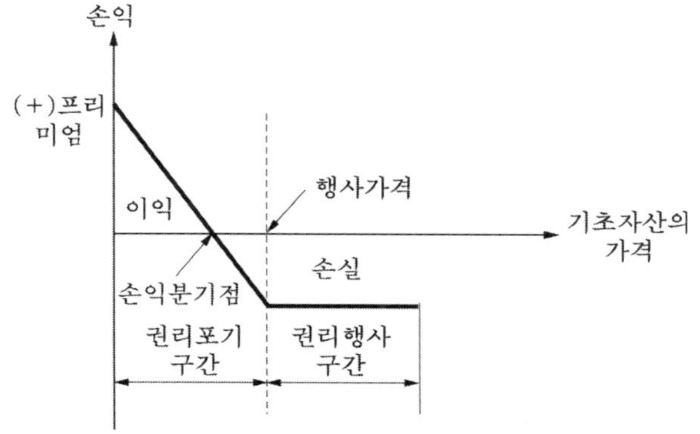

만약, 만기일에 기초자산의 가격(ST)이 옵션의 행사가격(K)보다 낮으면, 풋옵션매수자는 권리를 행사하여 시장가격보다 높은 행사가격으로 기초자산을 매도함으로써, 행사가격과 기초자산의 가격과의 차이(K-ST)만큼의 이익을 실현할 수 있다. 그러나 옵션매입시 옵션프리미엄(CO)을 지급하였기 때문에 실제이익은 (K-ST-CO)이다. 이와 반대로 만기일에 기초자산의 가격이 옵션의 행사가격보다 높으면, 풋옵션 매입자는 권리를 행사하지 않고 옵션프리미엄만큼의 손실을 보게 된다. 따라서 만기일에 풋옵션 매입자의 손익은 [Max(0, K-ST)-CO]이 된다.

(4) 풋옵션매도자

풋옵션매도자는 옵션이 행사되면 반드시 이에 응해야 하기 때문에, 만기일에 기초자산의 가격이 옵션의 행사가격보다 낮으면 콜옵션매도자는 (K-ST)만큼의 손실이 발생한다. 이와 반대의 경우에는 옵션이 행사되지 않기 때문에 손익의 변화가 없다.

[그림 12-4] 풋옵션 매도자의 손익형태(만기일)

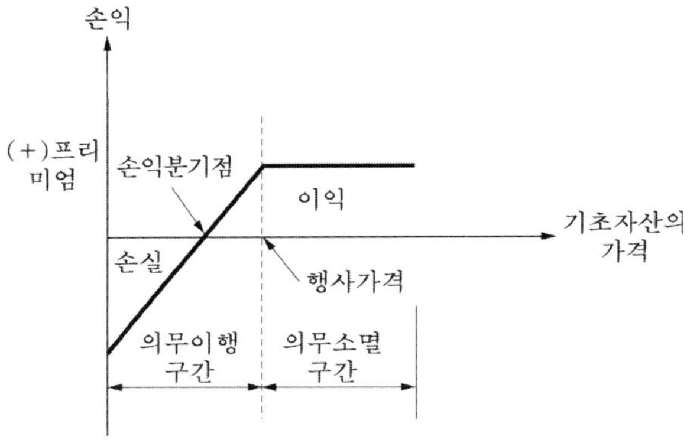

그러나 풋옵션 매도자는 옵션프리미엄만큼의 수입이 있기 때문에, 만기일에 콜옵션 매도자의 손익은 [CO + Min(0, ST-K)]가 된다.

이와 같이 풋옵션 매도자의 손익은 풋옵션 매수자와는 대칭관계를 이루고 있기 때문에 매수자의 이익은 매도자의 손실이며, 매수자의 손실은 매도자의 이익이 됨을 알 수 있다.

4. 주가지수옵션가격의 결정요인

옵션의 가격도 다른 상품과 마찬가지로 시장참가자의 수요와 공급에 의하여 결정된다. 물론 옵션이 파생상품이기 때문에 기초자산의 가격(KOSPI 200옵션의 경우 KOSPI 200지수)이 가장 큰 영향을 주는데, 이 외에도 여러 변수들에 의해 가격이 결정된다.

[그림 12-5] KOSPI 200 옵션가격의 결정요인

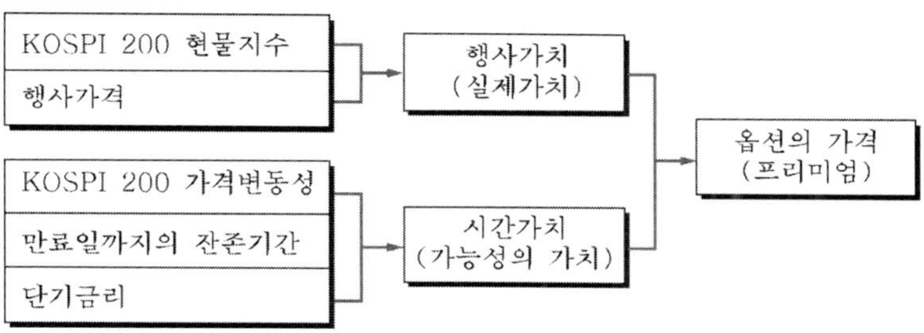

〈표 12-1〉 옵션가격 결정변수가 옵션가격에 미치는 영향

프리미엄 결정변수			옵션가격의 변화	
			Call	Put
행사가치	KOSPI 200	상승	상승	하락
		하락	하락	상승
	행사가격	높다	싸다	비싸다
		낮다	비싸다	싸다
시간가치	잔존기간	길다	비싸다	
		짧다	싸다	
	가격변동성	증가	상승	
		감소	하락	
	단기금리	상승	상승	하락
		하락	하락	상승

5. 주가지수옵션거래의 결제

옵션거래를 엄밀히 분류해 보면 옵션이란 권리와 그 대가로 프리미엄(대금)을 주고받는 거래(이하 '1차거래'라 함)와 옵션의 매수자가 권리행사함에 따라 새로이 성립하는 거래(이하 '2차거래'라 함)로 구성된다. 따라서 옵션거래의 결제도 1차거래에 대한 결제와 거래가 성립된 후의 결제가 있으며 후자의 결제방법으로는 권리행사, 반대매매, 권리포기가 있다.

1차거래의 결제방법은 주식현물거래에 있어 매도자가 주식의 소유권을 매수자에게 인도하고 그 대가로 매수자로부터 대금을 받아 결제하는 것과 동일하다.

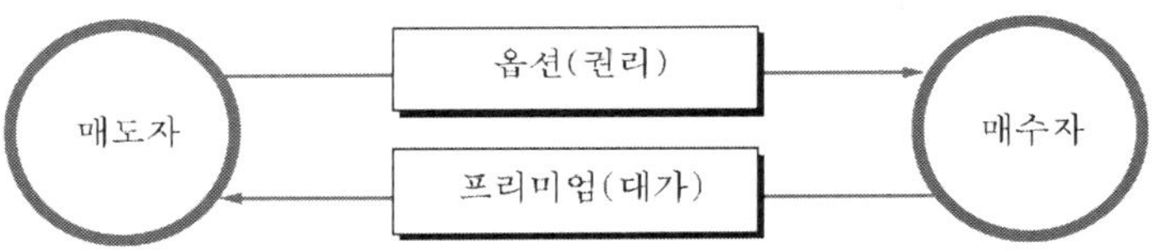

1차거래가 성립된 후의 결제방법으로는 반대매매에 의한 결제와 권리행사에 의한 결제 및 권리포기의 3가지 형태가 있는데, 옵션의 매수자는 3가지 방법 중에서 자유롭게 선택할 수 있다. 이에 비해 옵션의 매도자가 스스로 자신의 의무를 소멸시키는 방법은 반대매매 이외에는 없다.

의무이행과 의무소멸(기한만료)은 매도자가 권리행사를 배정받거나, 매수자가 권리행사를 포기하였을 때 이루어지므로 옵션의 매도자에게 있어서는 이른바 강제적인 결제방법이라고 할 수 있다.

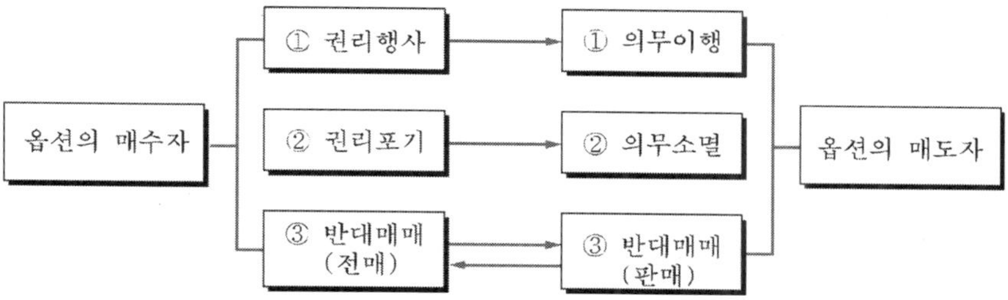

(1) 권리행사

옵션매수자는 만기일에 권리행사를 통해 결제할 수 있다. 콜옵션 매수자는 권리행사를 통해 기초자산을 행사가격에 살 수 있으며, 풋옵션 매수자는 기초자산을 행사가격에 팔 수 있다. 이때 콜옵션 매도자나 풋옵션 매도자는 콜옵션 매입자나 풋옵션 매입자의 권리행사요구에 응해야 한다. 이를 KOSPI 200의 콜옵션과 풋옵션을 예를 들어 설명하면 다음과 같다.

옵션의 매수자가	
KOSPI 200 콜옵션을 권리행사한 경우	KOSPI 200 풋옵션을 권리행사한 경우
(행사일 KOSPI 200-행사가격)×10만원을	(행사가격-행사일 KOSPI 200)×10만원을
옵션의 매도자로부터 받는다.	
(예) 행사가격이 100인 KOSPI 200콜옵션을 1개보유한 A가 행사일에 KOSPI 200이 110으로 상승하였을 때에 권리행사를 하였다면, A는 100만원[(110-100)×10만원]을 옵션의 매도자로부터 받음	(예) 행사가격이 100인 KOSPI 200풋옵션을 1개보유한 C가 행사일에 KOSPI 200이 90으로 하락하였을 때에 권리행사를 하였다면, C는 100만원[(100-90)×10만원]을 옵션의 매도자로부터 받음

(2) 권리포기

만기일까지 옵션의 매수자가 반대매매나 권리행사를 하지 않는 경우에는 사전에 정한 기한(만기일)이 지나면 권리가 소멸되는데, 이를 권리포기라고 한다. 이러한 권리포기는 옵션매수자가 기초자산의 가격이 불리하게 움직일 경우에 보유하고 있는 옵션을 포기할 경우에 이루어진다.

옵션의 매수자가 권리를 포기하는 경우에는 매수자와 매도자 사이에 기초자산이나 금전의 수수는 이루어지지 않는다. 따라서 옵션의 매수자는 계약시 지불한 프리미엄의 전부를 잃게 되지만 그 이외의 추가적인 손실은 발생하지 않는다. 또한 옵션의 매도자는 권리행사에 대한 의무에서 해방되고 계약시에 받은 프리미엄전액이 이익으로 확정된다.

이는 옵션의 매수자 입장에서 보면 권리를 포기한 것이 되고, 옵션의 매도자의 입장에서는 의무로부터 벗어나게 되는 것을 의미한다.

앞의 예에서 권리행사가격이 100인 KOSPI 200콜옵션을 1개보유한 A가 KOSPI 200이 95로 하락하면, 권리행사를 포기함으로써 손실을 옵션프리미엄 50만원[(100-95)×10만원]으로 한정시킨다. 이 경우 옵션매도자는 옵션매입자의 권리행사포기로 의무가 소멸되어 옵션을 매도할 때 획득한 옵션프리미엄 50만원 전액이 이익이 된다.

(3) 반대매매

반대매매란 선물의 경우와 마찬가지로 만기일 이전에 기존의 포지션과 반대포지션을 취하여, 즉 기존매수(매도)한 계약과 동일한 종목, 동일한 수량을 매도(매수)하여 옵션거래에 의한 결제의무를 벗어나는 결제방법이다.

반대매매에는 전매(long liquidation)와 환매(short liquidation)가 있다. 전매는 기존의 매입포지션을 청산하기 위하여 매도포지션을 취하는 것이고, 환매는 기존의 매도포지션을 취하는 것이다. 따라서 옵션거래에 있어 옵션매입자는 전매를 통해, 옵션매도자는 환매를 통해 기존의 포지션을 청산할 수 있다.

옵션매수자는 전매를 통해 권리의무를 청산할 수 있는데, 이 경우 매입시의 옵션가격보다 반대매매시의 가격이 높을 때에는 이익을 얻을 수 있지만, 반대로 반대매매시의 가격이 낮을 때에는 손실을 입게 된다. 한편,

옵션매도자는 환매를 통해 권리의무를 청산할 수 있는데, 이 경우 매도시의 옵션가격보다 반대매매시의 가격이 낮을 때에는 이익을 얻을 수 있지만, 반대로 반대매매시의 가격이 높을 때에는 손실을 입게 된다.

옵션시장에서는 만기일에 권리를 행사하기보다는 전매, 환매 등의 반대매매에 의해 손익을 결정하는 방법이 일반적이다.

제 2 절 우리나라의 주가지수(주식)옵션시장

우리나라에서는 KOSPI 200옵션시장, 개별주식옵션시장이 한국 거래소에 개설되어 있으며,[10] 이와 유사한 주식워런트증권시장이 유가증권시장에 개설되어 거래되고 있다.

1. KOSPI 200옵션시장

KOSPI 200옵션은 유가증권시장에 상장되어 있는 200개 종목의 전체가격수준을 나타내는 주가지수를 미래의 특정시점에서 사전에 정한 행사가격으로 매입할 수 있거나 매도할 수 있는 권리를 거래대상으로 하고 있다. 우리나라의 경우 1997년 7월 7일 거래소에 KOSPI 200옵션이 상장되어 거래되고 있다.

KOSPI 200옵션은 만기시에만 권리행사가 가능한 유럽형옵션으로, 거래단위는 50만원이고 최근 연속 3개월 및 3, 6, 9, 12월 중 6개월 이내의 4개결제물을 대상으로 거래가 이루어진다. 거래개시일의 결제월별 행사가격 최초 설정은 연속 3개월물의 경우 전일 KOSPI 200 종가에 가까운 2.5포인트의 정수배 수치인 등가격과 이를 기준으로 2.5포인트 단위로 구해지는 내가격[11] 6개와 외가격[12] 6개 등 총 13개로 구성된다. 다만 새로이

10) 2001년 12월 거래소에 KOSDAQ 50옵션이 상장되어 거래되었으나 2005년 거래부진 등에 기인하여 폐지되었다.

거래가 시작되는 원월물 (3월물, 6월물, 9월물, 12월물)의 경우에는 상장 후 3개월까지는 5포인트 간격으로 등가격 1개, 내가격 3개 및 외가격 3개만 설정된다.[13)]

〈표 12-2〉 KOSPI 200옵션

	KOSPI 200옵션
거래대상	KOSPI 200(거래소에서 발표)
거래단위	계약(프리미엄×50만원)
결 제 월	연속 3개월물 3개와 3, 6, 9, 12월물 중 근월물 1개
최종거래일	각 결제월의 두 번째 목요일(휴장일인 경우 순차적으로 앞당김)
호가단위	프리미엄 3 이상 : 0.05포인트 프리미엄 3 미만 : 0.01포인트
호가유형	지정가, 시장가, 조건부지정가 및 최유리지정가
위탁증거금	개시증거금률: 15% 유지증거금률: 10%
가격제한폭	기준가격±15%
행사가격간격 및 설정수	2.5포인트 단위로 13개(등가격 1개, 내가격 6개, 외가격 6개) * 단, 원월물은 7개
거래시간	09:00~15:15(단, 최종거래일 : 09:00~14:50)
결제일	최종거래일의 다음 거래일
결제방법	현금결제
단일가격경쟁거래	개장시(08:00~09:00) 및 거래종료시 균형가격에 의해 거래체결
매매거래 중단	선물시장 거래 중단시

자료 : 한국거래소

KOSPI 200옵션은 주가지수 1포인트에 거래단위승수 50만원을 곱한 금액을 1계약단위로 하고 있다. 예를 들어 어떤 투자자가 옵션가격(프리미엄) 3.10포인트에 2계약 매수하였다면 매도자에게 지급해야 할 옵션매수

11) 콜옵션(풋옵션)의 행사가격이 당시의 기초자산 가격보다 낮아(높아) 옵션매수자가 권리행사를 할 경우 이익이 발생하는 옵션을 말한다.

12) 내가격과 반대로 옵션매수자가 권리행사 할 경우 손실이 발생하는 옵션을 말한다.

13) 원월물이 처음으로 연속 3개월물이 되는 날에는 기존 5포인트 간격 사이에 2.5포인트 간격으로 행사가격을 추가로 설정한다.

대금은 310만원(=3,10×2×50만원)이 된다. 옵션의 최소 가격 변동폭은 옵션가격이 3포인트 이상일 때 0.05포인트이며, 옵션가격이 3포인트 미만일 때 0.01포인트이다.

KOSPI 200옵션의 거래시간은 월요일부터 금요일까지 주식시장과 동시에 09시00분에 거래를 개시하여 주식시장 종료 15분 후인 15시 15분에 거래를 종료한다. 다만, 최종거래일이 도래한 종목의 매매거래시간은 09시 00분부터 14시 50분까지이다. 매매시간에 따른 매매체결방식은 KOSPI 200 선물의 경우와 동일하다. 최종거래일은 결제월 두 번째 목요일(휴장일 때에는 순차적으로 앞당김)이고, 최종결제일은 최종거래일 다음 거래일이며, 최종결제방법은 최종결제일에 현금결제가 이루어진다.

KOSPI 200옵션에서는 투자자를 보호하기위해 가격변동폭을 전일 KOSPI 200 종가의 15% 변동시의 이론가격 이내로 제한하는 한편, KOSPI 200선물에서 매매거래중단제도가 발동되면 KOSPI 200옵션도 자동적으로 중단된다.

KOSPI 200옵션의 경우, 결제이행을 위한 담보로서, KOSPI 200선물과 같이 기본예탁금, 위탁증거금제도를 운영하고 있다.

주문할 때 요구되는 주문증거금은 신규위탁증거금, 옵션가격증거금, 옵션가격변동증거금 및 장중옵션순매수금액으로 구성된다. 신규위탁증거금은 옵션매수의 경우 프리미엄으로, 옵션매도의 경우 계약당 5만원을 하한으로 하여 KOSPI 200전일종가의 15% 변동시 최대이론가격에서 옵션전일종가를 차감한 수치에 50만원을 곱한 금액으로 구한다.[14] 옵션가격증거금은 종목별 순매도수량에 전일의 옵션종가 및 50만원을 곱하여 산출하며, 옵션가격변동증거금은 계약당 5만원을 하한으로 하여 KOSPI 200가격변화(주문증거금률 15%)와 변동성 변화를 모두 고려한 최대손실액으로 산출한다. 장중옵션순매수금액은 그날 중 매매거래가 성립된 옵션거래의 각 종목에 대한 매수약정금액 합계액에서 매도약정금액 합계액을 차

14) 옵션매수와 옵션매도시 신규위탁증거금을 차등화하는 것은 옵션매수의 경우 최대손실이 프리미엄으로 한정되는 반면 옵션매도시 최대손실이 무한정 발생할 수 있기 때문이다.

감하여 구하는 데, 이는 다음날 결제에 대한 일시적 충담금의 성격을 지닌다.

유지증거금은 다음날 거래주문이 없을 경우에도 위탁증거금이 결제담보기능을 다할 수 있도록 장이 끝난 후 미결제약정을 대상으로 그 날의 종가를 적용하여 구하며 옵션가격증거금 및 옵션가격변동증거금으로 구성된다. 여기서 옵션가격증거금은 실제로는 KOSPI 200선물과 연계하여 선물가격변동증거금과 선물스프레드증거금과 합산하여 구하고 옵션가격변동증거금은 KOSPI 200 가격변화(유지증거금률 10%)와 변동성변화를 모두 고려한 최대손실액으로 산출한다. 한편 다음날의 예탁금추산액이 유지증거금을 밑도는 것으로 나타나면 익일 12:00까지 자금을 추가로 납입하여야 한다.

2. 주식옵션시장

주식옵션은 유가증권시장에 상장되어 있는 개별주식을 미래의 특정시점에서 사전에 정한 행사가격으로 매입할 수 있거나 매도할 수 있는 권리를 거래대상으로 한다. 우리나라의 경우 2002년 1월 28일 거래소에 개별주식옵션이 상장되어 거래되고 있는데, 주식옵션의 대상종목으로는 삼성전자, SK텔레콤, KT, 한국전력공사, POSCO, 국민은행, 현대자동차 등 33종목이 있다.

주식옵션은 만기시에만 권리행사가 가능한 유럽형옵션으로, 옵션의 결제월은 현재시점에서 연속하는 3개월 및 3, 6, 9, 12월 중 가장 가까운 결제월 1개로 총 4결제월이다. 주식옵션의 거래단위는 옵션 1계약당 주식수량 10주이고, 가격제한폭은 18%이며 증거금률은 주식선물과 동일하게 거래증거금률 12%, 위탁증거금률 18%로 운용하고 있다.

〈표 12-3〉 주식옵션의 거래제도

<table>
<tr><td>거래대상</td><td colspan="2">33개 종목(삼성전자 등)</td></tr>
<tr><td>결제월</td><td colspan="2">연속하는 3개월 및 3, 6, 9, 12월 중 최근결제월 1개(4결제월)</td></tr>
<tr><td>거래단위</td><td colspan="2">계약(프리미엄×10주)</td></tr>
<tr><td rowspan="2">호가단위</td><td>옵션가격</td><td>호가가격단위</td></tr>
<tr><td>1,000원 미만
1,000원 이상~2,000원 미만
2,000원 이상~5,000원 미만
5,000원 이상~10,000원 미만
10,000원 이상</td><td>10원
20원
50원
100원
200원</td></tr>
<tr><td>호가유형</td><td colspan="2">지정가, 시장가, 조건부지정가 및 최유리지정가</td></tr>
<tr><td>거래시간</td><td colspan="2">09:00~15:15(투자자의 주문제출가능시간 08:00~15:15)</td></tr>
<tr><td>위탁증거금</td><td colspan="2">개시증거금률 : 18%,,
유지증거금률 : 12%</td></tr>
<tr><td>최종거래일</td><td colspan="2">결제월의 두 번째 목요일(단, 휴장일인 경우 순차적으로 앞당김)</td></tr>
<tr><td>결제일</td><td colspan="2">최종거래일의 다음날</td></tr>
<tr><td>권리행사</td><td colspan="2">최종거래일에만 행사(유럽형옵션)</td></tr>
<tr><td>가격제한폭</td><td colspan="2">기준가격 ± 18%</td></tr>
<tr><td>결제방법</td><td colspan="2">현금결제</td></tr>
<tr><td>매매거래 중단</td><td colspan="2">선물시장 거래중단시
대상주식 매매중단시</td></tr>
</table>

자료 : 한국거래소

주식옵션은 최종거래일의 구분없이 월요일부터 금요일까지 09시 00분에 주식시장과 동시에 거래를 개시하여 주식시장종료 15분 후인 15시 15분까지 거래가 이루어진다. 최종거래일은 결제월 두 번째 목요일이고, 최종결제일은 최종거래일의 다음날이며, 최종결제방법은 최종결제일에 현물결제가 이루어진다.

3. 주식워런트증권(ELW)시장[15)]

주식워런트증권(ELW: Equity Linked Warrant)은 특정주식 또는 주가지수 등 기초자산을 미래의 일정시점에 미리 정해진 조건에 따라 사거나 팔거나 하는 권리가 부여된 증권으로 증권회사(금융투자회사)가 발행한다.

ELW는 증권으로 분류되어 내용은 옵션이나 겉모양은 주식인 금융상품으로 투자자들에게 다양한 투자수단을 제공하며, 소액으로 고가주에 대한 투자효과를 거둘 수 있고, 주식을 보유한 투자자들의 경우 풋워런트를 매수함으로써 주가하락에 대한 위험을 헤지할 수 있다. 또한 선물 및 옵션과는 달리 기본예탁금 없이 기존의 주식계좌로 간편하게 매매할 수 있으며 유동성공급자(LP : Liquidity Provider)[16)]가 있어 거래의 유동성이 높다.

ELW는 주가지수(주식)옵션과 본질적인 특성은 유사하지만 시장구조, 발행주체, 발행조건 등에서 차이가 있다. 주가지수(주식)옵션은 거래소가 결제를 보증하고 결제월 등 발행조건이 표준화되어 있는 반면에, ELW는 증권회사(금융투자회사)가 다양하게 설계하여 발행하므로 발행한 증권회사(금융투자회사)의 신용리스크의 영향을 받는다. ELW투자자는 콜워런트 또는 풋워런트에 대한 매수포지션만 가능하다. 다만 매수한 권리의 매도는 가능하다. 이는 옵션이나 선물의 경우 증거금만 있으면 매도가 가능

---

15) 주식워런트증권(ELW)은 증권과 파생금융상품이 결합된 파생결합증권(DLS : Derivative Linked Securities)으로 한국거래소의 유가증권시장에서 거래되고 있어 법적형태는 증권이나, 주가지수(주식)옵션과 본질적인 특성이 유사하여 편의상 주가지수(주식)옵션시장에서 다루고자 한다.

16) ELW를 발행하는 증권회사(금융투자회사)는 증권 및 장외파생상품에 대하여 투자매매업 인가를 받은 거래소의 결제회원으로서 1사 이상의 유동성공급자를 의무적으로 지정해야 한다(발행회사 스스로 유동성공급자 가능). 유동성공급자는 만기 1개월 전까지 상시 매도호가와 매수호가를 제시하여 적정가격수준에서 거래되도록 하여 유동성을 제공함으로써 투자자의 거래비용을 낮추어 줄 뿐만 아니라, 시장의 수급불균형과 가격왜곡을 방지하여 균형가격발견을 촉진하는 기능을 수행한다.

한 방식과는 차이가 있다. 따라서 투자자입장에서 보면 손실은 투자금액의 범위내로 제한되고 이익은 레버리지효과로 극대화할 수 있다. 또한 만기가 존재하여 발행시 3개월에서 최장 3년 이내의 기간으로 만기가 정해진다. 한편 ELW는 한국거래소의 유가증권시장에 상장되어 일반주식처럼 거래되며 앞에서 언급한 것처럼 유동성공급자가 선정되어 있어 현재 거래가 거의 없는 개별주식옵션에 비해 유동성이 높다.

〈표 12-4〉 ELW와 주가지수(주식)옵션의 비교

	ELW	주가지수(주식)옵션
법 적 형 태	-증권	-파생상품
거 래 시 장	-유가증권시장	-선물옵션시장
발 행 주 체	-증권회사(금융투자회사)	-불특정다수(옵션매도자)
시 장 형 태	-발생시장과 유통시장 구분	-유통시장만 존재
권 리 유 형	-콜(call)/풋(put) 매수만 가능	-콜(call)/풋(put) 매수매도가능
최종의무이행자	-최초 발행자	-최종 매도포지션소유자
대 상 종 목	-KOSPI구성 100종목 및 주식바스켓, 주가지수(KOSPI 200지수)	-33개 종목(심성전자 등)
계 약 기 간	-다양(3개월~3년)	-단기(6개월 이하)
신 용 위 험	-발행자의 신용위험에 노출	-거래소가 지급결제보증
유동성보완장치	-유동성공급자(LP) 선정의무화	-없음(시장수급에 의존)

ELW시장은 앞에서 언급한 바와 같이 투자자들의 다양한 수요를 충족시키고 증권회사(금융투자회사)들의 업무영역을 확대하고 신규수익원을 창출하도록 하기 위해 2005년 12월 1일부터 개장되었다.

ELW발행자는 권 및 장외파생상품을 대상으로 하는 투자매매업자, 즉 증권회사(금융투자회사)로 한정하고 있으며, ELW의 기초자산은 주식과 주가지수로 한정하고 있다. 최저발행액은 10억원 이상이며 만기는 발행자가 자유로이 선택하도록 하되 원활한 거래와 최소한의 거래기간 확보를 위해 3개월 이상 3년 이내로 제한하고 있다.

〈표 12-5〉 ELW의 상장요건 및 매매제도

	주요내용
발 행 자	-증권 및 장외파생상품을 대상으로 하는 투자매매업자
기 초 자 산	-주식: KOSPI 200 구성종목 중 시가총액 거래대금을 감안하여 분기별로 선정된 종목, 스타지수를 구성하는 종목 중 전월 말일 기준 시가총액 상위5개의 종목 -주가지수 : KOSPI 200지수, 스타지수, NIKKEI225, HANSENG 지수
최저설정금액	-10억원 이상
거 래 시 간	-주식거래와 동일(시간외매매, 대량매매, 바스켓매매는 적용배제)
호 가	-콜/풋워런트 매수만 가능
매매수량단위	-10주
증권 거래세	-없음
증 거 금	-현금 100%
유동성공급자	-1개 이상의 회원사를 유동성공급자로 지정해야 함
결 제 방 식	-매매일로부터 2영업일에 현금결제 -만기시 투자자의 별도 의사 표시없이 자동적으로 권리행사
투자자 보호	-기초주권의 매매거래정지 시 거래정지 -ELW발행 증권회사(금융투자회사)에 대한 풍문 발생시 거래정지

주 : 부도발생, 은행거래정지, 영업정지, 파산 또는 해산, 부적정 또는 의견거절 등의 경우, 상장폐지

권리행사조건 및 결제방식은 발행자가 기초자산의 특성 및 시장수요 등을 반영하여 자유로이 설계할 수 있도록 하되 매매일로부터 2영업일에 현금결제하며, 만기일에 투자자의 별도의사표시가 없더라도 자동적으로 권리행사가 이루어지도록 하여 권리미행사로 인한 투자자의 손실을 방지하도록 하고 있다.

4. 주가지수(주식)옵션시장 동향

(1) KOSPI 200옵션

KOSPI 200옵션은 1997년 7월 7일 거래소에 상장된 후 거래규모가 크게 증가하여 거래실적에서는 세계적인 수준을 유지하고 있다.

최근 동향을 보면 일평균 거래량은 2003년 1,149만 계약(6,465억원)으

로 급증한 이후 2011년 1,481만 계약(17,594억원)까지 증가하였으나, 2012년 상반기 중 1,029만 계약(1조 2,572억원)으로 감소하였다.

[그림 12-6] KOSPI 200옵션시장 거래규모

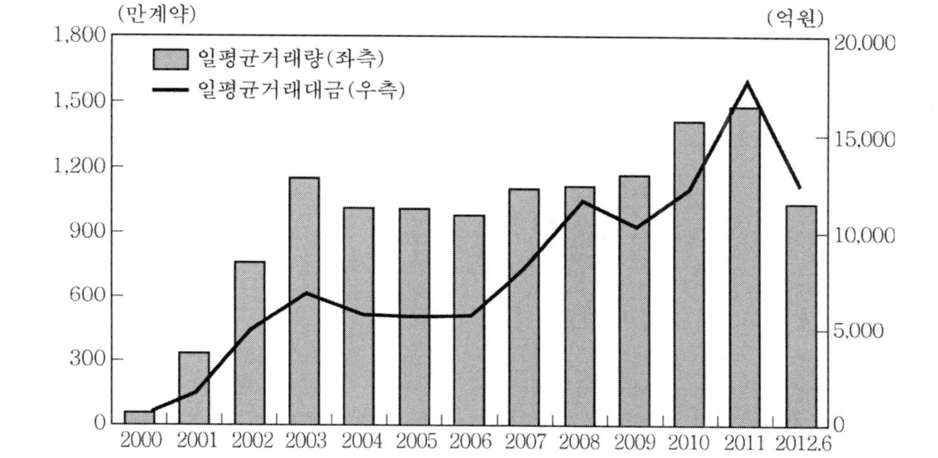

시장참가자별 거래비중(거래대금 기준)의 변화추이를 보면 2003년 52.6%를 점유했던 개인투자자의 비중이 2012년 상반기 중에는 30.2%로, 증권회사(금융투자회사)가 29.5%에서 16.2%로 감소한 반면에, 외국인투자자는 15.4%에서 52.7%로 크게 증가하였다([그림 12-7] 참조).

[그림 12-7] KOSPI 200옵션시장 참가자별 거래비중(거래대금 기준)

(2) 주식옵션시장

주식옵션시장은 2002년 개설 이후 거래가 계속 부진하여, 2007년부터 2012년 상반기까지 한 건의 계약도 체결되지 않았다(〈표 12-6〉 참조).

〈표 12-6〉 주식옵션시장 거래규모

(기간중 일평균, 단위: 계약, 백만원)

	거래량	거래대금
2002	256	31
2003	33	1
2004	0	0
2005	15	1
2006	5	1
2007	0	0
2008	0	0
2009	0	0
2010	0	0
2011	0	0
2012.1~6	0	0

자료 : 한국거래소

(3) 주식워런트증권(ELW)시장

ELW은 투자자들의 다양한 수요를 충족시키는 동시에 증권회사(금융투자회사)들의 업무영역을 확대하고 신규수익원을 창출할 수 있도록 하기위해 2005년 12월에 유가증권시장에 상장되었다.

2005년 12월 중 ELW상장 종목수는 72개에 불과하였으나 2011년에는 99배 증가한 7,155개가 되었으며, 거래대금도 2005년에는 일평균 209억원에 불과하였으나 2011년에는 1조 2,857억원에 이르는 등, ELW시장이 단기간에 급성장하였음을 알 수 있다.

이와 같이 우리나라의 ELW시장이 단기간에 급성장하게 된 데에는 도입초기에 발행조건과 매매제도를 표준화하여 발행대상을 KOSPI 100구성종목과 KOSPI 200지수만 한정하고 결제방식도 현금결제만 허용한 것과 더불어, 주식 대차거래가 쉽지 않은 개인도 개별주식에 대해 매도포지션을 설정할 수 있으며 소액으로 여러 종목에 분산투자할 수 있다는 이점이 부각되어 개인투자자가 주 거래자로 적극적으로 참여하고 있는 것이 크게 기여하였다고 볼 수 있다.

〈표 12-7〉 ELW상장종목수 및 일평균거래규모

(단위: 개, 억원)

	2005	2006	2007	2008	2009	2010	2011
상장종목수	72	1,387	1,646	2,613	4,367	9,063	7,155
거래대금	209.8	1,852.2	2,756.7	3,845.9	8,523.0	16,374	12,857.4

자료 : 한국거래소

제 3 절 기타 옵션시장

1. 미국달러옵션시장

미국달러옵션은 미국달러를 미래의 특정시점에 사전에 정한 행사가격으로 매입할 수 있거나 매도할 수 있는 권리를 거래대상으로 한다. 우리나라의 경우 1999년 4월 선물거래소(현재의 한국거래소)에 미국달러옵션이 상장되어 거래되고 있다.

미국달러옵션은 만기시에만 결제가 가능한 유럽형옵션으로, 거래단위는 1만 달러이고, 결제월은 분기월 중 2개와 그 밖의 월중 2개로 총 4개이다.

미국달러옵션의 호가가격단위는 0.01원이며, 최소가격변동폭은 1,000원 (=0.1×10,000원)이 된다. 거래시간은 월요일부터 금요일까지 09시 00분부터 15시 15분까지 거래가 이루어지며, 최종거래일은 결제월 세 번째 월요일이고, 최종결제일은 최종거래일로부터 기산하여 3일째 거래일이다.

〈표 12-8〉 미국달러옵션의 거래제도

거래대상	미국달러
결 제 월	분기월 중 2개와 그 밖의 월중 2개
가격표시	프리미엄(원화)
호가가격단위	0.10원
최소가격변동금액	1,000원(US$ 10,000×0.10)
거래시간	09:00~15:15(최종결제일 : 09:00~11:30)
최종거래일	각 결제월의 세 번째 월요일
최종결제일	최종거래일로부터 가산하여 3일째 거래일
결제방법	인수도결제
가격제한폭	기준가격 대비±4.5%

자료 : 한국거래소

2. 기타 옵션시장동향

(1) 미국달러옵션시장

미국달러옵션은 미국달러선물과 더불어 환율변동에 따른 위험의 헤지 수단을 제공하기 위하여 1999년 4월에 선물거래소(현재의 한국거래소)에 상장되어 거래되고 있다. 미국달러옵션의 거래량을 살펴보면 상장초기에는 거래량이 증가추세를 보였으나, 2001년 이후 대폭적으로 감소하여 2003년 이후에는 거래가 전무한 상태이다.

〈표 12-9〉 기타 옵션시장의 현황

(단위: 계약, 백만원)

		1999	2000	2001	2002	2003	2004	2006	2008	2012. 6
미국달러 옵션	거래량	61,398	6,705	-	1,600	-	-	-	-	-
	거래대금	2,787	1,510	-	79	-	-	-	-	-
	미결제약정수량	6,008	-	-	-	-	-	-	-	-
3년국채 선물옵션	거래량	-	-	-	24,790	1,229	-	-	-	-
	거래대금	-	-	-	3,181	184	-	-	-	-
	미결제약정수량	-	-	-	250	-	-	-	-	-

주 : 1) 거래량과 거래대금은 콜옵션과 풋옵션을 합한 수치.
2) 미결제약정수량은 말기준.
자료: 한국거래소

중요개념 및 용어

주가지수옵션	콜옵션 매수	콜옵션 매도
풋옵션 매수	풋옵션 매도	옵션프리미엄
행사가치	권리행사	권리포기
반대매매	KOSPI200옵션시장	주식옵션시장
ELW	유동성공급자(LP)	미국달러옵션

연습문제

1. 주가지수옵션시장의 특징에 대하여 서술하라.

2. 주가지수옵션거래의 유형인 콜옵션매수와 풋옵션매도에 대해 설명하라.

3. 만기일에 풋옵션매수자의 손익구조를 설명하라.

4. 옵션가격변수가 옵션가격에 미치는 영향에 대하여 설명하라.

5. 주가지수옵션거래의 결제방법에 대하여 서술하라.

6. KOSPI 200옵션의 거래제도에 대하여 설명하라.

7. ELW와 주가지수(주식)옵션에 대하여 비교 · 설명하라.

제13장 보험 및 연금시장

본 장에서는 먼저 보험시장을 크게 생명보험시장과 손해보험시장으로 분류하여 개괄적으로 살펴본 후 이들 시장을 다시 각각의 기준에 의거 재분류하여 상품별로 알아본다. 연금시장에 대해서는 연금제도의 의의에 대해 알아보고 각각의 기준에 의거 연금을 분류한 후, 우리나라의 연금제도에 대해 구체적으로 살펴본다.

제 1 절 보험의 개요

1. 보험의 의의

보험(insurance)은 동질적 위험으로부터 위협을 받는 다수의 경제주체가 일정한 대가(보험료)를 지불하고 그 위험을 제3자(보험회사)에게 전가하여 피해를 복구시켜 주는 경제제도를 말한다. 다시 말하면 보험은 일상생활 속에서 위험, 즉 재난 등의 우발적인 사고발생이 언제 일어날지 그 자체는 개개인이 볼 때에는 예측할 수 없는 위험이지만, 다수의 평균적인 측면에서 보면 예측 또한 가능하다는 원리에 입각하여 다수의 경제주체가 우발적 사건발생으로 인한 예측가능한 금전적 부담을 공평하게 분담하는 경제제도라고 말할 수 있다.

일반적으로 보험의 위험을 분류하면 노령위험, 재해위험, 영업위험으로 대별되며, 보험업이란 이러한 위험을 인수하여 이를 효율적으로 관리하는 행위를 주된 사업으로 하는 업종을 말한다.

보험은 보험계약자와 보험자(보험회사)간의 임의적 계약에 의해 이루어지는 사보험(private insurance)과 관련법에 의해 가입이 강제되는 사회보험(social insurance)으로 대별할 수 있는데, 오늘날 우리나라에서 시행하고 있는 사회보험은 국민연금, 산업재해보상보험, 의료보험, 실업급여, 고용보험 등이 있다.

사보험의 경우 보험료는 보험계약자자신이 전적으로 부담하지만, 사회보험의 경우는 사회보장적 관점에서 보험계약자의 보험료 부담능력을 고려하여 근로자, 기업주, 정부가 공동으로 부담하는 것이 일반적이다.

2. 생명보험과 손해보험

보험은 크게 생명보험(life insurance)과 손해보험(property and liability insurance)으로 구분할 수 있는데, 다음과 같은 측면에서 두 보험은 차이가 있다.

먼저 보험의 성격에서 있어서 생명보험은 원칙적으로 보험사고 발생으로 인한 손해의 발생여부와 관계없이 일정기간 만료 또는 경과 후 계약자에게 약정된 보험금을 지급하는 저축성의 성격이 강한 반면에, 손해보험은 보험가입금액 한도 내에서 보험사고로 인해 실제 발생한 손해에 한해 피보험자에게 보험금을 지급하는 보장성의 성격이 강하다.

피보험자의 의미에서도 차이가 있다. 생명보험에서의 피보험자는 보험의 목적이 되는 사람을 의미하기 때문에 보험사고 발생 시 보험금을 수령하는 보험수익자와 구별되는데 반해, 손해보험에서는 보험의 목적이 피보험물건이기 때문에 보험사고 발생 시 보험금을 수령하는 사람을 일반적으로 피보험자라고 한다.

보험기간에 있어서도 손해보험의 보험기간은 통상 1년 이내로 생명보험보다 현저히 짧다. 왜냐하면 생명보험은 보험료 납입 후 일정기간 경과 후 보험금 청구가 발생하는 것이 보통이나 손해보험의 경우 어느 때나 보험금 지급상태가 발생할 수 있기 때문이다.

보험금지급에 있어서도 차이가 있다. 생명보험은 보험의 목적인 사람의 가치가 무한하다는 가정 하에서 피보험자의 손실을 산정할 수 없으므로 실제손실을 보상하는 대신 보험계약자가 보험계약 시 정한 보험가입금액을 정액으로 지급하는데 반해, 손해보험은 피보험자가 입은 실제손해 범위 내에서 보상한다.

이상 살펴본 바와 같이 생명보험과 손해보험은 위험 및 사업방식의 성격 등이 다르기 때문에 원칙적으로 겸영이 금지되고 있다. 그러나 최근에는 양 보험의 위험의 동질화현상의 증대, 보험인수기법의 발달, 양 보험간의 위험차단장치의 마련 등에 기인하여 양 보험의 겸영이 증가하고 있는 추세를 보이고 있다. 이에 따라 우리나라의 경우도 상해보험, 질병보험(health insurance), 간병보험(long-term care insurance) 등 소위 제3보험(grey zone insurance)에 대해서는 겸영을 허용하고 있다.

제 2 절 생명보험시장

1. 개인생명보험, 단체생명보험, 신용생명보험

생명보험은 피보험자를 기준으로 하여 개인생명보험, 단체생명보험, 신용생명보험 등으로 구분된다.

개인생명보험(individual life insurance)은 개개인을 피보험자로 하고, 단체생명보험(group life insurance)은 일정한 조건을 구비한 단체의 구성원을 피보험자로 하는 집합보험으로 고용주가 보험기간 중 피보험자의 사망, 질병, 상해 등의 재해를 당하거나 퇴직할 경우에 대비하는 보험이다.

신용생명보험(credit life insurance)은 채권 · 채무관계에서 채무자의 사망 시 잔여채무액을 보험자가 채권자에게 지급하는 보험으로 금융기관 대출시 첨가되는 것이 보통이다.

여기서 개인생명보험은 다시 보험금지급조건에 따라 사망보험, 생사혼합보험(양로보험) 생존보험 등으로 구분되는데, 실제로 판매되고 있는 보험상품은 생존보험과 사망보험이 혼합되어 있는 경우가 대부분이다.

한편 생명보험은 보험의 성격 및 고객의 보험가입목적에 따라 보장성보험과 저축성보험으로 구분된다. 보장성보험은 보험사고가 발생할 경우에는 약정보험금이 지급되지만 보험사고없이 계약이 만료되는 경우에는 보험금이 이미 납입한 보험료를 초과하지 않는 보험을 말하며, 저축성보험은 생명보험 고유의 위험보장기능보다는 만기생존시 보험금이 지급되는 저축기능에 중점을 둔 보험을 말한다.

2. 사망보험, 생존보험, 생사혼합보험

(1) 사망보험

사망보험(term insurance)은 예기치 못한 사망으로 인한 경제적 손실에 대비하기 위한 보장을 목적으로 피보험자가 보험기간 중 사망 또는 1급 장해가 발생했을 때만 보험금이 지급되는 보험이다. 사망보험은 다시 피보험자가 보험기간만료일까지 생존했을 때에는 보험금은 물론 만기환급금도 지급되지 않는 순수보장성보험과 피보험자가 보험기간만료일까지 생존했을 때에는 만기환급금이 지급되나, 만기환급금이 피보험자가 납입한 보험료를 초과하지 않는 일반보장성보험이 있다.

사망보험은 보험계약기간에 따라 정기보험과 종신보험으로 구분된다. 정기보험(term life insurance)은 보험기간중 사망하는 경우는 큰 보장을 받을 수 있지만 보험기간 종료시까지 피보험자가 생존할 경우는 만기환급금형태의 급부가 없기 때문에 여타 보험에 비해 보험료가 저렴하다.

정기보험에는 사망보험금이 계약기간 중에는 일정한 정액보험, 기간이 경과함에 따라 보험금이 체감하는 체감정기보험이 있다. 체감정기보험은 계약 첫 해에 보험사고가 발생하였을 경우에는 당초 약정한 보험금전액을 지불하나, 이후 해가 갈수록 보험금지급액이 적어지는 것으로 보험수혜자의 나이가 어린 경우에 이용된다. 이는 나이가 어려 경제력이 약한 보험수혜자가 성장하여 경제력이 향상되어 보장의 필요성이 줄어들게 됨에 따라 보험금이 줄어드는 원리를 적용한 것이다.

종신보험(whole life insurance)은 피보험자가 사망하면 보험기간에 관계없이 보험수익자(beneficiary)에게 약정된 사망급부금(death benefit)을 지급하는 보장성보험을 말한다. 정기보험은 보험기간이 한정되어 있어 동 기간이 지나면 사망하더라도 보험의 혜택이 없는 반면에 종신보험은 일단 계약이 성립된 이후에는 피보험자가 사망할 때까지 종신에 걸쳐 보험이 유효하다.

종신보험은 다시 보험료납부방법에 따라 전기납 종신보험(continuous premium whole life), 단기납 종신보험(limited payment whole life) 및 일시납 종신보험(single premium whole life)으로 구분된다. 전기납 종신보험은 피보험자가 사망할 때까지 소정의 보험료를 정기적으로 계속해서 납입해야 하는 보험이고 단기납 종신보험은 보험료를 소정기간 동안만 납입하면 종신동안 계약이 유효한 보험으로서 보험계약자의 소득이 높은 시기에 보험료의 납입을 완료하기 위해 고안된 제도이다. 일시납 종신보험은 계약체결시 전 기간 동안의 보험료를 일시에 납입하는 제도로서 한정된 기간 동안에 거액의 소득이 있는 운동선수 등이 이용한다. 종신보험은 예금자보호법에 의거 보호를 받는다.

생명보험은 피보험자의 수에 따라 1인 생명보험(single life insurance), 연생보험(joint life insurance) 및 단체보험(group life insurance)으로 구분된다. 1인 생명보험은 피보험자가 1인, 연생보험은 2인 이상 5인 이하, 단체보험은 5인 이상인 경우를 말한다. 연생보험은 부부, 친자 등 2인 이상의 조합을 고려하여 조합구성원의 생사를 동시에 보장하는 보험으로 자녀의 학자금보장을 목적으로 하는 교육보험이 대표적인 예이다. 연생보험의 주 피보험자는 보장의 주가 되는 피보험자로서 통상 계약자가 되며 보험료납입, 계약의 해지 등의 권리도 함께 보유한다. 종 피보험자는 주 피보험자와 결합하여 계약관계를 형성하며 가입시 반드시 본인(미성년자의 경우 법정대리인)의 동의가 필요하다.

생명보험은 계약자에게 배당금을 지급하는가 여부에 따라 배당상품(participating product)과 무배당상품(non-participating product)으로 구분된다. 계약자배당은 보험회사가 생명보험계약의 장기성과 경영의 불확실성 등을 고려하여 예정위험률, 예정사업비율이 안전하게 설정된 계산기초에 의해 산정된 보험료율과 실제보험금 지급액의 차액을 정산하여 보험계약자에게 반환하는 개념이다. 무배당상품은 계약자배당을 지급하지 않는 상품으로 보험료에 이와 같은 배당요소가 포함되어 있지 않기 때문에 보험료가 배당상품에 비해 저렴하다. 무배당상품은 배당상품에 비해 예정이율은 높고 예정위험률과 예정사업비율은 낮게 책정되기 때문에 배당상품에 비해 금리변동에 더 민감하다. 따라서 무배당상품은 주로 보험료가 저렴한 보장성 상품에 이용된다.

(2) 생존보험

생존보험은 피보험자가 보험기간 만료일까지 살아 있어야만 보험금이 지급되는 보험으로 교육자금, 결혼자금, 사업자금 등 장래의 일정시점에 필요한 자금확보를 주된 목적으로 하는 저축성이 강한 보험이다.

우리나라에서는 순수한 의미의 생존보험은 판매되지 않고 사망시 기납입보험료를 지급하는 사망보험제도의 일부를 가미하거나 재해, 교통상해 등의 특약을 가미하여 판매되고 있다. 교육보험 및 노후복지 연금보험을 생존보험으로 분류하고 있다.

① 교육보험

교육보험은 보모가 자녀를 피보험자로 하여 보험계약을 체결하고 계약기간 동안 보험료를 납부한 후 약정된 시점까지 보험금을 학자금으로 계속 지급받는 교육자금마련을 위한 보험이다. 계약자가 사망 또는 고도의 장애가 발생할 경우 보험료납입이 면제될 뿐만 아니라 학자금도 지급받을 수 있다.

② 노후복지 연금보험

노후복지 연금보험은 연금계약 순보험료에 대하여 높은 이자를 계산하며, 가입후 5년이 경과하면 보험차익에 대한 세금이 면제될 뿐 아니라 목적에 맞는 연금선택이 가능하여 계약자의 사정에 따라 자유로운 노후설계가 가능한 연금보험의 일종이다.

(3) 생사혼합보험

생사혼합보험(양로보험)은 피보험자가 보험기간 만료일에 전에 사망하였을 때는 사망보험금을 지급하고, 만기까지 생존했을 경우에는 만기보험금 또는 약정된 환급금을 지급하는 보험이다. 따라서 생사혼합보험은 정기보험과 생존보험의 성격이 혼합된 상태라고 말할 수 있다.

3. 보장성 보험과 저축성보험

(1) 보장성 보험

보장성 보험은 보험본래의 기능인 위험보장에 중점을 둔 보험으로서 적은 보험료납입으로 보험기간 중의 사망이나 질병, 각종 재해시 큰 보장을 받을 수 있다. 이러한 보장성 보험은 생존시 지급되는 급부금이 전혀 없는 순수보장성 보험과 만기까지 생존했을 경우에 기납입 보험료 전액을 환급해 주는 만기환급형 보험으로 구분된다. 보장성 보험의 대표적인 예로는 암보험이나 상해보험 등을 들 수 있다.

(2) 저축성 보험

저축성 보험은 생명보험 고유의 위험보장 기능보다는 만기생존시에 보험금이 지급되는 저축기능을 강화한 상품으로 중단기간에 목돈을 마련할 수 있도록 개발된 고수익성 보험상품이다. 대표적인 예로는 연금보험, 교육보험, 슈퍼재테크보험 등과 같은 금리연동형 상품을 들 수 있다. 특히 10년 이상 가입시에는 비과세 혜택을 받을 수 있는 장기저축성 보험은 기본적인 위험보장 기능과 함께 최저금리 보장기능이 있어 장기적으로 목돈을 마련하거나 목돈을 안정적으로 운용하기에 적합한 보험상품이다.

4. 변액보험과 유사보험

(1) 변액보험

변액보험(variable life insurance)은 고정된 예정이율을 보장하는 정액보험과는 달리 투자성과에 따라 보험금이 변동하는 보험을 말한다. 즉 변액보험은 보험의 기능에 투자의 기능을 추가한 일종의 금융투자상품으로 보장도 받으면서 높은 투자수익도 기대할 수 있는 보험이다. 이와 같이 변액보험은 지급되는 보험금이 투자수익에 따라 달라지는 것이 특징이다.

보험료를 주식이나 채권 등에 운용하여 얻은 이익을 고객에게 실적배당하고 있다는 측면에서는 은행권의 단위금전신탁이나 집합투자기구(투자신탁, 투자회사)와 유사하다고 볼 수 있으나, 보험의 특성상 다른 집합투자집합기구와 달리 위험보장이 기본적으로 전제되며 특약을 통해 다양한 보장을 추가로 받을 수 있다는 측면에서 차이가 있다.

변액보험은 변액종신보험, 변액연금보험, 변액생사혼합보험 등 모든 종류의 보험에 적용이 가능한데, 우리나라의 경우 2001년 4월부터 생명보험회사의 종신보험을 대상으로 취급이 허용되었다.

변액보험의 보험금은 포트폴리오의 운용성과에 관계없이 최소한의 금액이 보장되는 최소 사망급부금(minimum death benefit)과 투자성과에 따라 그 가치가 변동되는 적립부분(cash value)으로 구성되어 있다. 따라서 포트폴리오의 운용성과가 좋은 경우 보험금은 증가하게 되나 운용실적이 나쁠 경우에는 최소 사망급부금의 지급만이 보장되고 해약할 경우 적립부문에 의해 지급되는 해약환급금에 대한 보장은 없다.

변액보험은 보험가입자의 재정능력에 따라 보험료가 변경될 수 있는 가변요율보험(variable premium)과 가변요율보험이나 정기보험 등 다른 보험으로 전환할 수 있는 전환가능보험(adjustable life policy)등 보험가입자에게 해약이나 교환에 대한 옵션을 제공하거나 준비금내에서의 대출을 보장한다. 그리고 변액보험은 한 보험상품의 손실을 다른 상품으로 받은 보험료로 충당하는 이른바 보험상품 상호간의 내부보조(cross-subsidization)를 차단하여 보험상품 종류별로 실적배당을 하게 된다.

(2) 유사보험 : 체신보험과 공제

유사보험은 국가에서 운영하고 있는 체신보험과 농 · 수협 등의 신용협동기구의 공제를 말한다. 이들 기관은 생명보험회사와 같이 설계사와 같은 모집조직을 운영하고 있으며, 생명보험의 상품을 모방하여 불특정다수인을 대상으로 판매하고 있다.

체신보험은 국영보험으로서 전국의 우체국을 통하여 생명보험과 유사한 보험상품을 판매하고 있다. 원래 체신보험은 민영생명보험의 보급이 원활하지 못한 벽지주민들에게 보험혜택을 제공하기 위해 소액보험으로 운영되었으나, 점차로 보험가입한도가 확대되었을 뿐만 아니라 생명보험과 거의 유사한 보험상품이 되었다.

공제는 특정한 목적 하에 조직된 단체의 소속구성간의 상호부조를 위해 운영되는 제도로, 생명보험과는 그 가입대상이 불특정 다수가 아닌 조합원이라는 점에서 차이가 있다.

제3절 손해보험시장

손해보험은 화재, 도난, 해난손실 등 우발적 사건에 따른 재산상의 손실을 보상하는 재산보험(property insurance)과 피보험자가 제3자에게 법적으로 부담하는 재산상의 배상책임을 보상하는 책임보험(liability insurance)으로 구분된다.

1. 재산보험

재산보험은 다시 화재보험, 해상보험, 자동차보험, 보증보험, 신용보험, 장기손해보험, 재보험, 특종보험 등으로 구분된다.

(1) 화재보험

화재보험(fire insurance)은 화재로 인하여 보험의 목적에 생긴 손해를 보상하는 보험이다. 우리나라의 경우 화재위험은 그 빈도가 높기 때문에 일정규모 이상의 건물에 대해서는 '화재로 인한 재해보상과 보험가입에 관한 법률'에 의거 화재보험을 강제화하고 있다.

(2) 해상보험

해상보험(marine insurance)은 선박운항에 따른 해상위험을 담보하기 위한 보험으로, 보험가입대상에 따라 크게 선박보험, 적하보험, 책임보험으로 구분할 수 있다.

선박보험은 좌초, 충돌, 침몰 등과 같은 해상위험에 의해 선박자체의 손해를 보상하는 보험이고, 적하보험은 해상운송 중에 입은 운송물품의 손해를 보상하는 보험이다. 그리고 책임보험은 승객이나 선박에 끼친 손해나 해상오염 등으로 입은 손해를 보상하는 보험을 말한다.

(3) 자동차보험

자동차보험은 크게 자동차책임보험과 자동차종합보험으로 구분된다. 자동차책임보험은 '자동차손해배상보장법'에 의거하여 차량소유자의 보험가입 및 보험회사의 계약인수의무가 부여된 강제보험으로, 동 보험에 가입하지 않은 자동차는 도로에서 운행할 수 없으며 위반 시 처벌을 받는다. 자동차책임보험은 자동차의 운행으로 인하여 피해를 입은 피해자의 손해보상을 최소한도로 보장하기 위한 보험으로 그 가입한도가 법정되어 있다.

자동차종합보험은 책임보험의 한도를 초과하는 신체손해나 대물배상책임손해 및 차량손해를 보상하는 보험을 말한다. 자동차종합보험은 차량소유자 및 보험회사가 그 가입 및 인수여부를 자율적으로 결정할 수 있는 임의보험이나, 위험이 너무 커 개별보험회사가 인수를 거절하는 경우 무보험자동차로 되어 버리는 것을 방지하기 위하여 이러한 보험물건은 보험회사들이 상호협정에 의거 공동으로 인수한다.

(4) 보증보험

보증보험(guaranty insurance)은 보험자가 보험료를 받고 채무자인 보험계약자가 채권자인 피보험자에게 계약상의 채무불이행 또는 법령상의 의무불이행으로 손해를 입힌 경우에 그 손해를 보상하는 것을 목적으로 하는 보험을 말한다.

보증보험의 종류에는 계약상의 채무불이행에 따른 손해를 보상하는 것으로 입찰, 매매, 도급, 금전소비대차, 판매계약, 특약점판매계약 등이 있고, 법령상의 의무불이행에 따른 손해를 보상하는 것으로 납세, 인허가, 보석, 공탁 등이 있다.

(5) 신용보험

신용보험(credit insurance)은 상품, 서비스 또는 금융을 신용으로 제공한 채권자가 채무자의 지급불능이나 채무불이행 등으로 채권을 회수하지 못하여 입게 되는 경제적 손실을 보상하는 실손 보상보험의 하나이다. 신용보증보험의 종류에는 상업신용보험, 금융신용보험, 신원신용보험 등이 있다.

상업신용보험은 상품이나 서비스를 신용으로 공급한 채권자(보험계약자)가 채무자로부터 보험기간 중에 대금을 회수하지 못해 발생한 손해를 담보하는 보험으로 주로 계속적인 공급계약에 따른 물품대금, 용역대가, 대리점 영업보증금 등을 보험의 대상으로 한다.

금융신용보험은 금융거래상의 채권을 회수하지 못하는 위험을 담보하기 위한 보험으로 수출신용, 리스신용, 할부신용 등이 보험의 대상이 된다.

신원신용보험은 피고용인이 의무를 다하지 못함으로써 고용인이 입게 되는 재산상의 손실을 담보하는 보험으로 피고용인의 횡령, 절도, 사기, 배임 등의 고의적 행위와 법규・규정 및 계약상의 배상책임이 있는 과실행위 등을 보험의 대상으로 한다.

(6) 장기손해보험

장기손해보험은 보험기간이 종료되면 보험급부가 전혀 없는 일반손해보험과는 달리 만기시에 적립된 환급금을 되돌려 받을 수 있기 때문에 보장과 저축을 겸비한 보험이다. 장기손해보험은 화재보험과 상해보험 분야에서 취급하고 있는데 화재보험의 경우 주택물건과 일반물건을 주 대상으로, 그리고 상해보험의 경우 일반상해보험 분야에서 주로 활용되고 있다.

(7) 재보험

재보험(re-insurance)은 보험자가 피보험자로부터 인수한 책임의 일부 또는 전부를 위험분산을 통하여 사업의 안전을 기하기 위하여 다시 타 보험업자에게 부보시키는 것을 말한다. 재보험자는 원보험자로부터 인수받은 위험을 다시 타보험자에게 부보시킬 수 있는데, 이 경우를 재재보험이라고 한다.

(8) 특종보험

특종보험(casualty insurance)은 배상책임보험, 상해보험 및 기타 도난이나 각종 비용손해를 보상하는 보험으로 배상책임보험이 주류를 이루고 있다.

배상책임보험의 배상책임은 고의 또는 과실로 타인의 재산이나 권리를 침해하거나 신체를 손상케 하는 경우에 발생한다. 국내에서 판매되는 배상책임보험으로는 가스사고위험을 담보로 하는 가스사고배상책임보험과 대형시설을 운영하는 자가 그 시설을 이용하는 사람에게 지는 배상책임을 담보로 하는 시설배상책임, 의사, 변호사 등 전문직업인이 전문직업상의 행위로 인해 부담하는 전문직업인 배상책임보험 등이 있다.

2. 책임보험

미국, 유럽의 경우 배상책임보험이 상당히 발달하였으나 우리나라의 경우 문화적, 법률적 환경의 차이로 그리 발달하지 못하였는데, 최근 일반인의 법률의식이 향상됨에 따라 임원배상책임보험과 제조물배상책임보험 등과 같은 배상책임보험이 지속적으로 개발되고 있다.

(1) 임원배상책임보험

임원배상책임보험은 회사의 임원으로서 그들 자격 내에서 업무를 수행함에 있어 직무상의 의무위반, 태만, 실수, 누락 등으로 회사와 제3자에 대하여 법률상 손해배상책임을 부담한 결과 입은 손해를 담보하기위한 보험으로 보상액은 손해배상금, 소송에 소요되는 법률비용 등이다.

(2) 제조물배상책임보험

제조물배상책임보험은 제조물책임을 부담한 데 따른 손해를 담보하기 위한 보험이다. 여기서 제조물책임은 제조자 등이 제품의 결함으로 발생한 피해에 대하여 피해자에게 그 손해를 배상하는 손해배상책임의 일종으로 현행 민사법상의 손해배상책임 요건을 완화하여 제품의 결함에 의한 손해발생시 제조자가 과실여부에 관계없이 책임을 지는 것을 말한다.

제 4 절 연금시장

1. 연금제도의 의의

연금제도는 소득생활자가 일정한 소득이 있는 동안 국가 또는 소속직장에서 운영하는 기금에 소득 중 일정액을 출연하여 퇴직 후 또는 미리 정한 연령에 도달한 후부터 일정한 금액(annuity)을 정기적으로 수령하여 노후생활의 안정을 기하고자 운영하는 제도이다.

연금제도의 기능은 크게 연금제도 자체의 사회적 기능과 축적된 기금의 운영에 부수되는 경제적 기능으로 구분하여 볼 수 있다. 연금의 사회적 기능은 연금의 사회보장기능을 의미하는 것으로 국민들의 노후생활의 안정을 보장해 주는 것이다. 특히 공적연금제도의 경우 국민의 최소한 기본생활을 보장하기 위한 소득재분배기능도 갖고 있고, 퇴직연금제도는 근로자의 안정된 노후생활을 보장하기 때문에 장기근속을 유도하고 생산성을 제고시키는 효과도 있다. 연금의 경제적 기능으로는 연금가입부터 연금지급 종료 시 까지 장기간 동안 조성된 자금을 주식이나 채권 등 투자함으로써 자본시장의 발전에 크게 기여하는 것을 들 수 있다. 또한 연기금은 기관투자자로서 의결권행사를 행함으로써 기업의 지배구조개선에도 중요한 역할을 수행한다.

이와 같이 연금제도는 사회적, 경제적으로 순기능을 수행하고 있으나, 근로자들에게 동기유발을 위한 인센티브수단이 제한되어 경쟁의욕을 저하시킬 수 있고 조기퇴직 등과 같은 도덕적 해이가 발생할 수 있으며 종신연금과 같은 경우 오래 살 수 있는 사람만이 연금에 가입하는 소위 장수리스크(longevity risk)의 역기능이 나타날 수 있다.

특히 최근에는 대부분의 국가들이 현직의 근로자들이 출연한 돈으로 퇴직자들의 연금을 지급함에 따른 세대간 갈등과 연금재정의 부실화문제에 직면해 있다.

2. 연금제도의 종류

연금은 연금을 받는 기간의 구분에 따라 미리 정한 기간 동안만 연금을 수령할 수 있는 확정기간연금(temporary annuity)과 연금수령자가 사망할 때까지 받을 수 있는 종신연금(life annuity)으로 분류할 수 있다. 여기서 종신연금은 환급금 지급여부에 따라 다시 순수 종신연금과 확정기간 보증부 종신연금으로 구분할 수 있다.

순수 종신연금은 연금수령자가 생존해 있는 기간 동안에는 정기적으로 연금이 지급되지만, 연금수령자가 사망하면 연금지급이 종료되고 환급금 지급이 전혀 없는 연금을 말한다. 즉, 순수 종신연금은 평균적인 사망연령 이전에 사망한 자에게 평균적인 사망연령까지 지급할 연금을 이보다 더 오래 사는 사람에게 지급해주는 생존보험의 일종이라고 볼 수 있다. 이에 비해 확정기간 보증부 종신연금은 연금수령자가 미리 정한 기간 내에서 사망할 경우 미리 정한 기간에 받게 될 연금총액과 이미 지급받은 금액과의 차액을 유족 등 수익자에게 분할 또는 일시불로 환급하는 연금을 말한다.

그리고 연금은 연금기금 출연방법에 따라 일시납과 정기납으로, 연금지급개시 시점에 따라 연금가입 후 즉시 지급이 시작되는 즉시연금(immediate annuity)과 연금가입 후 일정기간이 지나고 난 후부터 연금이 지급되는 거치연금(deferred annuity) 등으로 구분된다.

또한 연금제도는 운영주체에 따라 정부에서 노후의 최저생활을 보장하기 위해 운영하는 공적연금제도와, 기업에서 근로자의 표준적인 생활을 보장하기 위해 운영하는 기업연금제도, 개인스스로 노후생활안정을 위해 준비하는 개인연금제도로 구분할 수 있다. 이와 같은 세 가지의 연금제도를 통칭하여 연금제도의 3층 구조라고 하며, 이 중 기업연금 및 개인연금제도를 합해서 사적연금제도라고 한다.

3. 우리나라의 연금제도

현재 우리나라에서 실시되고 있는 공적연금제도는 국민연금과 특수직역연금으로 구분되며, 특수직역연금은 공무원연금기금, 군인연금기금, 사립학교교원연금기금 등으로 구성되어 있다. 한편 사적연금으로는 종업원의 노후생활안정을 위한 퇴직급여제도(퇴직금제도와 퇴직연금), 그리고 은행, 보험회사, 자산운용회사 등이 취급하는 개인연금이 있다.

(1) 공적연금

① 국민연금

'국민연금법'에 근거를 두고 설립된 국민연금은 국민의 노령과 장애, 사망 등으로 소득능력의 상실 또는 감퇴 시 본인이나 그 유족에게 일정액의 금전급부를 수행하여, 국민의 생활안정과 복리증진에 기여하기 위한 사회보장제도의 하나이다.

우리나라의 경우 1986년 12월 국민연금법을 제정하고 1987년 9월 국민연금관리공단을 설립하여 1988년부터 10인 이상 사업장의 노동자를 대상으로 국민연금제도를 도입하였다. 그 후 1992년부터 5인 이상 사업장으로 확대되고, 1993년부터 특례노령연금이 지급되기 시작하였고, 1995년 7월부터 농어촌지역 및 군지역 거주 자영업자를 대상으로 확대되었으며, 1999년 4월부터는 도시지역 주민에게까지 확대되어 국민연금의 전 국민 개인연금시대가 열리게 되었다.

[그림 13-1] 우리나라의 연금제도

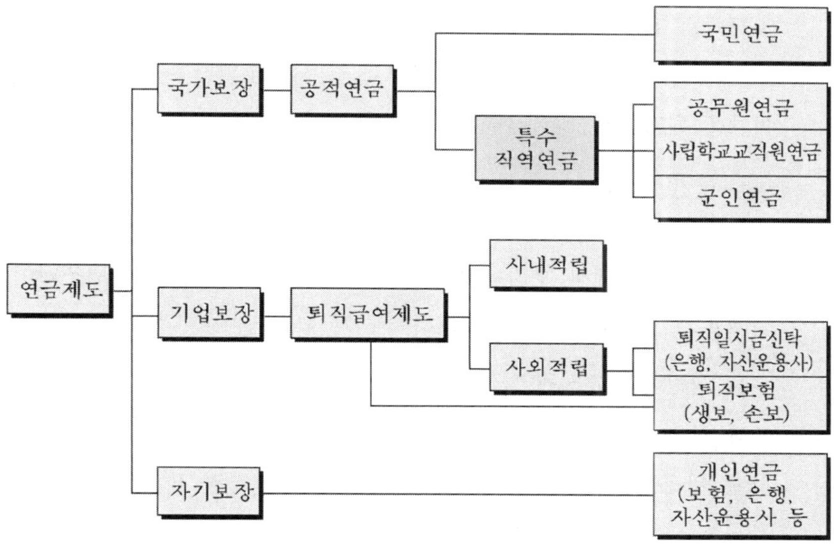

국민연금의 가입대상은 18세 이상 60세 미만의 전국민 중 공무원, 군인, 사립학교 교직원 등 특수직역연금의 대상이 되는 자를 제외한 전국민이며, 국민연금관리공단에서 운영하고 있다.

국민연금급여의 종류로는 노령연금, 특례노령연금, 장애연금, 유족연금, 반환일시금, 사망일시금 등이 있다. 예를 들어 노령연금은 원칙적으로 가입자가 60세에 달한 때부터 종신연금의 형태로 지급된다.

② 특수직역연금

㉠ 공무원연금

공무원연금은 공무원의 퇴직 또는 사망, 공무로 인한 부상, 질병, 폐질(廢疾)에 대하여 적절한 급여를 지급하여 공무원 및 그 유족의 생활안정과 복지향상을 목적으로 하고 있다. 가입대상은 '국가공무원법' 및 '지방

공무원법'에 의한 공무원 및 대통령령이 정하는 국가 또는 지방자치단체의 기타 직원으로 하고 있으며, 군인과 선거직 공무원은 제외된다. 연금의 운영은 공무원연금관리공단에서 담당하고 있다.

급여의 종류는 재직 중 지급되는 단기급여와 퇴직 후 지급되는 장기급여, 재직 시 장애를 입을 경우 지급되는 장해연금, 공무원의 유족들에게 지급되는 유족급여, 그리고 퇴직수당으로 구분된다. 단기급여에는 공무원 요양비, 공무상 요양일시금, 재해보조금, 사망조위금 등이 있으며, 장기급여에는 퇴직급여, 장애급여, 유족급여 등이 있다.

㉡ 군인연금

군인연금은 군 장교와 장기복무 하사관을 대상하는 연금으로 1963년부터 공무원연금에서 분리되어 운영되고 있다. 군인연금의 재원조달이나 급여내용은 공무원연금과 동일하다.

㉢ 사립학교 교직원연금

사립학교 교직원연금은 사립학교 교직원의 퇴직, 직무상 질병, 부상, 폐질에 관하여 적절한 급여제도를 확립하여 교직원 및 가족(유족포함)의 경제적 생활안정과 복리향상에 기여함을 목적으로 하는 연금이다. 가입대상은 '사립학교법' '교육법' 등 관계법률과 교육인적자원부장관이 지정하는 사립학교와 이를 설치·경영하는 학교경영기관의 교직원이며, 사립학교 교원연금관리공단에서 연금을 운영하고 있다.

급여의 종류에는 단기급여와 장기급여가 있는데, 단기급여에는 공무상 요양비, 공무상요양일시금, 재해부조금 및 사망부조금이 있으며, 장기급여에는 퇴직급여, 장애급여, 유족급여 및 퇴직수당이 있다.

(2) 사적연금

① 퇴직연금

우리나라의 경우 최근까지 기업연금제도가 확립되지 못하여 기업이 종업원의 노후생활보장을 목적으로 퇴직시 일시에 자금을 지급하는 퇴직금제도가 기업연금제도의 역할을 대신해 왔다.[1] 그런데, 퇴직연금제도가

2005년 12월 1일 도입됨으로써[2] 현행 퇴직금 제도를 '근로기준법'에서 분리하여 새로이 도입되는 '근로자퇴직금 급여 보장법'에 포괄하여 퇴직금과 퇴직연금(확정급여형 퇴직연금, 확정기여형 퇴직연금)을 퇴직급여제도로 총칭하고, 모든 사업장은 기존의 퇴직금제도 또는 퇴직연금제도 중 하나 이상의 퇴직급여제도를 설정·운영하도록 하고 있다.

〈표 13-1〉 퇴직일시금신탁과 퇴직보험

	퇴직일시금신탁		퇴직보험	
취 급 기 관	은행, 농수축협	자산운용회사	생명보험회사	손해보험회사
보험료산출방식	퇴직급여추계액 방식		연금수리방식	
자산 운용 방식	주식형·채권형	채권형·혼합형·국공채형	확정금리형·금리연동형	
운 용 방 법	합동운용·단독운용		합동운용	
부 리 이 율	원본보전부 실적배당	완전실적배당	예정이율형·공시이율형	
급여 지급 형태	일시금		종신연금·확정연금·일시금	확정연금·일시금

현재 시행중인 퇴직연금제도는 기존의 퇴직금제도와는 여러 측면에서 구별된다. 첫째, 퇴직금제도는 기업이 급여를 책임진다는 점에서는 퇴직연금과 동일하지만 퇴직금제도의 대부분의 경우 연금형태로 급여지급이 불가능하기 때문에 퇴직연금과 구별된다. 퇴직금제도를 사내적립 형태와 사외적립형태로 구분하여 살펴보면, 사내적립형태는 '근로기준법'상의 퇴직금 지급위무만 충족한다면 실제로 자금을 적립할 필요가 없으며 근로

1) 퇴직금제도의 적용대상은 1953년에 도입되었는데, 도입당시에는 기업이 퇴직금제도를 선택하지 않을 수도 있는 임의형이었으나 1961년부터 의무적으로 적용하도록 하였다. 동 제도의 적용대상은 도입초기에는 30인 이상 상시 근로자를 고용하는 사업장이었으나, 1989년부터는 5인 이상 사업장으로 확대되었다.

2) 퇴직연금제도는 인구고령화 추세의 급진전과 국민연금을 비롯한 공적연금의 기능약화와 더불어, 장기 근로자에게 적용하는 퇴직금 누진율의 감소, 퇴직금 중간정산제 및 연봉제의 확산, 기업구조조정의 상시화 및 이직률 증가에 기인한 퇴직금규모의 감소, 기업도산, 폐업 또는 경영악화 등 퇴직금을 지급하지 못하는 빈도수 급증, 일시금지급형태로 지급함에 따른 노후보장기여도 약화 등의 기존 퇴직금제도의 취약성이 노출됨에 따라 이를 개선하기 위해 도입되었다.

자의 퇴직시 일시금형태로만 지급할 수 있으므로 이는 퇴직연금과 구별된다. 사외적립형태로는 퇴직일시금신탁과 퇴직보험이 있는데, 퇴직일시금신탁은 은행과 자산운용회사에서 취급하는 상품으로 근로자 퇴직 시 일시금 형태로만 지급할 수 있어 퇴직연금과는 구별되나, 보험회사에서 취급하는 퇴직보험은 연금형태의 급여지급이 가능하기 때문에 퇴직보험만이 퇴직연금의 기본골격을 갖추고 있다고 볼 수 있다(〈표 13-1〉 참조).

둘째, 퇴직금제도는 대개의 경우 사내유보된 퇴직 충당금을 운전자금으로 전용하거나 장부상으로만 충당금을 적립함으로써 부도 시 퇴직금을 지급하지 못하나, 퇴직연금은 퇴직자산의 사외적립이 의무화되어 있어 부도 시에도 퇴직금이 확보되는 등 퇴직금지급의 안정성을 높여준다.

셋째, 퇴직금제도는 근로자들이 이직 시 연금이관이 불가능하나, 퇴직연금은 근로자들이 이직할 경우에도 연금의 이관이 가능할 뿐만 아니라 근로자가 퇴직하는 경우 일시금 대신 연금을 지급할 수 있다.

넷째, 퇴직연금제도는 기존의 퇴직금제도와는 달리 5인 미만 사업장까지 포괄함에 따라 퇴직금을 수혜받는 근로자의 수를 확대시키고 있다.

〈표 13-2〉 퇴직금제도와 퇴직연금제도의 비교

	퇴직금제도	퇴직연금제도
부담주체	기업주	기업주
기금적립	사내유보	사외위탁
기금운용	소극적	적극적
연금수급권	보장 안됨	보장
급여지급형태	일시금	연금
전직시 연금이관	불가능	가능
연금세제 기업부담 운용수익 급여	 일부 손금 산입 비과세 저세율과세	 전액 손금 산입 비과세 과세

퇴직연금은 모든 사업장에 걸쳐 1년 이상 근무한 근로자를 대상으로 시행하게 되어 있는데, 퇴직 후 연금제도의 운영형태에 따라 확정급여형(DB: defined benefits)과 확정기여형(DC: defined contributions)으로 구분된다. 확정급여형은 근로자가 받을 연금급여가 사전에 확정되고 사용자

가 적립할 금액은 적립금운용결과에 따라 변경할 수 있는 연금이다. 즉, 근로자가 받을 급여는 일시금기준으로 현행 퇴직금과 같으며, 사용자는 급여지급을 위해서 예상급여액의 60% 이상을 사외의 금융기관에 운용한 후 근로자의 수급권 발생 시 지급하는 것이다. 따라서 사용자는 기금운용 수익률 등이 변하는 경우 그에 따른 위험부담을 지게 된다. 수탁자는 사용자의 위탁에 따라 연금신탁을 운용하며 수탁자의 의무를 진다. 퇴직 후 연금급부의 제공은 연금신탁에 의해 이루어지며 운용성과에 따른 위험은 전적으로 사용자가 부담하게 된다. 사용자는 연금급부의 제공의무가 있으며 투자성과가 좋으면 연금신탁으로부터 자금을 인출하거나 더 이상의 기여를 하지 않을 수 있다. 급부의 지급은 대개 연금형태로 하지만 일시금도 가능하다. 이와 같은 확정급여형은 임금이 지속적으로 인상되는 연공서열형 임금체계를 가지고 있거나 경영이 안정적이어서 급여의 지급이 확실한 사업장에서 더욱 적합하다.

〈표 13-3〉 확정급여형과 확정기여형의 비교

	확정급여형(DB형)	확정기여형(DC형)
펀 드 형 태	종업원 전체 계정	근로자 개인별 계정
비용 부담 주체	사 용 자	사 용 자
퇴직 급여 형태	연금 또는 일시금 (퇴직금과 같음)	연금 또는 일시금 (퇴직금보다 많거나 적을 수 있음)
연 금 수 령 액	계약초기 확정	운용실적에 따라 변경
기 여 금	산출기초 변경시 변동	확 정
적 립 방 식	부분 사외적립	전액 사외적립
운 용 책 임	사용자	근로자
기 업 부 담	수익률에 따라 변동	갹출금만큼 확정금액 부담
선 호 대 상	장기근로자	사용자, 연봉근로자
직장이동시 통산	어려움	쉬 움

확정기여형은 사용자의 부담금이 사전에 확정되고 근로자가 받을 퇴직급여는 적립금 운용실적에 따라 변경될 수 있는 연금이다. 즉 사용자가 연간 임금총액의 1/2 이상의 금액을 노사가 기업연금규약에서 선정한 금

융기관의 근로자개인별 계좌에 적립하면 근로자는 금융기관이 선정·제시하는 운용방법을 선택하여 적립금을 운용하는 것이다. 사용자기여액의 100%가 적립되며 사용자는 일단 적립한 금액에 관여할 수 없다. 근로자 개인별 계좌가 있으므로 직장을 옮겨도 계속해서 통산할 수 있고 운용방법의 선택결과에 따라서 연금금액이 달라질 수 있다. 이와 같이 확정기여형에서는 근로자가 직접 투자에 관한 의사를 결정하므로 스스로 투자위험을 하게 되며 연금급부는 투자성과에 따라 달라지게 된다. 확정기여형의 경우 하나의 연금신탁을 설립하되 근로자별로 구별하여 관리하기 때문에 이직에 따른 연금제도의 이전이 용이하다는 장점이 있으나 근로자별로 구별하여 관리해야 하므로 상당한 정보수집과 비용이 소요된다는 문제점이 있다.

퇴직연금의 급여는 원칙적으로 퇴직 시 받을 수 있으며 퇴직연금제도의 폐지 및 중단 등으로 계약이 해지되는 경우에도 지급받을 수 있다. 퇴직연금을 받을 수 있는 자격은 55세 이상으로 가입기간 10년 이상인 퇴직자이지만, 연금수급자격을 갖추지 못하고 중도 퇴직한 경우에도 일시금을 받을 수 있다. 그리고 연금수급기간은 최소한 5년 이상이 되도록 하되 구체적인 기간은 노사가 퇴직연금규약에 정하도록 하며 일정기간 동안(5년, 10년, 20년 등)의 연금 또는 종신연금을 받을 수 있다.

한편, 최근 직장이동이 빈번하여 평균근속기간이 5.8년에 불과하고, 비정규근로자의 증가, 퇴직금 중간정산제 및 연봉제의 확산 등으로 퇴직금이 소액생활자금으로 소진되는 사례가 많아 이러한 문제점을 보완하기 위해 근로자가 퇴직 또는 직장을 옮길 때 받은 퇴직금을 세제혜택을 받으면서 자기명의 계좌에 적립하였다가 연금 등 노후자금으로 활용할 수 있는 개인퇴직계좌(IRA: individual retirement account)가 설치·운영되고 있다. 이와 같이 개인퇴직계좌는 근로자가 사업장을 바꿀 경우 또는 퇴직금 중간정산으로 일시금을 수령한 경우 과세이연 혜택을 받으면서 은퇴 시까지 계속 적립하도록 하기 위해 만든 통산장치(portability)의 하나인데, 근로자가 퇴직금을 개인퇴직계좌에 적립할지 여부는 강제사항이 아니라 스스로 선택할 수 있다. 개인퇴직계좌는 개인이 자유로이 가입할 수 있는 개인연금과도 유사하나, 개인연금은 가입자격의 제한이 없으며 세법상 일정한 소득공제한도가 적용되지만 개인퇴직계좌는 퇴직금 일시금수령자가 가입할 수 있으며 적립금의 운용 및 급여지급방법 등에 있어서 확정기여형과 같이 일정한 제한이 있다는 점에서 차이가 있다.

퇴직연금은 관리형태에 따라 관리 및 운영은 자산관리 및 운용관리 등을 통해 기업연금사업자에게 일괄 위탁하는 계약형, 별도의 퇴직연금기금을 설치하고 기금운용은 외부기관에 위탁하는 기금형, 그리고 산업별로 별도의 법인을 설치하여 연금을 운용하는 회사형으로 구분되는데 '근로자퇴직급여보장법'에서는 계약형으로 한정하고 있다.

(3) 개인연금

개인연금은 기본적으로 개인 스스로가 소득이 있는 기간 중에 저축하여 노후생활에 필요한 소득과 복지서비스를 확보하기 위한 제도인데, 우리나라의 경우 은행·보험회사·금융투자회사·우체국 등에서 판매하는 소득공제 상품인 연금저축과 생명보험회사가 판매하는 연금보험이 있다.

연금저축에 대해서는 퇴직연금포함 400만원 한도 내에서 저축불입액 전액에 대해 소득공제가 허용된다. 연금저축의 가입자가 수령하는 금액에 대해서는 수령형태에 따라 서로 다른 소득으로 분류되어 과세된다. 55세 이후 연금형태로 수령하는 경우에는 연금소득으로 분류하여 타 연금소득과 합하여 연금소득세로 과세한다. 반면에 연금유인효과를 제고시키기 위해 중도에 해지하거나 적립기간 만료 후에 일시금으로 수령할 경우에 중과세를 하여 소득공제를 받았던 부분에 해당하는 불입액에 대해 기타소득으로 간주하여 20% 원천징수 후 종합과세한다. 또한 5년 이내에 해지할 경우에는 매년 불입액의 400만원 한도 내에서 누계액의 2%에 해당하는 금액을 헤지가산세로 별도로 부과한다.

연금저축의 가입은 18세 이상 가능하며 은행, 보험회사, 우체국, 집합투자업자(자산운용회사), 농·수협중앙회 및 단위조합, 신용협동조합중앙회,

투자회사(mutual fund)가 취급하고 있다.

〈표 13-4〉 연금저축 취급기관별 주요 상품특징 비교

구분	신탁형		보험형	
	은행 (수협중앙회포함)	자산운용회사	생명보험회사 · 우체국 · 생명공제[1]	손해보험회사
납입방식	자유적립식	자유적립식	정액식	정액식
연금지급양식	확정기간형	확정기간형	확정기간형, 종신연금형,	확정기간형
상품형태	채권형 주식형 (주식10%이내)	국공채형, 채권형 주식형 혼합형	고정금리형 금리연동형	고정금리형 금리연동형
수익률 및 원금 보장여부	실적배당 (원금보장)	실적배당(수익률에 따라 원금손실가능)	원리금 보장형	원리금 보장형
예금자 보호	5천만원까지 보호	보호대상이 아님	생명보험회사는 5천만원까지 보호 우체국은 정부에서 지급보장 생명공제는 보호대상이 아님	5천만원까지 보호

주 : 생명공제(수협중앙회 · 회원조합, 신협중앙회)

현재 생명보험회사에서 판매하고 있는 연금보험은 계약자가 납입한 보험료를 적립하는 방식에 따라 일반연금보험과 투자형연금인 변액연금보험 및 자산연계형연금보험으로 구분된다. 일반연금보험은 보험료를 확정금리 또는 변동금리로 불입하여 연금액을 지급하고, 변액연금보험은 보험료를 주식, 채권 등에 투자하여 그 실적을 연금액에 반영하여 지급하며, 자산연계형연금보험은 보험료를 주가지수 등 특정지표 또는 자산에 연계하여 그 수익을 연금액에 반영하여 지급한다.

연금보험의 연금지급방법에는 종신연금형, 상속연금형, 확정연금형이 있다. 종신연금형은 연금개시후 사망시까지 매년 연금을 받는 방식으로 가입자가 일찍 사망하면 연금보증기간(10년 또는 20년)동안 유족에게 대신 지급된다. 상속연금형은 연금개시시점의 가입자 적립액에서 발생한 이자를 사망시까지 연금으로 지급받는 방식으로 가입자가 사망시에는 사망시점의 연금계약 적립액을 지정된 수익자 또는 상속인에게 지급한다. 확

정연금형은 연금지급 개시후 연금지급기간 동안 매년 연금을 받는 방식으로 가입자가 연금지급기간 중에 사망하면 잔여 연금지급기간 동안 미지급된 연금액을 지정된 수익자나 상속인에게 매년 연금지급일에 지급한다.

연금보험은 일반적으로 만 45세부터 80세까지를 연금지급 개시 가능시기로 정하고 있는데, 가입자는 본인의 은퇴시기, 자녀교육 등 라이프 사이클(life cycle)과 연금액 수준 등을 고려하여 정한다.

중요개념 및 용어

생명보험	손해보험	신용생명보험
사망보험	종신보험	연생보험
계약자배당	연금보험	생존보험
생사혼합보험	변액보험	유사보험
재산보험	화재보험	해상보험
자동차보험	보증보험	신용보험
장기손해보험	재보험	특종보험
순수종신연금	확정기간	보증부 종신연금
즉시연금	거치연금	국민연금
공무원연금	군인연금	사립학교교직원연금
기업연금	퇴직금제도	퇴직일시금신탁
퇴직보험	확정급여형	확정기여형
개인퇴직계좌	개인연금	연금저축
연금보험	일반연금보험	변액연금보험
자산연계형연금보험	종신연금형	상속연금형
확정연금형		

연 습 문 제

1. 생명보험과 손해보험의 차이점에 대하여 설명하라.

2. 생명보험에 속하는 사망보험을 정기보험과 종신보험으로 구분하여 설명하라.

3. 변액보험에 대하여 설명하라.

4. 자동차보험에 대하여 구체적으로 서술하라.

5. 연금제도의 의의에 대하여 서술하라.

6. 공적연금에 속하는 국민연금에 대하여 구체적으로 서술하라.

7. 퇴직금제도와 퇴직연금제도에 대하여 비교 · 설명하라.

8. 퇴직연금을 확정급여형과 확정기여형으로 구분하여 비교 · 설명하라.

9. 연금저축에 대해 구체적으로 서술하라.

10. 연금보험에 대하여 구체적으로 서술하라.

제14장 외환시장

본 장에서는 먼저 외환시장과 관련한 제반사항에 대하여 개괄적으로 살펴본 후, 환율과 관련하여 표시방법, 종류 및 환율제도, 환율 결정에 대하여 알아보고, 외환포지션과 관련한 제반사항에 대하여 살펴봄과 아울러 우리나라 외환시장의 동향에 대해 알아보고자 한다.

제 1 절 외환시장의 개요

1. 외환시장의 의의와 기능

외환(foreign exchange)은 국제간의 대차결제수단 또는 자금의 이동수단을 의미하는데, 외국통화는 물론 외국통화표시의 은행권, 수표, 환어음, 예금, 외국통화표시 청구권 등을 포괄하는 개념이다.

외환시장(foreign exchange market)은 외환의 매매거래가 이루어지는 장소로서, 외환의 수요자와 공급자간에 외환거래가 지속적으로 이루어지는 구체적인 장소뿐만 아니라, 외환의 수요와 공급을 연결하는 총체적인 거래메커니즘을 의미하는 추상적 개념이다.

외환시장의 수요와 공급은 모든 대외거래의 결과를 나타나는데, 구체적으로 외환수요는 상품 및 서비스의 수입, 이전지급 등 경상지출과 장·단기 자본지출에 의해 결정되며, 외환의 공급은 상품 및 서비스의 수출, 이전수입 등 경상수입과 장·단기 자본수입에 의해 결정된다. 외환시장은 이러한 외환수요와 공급을 조절하는 기능을 하며, 이는 통화간의 교환비율인 환율을 매개로 이루어진다. 이와 같이 외환시장이 환율을 매개변수로 하여 서로 다른 종류의 통화가 교환되는 시장이라는 관점에서 볼 때, 금리를 매개수단으로 외환의 대차가 이루어지는 외화자금시장 또는 외화단기금융시장과는 성격이 구분된다.

외환시장은 국경을 넘어 이종통화간의 금융거래를 형성함으로써 하나의 범세계적인 시장으로서의 기능을 수행하면서 국제금융거래의 효율화를 촉진할 뿐만 아니라, 각 금융시장의 거래과정에서 발생하는 환리스크를 선물환거래 등의 방법을 통해 회피시키는 기능도 수행한다.

2. 외환시장의 참가자

전형적인 외환시장은 고객, 외국환은행(foreign exchange banks), 외환중개인(foreign exchange banks)그리고 중앙은행 등으로 구성된다.

(1) 고객

고객은 상품, 서비스 및 금융자산 등 국제거래 결과로 발생되는 외환거래에 참여하는 자로서, 외환에 대한 수요자와 공급자가 이에 속한다. 외환시장에서의 거래는 고객 상호간에 거래가 이루어지는 것이 아니라 고객과 외국환은행과의 사이에서 이루어진다. 이들 고객의 구체적인 예로는 수출입업자(또는 회사), 여행자, 해외투자자 등이 있으며, 정부의 재정차관시에 정부도 고객이 되며 환위험을 회피하기 위한 모든 거래자도 고객이 된다.

그런데 여기서의 고객은 환율변동으로 인해 발생하는 환차익을 목적으로 외환의 매매거래를 행하는 투기의 경우에는 투기자와 구분된다. 이와 같은 관점에서 볼 때 외환시장의 고객은 수출, 수입, 해외여행 등 정상적인 경제활동의 필요에 의해 발생하는 외환의 수요자와 공급자를 포괄하는 개념이라고 말할 수 있다. 특히 이와 같이 정상적인 필요에 의해 외환거래의 참가자가 되는 경우를 실수요자라고 한다. 그리고 실수요자들인 고객과 외국환은행간에 외환거래가 이루어지는 외환시장을 대고객 외환시장(customer foreign exchange market)이라고 한다.

(2) 외국환은행

외국환은행은 외환시장에서 제일 중요한 역할을 담당하는 참가자로서 고객들의 요청에 의해 자기책임 하에서 외환을 매입 또는 매각한다. 이와 같은 목적으로 외국환은행은 외환을 항상 보유하고 있다. 고객에게 외환을 매각하면 보유외환은 감소하고 고객으로부터 외환을 매입하면 보유외환은 증가한다. 이와 같은 고객과의 수동적인 거래 결과로 외환포지션이 변동하게 되는데 외환포지션의 조정목적으로 다른 외국환은행과 능동적으로 외환거래를 행한다. 또한 환시세 전망에 따라 환차익을 얻기 위한 거래 또는 환투기거래에 직접 참여하기도 한다.

외국환은행간의 외환거래가 형성되는 외환시장을 은행간 외환시장(inter-bank foreign exchange market)이라고 하는데, 선진국의 경우 외환시장의 근간이 되고 있다. 그리고 은행간거래의 대부분은 은행들간에 직접 거래하는 장외거래형태인 점두거래로 이루어지는 것이 일반적이다. 또한 국내의 외국환은행들은 외국은행들과 코레스(corres)계약에 따라 상호간 금융결제를 위해 거래를 행한다.

(3) 외환중개인

외환중개인은 중개수수료를 받고 외국환은행간 거래나 외국은행과 고객간의 거래를 중개해주는 업자를 말하는데, 선진국의 경우 외국환은행간 거래는 은행들 간의 직접거래보다는 외환중개인을 통해 이루어지는 것이 대부분이다.

외환중개인은 중개업무만을 하고 중개인 자신은 외국환거래를 행하지 않기 때문에 외국환은행과 같이 환위험에 직면할 이유가 없다.

(4) 중앙은행

중앙은행은 외환시장의 안정을 위해 외환시장에 개입하는 기능을 수행한다. 중앙은행이 외환시장에 개입하는 경우는 외국환은행과 대고객거래 또는 외국환은행간 거래 결과 발생한 외환의 수급불균형을 최종적으로 조절하기 위해 외국환평형조작을 통해 능동적으로 개입하는 경우가 있는가 하면 외국환은행의 요청에 의해 사후적·수동적으로 개입하는 경우가 있다. 이러한 중앙은행의 시장개입도 참가기준에 따라 외환시장의 한 형태로 분류되고 있다.

3. 외환시장의 종류

외환시장은 시장참가자에 따라 은행간 외환시장과 대고객 외환시장, 지역에 따라 국내외환시장과 국제외환시장으로 구분할 수 있다.

(1) 은행간 외환시장과 대고객 외환시장

앞에서 설명한 것처럼 은행간 외환시장은 외국환은행간에, 대고객외환시장은 외국환은행과 고객간에, 각각 외환거래가 이루어지는 시장을 말한다.

은행간 외환시장은 외국환은행이 대고객거래에 따른 포지션리스크 노출을 예방하기위한 반대거래 및 수익을 목적으로 외환거래가 이루어지는 시장이다. 일반적으로 외환시장이라고 하면 은행간 외환시장을 의미하고 있다.

은행간 외환시장의 외환거래의 유형은 크게 현물환거래, 선물환거래, 그리고 스왑거래로 나누어지며 거래단위는 정형화되어 있다. 최근에는 파생외환거래가 활성화되어 은행간 외환거래에서 중요한 비중을 차지하고 있다. 이러한 은행간 외환거래는 외국환중개회사 경유거래(trading through broker)와 은행간 직접거래(direct dealing)로 구분할 수 있다. 우리나라의 경우 외환거래는 대부분 현재 한국자금중개회사와 서울외국환중개회사 등의 외국환중개회사를 경유하여 이루어지고 있으며 상대적으로 은행간 직접거래는 적다. 현재 은행간 외환시장에는 시중은행, 지방은행, 특수은행, 외국은행국내지점, 종합금융회사 등이 참여하고 있다. 거래통화는 현재 원화/미 달러로 한정되어 있으며, 국내외환시장에서는 외화를 매입하거나 매도할 때 원화로 결제하고 국제외환시장에서는 미 달러로만 결제하고 있다.

〈표 14-1〉 우리나라의 은행간 외환시장과 대고객 외환시장

	은행간 외환시장	대고객 외환시장
참 가 자	외국환 은행	고객 및 외국환 은행
거래성격	대고객에 대한 반대거래, 수익거래 및 투기거래	무역거래 등 대외거래에 수반하는 거래
거래통화	국내시장 : 원화/미 달러, 원화/일본 엔 국제시장 : 외화/외화	원화/외화, 외화/외화
거래단위	정형화	비정형화

대고객 외환시장은 기업, 개인 등 일반고객이 수출입 등 거래를 행함에 따라 발생하는 외환을 은행에 매매함으로써 형성된 시장이다. 고객은 수취한 외환을 은행에 자국 통화를 대가로 매각하거나 대외지급을 위해 은행으로부터 외환을 매입할 수 있는 시장으로, 은행의 입장에서는 고객과의 거래에서 대부분 수동적 입장에 서게 되어 대고객 매입과 매도가 일치하지 않아 은행의 외환포지션이 노출되어 있다.

대고객 외환거래의 유형은 크게 대고객 현물환거래와 대고객 선물환거래로 나누어지며, 거래단위는 정형화되어 있지 않다. 일반적으로 대고객 현물환거래가 대고객 외환거래의 대부분을 차지하고 있다. 이중 대고객 현물환 매입거래는 외화 현찰매입, 수출환어음 매입, 해외로부터의 유입자금 매입 등이며, 대고객 현물환 매도거래는 외화 현찰매도, 여행자수표 매각, 수입어음결제, 차관상환 등이다. 은행의 대고객 선물환거래는 고객의 입장에서 볼 때 장래 발생할 외환거래와 관련하여 현재시점과 결제일 사이의 환율변동위험을 회피할 목적으로 이루어지고 있다.

(2) 국제외환시장과 국내외환시장

외환시장은 은행간 외환시장을 거래장소와 거래참여자에 따라 국제외환시장과 국내외환시장으로 분류할 수 있다(〈표 14-2〉 참조).

국내외환시장은 국내소재 외환시장에서 거주자인 외국환은행이 참여하여 외환을 거래하는 시장으로 현재 주로 원화/미 달러화를 거래하고 있다. 개장시간은 오전 9시에서 오후 3시까지로 거래단위는 50만달러이고

최저거래금액은 100만달러이다. 현재 한국자금중개(주)와 서울외국환중개(주)를 통하여 주로 거래되고 있으며 대부분의 은행이 참가하고 있다. 국내원화자금사정에 의해 크게 영향을 받는데, 환율변동은 비교적 안정적이다.

국제외환시장은 주로 비거주자와 거주자가 참여하여 외환을 거래하는 시장으로 24시간 점두시장형태로 일본엔, EU의 유로, 영국 파운드, 스위스 프랑 등 국제 주요통화가 거래되는 시장이다. 외환거래단위는 일정한 기준은 없으나 통상 100만달러 단위로 거래되고 있으며, 환율 변동폭에 대한 제한은 없다. 세계 정치·경제의 변화에 민감하게 반응하며 국내외환시장에 비해 상대적으로 환율변동이 크다.

〈표 14-2〉 국제외환시장과 국내외환시장

	국내외환시장	국제외환시장
거 래 통 화	-원화/미 달러화	-달러/주요통화
개 장 시 간	-09:00~15:00(월~금)	-24시간
현물환결제일	-거래일(value today) -거래일로부터 익영업일(value tomorrow) -거래일로부터 제2영업일(value spot)	-거래일로부터 제2영업일 (value spot)
일일환율변동	-상·하한가 존재하지 않음	-상·하한가 존재하지 않음
거 래 단 위	-최소거래금액 100만달러, 50만달러 단위	-일정한 기준은 없으나 통상 100만달러 단위
거 래 참 여 자	-거주자인 국내금융기관	-거주자와 비거주자
거 래 중 개 자	-서울외환중개, 한국자금중개 등	-OTC(over the counter)시장

4. 외환거래의 유형

외환거래는 자금결제일(value date)의 유형에 따라 크게 현물환거래, 선물환거래 및 외국환스왑거래로 나눌 수 있다. 여기서 결제일(value date)은 외환거래 또는 자금거래에서 실제자금의 결제가 이루어지는 날을 말한다. 거래계약일(deal date, trade date)과 결제일이 다른 이유는 각

국가간에 존재하는 시차를 감안하고 자금조달 및 자금이체에 필요한 시간적 여유를 확보하기 위해서이다.

(1) 현물환거래

현물환거래(spot exchange transaction)는 매매계약 체결 후 통상 2영업일 이내에 외환을 수도·결제하는 거래로 자금지급(payment)과 거래대상통화 인도(delivery)가 이루어진다.

우리나라 국내 원/달러 시장의 현물환 결제일은 당일결제(value today), 거래일로부터 익영업일 결제(value tomorrow), 거래일로부터 제2영업일 결제(value spot) 등 3가지가 있다. 한편 국제외환시장의 현물환거래는 특별한 언급이 없는 한 거래일로부터 제2영업일에 결제하는 것이 관행이다. 이와 같이 국제외환시장에서 대부분의 현물환거래가 제2영업일 결제후에 결제하는 것은 국제자금거래에서 각국 간에 존재하는 시차를 감안하고, 또 자금이체에 따른 은행의 업무상의 소요시간을 감안한 것이다. 한편 제1영업일 후에 결제가 이루어지는 익영업일 결제의 예는 미 달러화와 캐나다 달러화 등의 거래에서 볼 수 있는데, 이는 거래은행들이 동일한 시간대와 지역에 소재하고 있는데 연유한다.

(2) 선물환거래

선물환거래(forward exchange transaction)는 매매체결 후 통상 2영업일이 지난 일정기간으로 미래의 특정일에 외환을 수도·결제하는 거래를 말한다.

선물환 결제일(forward date)에는 표준일물 거래 (standard date, even date), 비표준일물 거래 (broken date, odd date), 옵션선물환 (option forward, time option forward) 등이 있다. 표준일물 거래는 1주일, 1개월, 3개월, 6개월, 1년 등 기간물을 말하는데, 은행간 거래의 경우 대부분이 표준일물 거래이다. 비표준일물 거래는 표준일이 아닌 특정일을 자금수도일로 정한 경우로 주로 대고객 거래와 관련된 선물환 거래이다. 옵션선물환은 결제일을 특정일이 아닌 일정기간으로 정한 것을 말하는데, 예를 들면 향후 3개월~4개월 사이, 1/15~1/31 등으로 기간을 정하는 경우이다. 우리나라 외환시장의 경우 선물환거래는 외국통화간 거래(현물환거래는 대고객 거래)가 주류를 이루고 있다.

선물환거래는 주로 현재시점과 장래결제일간의 환율변동위험을 회피할 목적으로 이연결제제도(deferred settlement system)로 활용되고, 또한 환차익의 극대화를 위한 환투기수단으로 또는 차익거래수단으로 활용되기도 한다.

(3) 외환스왑거래

외환스왑거래는 현물환매입과 동시에 선물환을 매도하는 등 거래방향이 다른 현물환거래와 선물환거래 또는 선물환거래와 또 다른 선물환거래를 동시에 체결하는 거래를 말한다.

외환스왑거래는 두 가지의 외환거래가 서로 반대로 일어나 전체포지션은 균형을 이루게 되므로 환리스크는 거의 없으며, 스왑기간동안 타 통화자금을 창출하여 사용하는 일종의 자금거래이다. 한 통화를 담보로 주고 다른 통화를 빌려 쓰되, 통화간 금리차이를 환율로 계산해서 정산하는 것으로 볼 수 있다. 스왑거래 중 먼저 도래하는 결제일을 near date라 하고, 나중에 도래하는 결제일을 far date라고 한다. 예를 들면 현물환과 선물환 스왑의 경우 near date는 현물환거래의 표준만기일인 2영업일 이내가 되며, far date는 2영업일 이후 선물환의 결제일이 된다. near date와 far date사이의 기간을 스왑기간이라고 한다.

외환스왑거래는 크게 기간에 따라 혹은 거래당사자에 따라 구분할 수 있다. 먼저 기간에 따라 구분해 보면 다음과 같다. 결제일이 다른 두 개의 현물환거래로 이루어진 스왑을 현-현 스왑이라고 하는데, 주로 만기가 1~2일간인 초단기 스왑거래로 one day swap이라고 한다. 거래일부터 익영업일까지의 1일 만기 스왑거래는 O/N(over-night)스왑이라 하고, 익영업일부터 제2영업일까지의 스왑은 T/N(tomorrow-next)스왑이라고 한다. 이들 거래는 대개 자금결제일을 1~2일 정도 조정하기 위한 수단으로 이용된다. 현-선 스왑(spot-forward swap)은 가장 일반적인 스왑거래 형태로서 현물환을 매입하거나 매도하고 선물환을 반대방향으로 매매하는 형태이다. 일정 선물환을 매입하거나 매도하고 동시에 타 선물환을 반대방향으로 매매하는 형태는 선-선 스왑(forward-forward swap)이라고 한다. 한편 거래당사자에 따라서는 동일 당사자 간에 매매거래가 이루어지는 pure swap과 매입거래자와 매도거래자가 서로 다른 경우인 engineered swap으로 구분할 수 있는데, 대부분의 스왑거래는 pure swap에 의해서 이루어진다.

제 2 절 환율

1. 환율의 의의 및 표시방법

환율(foreign exchange rate)은 일정시점에서 한 나라의 통화와 다른 나라의 통화를 교환할 때 두 나라 화폐사이의 교환비율을 말한다. 일반적으로 통화의 가치는 그 통화가 갖는 구매력으로 표현되는데, 일국 통화의 국내에서의 구매력을 대내가치라고 한다면 외국에서의 구매력은 외화와 교환됨으로써 실현되기 때문에 환율은 일국 통화의 대외가치를 말한다.

환율은 어느 나라의 화폐를 기준으로 나타내느냐에 따라 자국통화표시 환율과 외국통화표시 환율의 두 가지의 표시방법이 있다. 먼저 자국통화표시 환율은 외국화폐를 기준으로 하여 외국화폐 1단위를 바꾸기 위해서 자국화폐를 얼마나 지급하여야 하는가를 나타내는 방법이다. 세계의 대부분의 국가가 이 방법을 채택하고 있다. 한편, 외국통화표시 환율은 자국통화 1단위로 외국화폐를 얼마나 받을 수 있는가를 표시하는 방법으로 현재 영국이 이 방법을 채택하고 있다.

환율의 변동은 일반적으로 일국통화의 대외가치가 변동하는 것을 의미하는데 환율이 올랐다든가 내렸다고 말할 때에는 환율표시방법에 따라 달라짐을 유의해야 할 것이다. 외국통화표시 환율의 경우에는 환율이 오르면(예를 들어 ￡1=US$2.5, 2.6로 변하면) 자국화폐의 가치도 올라가 별 문제가 없으나, 자국통화표시 환율의 경우에는 그 의미가 반대로 나타나게 다. 예를 들어 우리나라의 대미달러환율이 US$1=₩1,100, 1,110로 변동하였다면 환율이 올랐다고 말하는데 이 경우 미달러에 대한 원화가치는 하락한 것이 된다.

2. 환율의 종류

환율은 거래의 종류에 따라 여러 가지의 형태로 구분하여 볼 수 있다.

(1) 매입환율과 매도환율

사고자 하는 사람과 팔고자 하는 사람의 환율은 서로 다른데, 사고자 하는 환율을 매입환율(bid rate), 팔고자 하는 환율을 매도환율(offer rate)이라고 한다. 이와 같이 외환시장에서는 매입환율과 매도환율의 두 가지 환율이 동시에 고시되고 있는데, 이는 딜러입장에서 고객에게 매도할 경우와 매입할 경우의 환율을 의미한다.

그리고 매도환율과 매입환율과의 차이를 스프레드(spread)라고 하는데, 이 스프레드가 외환거래 수익의 원천이 된다. 매도환율과 매입환율의 중간을 중간환율(middle rate)이라고 하는데, 단순히 환율이라고 할 때에는 중간환율을 택하는 것이 합리적이다.

(2) 기준환율, 교차환율과 재정환율

기준환율(central rate)은 각종 외환거래의 기준이 되는 환율로서 자국통화와 기축통화와의 환율을 말한다. 우리나라의 경우 전 영업일에 거래된 은행간 원화/미 달러화 현물거래를 기준 환율로 삼고 있다. 교차환율(cross rate)은 기축통화와 제3국통화의 환율을 말하고, 재정환율(arbitrage rate)은 자국통화와 제3국 통화와의 환율을 말한다.

중국의 위안화, 일본의 엔화 등 미 달러화 이외의 기타통화에 대한 환율은 우리나라의 원화(₩)의 대미환율에 국제외환시장에서 형성되는 기타통화의 대미달러 환율을 재정하여 간접적으로 산출하고 있다. 예를 들어 원화의 대미환율이 US$1=₩1,000이고 미 달러화와 중국의 위안화의 환율이 US$1=¥5 이라면 원화의 대위안환율은 연쇄방식에 의해 간접적으로 산출된다(¥1=₩200). 이때 우리나라의 원화의 대미달러환율을 기준으로 간접적으로 계산된 원화의 위안화에 대한 환율을 재정환율(arbitrage rate)이라고 하며 재정환율을 계산하기 위하여 사용된 달러화와 위안화의 환율을 교환환율(cross rate)이라고 한다.

(3) 현물환율과 선물환율, 스왑레이트

앞에서 설명한 것처럼 외환의 매매계약에 따른 자금결제를 언제 행하느냐에 따라 현물환거래와 선물환거래로 나누어지는데, 외환매매계약 후 제2영업일 이내에 외환의 수도와 결제가 이루어지는 거래를 현물환거래라 하고 이때 적용되는 환율을 현물환율(spot rate)이라고 한다. 통상 환율이라고 하면 현물환율을 말하는데, 선물환율이나 스왑레이트(swap rate)의 기준이 되고 있다.

선물환율(forward rate)은 외환매매계약 체결시 미래의 특정일에 외환을 수도·결제하기로 약정하는 선물환거래에 적용되는 환율을 말하는데, 양 통화간 금리차와 현물환율에 의해 결정된다. 예를 들어 현재 원화와 미 달러간의 현물환율 US$1=₩1,200.0, 미국의 3개월 금리는 연 2.4%, 한국의 3개월 금리는 연 4.8%라고 할 때 3개월 선물환은 다음과 같이 계산된다.

$$3\text{개월 선물환율} = 1{,}200.0 \times \frac{(1 + 4.8\% \times 90/365)}{(1 + 2.4\% \times 90/360)} = 1{,}206.84$$

이때 선물환율과 현물환율과의 차이 6.84(=1,206.84-1,200.00)를 스왑레이트(swap rate)라고 하는데, 이는 외환스왑거래에도 적용된다.

(4) 은행간 환율과 대고객환율

국제외환시장에서 외환거래란 은행간 거래를 의미하며 이러한 은행간 거래에서 자유롭게 형성될 수 있는 환율을 은행간 환율(inter-bank rate)이라 한다. 은행간 환율은 일반적으로 시장환율이라고도 하며 대고객환율의 기준이 된다.

은행이 고객과의 외환거래에 적용하는 환율을 대고객환율이라고 한다. 우리나라의 경우 은행간 환율의 호가와 체결가는 외환시장에 참여하는 외국환은행에게만 제공되고 기업 등 일반고객에는 추가적 시장개입에 따른 과도한 환율변동을 방지하기 위해 준거환율(reference rate)만을 제공하고 있다. 준거환율은 외환거래참여 은행들이 외환거래흐름을 반영하여 기업 등 일반고객들에게 제시하는 대고객 환율로써 은행간 환율에 소정의 마진을 가감하여 실제로 고객과의 거래에 적용되는 환율이다.

은행간 환율에 일정한 마진을 가감한 대고객 환율은 다음과 같이 분류할 수 있다.

① 전신환매매율(telegraphic transfer buying/selling)

전신환매매율은 환어음의 결제를 전신으로 행하는 경우 적용되는 환율로서 환어음이 송달과 이에 따른 자금결제가 즉시 완료되므로 우송기간에 대한 금리요인이 게재되지 않는다.

현재 외국환은행의 대고객 전신환매매율은 기준환율을 중심으로 상하 일정범위 내에서 외국환은행이 자율적으로 결정한다.

② 일람출급환어음매입률(at sight bill L/C buying rate)

일람출급환어음매입률은 환어음이 지급은행에 제시되어야 지급되는 일람출급환어음 매입시 적용되는 환율로서 환어음의 우송기간이 경과하여야만 자금화가 되므로 해당기간에 대한 금리를 전신환매입률(T/T buying rate)에서 차감한 율이 된다.

③ 수입어음결제율(import L/C settlement rate)

수출상의 거래은행(L/C매입은행: negotiation bank)은 신용장 개설은행(opening bank)의 대외거래 예치금 계좌에서 수입어음의 대금을 즉시 상환받는데 비해, 신용장개설은행은 선적서류(shipping documents)가 우송되어 온 후에야 수입업자로부터 환어음대전을 회수하게 되므로 우송기간에 해당하는 자금을 부담하게 된다. 따라서 수입어음결제율은 전신환매도율에 환가료[1]를 가산하여 산출한다.

④ 기한부어음매입률(usance bill buying rate)

기한부어음매입률은 기한부어음매입에 적용되는 환율이다. 외국환은행이 일람 후 일정기간이 경과하여야 지급되는 조건의 기한부어음을 매입할 때에는 동 어음매입 후 대금회수까지 자금 부담을 하게 되므로 이 기간에 대한 금리를 사전에 공제하게 된다.

⑤ 현찰매매율(cash buying/selling rate)

외국통화현찰을 매매할 때 적용되는 환율로서 매입한 현찰을 외국에 보내거나, 부족한 현찰을 받으려면 보험료와 운임이 소요되므로 현찰매매율은 전신매매율의 상하한 범위보다 넓은 범위 내에서 결정된다.

3. 환율제도

환율제도는 환율이 어떤 방법에 의해 결정되느냐에 따라 크게 고정환율제도(fixed exchanged rate system)와 변동환율제도(floating exchanged rate system)로 구분할 수 있다.

(1) 고정환율제도

고정환율제도는 환율의 변동을 전혀 인정하지 않거나 그 변동 폭을 상하 일정한 폭으로 고정시켜 놓은 환율제도를 말한다. 동 제도의 장점으로

1) 환가료는 환어음의 우송기간에 대한 금리부분을 말한다.

는 무역거래나 자본거래에 종사하는 사람들이 뜻하지 않은 환율변동으로 손해를 입을 염려가 없기 때문에 국제거래에 임할 수 있다는 점을 들 수 있다. 또한 환율변동을 예상한 투기적 단기자본이동의 폐해를 방지할 수 있다.

단점은 먼저 국제수지의 불균형을 환율변동을 통해 자동적으로 조정할 능력이 없다는 점을 들 수 있다. 따라서 환율이외의 다른 방법에 의하여 국제수지를 조정할 수밖에 없는데 수입을 줄이기 위해 각종의 통제를 가한다든지, 강력한 긴축정책을 사용하여 국민소득을 감소시키고 물가를 안정 또는 하락시킴으로써 수입수요를 감소시킨다든지 하는 경우 상당한 경제적 비용을 치르지 않으면 안 된다. 또한 고정환율제도하에서는 자국통화의 과대 또는 과소평가를 초래하기 쉬우므로 자원배분을 왜곡시키고 경제적 후생을 감소시킬 우려가 있다. 뿐만 아니라 고정된 환율을 갑작스럽게 대폭적으로 변경할 경우 경제에 큰 충격을 줄 위험이 있다.

(2) 변동환율제도

변동환율제도는 환율이 외환시장에서 외환의 수요와 공급에 따라 결정되는 제도를 말한다. 동 제도의 장점으로는 먼저 국제수지의 불균형을 환율변동을 통해 자동적으로 조정할 수 있기 때문에 국제수지의 불균형을 시정하기 위하여 물가·고용 등 국내정책목표를 해칠 수도 있는 가격 및 소득정책을 사용할 필요가 없다는 점이다. 또한 국제간에 이동하는 인플레이션과 디플레이션의 파급을 효과적으로 방지할 수 있어 대내경제정책을 우선적으로 그리고 독자적으로 수행할 수 있다. 그리고 국제수지의 조정책임이 국제수지 적자국뿐만 아니라 흑자국에도 공동으로 부담되므로 과도한 외환보유가 필요 없다.

반면에 환율변동에 대한 불확실성 때문에 국제교역이 저해될 뿐만 아니라 국내에서도 경영상의 불안이 초래될 수 있다는 단점을 지적할 수 있다. 또한 물가상승이 환율인상을, 환율인상이 물가상승을 초래하여 소위 물가와 환율의 악순환을 야기시킬 수 있다.

최근 대부분의 나라가 변동환율제도를 채택하고 있으나 현실적으로 완전한 자유변동환율제도를 채택하고 나라는 없으며, 대부분의 경우 환율결정을 외환시장의 수급에만 맡기지 않고 정부가 직접 또는 간접적으로 규제하는 관리변동환율제도(managed floating system)를 채택하고 있다.

(3) 우리나라의 환율제도

우리나라의 환율제도는 1945년 미군정 당국이 환율을 달러당 15원으로 정한 것을 시작으로 고정환율제도를 채택해 왔다. 그러다가 1964년에는 달러당 255원 하한으로 하여 이전의 복수환율제도를 단일화하면서 환율변동을 일부 허용하는 단일변동환율제도를 실시하였다.

한편 1965년에는 물가안정과 외환시장안정기금을 위한 IMF지원금 등을 바탕으로 수입쿼터제를 대폭 철폐하고 한국은행이 시장률을 감안하여 한국은행 집중기준율을 고시하는 형태의 변동환율제도를 채택하게 이르렀다. 그러나 동 제도 채택 이후에도 지속적인 인플레이션과 석유파동 등의 여파로 4차례에 걸친 큰 폭의 환율인상조치가 시행되었고 또한 환율이 사실상 미 달러화에 연동됨에 따라 기타 통화의 환율변동은 반영되지 못하였다.

이러한 문제점을 개선하고 급격한 환율조정으로 인한 충격을 완화함과 아울러 환율의 국제수지조정기능을 제고하기 위해 1980년부터 복수통화바스켓제도를 실시하게 되었다. 이 제도는 주요 교역상대국과의 경쟁력유지를 고려하여 SDR바스켓과 교역량을 가중치로 한 독자바스켓을 결합한 복수바스켓제도를 도입하고 이외의 실세반영장치를 고려하여 아래와 같은 방식으로 미달러화에 대한 한국은행 집중률을 계산하였다. 미달러화 이외의 여타통화에 대한 집중기준율은 국제금융시장에서의 미달러화와 여타통화간의 환율을 재정하여 결정하였다.

(14-1) $\quad ER = \beta \cdot \text{SDR바스켓} + \beta' \cdot \text{독자바스켓} + \alpha$

단, ER : 원/달러환율
β, β′ : 가중치(β + β′ = 1)
α : 실세반영장치

복수통화바스켓 환율제도는 1985년 이전까지는 환율의 안정에 비교적 기여하였으나, 이후 통화에 대한 원화가치를 제대로 반영하지 못하였을 뿐만 아니라, 통상마찰에 따른 환율조정압력이 거세어지고, 특히 실세반영장치인 α에 대한 환율조작의혹이 미국 등에 의해 제기됨에 따라 1989년 3월부터 폐지되고, 시장평균환율제도가 도입되었다.

시장평균환율제도는 국내 은행간의 현물환거래환율을 가중평균하여 이를 다음날의 기준율로 삼는 환율제도로, 기본적으로 환율조작에 대한 의혹을 불식시키고 외환의 수급상황을 올바르게 반영하고자 하는데 그 의의가 있었다. 미달러화 이외의 통화에 대한 매매기준율은 최근 국제외환시장에서 형성된 해당통화와 미달러화의 매매중간율을 당일의 미달러화에 대한 기준율로 재정하여 원화에 대한 환율을 고시하는 방식으로 결정하였다.

이와 같은 방식으로 산출된 매매기준율은 외국환은행과 대고객 또는 은행간 거래의 기준이 되는데 원/미달러 환율의 급격한 변동을 방지하기 위해 기준율의 상하변동폭을 일정한 범위내로 제한하였다.

한편, 1997년 외환위기에 기인하여 외환시장이 마비됨에 따라 동 년 12월 16일 환율변동폭이 완전 철폐되고, 외환시장에서의 외환의 수요와 공급에 의해 자율적으로 결정되는 자유변동환율제도로 이행하게 되어 오늘날에 이르고 있다.

4. 환율의 결정

환율은 외환시장에서 결정되는 외국의 화폐, 즉 외환(foreign exchange)의 가격을 의미하며, 이는 외환의 수요와 공급에 의해 결정된다. 따라서 외환수요와 외환공급의 성격을 파악한다면 환율의 결정과정을 이해할 수 있다.

외환에 대한 수요는 국내거주자가 외국으로부터 상품이나 금융자산 혹은 실물자산을 구입할 때 발생한다. 예를 들어 한국의 수입업자가 미국으로부터 영화를 수입하거나 미국뉴욕시장에 주식을 투자하기 위해서는 미달러화가 필요하게 되어 원화가 공급되고 미달러화에 대한 수요가 증가하게 된다. 한편 외환의 공급은 외국거주자가 우리나라의 상품이나 금융자산을 구입할 때 발생한다. 예를 들어 미국의 수입업자가 우리나라의 반도체나 자동차를 수입하거나 우리나라 주식시장에 투자하고자 하면 미달러화를 원화로 교환하여야 하기 때문에 미달러화에 대한 공급이 증가한다.

[그림 14-1] 환율의 결정

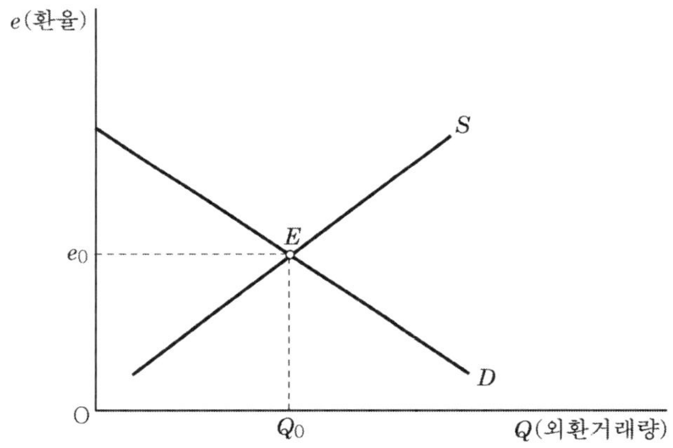

[그림 14-1]을 보면 다른 수요곡선처럼 외환의 수요곡선도 우하향하는 모양을 갖고 있음을 알 수 있다. 이는 환율하락이 외환수요량의 증가를 야기하고 있음을 의미한다. 환율이 하락하면 수입상품의 국내가격은 하락한다. 예를 들어 우리나라의 대미달러환율이 US$1=₩1,000, 800으로 하락하면 1달러짜리 미국산 햄버거를 사기 위해 종전에는 1,000원을 지불하였으나 이제는 800원만 지불하면 된다. 이와 같이 수입상품의 가격이 하락하면 수입상품에 대한 수요량은 증가한다. 다른 조건이 모두 일정하다

고 하면 환율이 하락할수록 수입상품에 대한 수요량은 증가하여 외환수요량이 증가하게 된다. 이와는 반대로 환율상승은(예를 들어 US$1=₩800, 1,000으로 변할 경우) 수입상품의 국내가격상승을 야기시켜 수입상품의 수요를 감소시키고, 수입상품수요의 감소는 외환수요량의 감소로 나타난다. 이와 같이 환율과 외환의 수요량은 역(-)의 관계를 갖고 있어 외환의 수요곡선은 우하향한다.

한편 외환의 공급곡선은 우상향하는 모양을 갖는다. 이는 환율상승이 외환의 공급량을 증가시킨다는 것을 의미한다. 예를 들어 우리나라의 대미달러환율이 US$1=₩800, 1,000으로 상승하고 미국수입업자가 1개당 800원하는 라면을 수입한다고 하자. 종전에는 한국산라면 1개를 수입하기 위해 1달러를 지불하였으나, 이제는 80센트만 지불하면 된다. 이와 같이 한국의 수출상품가격이 하락(한국상품의 미국내 수입가격이 하락)하면, 수출수요량(미국의 한국상품에 대한 수입수요량)이 증가하게 된다. 다른 조건이 모두 일정하다고 하면 환율이 상승할수록 수출상품에 대한 수요량은 증가하여 외환의 공급량이 증가하게 된다. 같은 논리로 환율하락은 미달러화에 대한 공급량을 감소시킨다. 이와 같이 환율과 외환의 공급량은 정(+)의 관계를 갖고 있어 외환의 공급곡선은 우상향한다.

[그림 14-1]에서 보는 바와 같이 환율은 외환의 수요곡선(D)과 외환의 공급곡선(S)이 만나는 균형점 E점에서 결정되며, 이 때 균형환율은 e_0, 외환거래량은 Q_0가 된다.

제 3 절 외환포지션

1. 외환포지션의 개념

외환포지션(foreign exchange position)은 일정시점에 있어서 은행 및 기업 등이 보유하고 있는 외화표시 자산과 부채와의 차액을 말한다. 즉,

외환 또는 외화채권의 순재고량을 의미한다. 외환시장에서 포지션이라고 하면 흔히 외환거래에 따른 일정 외환의 매도액과 매입액의 차액으로서 환리스크에 노출된 부분을 의미한다.

일반적으로 외국환은행의 외환딜러들에게 포지션보유는 대단히 중요한 조작대상이 되는데, 이는 통화별 자금수급과 포트폴리오전략 등에 따라 그 보유여부 정도가 결정되며 환율변동에 대한 환율관리의 성격을 띠고 있다.

2. 외환포지션의 종류

(1) 균형포지션, 매입초과포지션 및 매도초과포지션

균형포지션(square position 또는 flat position)은 외환의 매매차액(포지션)이 영(0)인 경우로서 환율의 변동에 따른 리스크도 없을 뿐만 아니라 원화 자금면에서도 하등의 부담이 없으나, 외국환은행의 대고객거래는 항상 수동적인 입장에 있기 때문에 균형포지션이 발생하는 경우는 극히 드물다. 그러나 딜러들의 입장에서 환율전망이 극히 불투명한 경우에는 환리스크를 회피하기 위하여 의도적으로 균형포지션을 유지하기도 한다.

매입초과포지션(overbought position 혹은 long position)은 외환매매거래의 결과 매입액이 매도액을 초과함으로써 일정시점에서 외화표시 보유자산이 부채를 초과하는 상태를 말한다. 특정통화가 매입초과포지션 하에서 강세를 보이면 환차익을 실현하고 반대로 약세를 시현하면 환차손이 발생한다.

매도초과포지션(oversold position 혹은 short position)은 외환매매거래의 결과 매도액이 매입액을 초과함으로써 일정시점에서 외화표시 보유부채가 자산을 초과하는 상태를 말한다. 매도포지션 하에서 특정통화가 강세를 보이면 환차손이 발생하고 반대로 약세를 시현하면 환차익이 발생한다.

(2) 현물환포지션과 선물환포지션, 종합포지션

현물환포지션(spot position)은 결제가 완결되어 기 자금화한 현금 포지션에 현물환매매차액을 합해진 포지션을 말한다. 이와 같이 현물환포지션은 현금포지션과 실질포지션으로 구성된다. 여기서 현금포지션(cash position)은 외환이 완전히 자금화된 포지션을 말하고, 실질포지션(actual position)은 경과계정인 미결제 현물환으로 기표되어 제 2영업일이내에 결제가 도래하는 포지션을 말한다.

선물환포지션(forward position)은 선물환거래에 의한 포지션으로 제2영업일을 초과하여 기일이 도래하는 외환포지션을 말한다.

이와 같은 현물환포지션과 선물환포지션을 합한 전체를 종합포지션(over-all position)이라고 한다.

3. 외환포지션관리제도

현재 외환관리당국은 외국환은행에 대해, 외환포지션으로 인한 통화교란과 외환시장의 불안가능성을 사전에 방지하고 금융기관의 과도한 위험부담을 완화함으로써 건전경영을 유도하기 위해, 외환포지션관리를 행하고 있다.

외환포지션규제는 금리 및 외환자유화, 통화관리의 간접규제로의 이행, 외환집중제도의 지속적인 완화 등의 영향으로 지속적으로 완화되어 왔는데, 1998년 새로운 '외환거래법'의 제정과 더불어 외국환은행의 현물환포지션제도는 폐지되고 종합포지션관리체제로 일원화되었다.

또한 정부는 외환위기 이후 외환포지션규제정비의 필요성이 제기됨에 따라 1999년 1월 IMF와의 합의하에서 외환포지션관리제도를 기존의 순합산포지션(net aggregate position)에서 간편 포지션(short-hand position)으로 변경 실시함과 아울러, 외환포지션의 한도를 기존의 자기자본 15%에서 20%로 확대하였다.

순 합산포지션은 각 외국통화별 매입초과포지션과 매도초과포지션의 순 합계를 외환포지션으로 산정하는 방식인데 반해, 간편 포지션은 각 통화별 매입 및 매도초과포지션을 별도로 합산하여 이 중 큰 포지션이 자기자본의 일정비율을 초과하지 않도록 관리하는 방식으로 각 통화에 대한 내국통화의 환율이 미 달러화 환율에 부분적으로 연동되어 있는 국가들이 주로 채택하고 있다.

그런데 순 합산포지션에서는 외환의 매입이나 매도거래를 무제한으로 증가시켜도 외환포지션의 증감이 없을 수 있으나 간편 포지션 하에서는 외환거래가 증가할 경우 통화별 포지션상황에 따라 외환포지션이 증가하게 되므로, 외환거래를 무제한으로 늘릴 수 없기 때문에 간편 포지션방식으로 변경됨으로써 보다 효과적인 포지션을 추구할 수 있게 되었다.

제 4 절 우리나라의 외환시장

1. 외화콜시장

외화콜시장은 1989년 12월 금융결제원 자금중개실에서 미 달러화 콜거래를 중개함으로써 개설되었는데, 현재는 한국자금중개(주)와 서울외국환중개(주)가 중개기관의 역할을 수행하고 있으며 시중은행, 특수은행, 지방은행, 외국은행 국내지점, 종합금융회사, 외국환평형기금 등이 참가하고 있다.

거래통화는 미달러화, 일본엔화, 영국파운드화, 유로화 등이며, 거래종류는 일중(O/N :overnight), 2일간(T/N: tomorrow next), 3일간, 1·2·3주일물, 1·2·3·6개월물, 1년물 등 다양하다. 최저거래금액은 10만 달러(또는 1,000만엔, 10만파운드, 10만유로)의 배수이고, 인도일은 원칙적으로 계약체결 제2영업일(value spot)이나, O/N은 계약체결당일, T/N은 계약체결익일이다. 금리는 국제금융시장 금리를 기준으로 자율 결정하되 360일을 기준으로 산정하며 기타 거래시간, 거래절차 등은 외국환중개회사를 통한 외환매매 거래를 할 때와 동일하다.

2. 외환시장 동향

(1) 환율

2006년 이후 원화/미달러화 환율의 변화추이를 보면 2006년부터 2008년까지는 지속적으로 약세를 유지하다가 2009년 강세로 전환되어, 2012년까지 지속되고 있다.

〈표 14-3〉 원화/미달러화 및 엔화/미달러화와 환율추이

(단위 : 원, %)

	2006년	2007년	2008년	2009년	2010년	2011년	2012년
원/달러	929.8 (8.1)	936.1 (-6.8)	1,259.5 (-34.5)	1,164.5 (7.5)	1,134.8 (2.5)	1,151.8 (-1.4)	1,070.6 (7.0)
엔/달러	118.8 (-8.8)	114.0 (4.0)	90.75 (20.4)	92.09 (-1.42)	81.43 (11.6)	76.91 (5.5)	86.70 (-12.7)
원/100엔	821.49 (11.7)	789.75 (3.8)	1,076.3 (-36.3)	1,264.5 (-17.4)	1,393.6 (-10.2)	1,481.2 (-6.2)	1,238.3 (16.4)

주 : 1) 기말종가기준

2) ( ) 내는 전년대비 절상(+), 절하(-)율(%)

자료: 한국은행

2012년의 원화/미달러화 환율의 경우 유럽의 재정위기우려의 감소, 미국 및 일본의 금융규제완화 정책의 지속, 상대적인 국내 경제여건의 양호 등의 요인으로 강세를 지속하여 전년말 대비 7.0% 절상되었다.

한편 원화/엔화환율(100엔당)의 경우 2009년이후 2011년까지 지속적으로 약세를 보이다가 21012년에는 일본의 적극적인 금융완화정책 등의 영향으로 강세를 보여 전년말 대비 16.4% 절상되었다.

[그림 14-2] 원화/ 미달러화 및 엔화/미달러화 환율추이

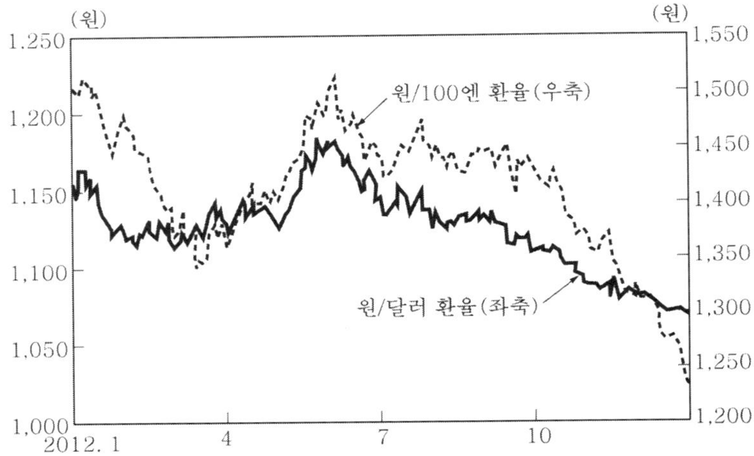

(2)외환거래

〈표 14-4〉와 같이 은행간 외환거래추이를 보면 1990년대 들어 거래규모가 크게 확대되어 1990년의 2.6억달러 수준이었던 일평균 거래규모가 1990년대 중반 19억달러로 증가하였다. 1997년의 외환 · 금융위기 발생이후 한 때 위축되었던 외환거래는 1999년 이후 다시 활발해지기 시작하여 2009년에는 211.9억달러에 이르고 있다.

〈표 14-4〉 은행간 외환거래추이

(단위: 억달러.)

	1990년	1995년	2000년	2005년	2006년	2008년	2009년	2011년	2012년
현 물 환	2.1	18.3	23.8	45.2	63.4	78.1	58.3	90.6	91.2
선 물 환	0.5	1.5	0	2.0	4.0	9.1	4.6	1.2	1.2
외환스왑	0	0	7.6	26.3	27.1	92.3	105.3	104.6	109.0
파생상품			0.5	7.9	17.1	51.6	43.7	16.5	14.5
합 계	2.6	19.8	31.9	81.5	111.6	231.1	211.9	212.9	215.9

주 : 1) 기간중 외국환중개회사 경유 일평균거래액 기준
2) 파생상품은 통화스왑 및 옵션 등으로 1999년 10월 1일부터 거래실시
자료 : 한국은행

거래형태별로 살펴보면 현물환거래의 경우 2005년까지는 전체 은행간 외환거래량에서 50% 이상을 점유하였으나, 최근에는 기업들의 환위험관리 인식제고로 점유율이 점차 감소하고 있다.

한편 선물환거래 이외에 외환스왑거래가 크게 증가하였다. 이는 기업들의 환위험관리 인식제고로 선물환거래 및 통화옵션거래가 크게 확대되고 이로 인한 금융기관의 스왑거래가 활발히 이루어졌기 때문이다. 거래통화별로는 원화/미 달러화가 거의 대부분을 차지하고 있다.

3. NDF거래

NDF(non-deliverable forward)는 만기에 계약원금의 상호교환이 없이 계약한 선물환율과 만기시의 현물환율과의 차액만을 기준통화(주로 미달러화)로 정산하는 선물환거래이다.

(14-2) 차액 = 선물환 계약금액 × [(계약시 선물환율-만기시 현물환율) / 만기시 현물환율)]

NDF는 주로 비거주자들이 국제화되지 않은 통화를 대상으로 환위험을 헤지하거나, 환차익 획득을 목적으로 이용되기 때문에 일반적으로 역외시장에서 거래된다. 따라서 일반적으로 NDF를 역외NDF라고 한다. NDF는 만기차액결제로 결제위험이 상대적으로 낮고 결제금액이 적게 소요되므로 투기적 거래에 자주 이용된다.

〈사례〉

-2013년 2월 21일(목) 국내외국환은행이 1,145원의 계약가격으로 1개월 후에 비거주자에게 100만달러를 매도하는 NDF계약을 체결

-1개월 후 환율이 1,155원인 경우,

· 1개월 후 제2영업일 계약환율(1,145원)보다 현물환율(1,155원)이 상

승함에 따라 차액(8,658달러)을 NDF매도자(국내외국환은행)가 NDF 매입자(비거주자)에게 지불

-1개월 후 환율이 1,135원인 경우,

· 1개월 후 제2영업일 계약환율(1,145원)보다 현물환율(1,135원)이 하락함에 따라 차액(8,810달러)을 NDF매입자(비거주자)가 NDF매도자(국내외국환은행)에게 지불

<제2영업일+1개월>

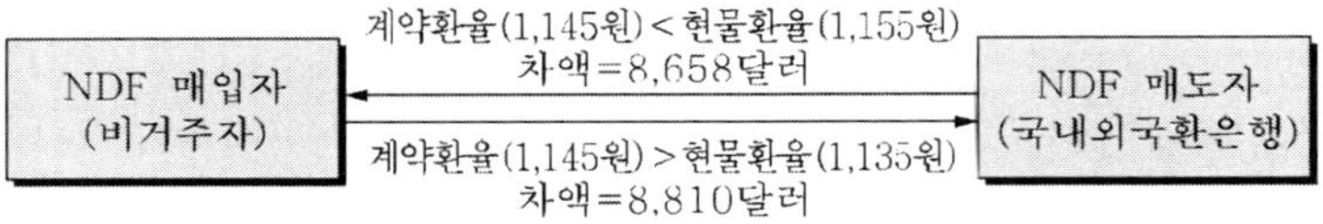

〈표 14-5〉 NDF 거래에 따른 손익

환율변동 / 거래형태	환율 상승	환율 하락
NDF 매입	이 익	손 실
NDF 매도	손 실	이 익

NDF가 원화환율(원화/미달러화 환율)에 미치는 영향은 다음과 같이 정리할 수 있다. 만약 최초 계약시 비거주자가 NDF를 매도하면 국내 외국환은행은 NDF를 매입(매입초과포지션)하게 됨에 따라 포지션조정(환리스크 헤지)을 위해 현물환을 매도하게 되어 국내 현물환율 하락 압력으로 작용하게 된다. NDF가 만기도래하게 되면 국내외국환은행의 선물(NDF)포지션이 소멸되게 되어 전체적으로 매도초과포지션을 취하게 됨에 따라 포지션조정(환리스크 헤지)을 위해 현물환을 매입하게 되어 국내 현물환 상승 압력으로 작용하게 된다.

중요개념 및 용어

외환시장	외국환은행	외국환중개인
은행간 외환시장	대고객 외환시장	국제외환시장
국내외환시장	현물환거래	선물환거래
외환스왑거래	환율	자국통화표시 환율
외국통화표시 환율	매입환율	매도환율
기준환율	교차환율	재정환율
현물환율	선물환율	스왑레이트
은행간 환율	대고객 환율	전신환매매율
일람출급환어음매입률	수입어음결제율	기한부어음매입률
현찰매매율	고정환율제도	변동환율제도
시장평균환율제도	외환포지션	균형포지션
매입초과포지션	매도초과포지션	현물환포지션
순 합산포지션	간편 포지션	NDF

연 습 문 제

1. 외환시장의 의의와 기능에 대하여 설명하라.

2. 은행간 외환시장과 대고객 외환시장에 대하여 비교 · 설명하라.

3. 외환거래의 유형을 크게 현물환거래, 선물환거래, 외환스왑거래로 구분하여 설명하라.

4. 환율표시방법을 자국통화표시 환율과 외국통화표시 환율로 구분하여 설명하라.

5. 환율을 기준환율, 교차환율, 재정환율로 구분하여 설명하라.

6. 고정환율제도와 변동환율제도에 대하여 비교 · 설명하라.

7. 외환포지션의 개념에 대하여 정의하고, 균형포지션, 매입초과포지션, 매도초과포지션에 대하여 설명하라.

8. 외화콜시장에 대하여 설명하라.

9. 최근 우리나라 외환시장의 동향에 대하여 환율, 거래량을 중심으로 설명하라.

10. NDF가 원화/달러화 환율에 미치는 영향에 대하여 서술하라.

제15장 국제금융시장

본 장에서는 먼저 국제금융센터, 국제금융시장의 구조 등 국제금융시장과 관련된 제반사항에 대하여 개괄적으로 살펴본 후, 유로머니시장, 유로대출시장 등 유로시장에 대하여 알아보고, 국제채시장 및 기타 국제금융시장의 금융상품 등에 대하여 구체적으로 살펴보고자 한다.

제 1 절 국제금융시장의 개요

1. 국제금융시장의 의의 및 기능

국내거주자들 사이에 소요자금의 조달과 보유자금의 운용이 이루어지는 것을 국내금융(domestic finance)이라고 한다면 이와 같은 자금의 조달 및 운용이 비거주자를 상대로 국제적으로 이루어지는 경우를 국제금융(international finance)이라고 한다. 국제금융시장(international financial market)은 이러한 국제금융이 이루어지는 장소, 즉 거주자 또는 국적이 다른 경제주체상호간에 직접 또는 간접적으로 장·단기 금융거래가 이루어지는 시장을 말한다.

여기서 장·단기 금융거래란 구체적으로 국제무역거래, 해외투자거래, 자금의 대차거래 등에 수반하여 예금, 채권, 주식 등의 금융자산이 이동되는 거래를 말하며, 거주자 또는 국적이 다른 경제주체간이라는 것은 금융거래자의 양 당사자 중 적어도 어느 일방이 비거주자인 경우를 의미한다.

이와 같은 의미를 지닌 국제금융시장은 국제유동성의 편재를 시정시킬 뿐만 아니라 각국 금융시장간에 연계성을 제고시킴으로써 세계금융자산의 효율적 배분을 촉진시킨다. 또한 거시적으로는 세계 각국의 생산력증대와 무역·투자확대, 발전도상국의 경제개발과 발전에 기여하며, 미시적으로는 국제금융시장에서 자금의 수요자 및 공급자 모두에게 일층 높은 유동성, 수익성, 안정성이라는 효용을 제공한다.

2. 국제금융시장의 요건

한 국가나 특정지역이 국제금융시장으로 성장·발전시키기 위해서는 다음과 같은 기본조건을 구비해야 한다.

〈표 15-1〉 국제통화의 기능

	공적부문	민간부문
교환수단	개입통화(intervention currency)	거래통화(transaction currency)
가치보전	국제준비통화(reserve currency)	투자통화(investment currency)
계산단위	계산·평가의 기준통화(numeraire)	

첫째, 해당국가의 경제력이나 자금력의 우위를 배경으로 해당국의 통화가 국제교환성을 갖는 국제통화로서의 기능을 수행할 수 있어야 한다. 즉, 해당 국가의 경제력이 세계경제 및 무역에서의 차지하는 중요성이 높아지고 해당통화의 국제화가 실현되면서 이들 통화가 공적부문에서는 국제준비통화(reserve currency)나 시장개입통화(intervention currency)로서의 기능을 발휘하고 민간부문에 있어서는 거래통화(transaction currency)나 투자통화(investment currency)로서의 기능을 수행하여야 한다. 이와 같은 국제통화로서의 기능을 발휘하기 위해서는 건전한 기초경제여건이나 자금력 이외에도 자유로운 자본이동이 보장되어야 할 뿐만 아니라 해당국의 정치적·사회적 안정도 필수적 요건이다.

둘째, 국내의 장·단기금융시장이나 외환시장이 고도로 발달되어 있어 다양한 금융수단의 이용이 언제나 가능하며 동시에 자유로운 외환거래가 보장되어야 한다. 또한 장단기 금융재정거래와 통화선물, 통화옵션, 통화스왑 등 다양한 외환 헤지거래가 가능하여야 한다. 이와 더불어 제도적 측면에서는 규제적 요소를 최소화하고 조세면에서의 우대조치나 자본유출입의 자유화도 보장되어야 한다.

셋째, 금융시장의 하부구조가 충실해야 한다. 정보통신기술이 고도로 발달되어 있어 세계적 차원에서 시장정보의 공급이 신속하고 저렴하게 이루어져야 하며 아울러 고도의 금융기법이나 경험을 축적한 국제금융거래의 전문인력과 국제금융거래를 신속하고 유용하게 처리할 수 있는 금융서비스 시설 등 하부구조를 갖추어야 한다.

넷째, 국제금융시장은 세계적인 상품 및 서비스거래의 중심지로서의 요건도 구비하여야 한다. 이를 위해 국제금융시장은 국제간 거래의 원활한 결제를 위해 상품의 수출입, 해운, 보험업무 등에 관련한 주변업무도 효율적으로 수행할 수 있는 금융서비스시설 등을 갖추어야 한다.

3. 국제금융센터

국제금융센터는 앞에서 언급한 국제금융시장의 요건을 충족하고 있어 세계적인 금융기관들이 지점 또는 현지법인의 형태로 영업망을 집중시킴으로써 국제금융거래가 지속적으로 이루어지는 장소를 말한다. 이러한 국제금융센터는 그 기능에 따라 전통적 금융센터, 역외금융센터, 기장역외금융센터 등으로 나누어 볼 수 있다.

전통적 금융센터(traditional financial center)는 상대적으로 우월한 경제규모, 자국통화의 국제통용력 및 고도로 발달된 국내금융시장을 바탕으로 국제교역이나 자본의 유출입과정에서 자생적으로 성장한 런던, 뉴욕과 같은 국제금융활동의 중심지를 말한다.

역외금융센터(offshore financial center)는 비거주자로부터 자금을 조달하여 비거주자를 대상으로 운영하는 금융중개시장으로서, 조세 및 금융상의 우대조치를 부여하여 정책적으로 창설된 금융센터로서 싱가포르, 홍콩, 바레인, 룩셈부르크 금융센터 등을 말한다.

기장역외금융센터(booking offshore financial center)는 단순히 거래내역의 기장처리(booking)만을 전담하는 금융센터로서 세금혜택, 금융규제회피 및 거래비밀보장 등을 목적으로 하는 조세피난처(tax heaven)로서 케이만군도, 바하마 등이 여기에 속한다.

이하에서는 주요 국제금융센터에 대해 간략히 살펴보고자 한다.

(1) 런던금융센터

런던은 17세기 이전부터 세계무역의 중심지역이었기 때문에 무역업무를 뒷받침하기 위해 금융업이 일찍부터 발달하였다.

런던이 국제금융센터로 발전할 수 있었던 배경을 보면 미국의 지급준비금 예치 의무, 금리상한규제 등 정책당국의 규제를 회피하기 위한 유로달러 시장이 런던을 중심으로 급속히 발전한 데다 1986년 '금융서비스법'을 성문화함과 더불어 증권시장대개혁(Big Bang) 등 금융규제완화를 시행함으로써 여타 유럽국가들의 금융활동을 런던으로 흡수할 수 있었기 때문이다.

런던금융센터는 지리적으로 런던의 동남부에 위치한 약 1평방마일의 City of London소재 금융시장을 말하는데, 대부분의 금융기관 본점과 현지에 진출한 외국금융기관의 현지법인이나 자회사들이 이곳에 집결하고 있어, 다양한 형태의 금융거래를 취급함에 따라 시장유동성이 풍부하고 거래비용이 저렴할 뿐만 아니라, 시간대에 있어서도 오전에는 도쿄와 오후에는 뉴욕과 영업시간대에 연결됨으로써 전 세계금융시장과 당일에 거래할 수 있는 지리적 장점도 런던이 국제금융센터로 발전하는데 에 크게 기여하고 있다.

현재 런던금융센터는 유로달러시장을 중심으로 한 평행시장(parallel money market)[1]의 발전과 런던City에 소재하고 있는 증권시장, 보험시장, 자유금시장, 상품시장과의 상호보완적 작용으로 명실공히 세계적인

1) 현재 런던금융시장은 전통적인 금융시장과 평행시장으로 구성되어 있는데, 전통적인 금융시장은 영란은행, 할인상사(discount houses) 및 상업은행(clearing banks)등을 중심으로 콜머니, 상업어음 및 무역어음(trade bill)등의 할인시장(discount market)을 주축으로 하고 있으며, 평행시장은 은행간의 유동성포지션을 조절하기 위하여 오버나이트(overnight), 콜(call) 등 단기자금의 거래가 이루어지는 은행간 대차거래(interbank market), 파운드 및 달러표시 정기예금증서시장, 유로달러 또는 유로금융시장, 지방예금시장(local authority market), 할부판매회사에 대한 금융을 전담하는 금융회사(finance company)가 자금조달목적으로 예금을 받아들이는 금융회사예금시장(inter-company market) 등을 일컫는다.

국제금융시장으로서의 역할을 하고 있다.

(2) 뉴욕금융센터

뉴욕금융센터는 20세기 이후 미국이 세계경제의 주도적 역할을 수행하면서 고도화된 국내금융시장을 배경으로 런던금융센터와 더불어 세계 최대의 국제금융센터로 성장할 수 있었다. 즉 미달러화는 2차대전 이후 국제 기축통화로서 민간부문은 물론 중앙은행의 대외준비자산(reserve currency)으로서 가장 중요한 기능을 수행하였다.

특히 채권시장은 거래규모, 투자대상물의 다양화, 가격결정의 투명성 및 지급결제제도의 효율성 등에 있어서 가장 발달된 시장이 되었고, 뉴욕 소재 금융기관들은 신종금융상품과 금융기법의 개발에 있어 선도적 역할을 수행해 왔다.

또한 제도적 측면에서 미국은 국내금융기관과 비거주자간의 금융거래를 촉진하여 역외시장으로서의 과도한 자금이탈을 억제하고자 1981년 12월 역외금융센터(IBF : international banking facilities)를 창설하여 운영하여 왔다. IBF는 역외자금만을 취급하며 일명 양키달러시장이라고도 부르는데, IBF가 취급하는 예금과 대출은 지불준비금이나 예금금리상한규제의 적용이 배제되고 대부분의 주에서 주세, 시세 또는 지방세를 면제하는 등 우대조치를 취하고 있다. 그러나 연방정부세는 면제혜택을 받지 못하고 있으며, 최근에는 금융규제완화와 더불어 예금금리상한규제를 의미하는 Regulation Q가 단계적으로 철폐됨으로써 예금금리상한규제에 대한 면제혜택도 없어지게 되었다. IBF는 IBF에 규정한 국내기관을 제외하고는 거주자로부터 예금의 유치나 대출이 금지되어 있다.

(3) 도쿄금융센터

도쿄금융센터는 일본경제의 고도성장에 따른 대외개방 필요성과 해외로부터의 국내금융시장 개방압력 등에 대응하여 엔화 국제화를 장기간에 걸쳐 단계적으로 추진함으로써 1980년대 이후에야 국제금융센터로 성장·발전하였다.

즉 일본은 IMF 8조국으로의 이행 및 OECD가입(1964년) 등을 계기로 경상거래의 자유화 폭을 확대하고 자본거래의 단계적 자유화를 추진하였고 1980년대 초반에는 자본수출국으로서의 지위를 확립하면서 "외화관리의 원칙적 자유"를 주 내용으로 하는 '신 외환법'을 시행함으로써 엔화의 국제화를 위한 여건조성에 주력하였다. 1980년에는 외화관리체계를 negative system으로 전환하였고 1984년에는 선물환거래에 대한 실수요원칙을 폐지하였다.

1980년대 후반에는 미국에 대한 국제수지 불균형심화와 이에 따른 시장개방압력의 증대 등에 대응하여 '미 · 일 달러 엔 위원회'보고서에 의거하여 금융시장개방과 국내금융시장의 자유화를 추진함과 더불어, 유로엔시장의 자유화, 도쿄역외금융시장(JOM : Japan Offshore Market)의 창설[2) 등을 통해 엔화의 국제화를 본격적으로 추진해옴으로써 도쿄금융센터는 외환, 엔화채권 및 주식거래를 중심으로 세계3위의 국제금융센터로 부상하였다, 최근에는 도쿄를 뉴욕과 런던에 버금가는 국제금융시장으로 육성하기 위해 금융시스템 전반에 대한 개혁을 지속하고 있다.

(4) 싱가포르 금융센터

싱가포르금융센터는 정치적 안정과 사회간접자본시설의 발달, 풍부한 전문인력, 지리적으로 근접한 아시아국가 들의 급속한 경제성장 등을 배경으로 1969년 'ACU계정(Asian currency unit)'의 설치, 세금감면 등 역외금융 활동을 증진시키기 위한 일련의 조치를 단행함으로써 아시아의 대표적인 역외금융센터로 발전하였다.

그러나 싱가포르금융센터는 국내경제규모가 작고 재정흑자로 인해 주식시장과 국채 등 채권시장이 크게 발달하지 못한데 기인하여, 은행간 자금대차시장 및 외환시장이 발달한 반면에 채권, 주식 및 금융선물시장은 상대적으로 발달하지 못하였다.

2) JOM은 역외금융계정을 통한 예금에 대해서는 금리규제의 적용을 배제하고 지급준비금의무와 예금 및 대출금이자에 대한 원천세를 면제해 주고 있다.

(5) 홍콩금융센터

홍콩금융센터는 1970년대부터 역외금융시장으로 발달하기 시작한 아시아의 대표적인 금융센터로, 특히 유로 신디케이트 대출(euro syndicate loan), 역외기금운용 및 주식거래가 활발한 시장이며 싱가포르, 대만 및 일본과 근접한 지리적 장점, 법인세와 소득세 등 각종 세금의 면제, 외환 및 자본거래의 자유화, 지급결제제도의 발달 등을 배경으로 성장하였다.

1997년 7월 1일 홍콩이 영국으로부터 중국으로 반환된 이후에도 홍콩은 중국에 대한 경제개발자금공급원 및 선진금융기법 공급자로서의 역할뿐만 아니라 중국의 세계금융시장의 진출거점으로서의 역할을 수행하고 있어, 향후에도 국제금융센터로서의 지위는 지속될 것으로 예상된다. 이는 중국이 중장기적으로 홍콩이 국제금융센터로서의 지위를 유지할 수 있도록 홍콩달러화의 사용인정과 태환권보장, 홍콩의 독자적인 통화금융정책 수행보장, 외환통제의 금지 및 홍콩통화당국의 외환보유액 통제권보유 등을 1990년4월에 제정한 '홍콩 특별행정구 기본법'에 명시하고 있다는 데에서도 알 수 있다.

2009년 7월 중국과 홍콩간의 FTA체결을 계기로 중국, 홍콩간의 위환화 결제가 가능하게 되었다.

4. 국제금융시장의 구조

(1) 국제금융시장의 참가자

국제금융시장의 참가자로는 각국의 정부, 기업, 가계와 금융중개기관인 은행, 증권회사(금융투자회사), 브로커(broker), 그리고 국제금융기구로서 국제통화기금(IMF), 세계은행(World Bank), 아시아개발은행(ADB), 국제결제은행(BIS) 등을 들 수 있다.

이들 중 금융거래에 있어서 중추적인 역할을 담당하는 기관은 금융중개기관이다. 은행 등으로 구성된 금융중개기관은 자금수요자와 자금공급자에게 다양한 형태의 금융자산을 지속적으로 조달해 줄 뿐만 아니라 그들이 갖고 있는 고도의 전문지식과 금융기법 그리고 광범위한 시장정보망을 이용하여 금융혁신(financial innovation)을 부단히 행함으로써 고수익성의 신종금융상품들을 개발하여 공급한다. 이와 같이 금융중개기관은 국제자금의 효율적 조달과 배분을 촉진시킴과 더불어 금융자산의 수익성을 높이고 유동성과 분할성을 제고시켜 거래위험을 분산·경감시킴으로써 거래의 안전성에 기여한다.

국제금융시장의 참가자 중 국제금융브로커(broker)는 외환브로커와 마찬가지로 중개수수료를 받고 단지 중개업무만을 담당하는 중개인을 말하는데, 이들은 자기자신의 금융포지션을 갖지 않을 뿐만 아니라 환위험 및 금리위험의 부담을 갖지 않는 것이 특징이다. 이들 브로커들은 고도의 전문지식과 기술을 가지고 고객간 또는 은행간 자금거래를 기동성 있고 확실하게 성립시키는 역할을 수행한다.

한편 최근에는 다국적기업, 증권회사(금융투자회사), 보험회사, 헤지펀드 등 기관투자자들이 고도의 새로운 국제금융기법을 구사하여 국제금융시장에서 대규모 포트폴리오투자를 주도함으로써 주요 기관투자자로 부각되고 있다.

(2) 국제금융시장의 유형

국제금융시장은 주로 국제간의 신용(credit)이 이루어지는 좁은 의미의 국제금융시장과 외환시장까지를 포함한 넓은 의미의 국제금융시장으로 구분할 수 있는데, 일반적으로 국제금융시장이라고 하면 좁은 의미의 국제금융시장을 의미하며 외환시장은 별도의 시장으로 분류하고 있다.

[그림 15-1] 국제금융시장의 분류

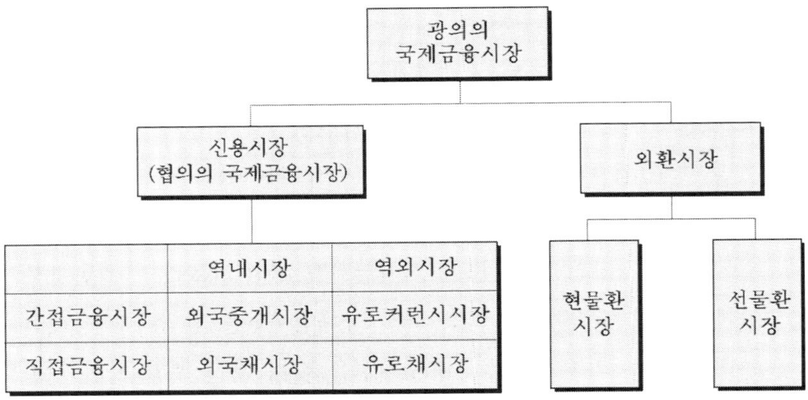

국제금융시장은 금융거래자의 거주성에 따라 역내시장(혹은 외국시장: foreign market)과 역외시장(offshore market 또는 euro-market)으로 구분되는데, 이들 시장은 다시 금융기관의 경유여부에 따라 직접금융시장과 간접금융시장으로 구분된다.

역내시장은 비거주자들이 소재국의 통화로 발행된 금융자산을 거래하는 시장을 말하는데, 직접금융시장으로서의 외국채시장(foreign bond market)과 간접금융시장으로서의 외국중개시장이 있다. 여기서 외국채시장은 비거주자가 그 채권시장이 속해 있는 국가의 통화로 채권을 발행하고 매매하는 시장을 말한다. 외국중개시장의 예로서는 런던금융시장에서 미국의 금융기관을 중심으로 파운드화표시자금이 거래되고 뉴욕금융시장에서는 영국의 금융기관을 중심으로 달러화표시자금이 거래되는 것을 들 수 있다.

역외시장은 특정국 통화표시의 금융자산이 그 통화발행국의 영토나 규제 밖에서 거래되는 시장을 말한다. 예를 들면 달러화표시의 자금이 미국 이외의 지역에서 거래되거나 엔화표시의 자금이 일본이외의 지역에서 거래되는 경우이다. 역외시장은 직접금융시장형태인 유로채 또는 유로본드 시장과 간접금융시장형태인 유로커런시시장이 있다.

국제금융시장에서의 간접금융시장은 국내금융시장에서의 분류와 같이 국제적으로 자금의 대차거래가 은행 등과 같은 금융중개기관을 통해 이루어지는 시장으로 외국중개시장과 유로커런시시장(euro-currency market)이 여기에 해당된다. 그리고 직접금융시장은 국제자금거래가 수요자와 공급자에 의해 직접거래되는 시장으로서 흔히 자금의 수요자인 기업 등이 발행한 주식이나 채권을 자금의 공급자가 직접 매입하는 형태로 이루어지는 자본시장을 말한다.

제 2 절 유로시장

1. 유로시장의 의의와 특징

유로시장(euro market)은 유로커런시(euro currency)로 표시된 장단기 금융자산이 각국의 규제를 벗어나 효율적으로 거래되고 있는 범세계적인 국제금융시장을 말한다. 오늘날 유로시장은 흔히 역외시장(offshore market) 또는 대외금융시장(external financial market)과 동일한 개념으로 사용되고 있다.

유로커런시는 특정국의 통화가 통화발행국의 영역을 벗어나 외국소재 금융기관에 예치되어 있는 자금을 말한다. 예를 들어 유로달러는 달러발행국인 미국이외의 지역에 예치되어 있는 달러자금을 말한다. 따라서 유로달러자금을 조달, 운용하는 시장을 유로달러시장이라고 한다. 만약 일본 엔화가 일본이외의 지역, 예를 들어 프랑크푸르트 혹은 싱가포르 소재 은행에 예치될 때 이를 유로엔이라고 한다. 따라서 유로커런시는 유럽지역에서 거래되는 통화에 한정되는 지역적인 개념이 아니고 특정통화가의 발행국 이외의 지역에서 거래되는 경우 이들 통화들을 지칭하는 것으로 거래대상통화에 따라 유로달러, 유로엔 등 여러 유로통화들이 생성된다. 이러한 관점에 볼 때 앞에서 언급한 유로시장은 특정국 통화표시의 금융자산거래가 통화발행국 영토 밖에서 거래되는 국제금융시장이라고 다시 정의할 수 있다.

유로시장에서 주로 예금 · 대출업무를 중개하는 금융기관을 유로은행(euro bank)이라고 하는데, 이는 어떤 은행이 특정국에서 은행업무를 영위할 때 특정국 이외의 지역에서 발행된 통화표시의 예금이나 대출업무를 수행하는 경우 이들 은행을 지칭하는 개념이다. 예를 들어 미국의 씨티은행의 런던지점이 파운드화이외의 통화, 즉 달러화나 엔화 등의 예금 · 대출업무를 취급하는 경우 이들 은행을 유로은행이라고 한다.

유로시장거래는 거래통화가 그 통화의 발행국 이외의 지역에서 거래되고 있는지의 여부가 관건이지 그 거래자의 거주성여부는 유로시장의 성격규정에서 별로 중요하지 않다. 즉, 유로은행이 유로시장에서 금융중개업무를 수행함에 있어 해당 거래가 거주자 또는 비거주자와의 거래인가에 상관없이 거래대상 금융자산이 유로커런시로 표시되어 있으면 이는 유로은행의 업무에 해당된다.

유로시장은 원래 만기가 1년 미만인 단기금융시장으로 출발하였으나 그 이후 점차 중장기금융시장으로 확대 · 발전되었다. 이에 따라 현재의 유로시장은 자금거래기간의 장단기에 따라 만기 1년 미만의 자금이 거래되는 유로머니시장(euro money market)과 만기 1년 이상의 중장기시장인 유로크레디트시장((euro money market) 및 유로본드시장(euro bond market)으로 구분된다. 유로머니시장은 주로 유로은행의 대고객거래 및 유로은행간 거래를 중개하는 도매금융시장으로, 여기서 유로은행의 대고객거래는 주로 다국적기업, 수출입상사, 정부기관 및 환거래은행과의 거래로서 유로예금의 예수 및 단기대출의 자금거래를 말한다. 한편 유로크레디트시장은 만기 3~10년 정도의 신디케이트 대출 등을 중심으로 하는 중장기 자금대출시장을 말하며, 유로본드시장은 채권발행을 통하여 형성되는 중장기 자금의 조달 및 운용시장을 말한다.

유로시장은 다음과 같은 특징을 지니고 있다. 첫째, 유로시장은 각국의 금융규제를 벗어나 다양한 금융자산거래가 효율적으로 중개되는 초국가적인 금융시장이다. 즉 유로은행은 국내은행이 적용되는 지준예치의무나 미국의 경우 연방예금보험공사(FDIC : Federal Deposit Insurance Corporation)에의 가입의무가 면제되는 등 자금조달비용면에서 국내은행보다 유리한 조건을 갖고 있다. 또한 유로은행이 소재하고 있는 국가의 입장에서 보더라도 이들 유로시장의 거래가 대부분 비거주자와의 거래로서 자국의 금융정책수행에는 직접적인 제약요인이 되지 않는 반면, 자국에 국제금융업무가 집중됨에 수반한 금융기법의 축적이나 고용기회의 창출 등 직·간접적인 이익을 얻을 수 있기 때문에 이들 국가 역시 유로시장에 대한 직접적인 규제를 피하고 있다. 이와 같이 유로시장은 각국의 금융규제나 통제를 직접적으로 받지 않기 때문에 국내금융시장에서보다 거래가 매우 효율적이고 경쟁적으로 수행될 수 있어 예대간 금리차(spread)도 국내시장보다 좁아지게 된다.

둘째, 유로은행에 대하여 각국의 지준예치의무가 부과되지 않는다는 것은 각국의 중앙은행 통제로부터 벗어나 이들 유로은행업무가 보다 효율적으로 수행될 수 있다는 것을 의미한다. 이는 유로통화의 최종 자금공급자로서 중앙은행의 역할을 기대할 수 없게 됨을 의미하는데, 이는 각국의 정치적 위험과 더불어 유로시장거래에서의 위험프리미엄을 구성하게 된다. 그러나 이러한 위험가능성에도 불구하고 지금까지 유로시장에서 실질적인 거래위험이 없었던 것은 기본적으로 유로은행의 자산·부채의 운용에 있어서 만기구조가 대체로 일치하는 거래원칙을 지켜 왔기 때문이다. 유로은행의 개별거래를 보면 자산·부채의 만기구조 등이 다소 다를 수 있으나, 일정기간을 통해서 유로은행의 전체적인 자산·부채구성을 만기구조면에서 보면 매치된 거래(matched dealing)의 성격을 갖고 있어, 금리 및 환리스크 그리고 유동성위험의 노출정도가 상대적으로 낮다고 할 수 있다.

셋째, 유로시장은 그 기능수행 면에서 공간적으로나 시간적으로나 제약을 받지 않는 범세계적인 국제금융시장이다. 따라서 유로시장은 일정장소나 공간에 국한되는 협의의 시장이 아니고 전자통신기기에 의한 거래는 물론 컴퓨터화한 정보가 불룸버그, 로이터, 인터넷 등에 의해 24시간 동안 세계의 모든 금융시장에 제공됨으로써 하나의 글로벌 금융시장으로서의 기능을 수행하게 된다. 즉 모든 정보가 각국의 금융시장에 끊임없이 유입되고 이것이 모든 시장에 즉시 확산됨으로써 유로시장에서의 금융자산가격은 이들 정보를 계속적으로 그리고 즉시에 반영하는 가장 효율적인 가격이 된다.

넷째, 유로시장거래는 스왑이나 옵션 등 다양한 국제금융기법을 이용하여 금융자산의 효율적인 배분을 촉진시킴으로써 투자자나 차입자에게 모두 높은 유동성을 제공하고 있다.

다섯째, 유로시장은 금리나 자금의 상대적인 이용가능성(availability) 면에서 각국의 금융시장과 밀접히 연관되어 있어 각국의 지준정책이나 금리정책이 유로시장의 예대금리에 직접적인 영향을 미치게 되고 이에 따라 유로은행의 포트폴리오구성에도 상당한 영향을 초래하게 된다. 또한 유로시장 내에서도 유로단기시장과 유로장기시장 그리고 유로CP시장 등이 분화되어 있으면서 동시에 상호 밀접한 관련성을 갖게 됨으로써 이들 시장간의 대체거래가 신속하고 광범위하게 이루어지고 있다.

2. 유로머니시장

앞에서 언급한 것처럼 유로머니시장은 유로시장에서 거래되는 1년 이내의 단기자금시장을 의미한다. 유로달러시장은 미국은행의 해외지점을 포함하여 미국이외의 국가에 소재하는 은행에 달러표시로 예치된 예금증서가 유통되는 시장으로 유로머니시장에서 압도적인 위치를 점유하고 있다.

유로달러예금의 발행자는 런던 등에 소재한 유로은행과 미국은행의 해외지점이나 현지법인들이고, 투자자는 미국의 상업은행, 기업, MMF 등으로 주로 런던에 소재하는 브로커에 의해 중개된다.

유로달러예금은 양도가 불가능한 예금과 양도가 가능한 예금(CD)으로 구분되는데 대부분은 정기예금으로 이루어지고 있다. 이들 예금기간은 1일부터 5년까지 다양하나 통상 1년 이내의 예금이 주종을 이루고 있으며 최소거래금액단위는 100만 달러이다. 만기구조면에서는 예금과 대출이 대체로 일치하는 소위 조화된 예금거래(matched deposit deaing)를 특징으로 하고 있어 유동성위험은 물론 금리 및 환리스크도 상대적으로 낮다.

유로달러예금 중에는 정기예금의 형태가 아닌 것으로 콜머니(call money)가 있는데, 이는 예금자가 하루 전에 통지하면 언제나 인출이 가능한 예금으로 예금자에게는 높은 이자를 보장해 줄 뿐만 아니라, 예금자가 인출을 통지하면 언제든지 현금화할 수 있어 유리하고, 은행측으로서는 차입비용이 저렴하고 콜머니의 절반은 정기예금으로 간주할 수 있기 때문에 안정적인 자금이라는 측면에서 이를 선호하고 있다.

한편 유로CD는 1966년 미국 시티은행의 런던지점이 처음 발행하면서 확산되었는데, 거래단위는 통상 100만달러이고 만기는 대부분 3개월~6개월이며 그 외 5년 만기인 것도 있다.

유로달러예금은 미국은행에 대한 청구권이기 때문에 동 시장에서 거래되는 자금은 대부분 미국 내에 위치한 은행계좌를 통해 자금이체가 실행된다. 이러한 관계에 연유하여 지준이 부족한 미국은행들은 Fed Fund와 함께 유로예치를 많이 활용하는 실정이어서 1일 유로달러금리는 1일물 Fed Fund금리에 연동되어 있다.

유로달러금리는 미국의 정기예금의 지불준비부담비용과 연방예금보험공사(FDIC)의 보험료를 감안한 실질조달비용을 하한으로 하고 prime rate에서 보상예금(compensating balance)의 기여도를 계상한 실질 대출금리를 상한으로 하여 단기자금시장의 여건에 따라 LIBOR기준으로 결정된다. 한편 유로달러의 예금금리는 미국 국내예금 금리보다 높은데 이는 국내예금에 부과되는 지준준비금 및 예금보험료 등의 부담이 없으므로 최소한 동 부담비용만큼은 높은 금리를 제시할 수 있으며, 또한 규제비용이 발생하지 않음에 기인하여 미국 국내금리보다 낮은 금리로 대출할 수 있다.

3. 유로대출시장

일반적으로 유로대출시장(euro credit market)은 중장기 유로대출시장을 말하는데, 여기에는 유로은행이 민간인에게 개별적으로 융자해주는 대출시장과 여러 은행으로 구성된 금융기관이 공동융자를 제공하는 신디케이트론(syndicate loan)시장이 있다. 거래의 대부분은 신디케이트론시장에서 이루어진다.

신디케이트론은 유로커런시시장에서 일단의 금융기관이 차관단을 형성하여 정부 또는 공공기관 등 특정 차입자에게 일정조건으로 대규모의 중장기자금을 융자하는 것을 말하는데, 이는 국제적으로 무담보신용대출의 특성을 띠며 전통적인 은행업무와 투자은행의 인수업무기능이 혼합된 융자형태이다.

신디케이트론의 이점은 차입자의 경우 대규모의 소요자금을 단일조건으로 보다 효율적으로 조달할 수 있다는 데 있다. 즉 차입자는 대규모자금을 조달하기 위해 개별 대출은행과 차입조건이나 융자절차, 대출절차 등에 대하여 별도의 협의를 해야 하는 번잡함을 피할 수 있다. 공급자인 신디케이트 구성은행은 거액 융자 시 특정차입자의 채무불이행에 따른 대출위험(default risk)을 분산시킬 수 있을 뿐만 아니라, 중소은행 또한 이에 참가할 수 있어 대규모은행들의 신용정보나 거래기법 등을 이용할 수 있다.

신디케이트론의 금리는 일반적으로 기준금리인 LIBOR에 일정 스프레드를 가산한 금리를 적용하거나 또는 미국의 prime rate에 일정 스프레드를 가산하는 경우가 있다. 또한 신디케이트론 금액의 일정분에는 LIBOR + 스프레드(spread)를, 잔여분에 대해서는 prime rate +스프레드를 적용하는, 즉 두 금리를 혼합하여 적용하는 경우도 있다. 신디케이트론에 적용되는 LIBOR는 매 3개월 또는 6개월 단위로 갱신(rollover)시점의 시장금리로 조정되는데 통상적으로는 6개월 단위로 새로운 LIBOR가 적용된다. LIBOR는 인출 또는 갱신시점 2영업일전 영국은행협회(BBA)가 오전 11시 유로시장에서 통상 6개 주요은행으로부터 은행간 대출금리를 보고 받아 산정한다.

최근 신디케이트론시장의 주목할 만한 변화로는 금융의 증권화현상이 진전되면서 대출자산의 유동성확보와 차입자의 조달비용 절감을 위하여 양도성대출(transferable facility)형식이 출현하여 대출의 유통시장이 형성되고 있다는 점을 들 수 있다. 이러한 양도성대출의 출현은 차입자의 입장에서는 채권발행에 비하여 절차가 간편할 뿐만 아니라 자금조달비용도 절감할 수 있으며, 대출은행의 입장에서는 대출채권을 필요한 경우에 유통시장에서 양도할 수 있어 대출자산의 유동성을 높일 수 있는 이점이 있다.

제 3 절 국제채 시장

1. 국제채의 종류

국제금융시장에서 자금을 조달하는 방법에는 앞에서 언급한 신디케이트론 이외에 국제채권시장(international bond market)에서 중장기채권을 발행하는 방법이 있다. 국제채권시장은 흔히 줄여서 국제채시장이라고 하는데, 이는 발행통화나 발행지역 또는 발행자의 거주성 등에 따라 유로채(euro bond), 외국채(foreign bond) 및 글로벌채(global bond) 등으로 구분된다.

(1) 유로채

유로채는 한나라의 차입자가 채권의 표시통화국 영토 밖에서 발행·매각하는 채권을 말하며, 이와 같은 채권이 기채되고 유통되는 시장을 유로채시장(euro bond market)이라고 한다. 예를 들어 미국의 자금차입자가 영국이나 프랑스 등 미국영토 밖에서 채권을 발행하여 매각하는 경우 유로달러채라고 한다.

유로채는 통상 여러 국가의 은행 및 증권회사(금융투자회사)들로 구성된 국제인수단(international underwriting syndicate)에 의해 인수·매각되는 기채방식을 취한다. 그리고 유로채는 보통 1,000달러 단위의 소액단위로 발행되며 발행방식은 익명의 소지인식으로 채권보유의 익명성이 보장되며 이자소득에 대한 원천세 등이 면제된다.

유로채 가운데는 유로달러채가 주종을 이루고 있으나, 유로엔채, 유로파운드채, 그리고 이중통화채권(dual currency bond)도 발행되고 있다. 과거에는 일본투자자들의 적극적인 국제채시장에의 진출과 도쿄시장의 국제자본시장으로서의 위치가 부상되면서 새로운 유로채용어가 사용된 바가 있다. 이들 가운데 스시본드(sushi bond)는 일본거주자가 일본이외의 지역에서 발행하는 비엔화채권으로서 동 채권은 통상 일본투자자들을 위해 발행되는 유로달러채로 이 채권의 수익률은 여타 유로달러 채권의 수익률보다 다소 낮은 것이 일반적이다. 쇼군본드(shogun bond)는 외국차입자(비거주자)가 일본시장에서 발행하는 비엔화, 예컨대 달러화채권을 말한다. 우리나라는 2006년 6월 김치본드(kimchi bond)라는 별칭으로 미국의 베어 스텀즈(Bear Stears)사가 약 5억달러를 최초로 발행하였는데, 동 채권은 만기 7년의 무보증사채로 거래소에 상장·거래되고 있다.

(2) 외국채

외국채는 외국차입자가 그 채권시장이 속해있는 국가의 통화로 발행하는 채권을 말한다. 즉, 외국채는 비거주자가 국내에서 국내통화로 채권을 발행하는 국제채로서, 예를 들어 미국채권시장에서 외국차입자(비거주자)가 발행한 달러화표시채권을 양키본드(yankee bond)라고 하고, 외국차입자가 일본채권시장에서 엔화표시채권으로 발행한 채권을 사무라이 본드(samurai bond), 그리고 영국채권시장에서 외국차입자가 파운드화표시채권으로 발행한 채권을 불독본드(bulldog bond)라고 하며, 한국채권시장에서 외국인차입자가 원화표시채권으로 발행한 채권을 아리랑본드(arirang bond)[3]라고 한다.

외국채는 유로채와는 달리 통상 기채국의 은행 및 투자은행(증권회사) 등으로 구성된 국내인수단(domestic underwriting syndicate)에 의해 인수·매각되는 기채방식을 취한다. 그리고 외국채는 통상 익명의 소지인식으로 채권보유의 익명성이 보장될 수 있으며, 발행국에서 비거주투자자들의 이자소득에는 원천세가 면제된다.

〈표 15-2〉 유로채와 외국채의 비교

	유 로 채	외 국 채
발 행 시 장	-수개국의 채권시장	-특정국가의 채권시장
표 시 통 화	-국제통화	-채권시장소재국의 통화 -미국 : yankee bond -일본 : samurai bond -영국 : bulldog bond
상 장	-세계유수의 증권거래소	-채권시장소재국의 증권거래소
인수단 구성	-국제인수단	-채권시장소재국의 금융기관
규제의 성격	-원칙적으로 규제를 받지 않는 자유로운 시장	-채권시장소재국의 공적기관으로부터 허가 필요
조 세	-투자자의 이자소득에 대한 원천세 면제	-비거주자의 이자소득에 대한 원천세 면제

(3) 글로벌채

글로벌채는 미국, 유럽, 아시아 등 전세계 주요 국제금융시장에서 동시에 발행·판매되는 단일통화채권(주로 미달러화로 발행)을 말한다.

글로벌채는 유로채와 외국채의 이점을 결합한 것으로 1989년 World Bank가 최초로 발행하였는데, 우리나라의 경우 1993년 11월 한국전력이 13.5억달러를 발행한 이후 한국산업은행과 수출입은행 등이 발행해 왔다. 국제적 우량투자자가 주로 투자하는 글로벌채는 통상 총발행액의 50~

3) 아리랑본드는 1995년 9월 처음으로 ADB(Asia Development Bank)에 의해 ADF(Asia Development Fund)자금납입을 위해 1억달러를 발행한데 이어 1997년 4월과 5월에 IBRD(International Bank for Reconstruction and Development)과 EBRD(European Bank for Reconstruction and Development)에 의해 각각 1억달러를 발행한 바가 있다.

60%가 미국시장에서 발행·유통되고 나머지는 유럽이나 아시아에서 판매되었다.

글로벌채는 판매지역의 광역성으로 인해 일시 거액의 발행을 통해 대규모의 자금조달이 가능하고, 특히 미국내 투자자만을 대상으로 하는 양키본드보다 각 지역시장간 경쟁을 통해 보다 낮은 조달금리로 차입이 가능하여 최근 발행규모가 증가하고 있다.

2. 국제채의 발행방법과 형태

(1) 국제채의 발행방법

국제채의 발행방법은 크게 공모발행(public offering)과 사모발행(private placement)으로 구분된다.

공모발행은 국제인수단이나 국제판매단이 발행채권을 인수·판매함으로써 광범위한 국제투자자들에게 신속한 매각이 가능하다. 또한 공모발행은 광범위한 범위에서 거액기채가 용이하며 증권거래소의 상장을 통한 유통거래가 보장됨으로써 표면금리 등의 발행조건이 사모발행보다 유리하다.

사모발행은 공모발행처럼 인수단을 구성하여 매각하는 것이 아니라 제한된 범위의 일부 기관 및 개인투자자들을 대상으로 발행하는 방법으로 일반적으로 증권거래소에는 상장되지 않는다. 사모발행의 경우 관련서류의 작성이 간편하고 발행조건의 결정에 융통성이 가능하며 발행비용도 상대적으로 저렴하다. 또한 공모발행처럼 일정한 공시의무가 없어 시장지명도가 낮은 차입자도 사모발행이 가능하기 때문에 공모채시장 진출을 위한 준비단계로 이용되기도 한다.

(2) 국제채의 형태

국제채는 발행형태에 따라 다음과 같이 분류할 수 있다.

① 보통채

국제채의 전형적인 형태는 보통채(straight bond)인데, 이는 채권발행자가 투자자에 대해 약정금리에 의한 이자지급과 약정기일에 원금의 상환을 약정한 채권을 말한다. 보통채에는 채권발행시에 확정된 고정금리로 이자를 지급하는 고정금리채와 금리가 LIBOR 등 단기시장금리에 연동되어 일정기간마다 변동하는 변동금리채권이 있다. 보통채 중 만기가 3~7년인 채권을 노트(note) 또는 중기채(medium term straight bond)라고 하고 8년 이상인 채권을 장기채(long term straight bond)라고 한다. 중기채는 일반적으로 만기에 가서 일시 상환되지만 장기채는 정기분할 상환된다.

변동금리채권(FRN : floating rate note)은 1970년대 높은 인플레이션과 국제금리의 불안전성이 크게 높아지면서 고정금리채발행이나 신디케이트 대출에서 초래되는 금리 및 유동성 위험을 완화시키기 위한 수단으로 개발되었다. 변동금리채권은 투자자의 입장에서 보면 채권의 표면금리(coupon rate)가 LIBOR 등에 연동됨으로써 시장금리를 반영한 수익률을 보장받을 수 있기 때문에 금리위험의 부담이 적다. 또한 신디케이트대출에 비해 소액단위로 발행되기 때문에 일반투자자의 투자가 용이할 뿐만 아니라 유통시장에서 자유롭게 매매가 가능하므로 금리변동 및 인플레이션 하에서의 자본손실을 회피할 수 있다. 한편 발행자의 입장에서 보면 변동금리채권은 장기자금을 조달함에 있어서 신디케이트 차입보다 조달비용이 저렴할 뿐만 아니라, 단기자금을 조달하여 이를 고정금리부 중장기대출채권으로 활용하고자 하는 은행의 경우에는 만기불일치(mismatching)에 따른 금리위험을 회피할 수 있다.

변동금리채는 여타증권과 같이 기채자의 신인도 및 지명도에 따라 금리수준이 달라지게 되나 유로CD나 CP등 다른 투자대상보다는 신인도에 따라 적용되는 금리의 격차가 상대적으로 작아서 신규개발자로서 특히 발전도상국의 경우 변동금리채는 유리한 자금조달수단이 될 수 있다.

② 전환사채와 신주인수권부사채

전환사채(CB : convertible bond)는 보통채와 마찬가지로 확정이자를 지급하지만 일정한 조건하에서 발행회사의 주식으로 전환할 수 있는 선택권(option)이 부여된 채권을 말한다. 채권의 주식전환은 일반적으로 주식의 시장가격에 10~15%의 프리미엄을 붙인 가격으로 이루어지는데, 이를 전환프리미엄(conversion premium)이라고 한다. 유로전환사채는 대부분 발행 후 6개월이 경과한 후 만기에 이를 때까지 언제라도 주식으로의 전환이 가능하다.

신주인수권부사채(BW: bond with warrant)는 주식매입권부채권으로서 동 채권의 매입자는 기채회사의 신주 또는 기발행주를 일정 기간 내에 매입할 수 있는 권한을 갖는다. 이와 같이 신주인수권부사채는 워런트(warrant)와 보통사채의 특성이 결합된 형태의 채권으로서 투자자는 동 채권을 매입함으로써 매입권행사에 의해 주식매입으로 추가적인 자본이득(capital gain)을 기대할 수 있고, 발행자의 입장에서는 보통채보다 낮은 표면금리로 자금조달이 가능하다. 신주인수권부사채는 주식매입권인 워런트를 당초채권으로부터 분리시켜 그 자체만의 양도거래가 가능한 분리형과 비분리형의 두 가지 종류가 있는데, 일반적으로 해외시장발행 신주인수권부사채는 분리형이 대부분이다.

③ 금리스왑채권

국제채시장에서 신인도나 지명도가 높은 일류은행이 저금리의 고정금리채를 발행하여 자금을 조달하고 신인도가 낮은 일반기업은 변동금리채권을 발행하여 각자의 금리부담을 상호간에 교환함으로써 양자가 자금조달비용을 절감할 수 있는데, 이와 같은 금리교환거래에 이용되는 채권을 금리스왑채권(interest rate swap bond)이라고 한다.

이와 같이 금리스왑채권의 경우 일류은행의 입장에서는 변동금리부채권발행에 따른 비용의 일부 또는 전부를 상대기업이 부담하게 됨으로써 일류은행이 직접 변동금리부채권을 발행하는 것보다 저렴한 금리로 자금을 조달할 수 있으며, 상대기업의 입장에서는 일류은행의 신인도를 이용하여 유리한 조건의 금리로 자금을 조달할 수 있다.

④ 제로쿠폰채

제로쿠폰채(zero coupon bond)는 이표(coupon)가 없어 할인형식으로 발행 거래되는 중장기채권으로서 만기이전에 이자지급이 없다.

제로쿠폰채는 이표채가 이자소득의 재투자위험을 수반하고 있어 실제로 만기수익률이 확정되지 않는데 반해 투자시점에서 할인액이 결정되므로 이자소득의 재투자위험이 존재하지 않는다. 발행자의 입장에서 보면 제로쿠폰채는 일반적으로 보통채보다 장기이고 발행비용이 상대적으로 저렴하며 만기 이전 일정이자지급에 따른 자금부담이 없기 때문에 현금수지관리면에서 유리하다. 그러나 제로쿠폰채는 이표채에 비해 금리변동에 따른 가격변동위험이 크게 나타나는데, 이는 금리상승(하락)기에는 이표채는 이자소득의 재투자수익이 증대(감소)되어 금리상승(하락)에 따른 가격하락(상승)분을 일부 상쇄시킬 수 있기 때문이다. 일반적으로 제로쿠폰채는 수익률곡선이 우상향의 형태일 경우 동종 만기 이표채보다 수익률이 높게 나타나는 반면에 수익률곡선이 우하향의 형태일 경우 제로쿠폰채의 수익률은 이표채수준보다 낮게 된다.

일반적으로 국제자본시장에서는 이자소득에 대해서는 세율이 높고 자본소득에 대해서는 비과세이기 때문에 투자소득에 대해 높은 세율이 부과되는 투자자들이 제로쿠폰채를 선호한다.

제 4 절 기타 국제금융시장의 금융상품

1. NIF와 유로CP

(1) NIF(note issuance facilities)

NIF는 변동금리시장에서 중장기 자금조달수단의 하나로서 금융기관으로 구성된 인수단이 전액을 인수하는 조건으로 차입자가 3~12개월의 어음을 발행하여 자금을 인출하고 만기도래시 자금을 상환하거나 새로운 어음을 발행함으로써 계속하여 자금을 사용할 수 있도록 하는 facility를 말한다. 은행이 차입자일 경우에는 통상 CD를 발행하며 그 외의 차주는 약속어음을 발행한다. NIF를 이용하여 발행된 어음은 소지하고 있는 투자자의 위험부담이므로 인수자의 책임범위에서 벗어나지만, 미발행 한도는 인수기관이 대차대조표의 각주에 기장하여 우발채무로 관리하여야 한다. 왜냐하면 인수기관은 차입자의 신용상태가 악화된다 하더라도 약정기간이 유효한 이상 차입자가 발행한 어음이 투자자를 찾지 못할 경우에는 언제든지 인수해야 하는 의무를 지기 때문이다.

NIF는 차입자에게는 자금소요계획에 따라 단기어음을 발행하여 자금조달의 신축성을 기할 수 있게 해주며, 또한 NIF는 계속 단기어음을 발행하여 회전시키므로 신디케이트론보다 만기가 길고 인수자들은 인수약정을 타 금융기관에 양도가능한 형태로 활용할 수 있으므로 장기약정이 가능하다. 그리고 NIF는 차입자가 단기어음을 발행하여 시장에서 매각하고 매각되지 않은 부분만 대출자가 책임을 부담하므로 수수료가 낮다. 한편 투자자는 차입자의 신용이 양호하고 어음기간이 단기이므로 수익률이 낮아도 만족할 수 있으며, 또한 발행자는 금리가 높고 변동이 심할 때에는 어음발행을 피하고 분할발행을 통하여 조달비용을 안정시키고 감소시킬 수 있다.

한편 NIF는 US CP처럼 신용등급을 받지 않고 발행되기 때문에 어음결제에 대한 투자자의 신임이 결여되어 유통시장이 잘 발달되어 있지 않을 뿐만 아니라 수익원의 다각화를 추구하는 금융기관들이 과도한 인수경쟁을 전개하여 각종 수수료가 너무 낮아졌다. 따라서 최근에는 NIF의 유동성을 증대시키기 위한 다양한 대체수단들[4]이 출현하고 있다.

---

4) 미리 정하여진 복수의 자금조달형태 중에서 차입자가 자신에게 가장 유리한 방법을 선택할 수 있는 MCF(multiple component facility), 회전인수한도인 RUF(revolving underwriting facility), RUF계약을 본래의 인수기관으로부터 제 3 자에게 양도할 수 있는 TRUF(transferable RUF) 등이 이에 해당된다.

(2) 유로 CP

유로CP(euro commercial paper)는 기업이나 금융기관이 단기자금의 조달을 위해 할인식으로 매출하는 무담보 단기어음을 말한다. 무담보 단기어음이라는 측면에서는 NIF와 유사하나, NIF의 주선기관은 약정기간동안 차입자가 발행하는 단기어음을 의무적으로 판매하거나 인수할 의무를 부담하는데 반해, 유로CP의 주선기관은 판매되지 않은 어음의 인수의무를 지지 않는다는 점에서 차이가 있다.

〈표 15-3〉 유로CP와 US CP 및 NIF의 비교

	유로CP	NIF	US CP
발행형태	무담보 약속어음	무담보 약속어음	무담보 약속어음
신용 등급 평가	불필요	불필요	필수
어음기간	7 ~ 365일	9 ~ 180일	1 ~ 270일
인수약정	없음	있음	없음

유로CP는 인수약정이 없기 때문에 여기에 수반된 수수료의 부담이 없고 발행절차가 간편하고 신속하여 또 다른 비용 및 시간을 절감할 수 있기 때문에 유로노트나 신디케이트론 등 여타자금조달수단에 비해 자금조달비용이 저렴하다. 또한 US CP[5]와 비교할 경우도 US CP에서 요구되는 신용등급평가가 유로CP에서는 요구되지 않으므로 이에 수반되는 비용만큼 US CP에 비하여 비용을 낮출 수 있다.

그리고 유로CP는 미국국내를 제외한 국제금융시장에서 판매되고 있어 차입자의 지명도를 제고시켜 줄 뿐만 아니라 국제투자자들과의 유대관계를 강화함으로써 동일 차입자가 여타 금융수단을 통해 자금을 조달하는데 기여한다.

5) US CP는 발행자에 따라 미국기업이 발행하는 domestic CP와 미국기업이외의 자가 발행하는 non-US entity CP로 구분할 수 있다.

2. 혼성채권

혼성채권(hybrid bond)은 전통적인 채권에 각종선물이나 옵션을 혼합하여 개발한 국제채로서 여러 가지의 다양한 유형이 존재한다. 여기서는 보편적으로 알려진 몇 가지만을 살펴보고자 한다.

혼성채권은 연계의 대상에 따라 크게 환율연계형, 지수연계형, 기타 연계형으로 구분할 수 있다.

(1) 환율연계형 채권

환율연계형 채권은 원금상환액 또는 이자지급액이 환율에 의해 영향을 받는 채권으로 대표적인 예로서는 HH채(heaven&hell bond)와 이중통화채(dual currency bond) 등을 들 수 있다.

HH채(heaven&hell bond)는 특정통화로 표시된 상환가액이 만기시 현물환율과 약정환율의 차이에 따라 조정되는 채권으로 보통채와 통화옵션이 복합된 형태라고 말할 수 있다. HH채는 만기시 특정통화의 현물환율이 약정환율보다 절상되면 상환액은 액면가보다 적어지고, 현물환율이 약정환율보다 절하되면 상환액은 액면가보다 높아진다.

이중통화채(dual currency bond)는 국제통화간의 환율 및 금리전망을 고려하여 기채통화와 상환통화를 다르게 하여 발행되는 채권을 말한다. 이중통화채의 투자자는 상환시점에서 상환통화가 기채통화보다 비해 강세이면 환차익을 얻으나 반대의 경우에는 환차손이 발생할 위험에 직면하기 때문에 이러한 환리스크를 회피하기 위해 개발된 것이 이중통화채이다. 일반적으로 이중통화채는 기채의 경우 저금리통화인 강세통화로 상환시에는 고금리통화인 약세통화로 발행되는데 상환금액의 산정은 발행당시에 이미 책정한 환율에 따라 결정된다. 이중통화채의 발행으로 차입자는 금리부담을 경감시킬 수 있고 투자자는 수령통화가 약정환율보다 강세가 될 경우에 환차익을 획득하게 되어 통상적인 경우보다 상대적으로 유리한 수익률을 실현할 수 있는 이점이 있다.

(2) 지수연계형 채권

지수연계형 채권은 연계되는 지수에 따라 만기상환액이 결정되는 채권을 말한다. 이에는 통화지수연계형, 주가지수연계형, 채권지수연계형, 금, 은, 석유가 등과 같은 상품지수연계형 등이 있는데, 가장 보편적으로 이용되는 것은 주가지수연계형 채권이다. 주가지수연계형 채권의 예로서 bull & bear bond를 들 수 있다.

bull & bear bond는 원래 특정 주가지수의 등락에 따라 만기상환액이 결정되는 즉 주가지수연계형 채권을 의미하였으나, 오늘날 주가지수뿐만 아니라 모든 지수를 연계대상으로 하고 있다. 실제지수가 약정지수보다 높으면 상환액이 늘어나고 낮으면 줄어드는 채권을 bull bond라 하고 반대로 낮으면 늘어나고 높으면 줄어드는 채권을 bear bond라고 한다. bull & bear bond는 발행자가 동일액수의 bull bond와 bear bond를 발행하는 것인데 만기시 연계지수에 상관없이 상환되는 발행자가 지불하게 되는 전체상환액은 일정하게 된다. bull & bear bond의 평균상환액은 다음과 같다.

(15-1) $$A = \frac{C+F}{2}$$

A : 평균상환액(%)
C : 최대상환액(%)(celling)
F : 최소상환액(%)(floor)

[그림 15-2] bull bond와 bear bond 투자자의 포지션

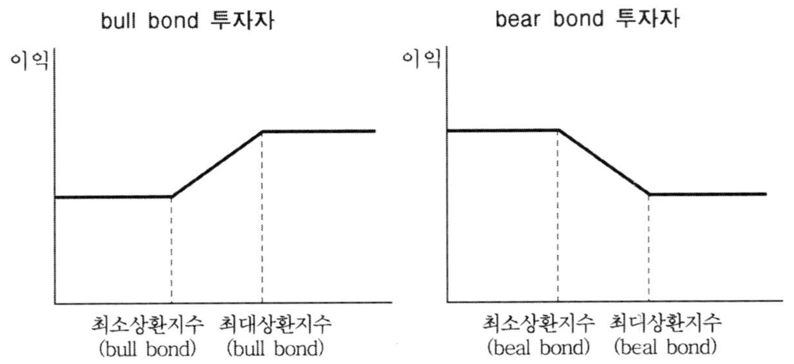

bull bond의 최소상환액이 되는 지수(최소상환지수)는 bear bond의 최대상환액이 되는 지수(최대상환지수)가 되고, 반대로 bull bond의 최대상환지수는 bear bond의 최소상환지수가 된다. 따라서 bull bond의 투자자는 bull bond의 최소상환지수를 행사가격으로 하는 call옵션을 매입하고 최대상환지수를 행사가격으로 하는 call옵션을 매도하는 즉 bull spread포지션을 취하는 것이 되고, bear bond의 투자자는 bull bond의 최대상환지수(bear bond의 최소 상환지수)를 행사가격으로 하는 call옵션을 매입하고 bull bond의 최소상환지수(bear bond의 최대 상환지수)를 행사가격으로 하는 call옵션을 매도하는 즉 bear spread포지션을 취하는 것이 된다.

(3) 기타 연계형 채권

이외에도 각종 워런트(warrant)나 전환옵션이 결합된 상품, 여러 나라에서 각국의 통화별로 동시다발적으로 발행하는 parallel bond 등 이루 헤아릴 수 없이 다양하다.

3. 유로주식

유로주식(euro equity)은 주로 유로시장에서 국제신디케이트에 의해 인수·판매되고 발행자의 국내 상장규제에 구애되지 않는 소지인식(bearer) 주식이다.

유로시장에서 주식을 발행하는 데에는 두 가지 방법이 있다. 하나는 국내에서 주식을 발행하는 경우와 마찬가지로 브로커를 통하여 직접주식을 발행하는 방법이고, 다른 하나는 주식예탁증서(DR : depository receipt) 발행을 통하여 간접적으로 발행하는 것이다.

DR을 발행하고자하는 기업은 국내보관기관에 원주를 보관시키고 이를 담보로 하여 외국의 예탁기관에서는 예탁증서를 현지의 투자자에게 발행하게 되는데, 주권의 양식 및 언어의 상이, 외국증권시장과 국내증권시장 간의 제도 및 거래관습의 차이 등에 따른 불편을 제거하기 위해 DR발행 방식이 많이 활용된다.

DR은 발행지역에 따라 미국 및 아시아지역을 중심으로 한 기명식과 유럽지역을 중심으로 한 무기명주식으로 분류되며 거래되는 장소에 따라 명칭을 달리한다. 예를 들어 미국에서 발행되어 유통되고 미국증권거래위원회(SEC)의 규제를 받는 ADR(American DR), 런던과 룩셈부르크 등 유럽지역에서 발행되는 EDR(European DR), 뉴욕, 런던, 룩셈부르크 등 유로시장과 미국시장에서 동시에 발행되는 GDR(Global DR) 등이 있다.

〈표 15-4〉 sponsored DR과 unsponsored DR의 비교

	sponsored ADR	unsponsored ADR
발행형식	-미국에서 주식발행을 하고자 하는 발행회사의 요청에 의해 예탁기관이 발행	-발행회사 주식을 보유하려는 미국내 투자자측 요청에 의해 예탁기관이 발행
원주대상	-기발행 주식, 신주	-기발행 주식
발행비용	-발행회사부담	-미국내 투자자부담

한편 DR의 종류는 발행형태에 따라 원주발행회사가 DR발행에 직접 관여하느냐 여부에 따라 sponsored DR과 unsponsored DR로 구분할 수 있다. sponsored DR은 원주발행회사가 주체적인 주관을 하고 모든 발행 및 부수비용을 부담하는데 반해, unsponsored DR은 어느 외국기업주식에 대한 투자자들의 관심이 고조되고 있다고 판단되는 경우 특정 브로커가 은행과 접촉하여 해당기업의 동의아래 발행하며 발행 및 부수비용은 투자자가 부담한다(〈표 15-4〉 참조). ADR의 경우 unsponsored DR가 대부분을 차지하고 있었으나 sponsored DR의 형태로 이행하는 추세를 보이고 있으며, 유럽이나 아시아에서 발행되는 DR은 대부분 sponsored DR이며 unsponsored DR의 형태는 특수한 형태라고 할 수 있다.

중요개념 및 용어

국제금융시장	국제금융센터	전통적 금융센터
역외금융센터	기장역외금융센터	평행시장
역내시장	역외시장	유로시장
유로커런시시장	유로머니시장	유로대출시장
신디케이트론	유로채	외국채
글로벌채	변동금리채	전환사채
신주인수권부사채	금리스왑채권	제로쿠폰채
NIF	유로CP	혼성채권
환율연계형채권	지수연계형채권	유로주식
DR	sponsored DR	unsponsored DR

연 습 문 제

1. 국제금융시장으로 성장 · 발전하기 위한 기본요건에 대하여 서술하라.

2. 국제금융센터를 전통적 금융센터, 역외금융센터, 기장역외금융센터로 구분하여 설명하라.

3. 국제금융시장을 역내시장과 역외시장으로 구분하여 설명하라.

4. 유로시장의 의의와 특징에 대하여 서술하라.

5. 유로머니시장에 대하여 유로달러시장을 중심으로 구체적으로 서술하라.

6. 유로대출시장에 대하여 신디케이트론시장을 중심으로 구체적으로 서술하라.

7. 유로채와 외국채에 대하여 비교 · 설명하라.

8. NIF와 유로CP에 대하여 비교 · 설명하라.

9. 유로주식에 대하여 DR을 중심으로 구체적으로 서술하라.

참고문헌

강병호・김대식・박경서, 『금융기관론』(제18개정판), 박영사, 2012년.
강병호・김석동, 『금융시장론』(개정10판), 박영사, 2010년.
강호상, 『글로벌 금융시장』(3판), 법문사, 2012년.
김석진 외 2인, 『선물・옵션의 기초와 거래전략』, 삼영사, 2006년.
김병연 외 3인, 『자본시장과 금융투자업에 관한 법률이해』, 한국증권업협회, 2008년.
국제금융연구회, 『글로벌 시대의 국제금융론 』, 경문사, 1997년.
금융감독원, 『금융감독정보』, 각호.
__________, 『금융통계월보』, 각호.
__________, 『알기쉬운 펀드투자』, 2006년.
금융투자교육원, 『증권투자상담사 Ⅲ』, 금융투자협회, 2011년.
박수용, 『증권시장』, 삼영사, 2006년.
방영민, 『금융-금융시장・금융기관・금융정책・금융감독』, 법문사, 2006년.
성범용, 『국제금융의 이론과 정책』, 박영사, 2005년.
송지영, 『글로벌시대의 금융시스템-금융제도와 금융기관-』, 형지사, 2012년.
______, 『금융시장과 금융상품의 이해』, 청목출판사, 2010년.
______, 『자본시장-금융투자와 금융투자업-』, 청목출판사, 2009년.
신기철, "퇴직연금도입이 금융시장에 미칠 영향", 『증권금융』, 제289호, 한국증권금융, 2004년.
신상기, 『금융시스템의 이해』, 자유아카데미, 2010년.
이강남, 『국제금융론』, 법문사, 2006년.
이요섭, 『금융시장과 금융상품』, 연암사, 2005년.
자본시장연구원, 『Yearly Fund Review 2009』, 2010년
자산운용협회, 『국내 자산운용산업 동향』, 2007년.
정군오・유한수, 『금융시장의 이해』, 도서출판 대경, 2004년.
증권거래소, 『KOSOI 200 선물・옵션거래의 이해』, 2007년.
증권선물거래소, 『주식시장매매제도의 이해』, 2006.
_____________, 『선물거래시장 거래제도의 이해』, 2007년.
_____________, 『채권시장해설』, 2008년.
_____________, 『알기쉬운 선물시장 이야기』, 2008년.
_____________, 『증권선물』, 각호.
차명준, 『알기쉬운 증권경제』, 삼영사, 2006년.

한국거래소, 『KRX Market』, 각호.
한국은행, 『2012년 금융생활 길라잡이』, 2012년.
________, 『우리나라의 금융제도와 외환시장』, 2011년.
________, 『한국의 금융제도』, 2011년.
________, 『한국의 금융시장』, 2012년.
________, 『2012년의 외환시장 동향고』, 2013년.
허화, 『자본시장론』, 탑북스, 2010년.

찾아보기

[ㄱ]

[저자 약력]

성균관대학교 졸업(경제학사)
日本 同志社(DOSHISHA)大學 대학원 졸업(상학석사)
日本 同志社(DOSHISHA)大學 대학원 졸업(상학박사)
JAFCO(Japan Associated Finance Co.), 한국투자증권(구 동원증권(주)) 근무
현재 수원과학대학교 증권금융과 교수

〈저서 및 주요논문〉

『아시아NIEs의金融 · 證券市場(일본어판)』(晃洋書房, 共著 1991).
『금융기관론(개정판)』(창민사, 2004)
『증권시장과 증권투자의 이해』(청목출판사, 2005년)
『현대경제학원론』(청목출판사, 2007년)
『금융제도와 금융기관의 이해』(청목출판사, 2008년)
『자본시장-금융투자와 금융투자업-』(청목출판사, 2009년)
『재무관리의 이해』(공저, 청목출판사, 2009년)
『현대경제학원론(개정판)』(청목출판사, 2010년)
『금융시장과 금융상품의 이해』(청목출판사, 2010년)
『투자론』(공저, 청목출판사, 2012년)
『현대인을 위한 생활경제』(청목출판사, 2012년)
『글로벌 시대의 금융시스템-금융제도와 금융기관-』(형지사, 2012년)
한국에 있어서의 경제발전과 금융제도발전과정의 상호관계에 관한 연구(일본어판)
한국에 있어서의 증권업재편성과 증권시장개혁에 대하여(일본어판)
한국의 금융재편성과 증권업의 변화-일본과의 비교-(일본어판)
금융 · 자본시장의 환경변화와 증권산업의 대응방안-투자은행업과 자산관리업을 중심으로-
시장중심시스템으로의 전환과 금융개혁의 과제-한국과 일본의 케이스를 중심으로-등 다수

현대 금융시장론

2016년 8월 25일 중판인쇄
2016년 8월 30일 중판발행

저 자 송 지 영
발행인 유 성 열
발행처 **청목출판사**
서울특별시 영등포구 신길로 40길 20
전화 (02) 849-6157(代) · 2820 / 833-6090~1
FAX (02) 849-0817
등록 제318-1994-000090호

파본은 바꾸어 드립니다. 값 27,000원

http : //www.chongmok.co.kr

ISBN 978-89-5565-522-3